中华人民共和国

最高人民法院案例选

第四辑

中国应用法学研究所 主编

法律出版社
LAW PRESS·CHINA

中华人民共和国
最高人民法院案例选
（第四辑）

中华人民共和国
最高人民法院案例选
（第四辑）

编辑委员会

序 言

中华人民共和国最高人民法院作为国家最高审判机关,每年审结大量重大、疑难案件,对中国法治进程产生重大影响,为世界贡献了中国司法智慧。为充分发挥最高人民法院案例的法律价值和社会功能,实现以案例“服务司法审判实践、服务经济社会发展、服务法学教育研究、服务中外法学交流、服务法治中国建设”的目标,经最高人民法院批准,自 2018 年开始,由中国应用法学研究所编译出版《中华人民共和国最高人民法院案例选》(以下简称《最高人民法院案例选》)中英文版,面向海内外发行。

《最高人民法院案例选》所收录案例,均由最高人民法院各审判执行部门严格筛选。这些案例在揭示或阐明法律适用规则、确立新的裁判方法、填补法律漏洞或空白等某一方面或某些方面具有典型意义。案例撰写者均为案件的主审法官,是最高人民法院各审判业务领域的专家,具有精深的法律素养和丰富的裁判经验,熟悉案件事实、审理思路、裁判方法和法律适用,能够最直观、最清晰、最准确地向读者传达案件裁判的司法过程、方法和理念。

《最高人民法院案例选》分为三大板块:(1)“大法官案例”栏目,选取由最高人民法院院领导(大法官)担任审判长审理的、在全国乃至全球具有重大影响的案件。(2)“审委会案例”栏目,选取经最高人民法院审判委员会讨论的、影响中国司法进程的热点、前沿、疑难案件,以发挥案例对统一法律适用及其对相关法律问题的预判和预警作用。(3)“典型案例”栏目,广泛选取刑事、民商事 & 执行、知识产权、海事海商、行政等典型案例,集中体现最高人民法院当年在各个审判领域的最新探索和裁判成果。

编辑者通过考察国内外司法案例的体例设计,兼顾不同法系读者的阅读习惯,用副标题准确点明案例的核心法律问题和焦点所在,并用“裁判摘要”的通用表达方式,准确阐明案例贡献的裁判规则。每篇案例体例包括:“标题”“副标题”“裁判摘要”“案件基本信息”“简要案情”“案件焦点”“裁判结果”“裁判摘要评析”等八大要素,格式规范,要素齐全,便于阅读与检索。

通过《最高人民法院案例选》中英文版的出版,我们希望借此实现以下目的:一是完善案例指导制度,促进法律适用标准统一。丛书系统编辑出版最高人民法院每年审结的经典案例,希望能够指导各级人民法院审判工作,统一司法标准,规范法官自由裁量权,实现类案类判,促进司法公正、维护法制统一,树立人民法院的司法权威和司法公信,有效预防法律风险。二是传导司法理性,促进和谐社会建设。丛书通过以案说法的方式,向人民群众传达最高人民法院对当下经济、文化、科技和社会生活发展中出现的新型、疑难、复杂问题的裁判理念和裁判方法,希望通过典型案例弘扬法治、彰显正义、惩恶扬善,向社会传导司法理性,提供正确指引。三是贡献中国司法智慧,促进国际司法文化交流。丛书面向全世界发行中英文版,用中国声音讲述中国司法故事,生动直观地展示中国特色社会主义法治的成就和经验,推进中外司法案例的比较研究,促进国际司法文化交流,传播中国特色社会主义法治理念。特别是在全面深化改革开放和建设人类命运共同体的关键时期,丛书对于中国法治文化“走出去”、推进“一带一路”法治合作和建设,向国际社会展示中国特色社会主义司法制度的优越性,为全球治理贡献中国司法智慧和司法经验,传播中华司法文明,具有深远影响。

编辑委员会

2020 年 11 月

目　录

审委会案例

典型案例

民商事&执行

知识产权

海事海商

行政

审委会案例

联奇开发股份有限公司
与
上海宝冶集团有限公司、
超视堺国际科技（广州）有限公司等
侵害发明专利权纠纷管辖权异议上诉案

——确认不侵犯专利权诉讼和专利侵权诉讼管辖应充分考虑“两便”原则和飞跃上诉机制

【裁判摘要】

1. 涉及相同专利或关联专利的确认不侵犯专利权诉讼和专利侵权诉讼，均属独立的诉讼。司法实践中，确定上述两类案件的管辖应遵循司法活动的基本规律和特点，坚持便于当事人诉讼，便于人民法院依法独立、公正和高效行使审判权的原则，并非均须移送管辖合并审理。

2. 司法实践中，上述两类案件由不同法院分别审理可能会出现冲突裁判。然而，因其上诉统一由最高人民法院知识产权法庭审理，这一可能出现的问题能够通过上诉机制解决。

【案件基本信息】

1. 诉讼当事人

上诉人（原审被告）：上海宝冶集团有限公司（以下简称宝冶集团）

被上诉人（原审原告）：联奇开发股份有限公司（以下简称联奇开发公司）

原审被告：超视堺国际科技（广州）有限公司（以下简称超视堺国际

* 本书“有章”二维码中的内容为裁判文书原文。——编者注

科技公司）

原审被告：中国建筑一局（集团）有限公司（以下简称中建一局）

原审被告：柏诚工程股份有限公司（以下简称柏诚工程公司）

原审被告：江西汉唐系统集成有限公司（以下简称汉唐系统集成公司）

原审被告：中国电子系统工程第二建设有限公司（以下简称中电二建）

2. 案件索引与裁判日期

一审：广州知识产权法院（2018）粤73民初3447、3448号裁定（2019年2月13日）

二审：最高人民法院（2019）最高法知民辖终1、2号裁定（2019年11月1日）

3. 案由

侵害发明专利权纠纷管辖权异议上诉案

【简要案情】

2018年11月14日，联奇开发公司向广州知识产权法院提起两起专利侵权诉讼：第一件为产品专利侵权诉讼，联奇开发公司请求判令被告停止侵犯其专利号为ZL200410048826.1、名称为“混凝土楼板预留开孔的成型装置”发明专利的行为，广州知识产权法院在该案中裁定查封或扣押了各被告位于广东省广州市施工项目中所使用的被诉侵权“奇氏筒”产品。第二件为方法专利侵权诉讼，联奇开发公司请求判令被告停止侵犯其专利号为ZL200810083903.5、名称为“一种混凝土楼板预留开孔的施工方法”发明专利的行为，广州知识产权法院在该案中裁定对各被告使用的“奇氏筒”产品施工方法进行了证据保全。另查明，上海惠亚铝合金制品有限公司（以下简称惠亚铝合金制品公司）于2018年7月24日向上海知识产权法院提起诉讼，请求确认其“奇氏筒”产品不落入联奇开发公司上述产品专利保护范围。上海知识产权法院受理并进行了审理。

宝冶集团提出管辖权异议，认为本两案应移送至上海知识产权法院审理，异议理由是上海知识产权法院已在先受理涉上述同一产品专利确认不侵权纠纷。

广州知识产权法院认为，该两案侵权行为地以及被告之一超视堺国际科技公司的住所地均为广州市增城区，属于其管辖范围之内，故其对本两案均具有管辖权，据此裁定驳回宝冶集团对本两案管辖权提出的异议。宝冶集团不服该裁定，向最高人民法院提出上诉，请求撤销原审裁定，将本案移送上海知识产权法院审理。

【案件焦点】

1. 涉及相同专利或关联专利的确认不侵犯专利权诉讼和专利侵权诉讼的管辖；

2. 关联案件分别审理情况下冲突判决的风险问题。

【裁判结果】

最高人民法院认为，广州知识产权法院受理上述两起专利侵权案件符合民事诉讼法关于地域管辖的规定，其对本两案具有管辖权。同时从保障和便利当事人诉讼，便于人民法院公正高效审理案件出发，本案亦不宜移送至上海知识产权法院审理，据此裁定驳回上诉，维持原裁定。

【裁判摘要评析】

如何确定本两案的管辖，在法律适用上主要涉及三个方面的问题：（1）如何确认涉同一专利不侵犯专利权诉讼与专利侵权诉讼的关系？（2）本两案是否应当移送至上海知识产权法院，与其在先受理的涉产品专利确认不侵权案件合并审理？（3）不同法院分别审理涉同一专利或关联专利不侵犯专利权诉讼与专利侵权诉讼的冲突问题如何解决？

一、涉同一专利或关联专利不侵犯专利权诉讼与专利侵权诉讼的关系

最高人民法院在（2004）民三他字第4号《关于本田技研工业株式会社与石家庄双环汽车股份有限公司、北京旭阳恒兴经贸有限公司专利纠纷案件指定管辖的通知》（以下简称通知）中规定："涉及同一事实的确认不侵犯专利权诉讼和专利侵权诉讼，是当事人双方依照民事诉讼法为保护自己的权益在纠纷发生过程的不同阶段分别提起的诉讼，均属独立的诉讼，一方当事人提起的确认不侵犯专利权诉讼不因对方当事人另行提起专利侵权诉讼而被吸收。""本案当事人针对不同专利所提出的诉讼请求，不论其具体请求内容和依据的事实、理由如何，均系可分之诉。"

具体到本两案，案由均是侵害发明专利权纠纷，一件涉及"混凝土楼板预留开孔的成型装置”发明专利，一件涉及“一种混凝土楼板预留开孔的施工方法”发明专利。上海知识产权法院在先受理的确认不侵害专利权纠纷涉及的专利与上述产品专利为相同专利。上述三案中涉及的两个专利分别为同一技术领域成型装置和施工方法发明专利，具有较为紧密的关联性。根据该通知的相关规定，广州知识产权法院受理的涉方法专利的侵权案件，因与上海知识产权法院受理的确认不侵权案件系不同专利，二者显属可分之诉；而涉产品专利侵权案件虽与上海知识产权法院受理的确认不侵权案件系同一专利，但其是当事人双方依照民事诉讼法为保护自己的权益在纠纷发生过程的不同阶段分别提起的诉讼，均属独立的诉讼，一方当事人提起的确认不侵犯专利权诉讼不因对方当事人另行提起专利侵权诉讼而被吸收。因此，上述三案均是独立的诉讼，依法均应予以尊重和保护。

二、本两案是否应当移送至上海知识产权法院，与其在先受理的涉产品专利确认不侵权案件合并审理

对于司法实践中涉及同一事实的不侵犯专利权诉讼与专利侵权诉讼的管辖问题，通知规定“为了避免就同一事实的案件为不同法院重复审判，人民法院应当依法移送管辖合并审理”，并确立了移送立案在先人民法院合并审理的原则。但具体到本两案，若将涉产品专利侵权案移送上海知识产权法院合并审理，由于涉方法专利侵权案并不符合通知规定移送管辖的情形，无法一并移送管辖，同样将出现关联案件分别被不同法院审理的情形。特别是广州知识产权法院已在其辖区内对涉案项目中使用的被诉侵权产品和施工方法进行了证据保全，移送管辖既不方便当事人参加诉讼，也不方便人民法院审理案件。《民事诉讼法》第 8 条规定：“民事诉讼当事人有平等的诉讼权利。人民法院审理民事案件，应当保障和便利当事人行使诉讼权利，对当事人在适用法律上一律平等。”人民法院行使审判权应遵循司法活动的基本规律和特点，坚持便于当事人诉讼，便于人民法院依法独立、公正和高效行使审判权的原则。因此，如何确定广州知识产权法院及上海知识产权法院受理的上述关联三案的管辖，应从方便当事人诉讼以及方便人民法院审理出发，综合考虑具体案情及裁判文书的执行等因素，作出合法合理的处理。具体应考量：

首先，从便于当事人诉讼的原则出发，就三起案件当事人的具体情况来看，上海知识产权法院受理的确认不侵犯专利权诉讼，当事人为原告惠亚铝合金制品公司、被告联奇开发公司；广州知识产权法院受理的两起专利侵权诉讼，原告均为联奇开发公司，被告均为宝冶集团、超视堺国际科技公司、中建一局、柏诚工程公司、汉唐系统集成公司、中电二建六家单位，若将涉产品专利侵权案件移送至上海知识产权法院审理，因涉方法专利侵权案件仍应由广州知识产权法院审理，将产生上述六被告以及联奇开发公司都分别在上海、广州两地参加诉讼的情况，当事人为参加诉讼都将投入更多的时间和更高的经济成本。如果两起专利侵权诉讼均在广州知识产权法院审理，相对而言更有利于节约当事人诉讼成本，符合诉讼经济原则，也更便于多数当事人参加诉讼。

其次，从便于人民法院公正高效行使审判权的原则出发，考虑到广州知识产权法院同时受理的这两件专利侵权纠纷涉及的专利为同一技术领域的产品专利和方法专利，关联较为紧密，且已在辖区内对被诉侵权产品和施工方法进行了证据保全，本两案由广州知识产权法院审理既便于当事人诉讼，也便于人民法院查明案件事实并依法裁判和执行，从而确保公正、高效地审结案件。

至于具体案件如何确定管辖，则应在此基础上考虑具体案情。事实上，广州知识产权法院受理的产品专利侵权案件与上海知识产权法院在先受理的确认不侵权案件虽然涉及同一专利，但两个诉讼的案件当事人不同，这与通知中所涉及的案件具体情形并不一样。同时，广州知识产权法院还受理了一件与产品专利有较高关联度的方法专利案件，这与通知所针对和处理的案件情况都存在较大差别，应综合考虑三个案件的实际情况，作出相对合理的处理。因此，依据《民事诉讼法》及其司法解释的相关规定，综合考虑本两案实际情况，广州知识产权法院受理上述两起专利侵权案件符合民事诉讼法关于地域管辖的规定，其对本案具有管辖权。本两案不宜移送至上海知识产权法院审理。

三、关联案件分别审理，冲突判决如何解决

关联案件应否合并审理以及是否有利于避免冲突判决，往往是法院进行裁量的重要因素。

在前述三起关联案件是否侵权这一事实认定上，上海知识产权法院和广州知识产权法院产生冲突判决的可能性是存在的。然而，因其上诉统一由最高人民法院知识产权法庭审理，这一可能出现的问题能够通过上诉机制解决。

设立最高人民法院知识产权法庭是完善国家层面的知识产权案件上诉审理机制的重要举措。由最高人民法院直接审理知识产权法院和中级人民法院、高级人民法院审理的专利等技术类知识产权案件的上诉案件，即“飞跃上诉制度”，这样便于最高人民法院知识产权法庭在审理疑难复杂个案的同时，加强对类案的研究，提炼共性裁判规则，更好地为各级法院审理类似案件提供精准指引。从这个意义上讲，如果上海知识产权法院和广州知识产权法院产生了针对同一事实的冲突判决，可以通过上诉机制，由最高人民法院知识产权法庭参照两种判决，在查明案件事实的基础上实现“兼听则明”，作出相对合理的终审判决，进而提供高水准的案例指引。

最高人民法院二审合议庭成员：刘晓军　唐小妹　凌宗亮

（编写人：唐小妹*　审稿人：丁文严）

* 唐小妹，法学硕士，中华人民共和国最高人民法院知识产权法庭，四级高级法官。

典型案例

民商事&执行

山煤国际能源集团晋城有限公司
与
中信银行股份有限公司西安分行、
陕西省石化产业集团有限公司
合同纠纷案

——无真实贸易背景的保兑仓交易中应认定买方、卖方、银行之间真实的法律关系为借款及担保合同关系

【裁判摘要】

案涉三方业务合作协议中约定的交易方式属于典型的保兑仓交易，是一种新类型融资担保方式。保兑仓交易以买卖双方有真实买卖关系为前提。双方无真实买卖关系的，该交易属于名为保兑仓交易实为借款合同，保兑仓交易无效，被隐藏的借款合同是当事人的真实意思表示，如不存在其他合同无效情形，应当认定有效。保兑仓交易认定为借款合同关系的，不影响卖方和银行之间担保关系的效力，担保合同有效，卖方（担保人）仍应当承担担保责任。

【案件基本信息】

1. 诉讼当事人

上诉人（原审被告）：山煤国际能源集团晋城有限公司（以下简称山煤国际能源集团晋城公司）

被上诉人（原审原告）：中信银行股份有限公司西安分行（以下简称中信银行西安分行）

被上诉人（原审被告）：陕西省石化产业集团有限公司（以下简称陕西石化产业集团）

2. 案件索引与裁判日期

一审：陕西省高级人民法院（2017）陕民初 11 号判决（2018 年 7 月 25 日）

二审：最高人民法院（2019）最高法民终 870 号判决（2019 年 12 月 6 日）

3. 案由

合同纠纷

【简要案情】

本案系合同纠纷，根据案涉煤炭买卖合同、三方业务合作协议、综合授信合同、电子银行承兑汇票承兑协议约定，陕西石化产业集团、山煤国际能源集团晋城公司、中信银行西安分行的交易模式符合保兑仓交易的特征。中信银行西安分行按约定开立了收款人为山煤国际能源集团晋城公司的案涉银行承兑汇票，山煤国际能源集团晋城公司收到案涉汇票后向中信银行西安分行出具了收款确认通知书回执，中信银行西安分行于案涉汇票到期后支付了全部票款，陕西石化产业集团未及时偿还融资款，中信银行西安分行将陕西石化产业集团、山煤国际能源集团晋城公司诉至一审法院，主张陕西石化产业集团应按约定偿还欠付融资款本金及利息，山煤国际能源集团晋城公司应承担差额退款责任及违约责任。一审法院认为，案涉三方业务合作协议有效，各方应按约定履行各自义务。案涉三方业务合作协议约定的差额退款责任不是担保，山煤国际能源集团晋城公司主张差额退款责任的性质是担保的理由不能成立。山煤国际能源集团晋城公司未按约定履行差额退款责任，构成违约，应承担相应的违约责任，并赔偿由此给中信银行西安分行造成的全部损失。对于案涉欠付票款的本金及利息，陕西石化产业集团和山煤国际能源集团晋城公司均负有全部清偿的义务，应承担共同还款责任。一审法院判决：陕西石化产业集团和山煤国际能源集团晋城公司应于本判决发生法律效力之日起30日内向中信银行西安分行支付票款本金162,732,800元及利息（至2016年11月30日止的利息53,475,600元及自2016年12月1日起至实际给付之日止，按日万分之五计算的利息）。

山煤国际能源集团晋城公司不服一审判决提起上诉，请求：（1）依法撤销一审法院（2017）陕民初11号民事判决，改判驳回中信银行西安分行要求山煤国际能源集团晋城公司向其退款162,732,800元并赔偿利息损失的诉讼请求。（2）本案全部诉讼费用均由中信银行西安分行与陕西石化产业集团承担。

二审法院经审理查明，陕西石化产业集团与山煤国际能源集团晋城公司之间不存在真实的货物买卖交易。一审法院关于陕西石化产业集团分别于2014年3月、4月、7月向山煤国际能源集团晋城公司提取了共计3.25亿元货物的事实认定缺乏证据证明，对该项事实应不予确认。另查明，中信银行西安分行开立了案涉银行承兑汇票，山煤国际能源集团晋城公司收到案涉银行承兑汇票后将其进行了背书转让，案涉银行承兑汇票经多次转让，并在到期后由中信银行西安分行向持票人支付了票款。

【案件焦点】

陕西石化产业集团、山煤国际能源集团晋城公司、中信银行西安分行三方交易模式的性质认定及三方业务合作协议效力问题。

【裁判结果】

最高人民法院经审理认为，案涉三方业务合作协议虽然体现的交易方式为保兑仓交易，但山煤国际能源集团晋城公司与陕西石化产业集团之间并不存在真实的货物买卖交易。案涉三方业务合作协议实质为借款及担保合同，应认定有效。虽然案涉三方业务合作协议载明了差额退款和差额保证两种责任形式，且本案当事人协议选择了差额退款的责任形式，但无论是差额退款还是差额保证，实质都是山煤国际能源集团晋城公司在陕西石化产业集团未向中信银行西安分行偿付融资款时，就该融资款差额向中信银行西安分行承担保证责任。根据《中华人民共和国担保法》第 18 条[①]、第 19 条[②]规定及协议约定，山煤国际能源集团晋城公司承担的应当是连带保证责任。一审判决关于案涉三方业务合作协议约定的差额退款责任不是担保的认定有所不当。

山煤国际能源集团晋城公司、陕西石化产业集团、中信银行西安分行于 2013 年 9 月 10 日签订案涉三方业务合作协议，约定有效期二年。案涉六张电子银行承兑汇票开立的时间在三方业务合作协议约定的有效期内，山煤国际能源集团晋城公司对收到案涉六张电子银行承兑汇票的事实并无异议，中信银行西安分行提交了收款确认通知书回执，山煤国际能源集团晋城公司亦不能举证证明其收取汇票有其他合法依据。一审法院对山煤国际能源集团晋城公司关于案涉六张电子银行承兑汇票并非三方业务合作协议项下融资的主张不予采纳，依据充分。

中信银行西安分行基于其与陕西石化产业集团之间的融资借款合同关系，按照三方业务合作协议、综合授信合同等约定，根据陕西石化产业集团申请，开立银行承兑汇票，并于银行承兑汇票到期日对外付款。陕西石化产业集团仅偿付了部分款项，一审判决陕西石化产业集团向中信银行西安分行支付欠付的票款本金及利息，认定事实清楚，适用法律正确。

根据三方业务合作协议关于差额退款责任的约定，山煤国际能源集团晋城公司的担保范围为欠付款项的本金，但根据该协议关于违约责任的约定，如果山煤国际能源集团晋城公司未依约在收到中信银行西安分行送达的差额退款付款通知书后 3 个工作日内按要求将款项支付至中信银行西安分行指定账户，则构成违约，对于自其违约之日产生的利息、罚息、复利、违约金、损害赔偿金和为实现债权而发生的诉讼费、律师费、差旅费等，其应承担赔偿责任。中信银行西安分行未提供充分证据证明山煤国际能源集团晋城公司确实收到过通知以及收到通知的准确时间。中信银行西安分行提起本案诉讼，山煤国际能源集团晋城公司于 2017 年 11 月 17 日收

---

① 本条现为《民法典》第 688 条："当事人在保证合同中约定保证人和债务人对债务承担连带责任的，为连带责任保证。连带责任保证的债务人不履行到期债务或者发生当事人约定的情形时，债权人可以请求债务人履行债务，也可以请求保证人在其保证范围内承担保证责任。"以下同。

② 《民法典》修改了这一规定，第 686 条规定："保证的方式包括一般保证和连带责任保证。当事人在保证合同中对保证方式没有约定或者约定不明确的，按照一般保证承担保证责任"。以下同。

到中信银行西安分行一审起诉状，故酌定山煤国际能源集团晋城公司对自2017年11月20日起陕西石化产业集团欠付款项的利息承担责任。对于一审判决关于山煤国际能源集团晋城公司承担利息责任的起算点予以纠正。山煤国际能源集团晋城公司承担的系连带保证责任，一审判决陕西石化产业集团和山煤国际能源集团晋城公司共同承担责任，未明确区分陕西石化产业集团与山煤国际能源集团晋城公司承担的责任性质，有所不当，应予纠正，山煤国际能源集团晋城公司的该项上诉理由成立，予以支持。山煤国际能源集团晋城公司承担的系连带保证责任，根据《中华人民共和国担保法》第31条[①]的规定，其承担责任后可以向陕西石化产业集团追偿。

综上所述，一审法院关于陕西石化产业集团承担责任部分的判决，认定事实清楚，适用法律正确，应予维持；关于山煤国际能源集团晋城公司承担责任的性质及利息起算点的认定有所不当，应予纠正。依照《中华人民共和国民事诉讼法》第170条第1款第1项、第2项之规定，判决：（一）变更陕西省高级人民法院（2017）陕民初11号民事判决为陕西石化产业集团应于本判决发生法律效力之日起30日内向中信银行西安分行支付票款本金162,732,800元及利息（至2016年11月30日止的利息53,475,600元及自2016年12月1日起至实际给付之日止，按日万分之五计算的利息）；（二）山煤国际能源集团晋城公司对陕西石化产业集团应当支付中信银行西安分行的票款本金162,732,800元及利息（自2017年11月20日起至实际给付之日止，按日万分之五计算）承担连带保证责任；山煤国际能源集团晋城公司承担保证责任后，有权向陕西石化产业集团追偿；（三）驳回山煤国际能源集团晋城公司的其他上诉请求；（四）驳回中信银行西安分行的其他诉讼请求。

【裁判摘要评析】

本案系合同纠纷，根据案涉三方业务合作协议载明的内容，本案当事人约定的交易方式是较为典型的保兑仓交易。[②] 根据二审法院查明的事

---

① 本条现为《民法典》第700条："保证人承担保证责任后，除当事人另有约定外，有权在其承担保证责任的范围内向债务人追偿，享有债权人对债务人的权利，但是不得损害债权人的利益。"以下同。

② 保兑仓交易作为一种新类型融资担保方式，是一系列交易的组合，涉及多种不同的法律关系。2019年11月8日，最高人民法院发布的《全国法院民商事审判工作会议纪要》对保兑仓交易案件中涉及的相关问题明确了统一的裁判思路。

实，山煤国际能源集团晋城公司与陕西石化产业集团之间并不存在真实的货物买卖交易。在无真实贸易背景的保兑仓交易中买方、卖方与银行之间法律关系及合同效力如何认定，卖方应向银行承担什么责任，是本案的争议焦点。

一、保兑仓交易应以买卖双方有真实买卖关系为前提

保兑仓交易作为一种新类型融资担保方式，其基本交易模式是，以银行信用为载体、以银行承兑汇票为结算工具、由银行控制货权、卖方（或者仓储方）受托保管货物并以承兑汇票与保证金之间的差额作为担保。其基本的交易流程是：卖方、买方和银行订立三方合作协议，其中买方向银行缴存一定比例的承兑保证金，银行向买方签发以卖方为收款人的银行承兑汇票，买方将银行承兑汇票交付卖方作为货款，银行根据买方缴纳的保证金的一定比例向卖方签发提货单，卖方根据提货单向买方交付对应金额的货物，买方销售货物后，将货款再缴存为保证金。在三方协议中，一般来说，银行的主要义务是及时签发承兑汇票并按约定方式将其交给卖方，卖方的主要义务是根据银行签发的提货单发货，并在买方未及时销售或者回赎货物时，就保证金与承兑汇票之间的差额部分承担责任。银行为保障自身利益，往往还会约定卖方要将货物交由其指定的当事人监管，并设定质押，从而涉及监管协议以及流动质押等问题。实践中，当事人还可能在前述基本交易模式基础上另行作出其他约定，只要不违反法律、行政法规的效力性强制性规定，这些约定应当认定有效。一方当事人因保兑仓交易纠纷提起诉讼的，人民法院应当以保兑仓交易合同作为审理案件的基本依据，但买卖双方没有真实买卖关系的除外。①

本案中，陕西石化产业集团、山煤国际能源集团晋城公司、中信银行西安分行签订的三方业务合作协议虽然体现的交易方式为保兑仓交易，但一审法院关于陕西石化产业集团分别于2014年3月、4月、7月向山煤国际能源集团晋城公司提取了共计3.25亿元货物的事实认定错误，根据二审查明的事实，山煤国际能源集团晋城公司与陕西石化产业集团之间并不存在

---

① 参见《全国法院民商事审判工作会议纪要》（法〔2019〕254号）68.【保兑仓交易】。

真实的货物买卖交易。案涉保兑仓交易没有真实贸易背景，因此当事人之间并不存在真实有效的保兑仓交易法律关系。

二、无真实贸易背景的保兑仓交易中应认定买方、卖方、银行之间真实的法律关系为借款及担保合同关系

保兑仓交易是一系列交易的组合，包括：(1) 买方和卖方之间属于买卖合同关系。(2) 买方和银行之间则同时存在以下几种法律关系：一是买卖合同项下的委托付款关系，此时银行是买方的履行辅助人；二是买方和银行之间的票据关系，其中买方是出票人，银行是承兑人；三是买方与银行之间的资金关系，本质上属于借贷关系；四是买方通过交纳保证金为其借款债务提供担保，其性质属于保证金质押；五是在卖方根据银行的指示将货物交由银行指定的当事人监管时，针对该货物还可能涉及留置权和质权等物上担保的问题。(3) 卖方和银行之间也同时存在以下几种法律关系：一是卖方和银行之间的票据关系，卖方可请求银行付款；二是卖方和银行之间存在委托关系，即银行委托卖方将货物交由其指定的当事人监管，以确保其对买方资金债权的实现；三是卖方就敞口部门向银行承担差额补足责任或者货物回购责任，其性质属于保证。①

保兑仓交易以买卖双方有真实买卖关系为前提。双方无真实买卖关系的，该交易属于名为保兑仓交易实为借款合同，保兑仓交易因构成虚伪意思表示而无效，被隐藏的借款合同是当事人的真实意思表示，如不存在其他合同无效情形，应当认定有效。保兑仓交易认定为借款合同关系的，不影响卖方和银行之间担保关系的效力，卖方仍应当承担担保责任。②

因案涉保兑仓交易没有真实贸易背景，所以本案三方业务合作协议的各方当事人之间真实的法律关系应为借款及担保合同关系，即中信银行西安分行向陕西石化产业集团提供融资借款，山煤国际能源集团晋城公司为陕西石化产业集团向中信银行西安分行的借款提供担保，上述借款及担保

---

① 参见最高人民法院民事审判第二庭编著：《〈全国法院民商事审判工作会议纪要〉理解与适用》，人民法院出版社2019年版，第395~396页。

② 参见《全国法院民商事审判工作会议纪要》（法〔2019〕254号）69.【无真实贸易背景的保兑仓交易】。

均是当事人真实意思表示，不违反法律规定，故案涉三方业务合作协议实质为借款及担保合同，应认定有效。

三、无真实贸易背景的保兑仓交易中，卖方应向银行承担担保责任

保兑仓交易属于混合合同而非合同联立，因为即便买卖合同因不存在真实的贸易背景而无效，也不影响卖方与银行之间的保证关系以及买方与银行之间的承兑汇票关系。① 当事人间的基础交易关系虽然被认定为借贷，但原则上不影响银行通过银行承兑汇票向买方借款的效力，基于该借款产生的担保法律关系原则上也不应受到影响。②

根据案涉三方业务合作协议第1.6条、第1.7条、第6.2条约定，③ 虽然案涉三方业务合作协议载明了差额退款和差额保证两种责任形式，且本案当事人协议选择了差额退款，但无论是差额退款还是差额保证，实质都是山煤国际能源集团晋城公司在陕西石化产业集团未向中信银行西安分行偿付融资款时，就该融资款差额向中信银行西安分行承担保证责任。《担保法》第18条规定："当事人在保证合同中约定保证人与债务人对债务承担连带责任的，为连带责任保证。连带责任保证的债务人在主合同规定的债务履行期届满没有履行债务的，债权人可以要求债务人履行债务，也可以要求保证人在其保证范围内承担保证责任。"第19条规定："当事人对保证方式没有约定或者约定不明确的，按照连带责任保证承担保证责任。"案涉

---

① 参见最高人民法院民事审判第二庭编著：《〈全国法院民商事审判工作会议纪要〉理解与适用》，人民法院出版社2019年版，第397页。

② 参见最高人民法院民事审判第二庭编著：《〈全国法院民商事审判工作会议纪要〉理解与适用》，人民法院出版社2019年版，第399页。

③ 案涉三方业务合作协议第1.6条约定，差额退款是指陕西石化产业集团未按约定时间内存入足额保证金或全额偿还中信银行西安分行融资，且中信银行西安分行在本协议项下出具的提货通知书所载累计提货价值少于山煤国际能源集团晋城公司的收款金额的情况下，山煤国际能源集团晋城公司应将差额部分按照中信银行西安分行要求予以退还；第1.7条约定，差额保证是指在陕西石化产业集团未按约定时间存入足额保证金或全额偿还中信银行西安分行融资，且中信银行西安分行在本协议项下出具的提货通知书所载累计提货价值少于山煤国际能源集团晋城公司的收款金额的情况下，山煤国际能源集团晋城公司应将差额部分在中信银行西安分行要求的时间内予以退还，并对应退还的金额以及由于未及时退还该金额而产生的陕西石化产业集团融资利息、陕西石化产业集团融资逾期而产生的逾期利息和罚息及其他相关费用承担连带保证责任；第6.2条约定，陕西石化产业集团未按第6.1条约定在提货期到期前存入全额保证金或偿付全额融资款项且中信银行西安分行在单笔融资下或本协议项下出具的提货通知书所载累计提货价值少于该笔融资或本协议所对应的山煤国际能源集团晋城公司实际收款金额的，山煤国际能源集团晋城公司承担差额退款责任。

三方业务合作协议第6.5条约定，山煤国际能源集团晋城公司保证中信银行西安分行在向山煤国际能源集团晋城公司索偿之前不必先向陕西石化产业集团索偿，或先对陕西石化产业集团采取任何法律行动，或先对陕西石化产业集团提出破产申请。根据上述法律规定及协议约定，山煤国际能源集团晋城公司承担的应当是连带保证责任。一审判决关于案涉三方业务合作协议约定的差额退款责任不是担保的认定有所不当。案涉三方业务合作协议加盖了山煤国际能源集团晋城公司的公章，并经其法定代表人签字，该协议第7.1条明确约定“三方均为依法成立并合法存在的机构，签署和履行本协议已获得其最高权力机构的有效批准和充分授权，签署本协议所需的有关文件和手续已充分齐备及合法有效”。因此，山煤国际能源集团晋城公司关于其法定代表人无权签订具有担保性质的合同或协议，三方业务合作协议中具有担保性质的差额退款责任对山煤国际能源集团晋城公司无效的上诉理由不能成立。

最高人民法院二审合议庭成员：任雪峰　杨　卓　胡　瑜

（编写人：任雪峰* 廖宇羿** 审稿人：李　明）

* 任雪峰，法律硕士，中华人民共和国最高人民法院第六巡回法庭，二级高级法官。

** 廖宇羿，法学博士，中华人民共和国最高人民法院第六巡回法庭，法官助理。

新疆龙煤能源有限责任公司
与
郑某
股权转让合同纠纷案

——明知存在风险而签订合同不能以情势变更主张解除

【裁判摘要】

行政法规禁止在风景名胜区采矿，当事人甘愿冒风险签订股权转让合同，之后政策下发导致探矿权不能延续，此种风险属于商业风险，不能依据《最高人民法院关于适用〈中华人民共和国合同法〉若干问题的解释（二）》第26条情势变更的规定解除合同。法律只保护法律风险不保护商业风险，商业风险自行承担。

【案件基本信息】

1. 诉讼当事人

上诉人（一审被告、反诉原告）：新疆龙煤能源有限责任公司（以下简称龙煤能源公司）

被上诉人（一审原告、反诉被告）：郑某

2. 案件索引与裁判日期

一审：新疆维吾尔自治区高级人民法院（2018）新民初55号判决（2018年11月15日）

二审：最高人民法院（2019）最高法民终827号判决（2019年10月23日）

3. 案由

股权转让合同纠纷

【简要案情】

郑某将其持有的目标公司新疆恒润泰商贸有限公司（以下简称恒润泰商贸公司）51%股权转让给龙煤能源公司，双方签订股权转让协议，约定变更登记手续办理完毕后3日内龙煤能源公司付清转让款；并约定“由于不可抗力或不可归责于各方的原因致使本协议的目的无法实现的”一方可以解除协议。2010年4月12日股权变更至龙煤能源公司名下并变更了法定代表人，截至最后一次付款2013年5月8日止龙煤能源公司共计支付5860万元股权转让款。

从2010年8月4日开始，当地下发矿区政策收紧的相关文件。2012年11月9日，龙煤能源公司出具的对郑某来函意见的复函记载：“双方对该矿权煤炭资源开发存在的政策性不确定因素已取得共识，我公司愿意与您共同努力，继续推进项目开发建设或争取政策补偿”。案涉探矿权至今未能延续。

郑某提起本案诉讼，请求龙煤能源公司支付欠付的股权转让款6741.6万元及逾期付款违约金3776.9万元。龙煤能源公司提出反诉，请求解除股权转让协议、股权转让补充协议，返还已支付的股权转让款及其他费用合计6681万余元。一审判决龙煤能源公司给付郑某股权转让款6741.6万元，并支付逾期付款违约金3776.9万元；驳回龙煤能源公司的反诉请求。

龙煤能源公司不服一审判决，向最高人民法院提出上诉。

【案件焦点】

能否适用情势变更规定解除股权转让协议。

【裁判结果】

最高人民法院认为，案涉矿区位于乌鲁木齐南山风景名胜区内，《风景名胜区条例》第26条规定在风景名胜区内不得开矿，龙煤能源公司作为矿产企业对矿区政策应当有预见，仍甘愿冒险受让股权，因此探矿权不能延续是恒润泰商贸公司的经营风险，不能适用《最高人民法院关于适用〈中华人民共和国合同法〉若干问题的解释（二）》第26条情势变更的规定解除合同。故股权转让协议不应解除，判决驳回上诉，维持原判。

【裁判摘要评析】

在涉及矿产资源开采的民事纠纷案件中，矿区因环保文件下发停工后，当事人往往会以《合同法司法解释（二）》第26条情势变更规定主张解除合同，此主张是否成立，结合本案案情对此问题进行分析，以期为此类案件提供裁判思路。

一、情势变更原则及构成要件

情势变更原则是指合同有效成立后，因不可归责于双方当事人的事由发生情势变更，致使合同基础动摇或丧失，若继续维持合同会显失公平，因此允许变更合同或者解除合同的原则。《合同法司法解释（二）》第26条是当合同原有的利益平衡因无法预见的客观情况发生造成不公平的状态存在，为调整这种状态施以法律救济。

适用该条必须满足以下四个要件：一是须发生客观情势的重大变化，以致继续履行合同对一方当事人明显不公平，或者不能实现合同目的；二是此种重大变化须发生在合同成立后，合同履行完毕前；三是此种重大变化属于合同成立的基础环境发生了异常的变动，所造成的风险属于意外的风险，不可归责于双方当事人，是当事人在缔约时无法预见，亦非因当事人自身原因造成，并非商业风险；四是当事人在缔约时尽管无法预见，但又并非不能避免、不能克服，不构成不可抗力。

二、情势变更与商业风险和不可抗力的区分

情势变更规定将商业风险、不可抗力导致的重大变化排除在外，在适用情势变更规定时往往需要区别情势变更与商业风险、不可抗力，其法律后果不同。如果混淆情势变更与正常商业风险的界限，将会纵容规避商业风险的行为，破坏交易安全，扰乱正常商业秩序，对市场经济造成损害。如果混淆情势变更与不可抗力，将导致本因不可抗力免责的一方可能承担不应当由其承担的责任。

（一）情势变更与商业风险

商业风险是指在商业活动中，由于各种不确定因素引起的，给商业主体带来损失的机会或可能性的一切客观经济现象。商业风险和情势变更的区别主要在于是否属于异常的变动，是否可以预见。情势变更的发生在客观上会使合同的基础和预期的目的发生根本性动摇，如继续履行原合同，将违背诚实信用原则和公平原则，因此法律进行干预调整。商业风险发生后，合同的基础没有发生根本变化，只是造成了一定条件下的履行困难、履行成本增加或预期利润的减少，继续履行并不会违反民法的基本原则，无须法律干预。商业风险是商业活动的固有风险，当事人往往有所了解，由此带来的变化不属于异常的不可预见的变化。情势变更的发生，在合同订立时无法预见，根据当时的情况也不可能预见。能否预见不是一种客观存在，需要结合具体个案综合考虑才能准确识别。也正是因为预见性的不同，情势变更和商业风险的法律后果也不同。情势变更当事人不可预见，所以不可归责于双方当事人，双方可以协商变更合同或请求法院解除合同；而商业风险由于具有可预见性，当事人往往甘愿冒风险或抱有侥幸心理，风险自行承担。

（二）情势变更与不可抗力

不可抗力是指不能预见、不能避免且不能克服的客观情况。不可抗力与情势变更均具有不可预见性，但二者的表现形式不同：不可抗力主要表现为自然灾害，社会异常行为如战争、罢工、骚乱等，国家征收、国家征用等；情势变更主要表现为订立合同时无法预见的政府政策、经济因素等。不可抗力已构成履行不能，义务人无须承担民事责任；而情势变更并非不能履行，只是继续履行合同对于一方当事人明显不公平或者不能实现合同目的，有违公平原则和诚实信用原则，因此由法律予以调整。不可抗力属于法定免责事由，因不可抗力导致的合同履行不能应当免责，不承担违约责任。发生情势变更后当事人可以请求解除合同，阻却继续履行。不可抗力与情势变更容易区分，而且《民法总则》第180条①，《合同法》第94条②、第117条③，对于因不可抗力导致的不能履行的法律后果及解除合同

① 本条现为《民法典》第180条。

② 本条现为《民法典》第563条："有下列情形之一的，当事人可以解除合同：（一）因不可抗力致使不能实现合同目的；（二）在履行期限届满前，当事人一方明确表示或者以自己的行为表明不履行主要债务；（三）当事人一方迟延履行主要债务，经催告后在合理期限内仍未履行；（四）当事人一方迟延履行债务或者有其他违约行为致使不能实现合同目的；（五）法律规定的其他情形。以持续履行的债务为内容的不定期合同，当事人可以随时解除合同，但是应当在合理期限之前通知对方。"

③ 本条现为《民法典》第180条和第590条。第180条规定："因不可抗力不能履行民事义务的，不承担民事责任。法律另有规定的，依照其规定。不可抗力是不能预见、不能避免且不能克服的客观情况。"第590条规定："当事人一方因不可抗力不能履行合同的，根据不可抗力的影响，部分或者全部免除责任，但是法律另有规定的除外。因不可抗力不能履行合同的，应当及时通知对方，以减轻可能给对方造成的损失，并应当在合理期限内提供证明。当事人迟延履行后发生不可抗力的，不免除其违约责任。"

的相关情况进行了明确规定，此处不再赘述。

三、情势变更原则在本案中的甄别

首先，环保文件下发对于龙煤能源公司而言不属于异常变动，其可以预见，属于商业风险不属于意外风险。案涉矿区位于乌鲁木齐南山风景名胜区内，龙煤能源公司作为矿产企业，在股权转让协议签订时对于案涉矿区位于风景名胜区内应当知晓，《风景名胜区条例》已经实施。即使如龙煤能源公司所称当地环保政策宽松，在行政法规有明确规定的情况下，龙煤能源公司在客观上是能够也应当预见到环保政策对股权转让的影响。本案中龙煤能源公司对当时的政策抱有侥幸心理，之后当地政策逐步收紧导致探矿权不能延续，对于龙煤能源公司而言不属于意外风险。龙煤能源公司明知行政法规禁止在风景名胜区采矿，而甘愿冒风险通过签订股权转让协议成为恒润泰商贸公司股东以享有矿业权所带来的利益，此种风险属于商业风险。

其次，政策变化并未导致合同基础丧失，亦未导致合同目的不能实现。龙煤能源公司与郑某签订股权转让协议的原因是郑某持有恒润泰商贸公司的股权，恒润泰商贸公司享有案涉探矿权。当地政策的变化可能导致案涉探矿权无法延续，但案件审理时探矿权仍然存在，龙煤能源公司签订股权转让协议的基础没有丧失，龙煤能源公司仍持有恒润泰商贸公司51%的股权，并享有股东权益。案涉股权已于2010年4月12日变更登记至龙煤能源公司名下，股权转让的目的已经实现，探矿权并未灭失，对于政策导致的探矿权不能延续是恒润泰商贸公司在经营过程中遇到的经营风险，并未导致股权转让协议合同目的不能实现，龙煤能源公司不能将股权转让合同的目的扩大至探矿权、采矿权的实现。

最后，龙煤能源公司在政策调整后，以实际行为继续履行合同。2012年11月9日，龙煤能源公司对郑某来函意见的复函中记载，双方对该矿区煤炭资源开发存在的政策性不确定因素已取得共识，愿继续推进项目开发建设或争取政策补偿。龙煤能源公司在2010年7月9日已经明知政策调整，但在2012年11月9日的复函中明确表示继续推进，2013年5月8日仍支付股权转让价款，以实际行为继续履行合同。

因此，本案并不适用《合同法司法解释（二）》第26条关于情势变更的规定，龙煤能源公司以情势变更为由主张解除合同的理由不能成立。

最高人民法院二审合议庭成员：陈纪忠　王东敏　丁广宇

（编写人：赵　静* 审稿人：李　明）

---

* 赵静，法学硕士，中华人民共和国最高人民法院第六巡回法庭，法官助理。

平安银行股份有限公司北京分行、北京黄金交易中心有限公司等与海南金凤凰温泉度假酒店有限公司、北京鑫宇鹏机电有限公司等金融借款合同纠纷案

——出具盖有单位公章的空白担保合同的效力与担保人可在质权人放弃质权的范围内免责

【裁判摘要】

当事人一方出具盖有单位公章的内容空白的担保合同给债权人，应认定其授权债权人填写相关内容，该担保合同所载内容对其具有约束力，除非有反证足以推翻。

当事人约定以保证金本息作为质押担保，但担保权人将保证金利息划付到债务人的结算账户，没有作为保证金质押的标的行使优先受偿权，该行为表明，其放弃对该部分利息的优先受偿权。根据《中华人民共和国物权法》第 218 条①的规定，担保人可据此在担保权人放弃的保证金利息优先受偿权范围内免除担保责任。

【案件基本信息】

1. 诉讼当事人

上诉人（一审原告）：平安银行股份有限公司北京分行（以下简称平安

① 本条现为《民法典》第 435 条：“质权人可以放弃质权。债务人以自己的财产出质，质权人放弃该质权的，其他担保人在质权人丧失优先受偿权益的范围内免除担保责任，但是其他担保人承诺仍然提供担保的除外。”以下同。

银行北京分行）

上诉人（一审被告）：中国青旅实业发展有限责任公司（以下简称中青旅实业发展公司）

上诉人（一审被告）：北京黄金交易中心有限公司（以下简称黄金交易中心公司）

被上诉人（一审被告）：苏州静思园有限公司（以下简称静思园公司）

被上诉人（一审被告）：中金商业保理有限公司（以下简称中金商业保理公司）

被上诉人（一审被告）：海南金凤凰温泉度假酒店有限公司（以下简称金凤凰温泉度假酒店公司）

被上诉人（一审被告）：北京鑫宇鹏机电有限公司（以下简称鑫宇鹏机电公司）

被上诉人（一审被告）：霍尔果斯国都商务科技有限公司（以下简称国都商务科技公司）

被上诉人（一审被告）：永清通达新型建材科技发展有限公司（以下简称通达新型建材科技发展公司）

2. 案件索引与裁判日期

一审：北京市高级人民法院（2018）京民初 67 号判决（2018 年 12 月 29 日）

二审：最高人民法院（2019）最高法民终 935 号判决（2019 年 6 月 28 日）

3. 案由

金融借款合同纠纷

【简要案情】

2017 年 7 月 24 日，平安银行北京分行与黄金交易中心公司签订授信合同，约定：平安银行北京分行同意授予黄金交易中心公司 40 亿元的综合授信额度。综合授信额度期限自 2017 年 7 月 24 日至 2018 年 7 月 23 日。

平安银行北京分行与中青旅实业发展公司、静思园公司、中金商业保理公司签订最高额保证担保合同，约定：为了保证平安银行北京分行与黄金交易中心公司合同的履行，愿作为保证人向平安银行北京分行提供最高额连带责任保证。

平安银行北京分行与鑫宇鹏机电公司、通达公司签订最高额抵押担保合同，约定：为了保证平安银行北京分行与黄金交易中心公司合同的履行，愿意以其合法拥有的财产向平安银行北京分行提供最高额抵押担保。

平安银行北京分行与中青旅实业发展公司、国都商务科技公司、中金商业保理公司签订最高额质押担保合同，约定：为了保证平安银行北京分行与黄金交易中心公司合同的履行，愿意以其合法拥有的财产向平安银行北京分行提供最高额质押担保。

2018 年 1 月 22 日，平安银行北京分行与黄金交易中心公司签订平银物流集承字 20180122 第 0001 号汇票承兑合同，约定：黄金交易中心公司向平安银行北京分行申请汇票承兑。平安银行北京分行为黄金交易中心公司签发的总金额为 24,000 万元的商业汇票进行承兑。同日，平安银行北京分行与黄金交易中心公司签订编号为平银物流集质字 20180122 第 0003 号的质押担保合同，约定：黄金交易中心公司以其合法拥有的财产向平安银行北京分行提供质押。

之后，平安银行北京分行与黄金交易中心公司于 2018 年 2 月 28 日、2018 年 3 月 1 日、2018 年 3 月 2 日、2018 年 3 月 5 日、2018 年 3 月 6 日，分别签订汇票承兑合同和质押担保合同，每份汇票承兑合同均约定平安银行北京分行为黄金交易中心公司签发的总金额为 34,000 万元的商业汇票进行承兑；质押担保合同均约定黄金交易中心公司以其合法拥有的财产向平安银行北京分行提供质押。

2018 年 3 月 7 日，平安银行北京分行与黄金交易中心公司签订平银物流集承字 20180307 第 0001 号汇票承兑合同，约定：黄金交易中心公司向平安银行北京分行申请汇票承兑。平安银行北京分行为黄金交易中心公司签发的总金额为 5980 万元的商业汇票进行承兑。

2018 年 7 月 23 日，平安银行北京分行对 2018 年 1 月 23 日开立的 5 张承兑汇票进行承兑，付款金额 2.4 亿元。当日，平安银行北京分行扣划了黄金交易中心公司质押的大额存单本金 1.2 亿元和利息 18 万元。

2018 年 8 月 28 日，平安银行北京分行对 2018 年 2 月 28 日开立的 7 张承兑汇票进行承兑，付款金额 3.4 亿元。当日，平安银行北京分行扣划了黄金交易中心公司质押的大额存单本金 1.7 亿元和产生的利息 25.5 万元。

2018 年 9 月 1 日，平安银行北京分行对 2018 年 3 月 1 日开立的 7 张承兑汇票进行承兑，付款金额 3.4 亿元。当日，平安银行北京分行扣划了黄金交易中心公司质押的大额存单本金 1.7 亿元和产生的利息 257,833.33 元。

2018 年 9 月 2 日，平安银行北京分行对 2018 年 3 月 2 日开立的 7 张承兑汇票进行承兑，付款金额 3.4 亿元。当日，平安银行北京分行扣划了黄金交易中心公司质押的大额存单本金 1.7 亿元和产生的利息 256,416.67 元。

2018 年 9 月 5 日，平安银行北京分行对 2018 年 3 月 5 日开立的 7 张承兑汇票进行承兑，付款金额 3.4 亿元。当日，平安银行北京分行扣划了黄金交易中心公司质押的大额存单本金 1.7 亿元和产生的利息 25.5 万元。

2018 年 9 月 6 日，平安银行北京分行对 2018 年 3 月 6 日开立的 7 张承兑汇票进行承兑，付款金额 3.4 亿元。当日，平安银行北京分行扣划了黄金交易中心公司质押的大额存单本金 1.7 亿元和产生的利息 25.5 万元。

2018 年 9 月 7 日，平安银行北京分行对 2018 年 3 月 7 日开立的 2 张承兑汇票进行承兑，付款金额 5980 万元。当日，平安银行北京分行扣划了黄金交易中心公司上述汇票存缴的保证金 2990 万元，其中 2900 万元产生的 2018 年 6 月 21 日以后的利息 19,435 元已转入黄金交易中心公司银行账号 1101××××××××××。该 19,435 元已在平安银行北京分行的诉讼请求中予以扣减。

黄金交易中心公司尚欠 998,421,315 元未支付给平安银行北京分行。

2018 年 4 月 25 日，平安银行北京分行通过中国人民银行征信中心查询中青旅实业发展公司企业信用信息，中青旅实业发展公司企业信用报告显示，中青旅实业发展公司在 2018 年 3 月 28 日发生 11 笔银行承兑汇票垫款，金额为 29,610 万元。

2018 年 4 月 17 日，平安银行北京分行向黄金交易中心公司发出债务提前到期通知书，宣布因存在双方约定的加速到期事由，故授信合同、汇票承兑合同提前到期，请黄金交易中心公司在收到该通知之日起 5 日内归还上述提前到期的债务，如到期不能偿还，平安银行北京分行将计收罚息、复利。

2018 年 4 月 17 日，平安银行北京分行向中青旅实业发展公司发出两份要求履行担保责任通知书，通知中青旅实业发展公司履行担保义务，在收到本通知之日起 5 日内代为清偿借款人的融资本金、利息、罚息、复利等债务。

平安银行北京分行还分别向鑫宇鹏机电公司、国都商务科技公司发出要求履行担保责任通知书，内容与平安银行北京分行向中青旅实业发展公司发出的要求履行担保责任通知书基本相同，均通知鑫宇鹏机电公司和国都商务科技公司代为清偿借款人的全部融资本金、利息、罚息、复利等债务。

2017 年 7 月 20 日，中青旅实业发展公司作出股东会决议，同意为黄金交易中心公司向平安银行北京分行申请授信提供保证。2017 年 11 月 13 日，中青旅实业发展公司作出股东会决议，同意为黄金交易中心公司向平安银行北京分行申请授信提供质押担保，担保物为中青旅实业发展公司持有的鑫宇鹏机电公司 20%的股权。

平安银行北京分行还提交了静思园公司的股东决议，静思园公司股东中金商业保理公司同意为黄金交易中心公司向平安银行北京分行申请授信提供保证担保，授信金额 40 亿元。

平安银行北京分行还提交了其与金凤凰温泉度假酒店公司签订的最高额保证担保合同，合同载明的签订日期为 2018 年 5 月 11 日，其中约定：为了保证平安银行北京分行与黄金交易中心公司合同的履行，金凤凰温泉度假酒店公司愿作为保证人向平安银行北京分行提供最高额连带责任保证。本合同担保范围为授信合同项下黄金交易中心公司所应承担的全部债务（包括或有债务）本金、利息、复利及罚息、实现债权的费用。债务本金最高额为人民币 40 亿元。

平安银行北京分行还提交了其与金凤凰温泉度假酒店公司签订的最高额抵押担保合同，合同载明的签订日期为 2018 年 5 月 11 日，其中约定：为了保证平安银行北京分行与黄金交易中心公司合同的履行，金凤凰温泉度假酒店公司愿意以其合法拥有的财产向平安银行北京分行提供最高额抵押担保。本合同抵押担保范围为授信合同项下黄金交易中心公司所应承担的全部债务（包括或有债务）本金、利息、复利及罚息、实现债权的费用。债务本金最高额为40亿元。合同还约定了其他条款。

金凤凰温泉度假酒店公司还提交了中青旅实业发展公司融资部朱某某于2018年5月11日17:10:53给金凤凰温泉度假酒店公司王某发送的电子邮件，该电子邮件显示：因平安银行北京分行20亿元贷款正在准备续授信，银行要求追加担保方式，由金凤凰温泉度假酒店公司作抵押担保，需要金凤凰温泉度假酒店公司配合为附件中资料盖章。

金凤凰温泉度假酒店公司还提交了其工作人员王某与平安银行北京分行工作人员姜某在2018年7月8日的通话录音，电话录音中，王某称：5月11日，中青旅实业发展公司因续贷要求金凤凰温泉度假酒店公司办理担保。5月12日，王某把15套空白合同寄给了平安银行北京分行。5月22日，姜某和平安银行北京分行另一位工作人员朱某到金凤凰温泉度假酒店公司进行核实。王某当时还向姜某和朱某询问续贷的手续是否完成。姜某在电话中并未否认王某的陈述，并认可金凤凰温泉度假酒店公司的担保涉及贷款20亿元。

金凤凰温泉度假酒店公司还提交了其法定代表人刁某某与中青旅实业发展公司总经理马某某于2018年7月8日下午的电话录音，电话录音中，刁某某称马某某于5月11日向其发信息说中青旅实业发展公司要求金凤凰温泉度假酒店公司给平安银行北京分行作续授信担保。金凤凰温泉度假酒店公司将空白合同寄出后，平安银行北京分行于5月23日派人到金凤凰温泉度假酒店公司。刁某某称当时马某某没有告诉他起诉的事情。电话中，马某某认可刁某某的陈述。

北京市高级人民法院判决：（一）黄金交易中心公司于判决生效之日起10日内给付平安银行北京分行本金998,421,315元，并支付罚息（其中119,820,000元的罚息自2018年7月23日起算；169,745,000元的罚息自2018年8月28日起算；169,742,166.67元的罚息自2018年9月1日起算；169,743,583.33元的罚息自2018年9月2日起算；169,745,000元的罚息自2018年9月5日起算；169,745,000元的罚息自2018年9月6日起算；29,880,565元的罚息自2018年9月7日起算，上述罚息均计算至本金给付之日止，均按照每日万分之五的标准计算）；（二）中青旅实业发展公司、静思园公司、中金商业保理公司对判决第一项确定的黄金交易中心公司的债务承担连带保证责任；（三）对判决第一项确定的黄金交易中心公司的债务，鑫宇鹏机电公司在其与平安银行北京分行签订的最高额抵押担保合同项下的抵押物的价值范围内，对平安银行北京分行承担连带赔偿责任；（四）对判决第一项确定的黄金交易中心公司的债务，平安银行北京分行有权以中青旅实业发展公司持有的鑫宇鹏机电公司出资额为600万元的股权折价或者以拍卖、变卖该股权所得的价款享有优先受偿权；（五）对判决第一项确定的黄金交易中心公司的债务，平安银行北京分行有权以国都公司持有的鑫宇鹏机电公司出资额为2400万元的股权折价或者以拍卖、变卖该股权所得的价款享有优先受偿权；（六）对判决第一项确定的黄金交易中心公司的债务，通达公司在其与平安银行北京分行签订的最高额抵押担保合同项下的抵押物的价值范围内，对平安银行北京分行承担连带赔偿责任；（七）中青旅实业发展公司、静思园公司、中金商业保理公司承担保证责任后，有权向黄金交易中心公司追偿；（八）驳回平安银行北京分行的其他诉讼请求。

平安银行北京分行、黄金交易中心公司、中青旅实业发展公司不服一审判决，向最高人民法院上诉。

二审对一审查明的事实予以确认。

二审另查明：

合同编号为平银物流集承字20180307第0001号汇票承兑合同第2.1条约定：保证金本息作为向甲方申请承兑的质押担保。平安银行北京分行认可，黄金交易中心公司在开具2018年9月7日到期的批次银行承兑汇票时交存29,990,000元银行承兑汇票保证金，交存日期是2018年3月7日，交存日期为起息日期。2018年6月21日之前的利息，平安银行北京分行已打入黄金交易中心公司结算账户，平安银行北京分行并未将其作为质押物在本案所涉债权中进行扣减，平安银行北京分行认可如作为质押物实现债权，上述款项应从债权本金中扣减。

金凤凰温泉度假酒店公司有两个股东，分别为中青旅物资（上海）有限公司［以下简称中青旅物资（上海）公司］和北京厚谊汇通商务旅行服务有限公司。其中，中青旅物资（上海）公司持股比例为75%，该公司由中青旅实业发展公司100%持股。

【案件焦点】

1. 出具盖有单位公章的空白担保合同效力；

2. 质权人放弃部分质权的，担保人的担保责任。

【裁判结果】

最高人民法院判决：（一）维持北京市高级人民法院（2018）京民初67号民事判决第一项、第三项、第四项、第五项、第六项；（二）撤销北京市高级人民法院（2018）京民初67号民事判决第二项、第七项、第八项；（三）改判中青旅实业发展公司对黄金交易中心公司于本判决生效之日起10日内给付平安银行北京分行本金998,395,900元，并支付罚息（其中119,820,000元的罚息自2018年7月23日起算；169,745,000元的罚息自2018年8月28日起算；169,742,166.67元的罚息自2018年9月1日起算；169,743,583.33元的罚息自2018年9月2日起算；169,745,000元的罚息自2018年9月5日起算；169,745,000元的罚息自2018年9月6日起算；29,855,150元的罚息自2018年9月7日起算，上述罚息均计算至本金给付之日止，均按照每日万分之五的标准计算）；（四）中青旅实业发展公司、静思园公司、中金商业保理公司、金凤凰温泉度假酒店公司对本判决第一项确定的黄金交易中心公司的债务承担连带保证责任；（五）中青旅实业发展公司、静思园公司、中金商业保理公司、金凤凰温泉度假酒店公司承担保证责任后，有权向黄金交易中心公司追偿；（六）驳回平安银行北京分行的其他诉讼请求。

【裁判摘要评析】

一、金凤凰温泉度假酒店公司是否与平安银行北京分行成立合法有效的担保合同法律关系

金凤凰温泉度假酒店公司否定其与平安银行北京分行成立合法有效的担保合同法律关系，主要有三点理由：

一是最高额保证担保合同的内容是平安银行北京分行自行填写，所写担保主债权的用途与金凤凰温泉度假酒店公司担保用途不同。最高人民法院认为，平安银行北京分行提交的其与金凤凰温泉度假酒店公司签订的最高额保证担保合同系金凤凰温泉度假酒店公司加盖了其公章后邮寄给平安银行北京分行的正文部分为空白的合同，合同中关于担保主债权的内容由平安银行北京分行填写。金凤凰温泉度假酒店公司该加盖公章将内容空白的担保合同交由债权人填写的行为表明，其授权债权人填写相关担保内容，故该担保合同所载内容对金凤凰温泉度假酒店公司具有约束力。金凤凰温泉度假酒店公司并无反证足以推翻该事实。

二是金凤凰温泉度假酒店公司主张，其系为平安银行北京分行与黄金交易中心公司之间的“续贷”提供担保，而非为本案主债权提供担保，中青旅实业发展公司、平安银行北京分行对其构成欺诈。最高人民法院认为，其提交的证据不足以证明该事实，具体阐述为：首先，其提交的电子邮件仅为中青旅实业发展公司工作人员与金凤凰温泉度假酒店公司的工作人员之间的内部沟通邮件，在平安银行北京分行对为“续贷”提供的事实不予认可的情形下，该邮件所载内容并不能证明平安银行北京分行告知金凤凰温泉度假酒店公司是为“续贷”提供担保，也不足以证明平安银行北京分行知道或者应当知道中青旅实业发展公司工作人员告知金凤凰温泉度假酒店公司是为“续贷”提供担保的事实。其次，金凤凰温泉度假酒店公司工作人员与平安银行北京分行工作人员的通话录音均显示，通话时间是在金凤凰温泉度假酒店公司将最高额保证担保合同邮寄给平安银行北京分行进行填写之后，并非发生在平安银行北京分行与金凤凰温泉度假酒店公司沟通提供担保事宜过程中，平安银行北京分行工作人员也并未直接肯定关于金凤凰温泉度假酒店公司工作人员“续贷”的陈述。最后，在平安银行北京分行员工到金凤凰温泉度假酒店公司去核印和现场拍照，并无证据证明金凤凰温泉度假酒店公司提出异议。

三是金凤凰温泉度假酒店公司否定该公司股东会决议内容是为本案所涉主债权提供担保。根据《公司法》第16条的规定，公司向其他企业投资或者为他人提供担保，依照公司章程的规定，由董事会或者股东会、股东大会决议。在本案二审审理过程中，金凤凰温泉度假酒店公司认可其作出了股东会决议，但只是对股东会决议的内容有异议，且其自认，该公司的股东已经在空白担保合同上盖章。由于其认可存在股东会决议，但又没有充分证据证明该股东会决议载明的内容是为“续贷”提供担保，故结合其向平安银行北京分行邮寄盖有该公司公章的空白担保合同的事实可以推定，该公司为案涉担保作出了股东会决议，符合《公司法》第16条规定的公司担保须经公司相关机构决议的规定，能够认定为公司真实意思表示，应认定有效。

二、质权人放弃部分质权的，担保人可以在其放弃范围内免除担保责任

《物权法》第218条规定："质权人可以放弃质权。债务人以自己的财产出质，质权人放弃该质权的，其他担保人在质权人丧失优先受偿权益的范围内免除担保责任，但其他担保人承诺仍然提供担保的除外。"本案中，汇票承兑合同第2.1条约定了保证金本息作为向平安银行北京分行申请承兑的质押担保，但平安银行北京分行将争议的保证金利息部分划付到债务人的结算账户，没有对作为保证金质押的标的行使优先受偿权，该行为表明，其放弃对该部分利息的优先受偿权。中青旅实业发展公司据此提起上诉，认为其不应对该部分债权本金25,415元承担担保责任，相应地，由于该部分金额是对第7笔借款本金的抵扣，故中青旅实业发展公司应承担保证责任的第7笔债务的罚息也相应减少，即其承担保证责任的第7笔债务的罚息的计算基数为2,988,150元，计算时间为自2018年9月7日起算，给付至本金实际给付之日止，给付利率为日万分之五。二审法院对于中青旅实业发展公司的上诉请求予以支持。

最高人民法院二审合议庭成员：刘崇理　张雪楳　王毓莹

（编写人：张雪楳* 审稿人：李　明）

* 张雪楳，法学博士，中华人民共和国最高人民法院民事审判第二庭审判长，二级高级法官。

中国有色金属建设股份有限公司
与
恒丰银行股份有限公司宁波分行
及一审被告宁波众仁宏电子有限公司、
宁波港迪贸易有限公司等
信用证开证纠纷、追偿权纠纷案

——票据债务人不能以自己对出质人的抗辩事由对抗票据质权人

【裁判摘要】

票据抗辩权的切断旨在保护正当、善意的持票人，而票据质权人支付了合理对价，其已经合法、善意取得了票据权利，票据债务人不能以自己对出质人的抗辩事由对抗票据质权人。

【案件基本信息】

1. 诉讼当事人

再审申请人（一审被告、二审上诉人）：中国有色金属建设股份有限公司（以下简称有色金属建设公司）

被申请人（一审原告、二审被上诉人）：恒丰银行股份有限公司宁波分行（以下简称恒丰银行宁波分行）

一审被告：宁波众仁宏电子有限公司（以下简称众仁宏电子公司）

一审被告：宁波港迪贸易有限公司（以下简称港迪贸易公司）

一审被告：杨某

一审被告：王某

一审被告：宁波国海电子有限公司（以下简称国海电子公司）

一审被告：中外运宁波物产有限公司（以下简称中外运宁波物产公司）

一审被告：浙江乐迪电子科技有限公司（以下简称乐迪电子科技公司）

2. 案件索引与裁判日期

一审：浙江省宁波市中级人民法院（2017）浙 02 民初 499 号判决（2018 年 1 月 24 日）

二审：浙江省高级人民法院（2018）浙民终 223 号判决（2018 年 5 月 4 日）

申请再审：最高人民法院（2019）最高法民申 6472 号裁定（2020 年 3 月 13 日）

3. 案由

信用证开证纠纷、追偿权纠纷

【简要案情】

众仁宏电子公司与有色金属建设公司签订 3 份商票预付款采购合同，约定众仁宏电子公司向有色金属建设公司销售电解铝。合同签订当天，有色金属建设公司分别签发 3 张金额合计 1 亿元的商业承兑汇票并背书转让给众仁宏电子公司。但是众仁宏电子公司未能按约履行上述 3 份商票预付款采购合同项下交货义务。

恒丰银行宁波分行与众仁宏电子公司订立 4 份贸易融资主协议，约定众仁宏电子公司可向恒丰银行宁波分行申请使用的贸易融资额度合计为 11,191.75 万元，第 1 份贸易融资主协议约定的贸易融资业务为国内信用证，第 2 份、第 3 份贸易融资主协议约定的贸易融资业务为买方保理担保。上述协议签订同时，恒丰银行宁波分行与众仁宏电子公司分别订立最高额质押合同，约定众仁宏电子公司以有色金属建设公司出票并承兑的 3 张商业承兑汇票为上述贸易融资主协议项下发生的主债权进行担保。众仁宏电子公司将相应的商业承兑汇票质押背书并交付给恒丰银行宁波分行，被背书人为恒丰银行宁波分行，众仁宏电子公司在“背书人”栏加盖财务专用章，该栏内还注明“质押”字样。

贸易融资主协议履行过程中，恒丰银行宁波分行向众仁宏电子公司开立了金额为3996万元的国内信用证，并为众仁宏电子公司与港迪贸易公司的交易提供买方信用风险担保业务，担保金额合计7196.115万元。同时港迪贸易公司又向恒丰银行宁波分行申请叙做TAS-DFC（国内保理收益权代理转让）业务，将其持有的上述保理收益权转让给财富证券有限责任公司（以下简称财富证券公司）并融资7047.022736万元。

因众仁宏电子公司未足额存入上述信用证项下资金也未清偿应付账款，恒丰银行宁波分行对外发生垫款3996万元，并向财富证券公司付款7195.755万元。

恒丰银行宁波分行向一审法院起诉，请求：（1）众仁宏电子公司立即向恒丰银行宁波分行偿还垫款9980.600675万元，并支付自实际垫款日起至实际清偿日止的逾期利息；（2）有色金属建设公司立即向恒丰银行宁波分行兑付汇票10,000万元，并支付自票据到期日起按照中国人民银行同期同类贷款基准利率计算至付清之日止的利息。

一审法院认为，汇票质押具有权利担保的性质，恒丰银行宁波分行依据其质权享有的是请求付款以优先受偿的权利，该权利不是众仁宏电子公司的汇票权利，也不受该汇票权利瑕疵的限制，行使汇票权利仅仅是恒丰银行宁波分行实现质权的方式；而且有色金属建设公司也未证明恒丰银行宁波分行在质押授信过程中存在恶意，恒丰银行宁波分行支付了对价，其作为善意第三人的权利应当受到保护，故有色金属建设公司对众仁宏电子公司的抗辩不能及于恒丰银行宁波分行。一审法院据此判决：若众仁宏电子公司未履行付款义务，则恒丰银行宁波分行有权要求有色金属建设公司向其支付案涉商业承兑汇票项下款项。

有色金属建设公司不服一审判决，向二审法院提起上诉，请求驳回恒丰银行宁波分行对有色金属建设公司的诉讼请求。

二审法院认为，赋予票据以无因性，赋予票据行为以独立性，票据抗辩权的切断，目的都在于保护正当、善意持票人。本案中恒丰银行宁波分行作为票据质押权人，已经合法、善意地取得了涉案的汇票。作为质押权人所拥有的票据权利，虽然应当受到一定的限制，比如转质押以及再背书转让的权利，但这种限制不能无限放大，对保证其质押权实现的付款请求权及追索权应当予以保护，由此，恒丰银行宁波分行之付款请求权及追索权应当可以合法切断有色金属建设公司的票据抗辩权。二审法院据此判决：驳回上诉，维持原判。

有色金属建设公司不服二审判决，向最高人民法院申请再审。

【案件焦点】

票据债务人有色金属建设公司能否以众仁宏电子公司未履行交货义务为由，对票据质权人恒丰银行宁波分行主张抗辩。

【裁判结果】

最高人民法院经审查认为，《中华人民共和国票据法》第 13 条第 1 款规定："票据债务人不得以自己与出票人或者与持票人的前手之间的抗辩事由，对抗持票人。但是，持票人明知存在抗辩事由而取得票据的除外"。第 11 条第 2 款规定："前手是指在票据签章人或者持票人之前签章的其他票据债务人。"本案中，众仁宏电子公司将票据质押背书并交付恒丰银行宁波分行，构成恒丰银行宁波分行的"前手"。票据抗辩权的切断旨在保护正当、善意的持票人，而恒丰银行宁波分行作为质押权人支付了合理对价，其已经合法、善意取得了案涉票据。二审判决对有色金属建设公司关于其抗辩权未切断的主张未予支持，并无不当。最高人民法院据此裁定：驳回有色金属建设公司的再审申请。

【裁判摘要评析】

一、票据质权的权利性质

票据质押是票据法律关系与质押法律关系的综合体，不仅要受到担保法等普通民事法律的调整，还要受到票据法规则的制约，这使得理解票据质押法律问题变得复杂起来，其中最具争议的问题便是票据债务人能否以其对出质人的抗辩事由对抗票据质权人。

为解决这一问题，首先要明确票据质权的权利性质。从担保法来讲，票据质权人通过票据质押背书并交付的方式取得了质权，其是质押权人，而非本身的票据权人，因为设质背书并非以转让票据权利为目的，而是以担保被背书人对背书人的某一债权为内容，所以虽然背书人经设质背书将票据转让于被背书人占有，但是票据权利人依然是背书人，持有票据的被背书人并没有取得票据权利，其行使权利需要以担保法规定的方式进行，即《物权法》第219条[①]第2款规定的"质权人可以与出质人协议以质押财产折价，也可以就拍卖、变卖质押财产所得的价款优先受偿"。从票据法来讲，《票据法》第35条第2款规定："汇票可以设定质押；质押时应当以背书记载'质押'字样。被背书人依法实现其质权时，可以行使汇票权利"。据此，票据质权人享有的是汇票权利。如何理解两种法律规范对票据质权权利性质的不同规定，票据质权人是否享有票据权利，理论界和实务界对此有不同理解。

有观点认为，票据质权人不享有票据权利，票据权利与质权人对票据享有的质权是两种不同性质的权利，前者受票据法规范，后者受担保法规范。票据权利人以票据出质，其目的在于设定质权，而不当然移转票据的权利，不同于转让背书，所以在以票据出质以后，质权人没有取得票据权利，不能直接行使票据的权利。因此，票据质权人并不能像票据权利人一样行使权利，而必须按照质权人实现质权的一般规则行使，即只有在债务人不履行债务时，才能行使其对票据所享有的质权，权利范围不能超越其担保的主债权数额，且票据质权人在行使质权时，仅仅享有对票据权利的优先受偿权，而不是直接行使其对票据的各种权利，[②] 不能享有和票据权利人相同的付款请求权和追索权，票据质权人只能通过出质人或者诉讼程序行使权利，[③] 其行使票据权利也只是代背书人行使票据权利而已。[④]

在主张票据质权人不享有票据权利的学者看来，票据质押本质上是一般的债权质押，票据质权人本质上享有的是一种质权，因此，由于票据质权人没有独立的票据权利，而是依附于出质人，代出质人行使票据权利，出质人并不构成票据法意义上的"持票人"，若与票据债务人有直接债权债务关系的出质人不履行约定义务，票据债务人就可以对出质人主张抗

① 本条现为《民法典》第436条。

② 参见王利明：《物权法研究》（第3版·上下卷），中国人民大学出版社2013年版，第1355页。

③ 参见曹士兵：《中国担保诸问题的解决与展望——基于担保法及其司法解释》，中国法制出版社2001年版，第313页。

④ 参见王小能：《票据法教程》，北京大学出版社1994年版，第226页。

辩，也就可以对代出质人行使票据权利的票据质权人主张抗辩，票据质权人不能依据《票据法》第13条第1款主张抗辩切断。如在滕州市城郊信用社诉建行枣庄市薛城区支行票据纠纷案①中，山东省高级人民法院认为，洗煤厂未支付对价而取得银行汇票，作为出票人的薛城区建行可以对洗煤厂进行抗辩，城郊信用社以签订质押合同、交付权利凭证的方式取得的票据质权，应继受出质人洗煤厂的票据权利瑕疵，薛城区建行可以将抗辩权向城郊信用社行使。

二、票据质权人享有票据权利

票据质权人不享有票据权利的观点虽然符合担保法关于权利质押的一般规定，但是却忽视了票据的特殊性，不符合商事活动中票据流转的基本逻辑，不利于保护票据质权人的信赖利益，因而不为多数学者采纳。主流观点认为，票据质权人享有票据权利，票据质权人有权对抗票据债务人援用其对出质人的抗辩，除非票据质权人明知存在抗辩事由而取得票据。② 这是因为，一方面，票据质权人基于票据质押基础法律关系取得了票据，是合法持票人，其以自己的名义、为自己的利益行使票据权利，出质人和票据质权人是在票据法上人格与利益分离的两个独立的主体，票据债务人不可以对出质人的抗辩事由来对抗票据质权人。③ 另一方面，从票据权利相较于一般债权的特殊性来讲，票据作为商事活动中常见的一种支付手段，其流转强调外观主义，保护交易安全，而质押背书的目的是“以票据权利的安全性和信用性作为设质债务的担保，如果允许以对背书人的抗辩对抗被背书人，使其妨碍质权的行使，就破坏了票据作为权利证券的安全性和作为流通证券的信用性，与票据行为的独立性原则不相吻合，票据作为设质

---

① 参见《最高人民法院公报》2004年第11期。

② 参见孙永全：《票据权利质押与票据质押区辨》，载《人民法院报》2017年5月17日；刘保玉主编：《担保纠纷裁判依据新释新解》，人民法院出版社2014年版，第267页。

③ 参见刘心稳：《票据法》（第3版），中国政法大学出版社2015年版，第154~155页。

标的就失去其特有的意义了”。[①] 该观点也是司法实践中的主流观点。[②]

最高人民法院经研究认为，票据质权人享有票据权利，有权对抗票据债务人对出质人抗辩的观点更为可采。[③]

第一，从担保法与票据法的关系上来看，担保法是民事一般法，票据法是商事特别法，在担保法与票据法有不同规定时，应当优先适用票据法的规定，即应当依据票据法来认定票据质权的权利性质。

第二，该观点具有直接的法律依据，《票据法》第 35 条第 2 款直接规定了票据质权人依法实现其质权时，可以行使汇票权利，同时该法第 4 条第 4 款规定：“本法所称票据权利，是指持票人向票据债务人请求支付票据金额的权利，包括付款请求权和追索权”，因此票据质权人与基于转让取得票据的票据权利人享有同等的权利，即付款请求权和追索权。

第三，《票据法》第 13 条第 1 款规定：“票据债务人不得以自己与出票人或者与持票人的前手之间的抗辩事由，对抗持票人。但是，持票人明知存在抗辩事由而取得票据的除外。”从该款来看，抗辩切断强调票据占有的事实状态，即实际持有，侧重保护票据持有人的权利，而票据质权人是票据的实际持有人，可以主张抗辩切断。

第四，票据抗辩权的切断旨在保护正当、善意的持票人，而票据质权人作为质押权人支付了合理对价，其已经合法、善意取得了票据权利，若允许票据债务人以自己对出质人的抗辩事由对抗票据质权人，善意的票据质权人将会遭受不测之风险，这将会破坏票据作为权利证券的安全性和作

---

① 参见崔建远，《物权法》（第 2 版），中国人民大学出版社 2011 年版，第 540 页；姜建初：《票据原理与票据法比较》，法律出版社 1994 年版，第 103~104 页。

② 参见江苏金票通投资管理有限公司诉浙江尤夫高新纤维股份有限公司等票据追索权纠纷案，上海金融法院（2020）沪 74 民终 7 号判决；平安银行股份有限公司宁波分行诉中国有色金属建设股份有限公司等金融借款合同纠纷案，浙江省宁波市中级人民法院（2018）浙 02 民终 2695 号判决；中国银行股份有限公司海门支行诉天津国恒铁路控股股份有限公司票据付款请求权纠纷案，广东省高级人民法院（2013）粤高法民二终字第 64 号判决。

③ 从比较法来看，该观点也是比较法上的通说，如德国《票据法》第 19 条“抵押背书”第 2 款规定，汇票债务人不得以本人与背书人有直接关系为理由向持票人提出抗辩，但持票人在取得汇票时知晓该交易不利于债务人时，不在此限。另可参见日本《票据法》第 19 条“设质背书”第 2 款的规定，票据债务人不得基于人的关系得抗辩背书人之事由对抗执票人，但执票人明知有害于票据债务人而取得票据者，不在此限。

为流通证券的信用性，损害交易安全，不利于市场经济的健康、稳定发展。

另外需要注意的是，票据质押作为一种特殊的权利质押，并非完全排除担保法律的适用，票据质权人行使票据权利也需要满足《票据法》第 35 条第 2 款规定的“依法实现其质权”的条件，如须发生债务人不履行到期债务或者当事人约定的实现担保物权的情形，在担保范围内行使质权等。

最高人民法院再审审查合议庭成员：杨 春 贾清林 张 颖

（编写人：杨 春* 魏佳钦** 杨 涛*** 审稿人：李 明）

---

* 杨春，法学硕士，中华人民共和国最高人民法院第三巡回法庭，三级高级法官。

** 魏佳钦，法学硕士，中华人民共和国最高人民法院第三巡回法庭，法官助理。

*** 杨涛，浙江大学光华法学院硕士研究生。

新疆华诚安居房地产开发有限公司
与
中国铁建大桥工程局集团有限公司
建设工程施工合同纠纷案

——诚信原则在合同效力认定中的适用

【裁判摘要】

合同无效制度设立的重要目的在于，防止因为无效合同的履行给国家、社会以及第三人利益带来损失，维护社会的法治秩序和公共道德。对当事人以自身存在违法行为为由，恶意请求确认合同无效的主张不予支持。

【案件基本信息】

1. 诉讼当事人

上诉人（一审被告）：新疆华诚安居房地产开发有限公司（以下简称华诚安居房地产开发公司）

被上诉人（一审原告）：中国铁建大桥工程局集团有限公司（以下简称铁建大桥工程局集团）

2. 案件索引与裁判日期

一审：新疆维吾尔自治区高级人民法院（2017）新民初26号判决（2018年10月24日）

二审：最高人民法院（2019）最高法民终347号判决（2019年4月30日）

3. 案由

建设工程施工合同纠纷

【简要案情】

2011 年 7 月 11 日，铁建大桥工程局集团与华诚安居房地产开发公司就案涉蓝领公寓项目签订合作区蓝领公寓项目建筑施工合作框架协议书（以下简称建筑施工框架协议书）；2012 年 5 月 9 日，双方签订合作区蓝领公寓项目建设工程施工合同（以下简称建设工程施工合同），约定由铁建大桥工程局集团承建华诚安居房地产开发公司开发的蓝领公寓项目工程，合同总价款为 418,332,352.72 元，同时对工程范围、工期、质量、工程款支付等进行约定。合同签订后，2012 年 5 月，铁建大桥工程局集团依约进场施工。后因华诚安居房地产开发公司未按约及时足额支付工程款，铁建大桥工程局集团停止施工，提起本案一审诉讼，请求：(1) 解除案涉建设工程施工合同；(2) 华诚安居房地产开发公司向铁建大桥工程局集团支付工程款及利息，返还履约保证金及逾期利息；(3) 确认铁建大桥工程局集团就工程折价或拍卖变卖后的价款享有优先受偿权等。

一审判决：(一) 解除案涉建设工程施工合同；(二) 华诚安居房地产开发公司支付相应工程款及利息，返还履约保证金及利息；(三) 铁建大桥工程局集团就案涉工程折价或拍卖的价款在工程款范围内享有优先受偿权等。

华诚安居房地产开发公司不服，向最高人民法院提起上诉，主张：案涉建设工程施工合同因违反了《招标投标法》第 43 条、第 53 条、第 55 条以及《建设工程施工合同司法解释》第 1 条的规定，案涉工程中标无效，建设工程施工合同无效。

【案件焦点】

案涉建设工程施工合同是否有效。

【裁判结果】

本案中，中铁十三局集团有限公司（以下简称中铁十三局集团）于 2012 年 5 月 8 日通过招投标取得合作区蓝领公寓项目工程，2012 年 5 月 9 日，华诚安居房地产开发公司与中铁十三局集团签订案涉建设工程施工合同。该合同系当事人真实意思表示，内容不违反相关法律法规强制性规定，系合法有效的合同，双方当事人应严格履行合同约定的义务。华诚安居房地产开发公司上诉主张，其与铁建大桥工程局集团在招投标之前，就施工合同实质性内容进行了谈判磋商，本案属于通过“明招暗定”形式规避《招标投标法》等法律、行政法规规定的行为，本案中标无效，建设工程施工合同无效。最高人民法院认为，根据《合同法》第52条①，《建设工程施工合同司法解释》第1条，《招标投标法》第43条、第55条、第65条的规定，招标人与投标人就合同实质性内容进行谈判的行为影响了中标结果的，中标无效，中标无效将导致合同无效。就招投标过程中的违法违规行为，利害关系人有权提出异议或者依法向有关行政监督部门投诉，对违法违规行为负有直接责任的单位和个人，将受到行政处分。本案中，双方在招投标前进行了谈判并达成合作意向，签订了建筑施工合作框架协议书。但该协议书中没有约定投标方案等内容，未载明开工时间，合同条款中还存在大量不确定的约定，如关于施工内容，双方约定“具体规划指标与建设内容以政府相关部门最终的批复文件为准”；关于合同概算，双方约定“项目建筑施工总概算约人民币3亿元，具体概算数值待规划文件，设计方案确定后双方另行约定”。建筑施工合作框架协议书签订后，双方按照《招标投标法》的规定，履行了招投标相关手续，没有证据证明案涉工程在招投标过程中存在因违法违规行为可能影响合同效力的情形。华诚安居房地产开发公司虽称其自身违反《招标投标法》的规定致使中标无效，但该违法违规行为是否影响了中标结果，华诚安居房地产开发公司未予以证明。本案亦不存在因招投标活动不符合法律规定，利害关系人提出异议或者依法向有关行政监督部门投诉，致使相关人员被追责的情形。综上所述，一审法院认定案涉建设工程施工合同真实有效，该认定并无不当，二审法院予以维持。

【裁判摘要评析】

最高人民法院根据《合同法》第52条，《建设工程施工合同司法解释》第1条，《招标投标法》第43条、第55条、第65条的规定，认定本案并不存在招标人与投标人就合同实质性内容进行谈判的行为影响了中标结果、

---

① 本条在《民法典》中无直接对应条文，《民法典》总则编第146条、第150条、第153条、第154条已涵盖《合同法》第52条之规定。

中标无效并导致合同无效的情形，以此驳回了华诚安居房地产开发公司关于建设工程施工合同无效的上诉请求。但本案更值得关注的是，华诚安居房地产开发公司以其自身行为违法为由主张合同无效的行为，违反了诚实信用和诚信诉讼原则。

一、招投标活动中应遵循诚实信用原则

诚实信用原则既是民商事活动的基本准则，也是民事诉讼活动应当遵循的基本准则。在建设工程项目中，设立招投标程序是为了保护国家利益、社会公共利益和招投标活动当事人的合法权益，提高经济效益，保证项目质量。在招投标过程中，较承包人而言，发包人掌握一定主动权。本案中，华诚安居房地产开发公司作为招标人，明知其与铁建大桥工程局集团于招投标之前就合同实质性内容进行谈判的行为可能导致双方其后签订的建设工程施工合同因违反《招标投标法》的相关规定而被认定为无效，仍然积极追求或放任该法律后果的发生。华诚安居房地产开发公司与铁建大桥工程局集团在案涉项目招投标过程中皆有违诚信原则。

二、合同履行应遵循诚实信用原则

在案涉工程施工过程中以及本案一审中，华诚安居房地产开发公司始终未对建设工程施工合同的效力问题提出异议，仅在一审中辩称本案不存在合同约定解除或法定解除的情形，不同意铁建大桥工程局集团有关解除合同的诉讼请求。华诚安居房地产开发公司在本案二审中提出案涉建设工程施工合同无效的上诉主张，是认为案涉建设工程施工合同有效将为其带来不利，或者所带来的利益小于合同无效所带来的利益，其目的是规避应承担的付款义务，免除或者减轻一审判决确定由其承担的民事责任。二审法院认为，合同约定应当严守，诚信观念应当强化。华诚安居房地产开发公司作为案涉建设工程的招标人、甲方，主导签订了案涉建设工程施工合同，合同相对方铁建大桥工程局集团按约履行合同而其并未按约支付工程款。一审判决华诚安居房地产开发公司承担相应责任后，华诚安居房地产开发公司以其自身的招标行为存在违法违规为由，于二审中主张合同无效，其行为不仅违反诚实信用基本原则，而且不利于民事法律关系的稳定，属于不讲诚信、为追求自身利益最大化而置他人利益于不顾的恶意抗辩行为。

三、合同无效制度的设立目的

合同无效制度设立的重要目的在于防止因为无效合同的履行给国家、社会以及第三人利益带来损失，维护社会的法治秩序和公共道德。而本案中，华诚安居房地产开发公司作为违法行为人恶意主动请求确认合同无效，如支持其诉求，意味着体现双方真实意愿的合同约定不仅对其没有约束力，甚至可能使其获得不正当的利益，这将违背合同无效制度设立的宗旨，也将纵容违法行为人从事违法行为，使合同无效制度沦为违法行为人追求不正当甚至非法利益的手段。

最高人民法院二审合议庭成员：骆　电　王东敏　陈纪忠

（编写人：骆　电* 　杨　婷** 　审稿人：李　明）

* 骆电，法学博士，中华人民共和国最高人民法院第六巡回法庭副庭长，二级高级法官。

** 杨婷，法学硕士，中华人民共和国最高人民法院第六巡回法庭，法官助理。

联储证券有限责任公司、东方金钰股份有限公司与云南兴龙实业有限公司、赵某等保证合同纠纷案

——担保人承担的担保责任范围应当限于主债务范围

【裁判摘要】

根据《中华人民共和国担保法》第 21 条[①]的规定，保证人承担保证责任的范围优先适用保证合同的约定。根据意思自治原则，当事人约定的保证责任的范围经常出现大于主债务范围的情形，较为常见的是在保证合同中约定，保证人除去应当对主债务承担连带责任外，如果保证人未按照合同约定履行保证责任，则其应当另行向债权人支付违约金。除此之外，诸如担保责任约定的利息高于主债务利息、担保责任的履行期限限于主债务履行期届满等，都是担保责任范围大于主债务范围的情形。因担保合同是主合同的从合同，基于从属性原则，应当认定大于主债务部分的约定无效，从而将担保责任缩减至主债务的范围。

【案件基本信息】

1. 诉讼当事人

上诉人（原审原告）：联储证券有限责任公司（以下简称联储证券公司）

---

① 本条现为《民法典》第 691 条："保证的范围包括主债权及其利息、违约金、损害赔偿金和实现债权的费用。当事人另有约定的，按照其约定。"以下同。

上诉人（原审被告）：东方金钰股份有限公司（以下简称东方金钰公司）

被上诉人（原审被告）：云南兴龙实业有限公司（以下简称兴龙实业公司）

被上诉人（原审被告）：赵某

被上诉人（原审被告）：王某某

2. 案件索引与裁判日期

一审：浙江省高级人民法院（2018）浙民初38号判决（2019年4月18日）

二审：最高人民法院（2019）最高法民终1353号判决（2019年10月10日）

3. 案由

保证合同纠纷

【简要案情】

2016年12月26日，东方金钰公司作为转让方、昆仑信托有限责任公司（以下简称昆仑信托公司）作为受让方签订昆仑信托·联储东方金钰集合资金信托计划特定股权收益权转让与回购合同（以下简称回购合同），约定：东方金钰公司向昆仑信托公司转让其持有的深圳市东方金钰珠宝实业有限公司100%股权的收益权，转让价款为3亿元，可分期支付。其中合同第5.1条约定，转让方作为特定股权收益权的出让方，承诺按照本合同约定的时限和金额回购全部特定股权收益权。第5.5.2条约定，转让方应于各期信托单位期限届满2年（包括信托计划的受托人宣布提前到期）前的5日内或提前回购日，分期足额支付回购基本价款。同日，兴龙实业公司、赵某、王某某分别作为保证人与昆仑信托公司签订昆仑信托·联储东方金钰集合资金信托计划保证合同（合同编号：2016年昆仑信保第16198-01号，以下简称保证合同一）、昆仑信托·联储东方金钰集合资金信托计划保证合同（合同编号：2016年昆仑信保第16198-02号，以下简称保证合同二），约定：保证人所担保的主债权为东方金钰公司在上述回购合同项下对昆仑信托公司负有的支付特定股权收益权回购价款的义务，保证范围为东方金钰公司在主合同项下对债权人负有的全部债务，包括但不限于全部特定股权收益权回购基本价款和行权费、资金占用费、违约金、赔偿金、手续费、保险费及其他为签订或履行本合同而发生的费用以及债权人为实现债权与担保权利而发生的费用，保证方式为连带责任保证，保证期间为自合同生效之日起至主合同项下的债务履行期限届满之日后两年止。保证合同第10.2条另约定，保证人违约，债权人有权采取下列一项或几项措施……(3)要求保证人支付主债权金额10%的违约金……合同亦就送达等事项进行了约定。合同签订后，昆仑信托公司依约向东方金钰公司支付特定股权收益权转让款，合计3亿元。

联储证券公司作为委托人、昆仑信托公司作为受托人签订昆仑信托·联储东方金钰集合资金信托合同。2018年7月24日，昆仑信托公司向联储证券公司发送信托财产原状分配通知书，昆仑信托公司按照信托合同之约定，决定将信托计划提前终止，提前终止日期为2018年7月24日，并将信托财产以债权形式向联储证券公司分配，即昆仑信托公司将回购合同项下的与29,900万份信托份额（该部分信托份额对应特定股权收益权转让价款29,900万元）对应的债权移交给联储证券公司，并将保证合同项下与标的债权对应的全部权利移交给联储证券公司，联储证券公司自2018年7月24日起受让昆仑信托公司在回购合同、保证合同一、保证合同二项下与标的债权对应的全部合同权利。同日，昆仑信托公司向东方金钰公司发送债权转让通知书，向兴龙实业公司、赵某、王某某发送权利变更通知书，告知债权转让及权利变更事宜。

东方金钰公司、兴龙实业公司、赵某、王某某未按昆仑信托公司的要求，履行回购义务及支付回购价款，故联储证券公司起诉至法院，请求判令：(1)东方金钰公司支付特定股权收益权回购基本价款29,900万元；(2)东方金钰公司支付2017年12月20日（含当日）至2018年6月20日(不含当日)期间的定期行权费12,848,694.44元，支付2018年6月20日(含当日)至2018年7月20日（含当日）期间的定期行权费2,188,513.89元；(3)东方金钰公司支付一次性违约金31,395,000元；(4)东方金钰公司支付基本回购价款的迟延违约金；(5)兴龙实业公司支付违约金，以诉讼请求第1项、第2项、第3项、第4项、第8项之和为基数，按10%计算，金额暂计算为34,711,215.15元；（6）赵某、王某某支付违约金，以诉讼请求第1项、第2项、第3项、第4项、第8项之和为基数，按10%计算，金额暂计算为34,711,215.15元；（7）兴龙实业公司、赵某、王某某对东方金钰公司第1项、第2项、第3项、第4项、第8项诉请的付款义务承担连带清偿责任；（8）东方金钰公司、兴龙实业公司、赵某、王某某共同负担联储证券公司支付的本案保全责任保险费291,574.21元、律师费1,100,000元、公证费2040元。本案诉讼费、保全费由东方金钰公司、兴龙实业公司、赵某、王某某共同负担。

一审法院判决：（一）东方金钰公司于该判决生效之日起10日内向联储证券公司支付特定股权收益权回购基本价款29,900万元；（二）东方金钰公司于判决生效之日起10日内向联储证券公司支付2017年12月20日（含当日）至2018年6月20日（不含当日）期间的定期行权费12,848,694.44元，支付2018年6月20日（含当日）至2018年7月20日（含当日）期间的定期行权费2,188,513.89元，合计15,037,208.33元；（三）东方金钰公司于判决生效之日起10日内向联储证券公司支付一次性违约金31,395,000元；（四）东方金钰公司于判决生效之日起10日内向联储证券公司支付迟延违约金1,679,943.18元（暂计算至2018年7月31日，后续以314,037,208.33元为基数，按照15.75%/年的利率计算至款项实际清偿之日止）；（五）东方金钰公司于判决生效之日起10日内赔偿联储证券公司律师费损失1,100,000元、保险费损失291,574.21元、公证费损失2040元，合计1,393,614.21元；（六）兴龙实业公司、赵某、王某某对东方金钰公司的上述付款义务承担连带清偿责任；（七）驳回联储证券公司的其他诉讼请求。案件受理费2,124,473元，财产保全费5000元，由联储证券公司负担347,112元，东方金钰公司负担1,782,361元，兴龙实业公司、赵某、王某某对东方金钰公司负担部分承担连带责任。

联储证券公司不服一审判决，向最高人民法院上诉。上诉请求：（1）改判兴龙实业公司支付违约金，以特定股权收益权回购价款29,900万元、2017年12月20日（含当日）至2018年7月20日（含当日）的定期行权费15,037,208.33元、一次性违约金31,395,000元、迟延违约金

1,679,943.18元、实现债权的费用3,523,087.21元此五项之和为基数，按10%计算，金额暂计算为35,063,523.87元。（2）改判赵某、王某某支付违约金，以特定股权收益权回购价款29,900万元、2017年12月20日（含当日）至2018年7月20日（含当日）的定期行权费15,037,208.33元、一次性违约金31,395,000元、迟延违约金1,679,943.18元、实现债权的费用3,523,087.21元此五项之和为基数，按10%计算，金额暂计算为35,063,523.87元。（3）改判东方金钰公司负担一审案件受理费、财产保全费347,112元，兴龙实业公司、赵某、王某某承担连带责任。（4）本案二审案件受理费、差旅费、公告费、邮寄费等费用由东方金钰公司、兴龙实业公司、赵某、王某某共同负担。

【案件焦点】

兴龙实业公司、赵某、王某某是否应在案涉主债务之外向联储证券公司支付保证合同约定的违约金，即担保人承担担保责任的范围能否大于主债务。

【裁判结果】

最高人民法院经审理认为：首先，根据《中华人民共和国担保法》第21条“保证担保的范围包括主债权及利息、违约金、损害赔偿金和实现债权的费用。保证合同另有约定的，按照约定。当事人对保证担保的范围没有约定或者约定不明确的，保证人应当对全部债务承担责任”的规定，虽然保证人承担保证责任的范围优先适用保证合同的约定，实行意思自治，但因保证合同是主合同的从合同，保证责任是主债务的从债务，基于担保从属性的必然要求，保证责任的范围不能大于主债务的范围。当事人约定的保证责任的范围大于主债务的，应当缩减至主债务的范围。其次，根据《中华人民共和国合同法》第5条“当事人应当遵循公平原则确定各方的权利和义务”[①]的规定，若本案联储证券公司与兴龙实业公司、赵某、王某某约定的违约金条款可获支持，联储证券公司将从保证人处额外

① 本条现为《民法典》第6条：“民事主体从事民事活动，应当遵循公平原则，合理确定各方的权利和义务。”以下同。

获得从主债务人处不能得到的巨额利益。而根据《中华人民共和国担保法》第31条“保证人承担保证责任后，有权向债务人追偿”的规定，由于债权人与保证人在保证合同中特别约定的违约金只针对保证人，不属于主债务的范围，故保证人承担保证合同约定的责任后将无法向主债务人追偿，这将使当事人之间的利益关系严重失衡。因此，一审判决基于担保从属性原则并综合考虑兴龙实业公司、赵某、王某某就东方金钰公司应支付的一次性违约金及迟延违约金等已经承担连带责任的情况，对联储证券公司关于兴龙实业公司、赵某、王某某支付违约金34,711,215.15元的诉讼请求未予支持，适用法律并无不当。

综上所述，联储证券公司的上诉请求不能成立，应予驳回；一审判决适用法律正确，应予维持。据此，本院判决：驳回上诉，维持原判。

【裁判摘要评析】

一、认定“保证责任大于主债务部分的约定”无效的法理基础

根据《担保法》第21条“保证担保的范围包括主债权及利息、违约金、损害赔偿金和实现债权的费用。保证合同另有约定的，按照约定。当事人对保证担保的范围没有约定或者约定不明确的，保证人应当对全部债务承担责任”的规定，保证人承担保证责任的范围优先适用保证合同的约定。审判实践中，根据意思自治原则，当事人约定的保证责任的范围经常出现大于主债务的情形。

根据《担保法》第5条“担保合同是主合同的从合同，主合同无效，担保合同无效”① 的规定，担保具有从属性，担保合同系主合同的从合同。虽然保证合同对保证责任范围的约定实行意思自治，但因保证合同是主合同的从合同，保证责任是主债务的从债务，基于从属性原则，保证责任的范围不能大于主债务的范围。当事人约定的担保责任范围大于主债务的，应当认定大于主债务部分的约定因违反担保的从属性这一基本属性而无效，从而将保证责任缩减至主债务的范围。

---

① 本条现为《民法典》第388条：“设立担保物权，应当依照本法和其他法律的规定订立担保合同。担保合同包括抵押合同、质押合同和其他具有担保功能的合同。担保合同是主债权债务合同的从合同。主债权债务合同无效的，担保合同无效，但是法律另有规定的除外。担保合同被确认无效后，债务人、担保人、债权人有过错的，应当根据其过错各自承担相应的民事责任。”

根据《合同法》第5条“当事人应当遵循公平原则确定各方的权利和义务”规定，若本案债权人联储证券公司与保证人兴龙实业公司、赵某、王某某约定的违约金条款可以获得法院支持，联储证券公司将从保证人处额外获得从主债务人处不能得到的超额利益。设定担保的目的是保障主债权的实现，如债权人因担保合同的设立而获得比主债权更大的利益，这与设立担保的本来目的相违背。而根据《担保法》第31条“保证人承担保证责任后，有权向债务人追偿”的规定，由于债权人与保证人在保证合同中特别约定的违约金只针对保证人，不属于主债务的范围，故保证人承担后将无法向主债务人追偿。这将使当事人之间的合同权利义务严重失衡，也从事实上规避了法律关于利息保护最高限额的强制性规定。根据《民法总则》第153条①“违背公序良俗的民事法律行为无效”的规定，联储证券公司从保证人获得大于主债务范围的利益，属于过度担保行为，有违公序良俗，当属无效。②

二、关于人民法院能否依职权认定担保责任大于主债务部分无效

虽然“保证责任大于主债务部分的约定”因违反担保的从属性和公序良俗无效，但是毕竟该约定系担保人的真实意思表示，且只影响担保人个人利益，在担保人没有提出抗辩的情况下，人民法院不宜主动审查认定担保责任超出主债务部分无效，而只有在担保人提出主张的情况下才能进行审查。

最高人民法院二审合议庭成员：张爱珍　何　君　王成慧

（编写人：张爱珍*　审稿人：李　明）

---

① 本条现为《民法典》第153条。以下同。

② 从比较法来看，大陆法系国家或地区对保证责任的范围以主债务为限有明确规定。如《法国民法典》第2013条规定，保证不得超过债务人负债的范围，亦不得约定较重的条件。超过债务的保证或约定较重的保证，并非无效；此项保证仅应减至主债务的限度。《日本民法典》第448条规定，保证人的负担，就债务的标的或样态，较主债务为重时，缩减到主债务的限度。可见，大陆法系的国家或地区对保证责任的范围均以主债务为限，超过部分亦非无效，而是缩减至主债务的限度。我国的《担保法》及司法解释目前虽无这方面的规定，但从保证的从属性分析，上述规定是合理的，我国立法及司法实践应予吸纳。

* 张爱珍，法学硕士，中华人民共和国最高人民法院第三巡回法庭，二级高级法官。

大连银行股份有限公司
与
中铁现代物流科技股份有限公司大连分公司、
锦州佐源糖业食品有限公司等
金融借款合同纠纷案

——占有改定不能设立动产质权

【裁判摘要】

质权自出质人交付质押财产时设立。质权设立所要求的动产交付，应以质权人能够实际支配和控制质物为限。当事人以占有改定方式交付动产的，不符合质权设立所要求的交付标准，质权不能设立。当事人约定由受托人履行质物监管义务的监管协议属于委托合同。监管人承担责任应采取过错责任原则，其已按协议约定履行义务而无过错的，不承担监管物毁损灭失的赔偿责任。

【案件基本信息】

1. 诉讼当事人

上诉人（一审原告）：大连银行股份有限公司（以下简称大连银行）

被上诉人（一审被告）：中铁现代物流科技股份有限公司大连分公司（以下简称中铁物流科技公司大连分公司）

被上诉人（一审被告）：锦州佐源糖业食品有限公司（以下简称锦州佐源糖业公司）

被上诉人（一审被告）：佐源集团有限公司（以下简称佐源集团）

被上诉人（一审被告）：大连新源华食品加工有限公司（以下简称新源华食品公司）

被上诉人（一审被告）：汪某某

被上诉人（一审被告）：刘某某

被上诉人（一审被告）：宋某某

2. 案件索引与裁判日期

一审：辽宁省高级人民法院（2017）辽民初42号判决（2018年7月23日）

二审：最高人民法院（2019）最高法民终331号判决（2019年9月23日）

3. 案由

金融借款合同纠纷

【简要案情】

2014年7月10日，大连银行与锦州佐源糖业公司签订综合授信协议、进口押汇合同、最高额质押合同，锦州佐源糖业公司以其存放于自有仓库的白砂糖作为质物，向大连银行借款。佐源集团、新源华食品公司、汪某某、刘某某、宋某某分别与大连银行签订保证合同，为锦州佐源糖业公司借款提供保证。2014年7月16日，大连银行与大连佐源糖业有限公司（100%控股锦州佐源糖业公司的母公司）、中铁物流科技公司大连分公司共同签订动产监管协议（后三方及锦州佐源糖业公司又共同签署该监管协议的补充协议），约定大连银行委托中铁物流科技公司大连分公司对锦州佐源糖业公司提供的质物进行监管，中铁物流科技公司大连分公司如因过错造成监管物短损等实际损失的，承担补充赔偿责任。

质物存放于锦州佐源糖业公司仓库，协议签订后，按大连银行指示，中铁物流科技公司大连分公司与锦州佐源糖业公司签订仓库租赁协议，租金为1元，监管物实际仍在锦州佐源糖业公司仓库，未转移占有。中铁物流科技公司大连分公司指派工作人员在锦州佐源糖业公司的仓库对质物进行监管。

监管期间，锦州佐源糖业公司陆续出现不配合监管、转移质物、不允许盘库、驱赶监管员等情况，中铁物流科技公司大连分公司立即采取多次电话及书面函件通知大连银行、监管人员24小时蹲守监控、向锦州佐源糖业公司下达停止通知、两次向公安机关报警等方式，及时全面履行了合同义务。锦州佐源糖业公司借款有 99,980,126.55 元人民币、15,250,000 美元，以及相应利息未偿还，大连银行因向锦州佐源糖业公司主张还款未果，诉至人民法院，除请求判令偿还本金、利息、保证人承担保证责任外，另请求判令行使质权、中铁物流科技公司大连分公司承担补充赔偿责任。

一审法院判决：（一）锦州佐源糖业公司于判决生效之日起 10 日内偿还大连银行银行承兑汇票垫款本金人民币 99,980,126.55 元及至实际还款之日的利息（其中 2017 年 1 月 20 日前利息 27,494,524.85 元，从 2017 年 1 月 21 日至实际付清之日，按合同约定的日万分之五计付）；（二）锦州佐源糖业公司于判决生效之日起 10 日内偿还大连银行押汇款本金 15,250,000 美元及相应的利息（自 2015 年 1 月 7 日起至 7 月 6 日止，按合同约定的年利率 4.6574%计付；自 2015 年 7 月 7 日至实际给付之日止，按年利率 4.6574%上浮 50%计付）；（三）锦州佐源糖业公司于判决生效之日起 10 日内给付大连银行律师费人民币 30 万元；（四）佐源集团、新源华食品公司分别对判决第一项、第二项在合同约定的最高额 1 亿元人民币保证担保范围内承担连带保证责任；（五）汪某某、刘某某、宋某某分别对判决第一项、第二项在合同约定的最高额 2 亿元人民币保证担保范围内承担连带保证责任；（六）佐源集团、新源华食品公司、汪某某、刘某某、宋某某对判决第三项还款义务承担连带保证责任；（七）佐源集团、新源华食品公司、汪某某、刘某某、宋某某承担保证责任后，有权向锦州佐源糖业公司追偿；（八）驳回大连银行其他诉讼请求。案件受理费 1,275,746.23 元，保全费 5000 元，均由锦州佐源糖业公司、佐源集团、新源华食品公司、汪某某、刘某某、宋某某共同负担。

一审判决后，大连银行不服并提起上诉，请求撤销一审判决第八项，改判大连银行对锦州佐源糖业公司提供的质物享有优先受偿权，对处置该质物的价款在约定担保范围内优先受偿；判令中铁物流科技公司大连分公司在质物丧失的范围内对大连银行债权承担补充赔偿责任。一审、二审诉讼费用由锦州佐源糖业公司、新源华食品公司、佐源集团、汪某某、刘某某、宋某某、中铁物流科技公司大连分公司承担。

锦州佐源糖业公司、新源华食品公司针对大连银行的上诉答辩称，一审判决事实清楚，适用法律正确，应当驳回大连银行的上诉请求。

【案件焦点】

在出质物仍由出质人锦州佐源糖业公司控制、未转移占有的情况下，中铁物流科技公司大连分公司基于大连银行指示，与出质人签订1元的象征性租赁仓库合同进行监管。该种质物交付方式是否符合质权设立所要求的交付标准，大连银行的质权是否已经合法设立。

【裁判结果】

最高人民法院经审理认为：

（一）关于质权是否已经合法设立

大连银行上诉主张案涉质物是数万吨糖制品，不具备现实交付的条件，交付的方式是指示交付，即通过委托中铁物流科技公司大连分公司对案涉质物进行监管即视为已经交付。具体为将质押事实通知中铁物流科技公司大连分公司，由中铁物流科技公司大连分公司租赁质物所在仓库（锦州佐源糖业公司所有仓库），清点监管物，制作监管物清单后，完成交付。大连银行对质物属于间接控制与占有，通过该交付方式能够实现中铁物流科技公司大连分公司对质物的实际监管和控制，故本案质物已经交付，质权已合法设立。

《中华人民共和国物权法》第212条规定："质权自出质人交付质押财产时设立。"① 质物交付是质权设立的必备条件，设定质权时，质物或是由出质人现实交付，或是质权人已经提前依法占有，或是由第三人代替交付，其实质都是通过法定给付行为将质物转移为质权人有效控制，故判断案涉质权是否依法设立的前提是审查案涉质物是否已依法交付，实现质权人的有效控制。案涉质物存放于出质人锦州佐源糖业公司的仓库，大连银行通过三方签订动产监管协议的形式，指定中铁物流科技公司大连分公司租用锦州佐源糖业公司的仓库进行监管，仓库租金只象征性地约定1元。大

① 本条现为《民法典》第429条。

连银行主张通过该方式，特别是交付了相关的协议、清单、报告书、台账等材料即实现了指示交付。但是，结合出质人锦州佐源糖业公司未转移质物、不让监管人入库乃至驱逐监管人等情形，该交付只是象征性交付，案涉质物仍由锦州佐源糖业公司实际控制和支配，仅属于实质意义上的占有改定，并未实现大连银行直接或间接的有效控制。占有改定的后果是原出质人锦州佐源糖业公司仍继续占有、控制出质物，这与质权人对质物的留置要求相冲突，因此，本案在出质物仍由出质人实际占有和控制的情况下，大连银行未积极履行质权人义务以实现其质权设立，其对案涉出质物未实质控制和占有，导致案涉出质物交付形式不符合法律规定的动产交付和质权设立形式，故案涉质权未能依法设立。

（二）关于中铁物流科技公司大连分公司是否应承担补充赔偿责任

大连银行上诉主张中铁物流科技公司大连分公司应承担补充赔偿责任有两点理由，一是中铁物流科技公司大连分公司未尽监管义务，属于违约，而违约责任不以过错为前提；二是如果须考虑过错因素，中铁物流科技公司大连分公司在阻止转移质物过程中，未采取加派人手、重新安装仓库钥匙等加强措施，存在履约不当等过错。

理由一：《中华人民共和国合同法》第396条规定：“委托合同是委托人和受托人约定，由受托人处理委托人事务的合同。”① 本案中，案涉动产监管协议，主要内容为大连银行概括委托中铁物流科技公司大连分公司处理与案涉质物有关的监管事务，属于委托合同。《中华人民共和国合同法》第406条规定：“有偿的委托合同，因受托人的过错给委托人造成损失的，委托人可以要求赔偿损失。”② 同时案涉动产监管协议第12条第4项约定：在动态核定库存监管模式下，如因丙方过错使处于丙方监管下的货物的最低数量/最低价值不符合监管物监管通知书或最新的监管物最低要求通知书中规定的最低数量/最低价值的，丙方就因其违反本协议约定而造成错

---

① 本条现为《民法典》第919条。

② 本条现为《民法典》第929条：“有偿的委托合同，因受托人的过错造成委托人损失的，委托人可以请求赔偿损失。无偿的委托合同，因受托人的故意或者重大过失造成委托人损失的，委托人可以请求赔偿损失。受托人超越权限造成委托人损失的，应当赔偿损失。”以下同。

提的部分或者就监管物的最低数量/最低价值不足的部分承担相应的补充赔偿责任。因此，根据法律规定及双方合同约定，中铁物流科技公司大连分公司在对案涉货物监管的过程中负有的应是过错责任。

理由二：本案中，中铁物流科技公司大连分公司在监管过程中，发现监管货物存在被转移、强行出库及锦州佐源糖业公司不配合监管、不允许盘库、驱赶监管员等情况时，采取打电话和连续下达风险告知函、妨碍监管工作情形告知函的形式，及时通知了大连银行；中铁物流科技公司大连分公司并多次向锦州佐源糖业公司下达停止危险行为通知函、消除妨碍监管通知函，先后两次作出将锦州佐源糖业公司的强行出库行为向公安机关报警等应急措施。由以上行为可见，中铁物流科技公司大连分公司在并未实际控制占有案涉质物及存放仓库的情况下，已尽事实上最大可能积极履行监管义务。大连银行虽提出中铁物流科技公司大连分公司除采取上述监管行为外，应加派人手，加强措施阻止转移质物行为、重新安装仓库钥匙等，但案涉质物一直处于锦州佐源糖业公司实际控制和占有下，中铁物流科技公司大连分公司在不违反法律的情况下，已经履行通知、函告、报警等义务，穷尽监管能力和行为，且大连银行主张的相应措施，并不在其与中铁物流科技公司大连分公司之间签订的动产监管协议约定的监管事项及监管义务之内。综合以上两点，大连银行关于中铁物流科技公司大连分公司在履行监管义务的过程中存在过错的主张，并无事实及法律依据，大连银行提出的中铁物流科技公司大连分公司承担补充赔偿责任的请求，一审未予支持，并无不当。

综上所述，二审法院认定一审法院适用法律正确，判决驳回上诉，维持原判。

【裁判摘要评析】

在金融借款合同纠纷中，司法实践常见中小企业以原材料、半成品、产成品等动产设定质押向银行申请贷款，因涉及动产量大、流动性较强，银行亦无专门机构进行监管，因此，经常采取委托专业监管公司的形式对出质物进行监管。在正常监管公司可以控制出质物的情况下，纠纷相对较少，但在银行的法律认识不足，采取不转移出质物占有，仍由出质人控制，并指示监管人与出质人签订象征性租赁合同的情况下，对于质权是否已经合法设立、监管人的责任范围，容易产生较大争议，特别是，监管人无法事实上掌控出质物，出质人违反质押合同处分出质物时。人民法院就此需要对法律关系、权利状态、责任范围作出准确认定。

一、动产质权设立的认定

我国法律规定了多种动产交付方式，既包括现实交付，也包括指示交付、占有改定等拟制交付方式[①]。但是，在动产质权的设立中，对交付方式的要求较为严格，并非所有交付方式均适当，其底线是在上述交付方式履行中必须能够达到权利人实际控制出质物。在双方采取占有改定交付方式的情况下，出质物实际仍处在出质人控制下，并未实现权利人有效控制，并未存在质权设立所必需的质权人有效控制、处分出质物的基础。特别是，质权设立是法定的程序，义务发生在出质人和权利人之间，权利人自身或指示监管人与出质人签订1元租金对价的租赁合同等，租赁出质人场地，出质人仅为象征性交付，实质上仍能随意处分出质物，这与质权的法律架构冲突，并不符合质权设立的前提要件。在本案中，大连银行主张采取的是指示交付方式，但控制出质物的仍是出质人而非第三人，实质上，双方采取的仍是占有改定的交付方式，因此，不符合质权设立要求，质权未能合法设立。

二、监管人监管责任的认定

在质物监管中，权利人与监管人签订监管合同，由监管人对质物进行监管，合同内容体现出来的是权利人委托监管人监管，故应将该监管合同定性为委托合同。无论是基于委托合同的法律规定[②]还是基于监管合同约定，监管人承担赔偿责任均应以过错为要件，采取过错责任原则。监管人

---

① 《物权法》第26条规定："动产物权设立和转让前，第三人依法占有该动产的，负有交付义务的人可以通过转让请求第三人返还原物的权利代替交付。"第27条规定："动产物权转让时，双方又约定由出让人继续占有该动产的，物权自该约定生效时发生效力。"《物权法》第26条现对应《民法典》第227条："动产物权设立和转让前，第三人占有该动产的，负有交付义务的人可以通过转让请求第三人返还原物的权利代替交付。"《物权法》第27条对应《民法典》第228条："动产物权转让时，当事人又约定由出让人继续占有该动产的，物权自该约定生效时发生效力。"

② 参见《合同法》第406条。

已按协议约定履行义务无过错的，不承担监管物毁损灭失的赔偿责任。

在权利人与出质人采取占有改定交付方式的情况下，监管人无法实际控制出质物，在已经履行实时监管、通知权利人、责令出质人停止侵害、向公安机关多次报警寻求法律救济等义务后，监管人已尽事实上最大可能积极履行监管义务，并无过错。权利人主张的观点实际是，只要签订了监管协议，监管人无论采取任何手段均要保证出质物不灭失，包括采取暴力强制措施。但是，在存在民事法律关系障碍的情况下，监管人采取的措施已经达到法律允许方式的最大限度，并不能认定其有过错，因此，不应承担赔偿责任。

三、结语

在动产质押中，质权的设立要采取符合法律规定的方式，囿于法律认识和理解的不足，当事人特别是权利人在设立质权时，往往忽视了实际控制出质物的前提要件，错误地认为采取1元租赁合同等占有改定的方式，已经实现了己方控制出质物，由此引发了自身权益受损和相应法律纠纷。人民法院在审理和裁判此类纠纷时，应仔细审查质权是否已经合法设立，监管人是否存在过错等基本事实，在此基础上，厘清法律关系，界定各方当事人责任，避免发生认识混乱，以统一裁判尺度，妥善处理相应纠纷。

最高人民法院二审合议庭成员：宋春雨　余晓汉　季伟明

（编写人：季伟明*　审稿人：李　明）

---

* 季伟明，法学博士，中华人民共和国最高人民法院第二巡回法庭，四级高级法官。

四川中顶建设工程有限公司
与
朱某、乌兰县自然资源局
建设工程施工合同纠纷案

——形成事实上的法律关系，实际施工人有权直接向发包人主张工程款

【裁判摘要】

实际施工人向被挂靠方主张工程款应有合同及事实依据。挂靠不适用《最高人民法院关于审理建设工程施工合同纠纷案件适用法律问题的解释》第26条。实际施工人借用被挂靠方的资质与发包人签订建设工程施工合同，被挂靠方欠缺与发包人订立施工合同的真实意思表示，双方不存在实质性的法律关系。但实际施工人与发包人在订立和履行施工合同的过程中，形成事实上的法律关系，实际施工人有权直接向发包人主张工程款。

【案件基本信息】

1. 诉讼当事人

再审申请人（一审被告、二审上诉人）：四川中顶建设工程有限公司（以下简称中顶建设公司）

被申请人（一审原告、二审被上诉人）：朱某

二审被上诉人（一审被告）：乌兰县自然资源局（以下简称自然资源局）

2. 案件索引与裁判日期

一审：青海省海西蒙古族藏族自治州中级人民法院（2016）青28民初13号判决（2018年5月15日）

二审：青海省高级人民法院（2018）青民终162号判决（2018年10月17日）

再审：最高人民法院（2019）最高法民再329号判决（2019年11月29日）

3. 案由

建设工程施工合同纠纷

【简要案情】

朱某与中顶建设公司签订挂靠协议，挂靠期间朱某以中顶建设公司名义与自然资源局签订施工协议书，合同签订后朱某组织人员进行施工，案涉工程已竣工验收。之后，中顶建设公司向自然资源局出具工作联系函载明："我公司中标的由贵单位2016年发包的'乌兰县柯柯镇托海村土地开发（占补平衡）项目'工程，一直由挂靠在我单位的朱某先生与贵局实际联系并承包本项目……"

2018年1月31日，朱某以中顶建设公司、自然资源局为被告，起诉请求判令中顶建设公司支付其工程款，自然资源局在未付款范围内承担连带责任等。

一审、二审判决认定朱某与中顶建设公司系挂靠法律关系，朱某为案涉工程实际施工人，适用《建设工程施工合同司法解释》第26条的规定，判决中顶建设公司向朱某支付工程款，自然资源局在未付清中顶建设公司工程款范围内承担连带责任。

中顶建设公司申请再审认为，原判决适用上述第26条错误。

【案件焦点】

1. 被挂靠方中顶建设公司是否承担支付工程款的责任；

2. 实际施工人朱某是否可直接向发包人自然资源局主张工程款。

【裁判结果】

最高人民法院再审认为，朱某与中顶建设公司签订的挂靠协议没有约定中顶建设公司向朱某支付工程款，自然资源局也未向中顶建设公司支付工程款，朱某主张中顶建设公司支付工程款没有事实依据。中顶建设公司系被挂靠方，不适用《最高人民法院关于审理建设工程施工合同纠纷案件适用法律问题的解释》第26条。朱某借用中顶建设公司的资质与自然资源局签订案涉施工合同，中顶建设公司欠缺与自然资源局订立施工合同的意思表示，双方不存在实质性的法律关系。朱某与自然资源局形成事实上的法律关系，朱某有权向自然资源局主张工程款。故判决撤销一审、二审判决，由自然资源局向朱某支付工程款。

【裁判摘要评析】

在工程建设领域，借用有资质的建筑施工企业名义进行施工，挂靠方（实际施工人）以出借方（被挂靠方）名义与发包人签订建设工程施工合同，发包人欠付工程款时，实际施工人如何主张工程款，实际施工人是否可以直接起诉发包人，被挂靠方是否承担给付责任，实务中存在分歧。

一、挂靠关系不适用《建设工程施工合同司法解释》第26条的规定

《建设工程施工合同司法解释》第26条规定，实际施工人可向发包人、转包人、违法分包人主张权利，但中顶建设公司系被挂靠方，不属于发包人、转包人、违法分包人，所以一审、二审判决以第26条为法律依据判决中顶建设公司承担给付工程款责任，适用法律错误。而且即使适用第26条，也并非连带责任。连带责任是法定责任，被挂靠方与发包人承担连带责任既无法律规定也无合同约定，不应当承担连带责任。发包人和被挂靠方为独立责任。

二、事实上的建设工程施工合同关系中的权责分配

本案中，实际施工人朱某以中顶建设公司的名义与自然资源局签订施工合同，中顶建设公司欠缺与发包人订立施工合同的真实意思，双方不存在实质性的法律关系。根据《民法总则》第146条“行为人与相对人以虚假的意思表示实施的民事法律行为无效。以虚假的意思表示隐藏的民事法律行为的效力，依照有关法律规定处理”① 的规定，朱某与中顶建设公司通谋行为所隐藏的行为是借用资质签订施工合同，该行为因违反法律强制性规定而无效。实际施工人朱某与自然资源局在订立和履行合同过程中，形成事实上的法律关系，基于此，朱某可以直接向自然资源局主张工程款。

---

① 本条现为《民法典》第146条。以下同。

另外，材料、劳务已物化于工程，朱某也可以依据《合同法》第 58 条“合同无效或者被撤销后，因该合同取得的财产，应当予以返还；不能返还或者没有必要返还的，应当折价补偿。有过错的一方应当赔偿对方因此所受到的损失，双方都有过错的，应当各自承担相应的责任”① 的规定，请求自然资源局支付工程款。

本案挂靠协议尽管约定，中顶建设公司同时协助朱某办理收付工程款，但没有约定中顶建设公司向朱某支付工程款，自然资源局也未向中顶建设公司支付工程款。如果自然资源局向中顶建设公司支付了工程款，中顶建设公司有义务将工程款给付朱某。

基于以上分析，对于发包人未给付的工程款部分，实际施工人可以直接起诉发包人主张工程款。实际施工人起诉被挂靠方主张工程款应当基于合同约定，否则，被挂靠方仅在收到发包人支付的工程款数额内承担给付责任。当实际施工人仅起诉发包人时，为了查明案件事实，可以追加被挂靠方为第三人。当实际施工人起诉发包人和被挂靠方，要求二者承担共同责任时，应当查清发包人已给付的工程款数额，分别判决发包人和被挂靠人的给付责任。

最高人民法院再审合议庭成员：陈纪忠　王东敏　欧海燕

（编写人：赵　静* 审稿人：李　明）

① 本条现为《民法典》第 157 条：“民事法律行为无效、被撤销或者确定不发生效力后，行为人因该行为取得的财产，应当予以返还；不能返还或者没有必要返还的，应当折价补偿。有过错的一方应当赔偿对方由此所受到的损失；各方都有过错的，应当各自承担相应的责任。法律另有规定的，依照其规定。”

* 赵静，法学硕士，中华人民共和国最高人民法院第六巡回法庭，法官助理。

福建挺虎置业集团有限公司
与
仙游县自然资源局
建设用地使用权出让合同纠纷案

——因客观原因导致违约的，违约金条款的适用应以填补损失为主

【裁判摘要】

违约金既具有弥补守约方因对方违约遭受损失的功能即补偿性功能，又具有督促当事人诚信履行合同的功能即惩罚性功能。对于违约方具有违约故意的情形，人民法院应当发挥违约金惩罚性功能，督促违约方早日履约。而对于违约方非因其自身等客观原因导致违约的，不应过分强调违约金的惩罚性，违约金的适用应当以填补守约方损失为主。在现有证据不能反映守约方存在实际损失，违约方系因客观原因无法履约，且其一直在能力范围内积极履行其他合同义务的情况下，根据公平原则和诚实信用原则，可不再判决其支付违约金。

【案件基本信息】

1. 诉讼当事人

上诉人（原审原告）：福建挺虎置业集团有限公司（以下简称挺虎置业集团）

被上诉人（原审被告）：仙游县自然资源局（原仙游县国土资源局，以下简称国土局）

2. 案件索引与裁判日期

一审：福建省高级人民法院（2017）闽民初159号判决（2019年2月

28 日）

二审：最高人民法院（2019）最高法民终 949 号判决（2019 年 11 月 19 日）

3. 案由

建设用地使用权出让合同纠纷

【简要案情】

2012 年 10 月 19 日，国土局作为出让人，挺虎置业集团作为受让人签订国有建设用地使用权出让合同（以下简称出让合同），出让人在 2015 年 10 月 19 日前将出让宗地交付给受让人；出让价款第一期 2012 年 11 月 19 日之前付款 2.29 亿元，第二期 2013 年 10 月 19 日之前付款 2.29 亿元；受让人以滞纳之日起每日按迟延支付款项的 1‰、出让人以交付延期日起每日按受让人已经支付的国有建设用地使用权出让价款的 1‰给付违约金。出让合同补充条款第 2 点约定，该地块土地竞得人同时承建仙游县行政中心工程；施工单位若逾期，拍卖地块交地时间相应推迟且此期间土地出让价款不计利息。出让合同补充条款第 9 点约定，拍卖地块交地前，土地竞得人所缴纳的土地出让价款，仙游县财政局按同期一年期银行贷款基准利率上浮 30%计息，计算时间自土地出让金缴纳之日起至土地交付之日止。2017 年 5 月 8 日，挺虎置业集团与中信公司等签署竣工移交证书。

2017 年 1 月 3 日和 2018 年，仙游县人民政府向莆田市人民政府报送仙游县政府驻地迁移的请示。莆田市人民政府分别于 2017 年、2018 年将该请示上报福建省人民政府。国土局在仙游县人民政府迁移新址获审批后，于 2019 年 1 月 28 日向挺虎置业集团交付了案涉土地。

挺虎置业集团曾按照出让合同约定的日 1‰的标准向国土局支付延迟（2012 年 11 月 19 日至 2014 年 2 月 10 日）支付土地出让金产生的滞纳金 2371.93 万元。仙游县财政局依据出让合同补充条款第 9 点之约定，向挺虎置业集团支付自 2012 年 10 月 23 日至 2019 年 1 月 27 日，按银行贷款基准利率上浮 30%标准的利息 148,262,298.1 元。挺虎置业集团分别于 2014 年 2 月、2014 年 3 月、2014 年 6 月和 2016 年 2 月将案涉土地使用权分别抵押。

挺虎置业集团起诉请求：（1）判令国土局向挺虎置业集团交付案涉土地；（2）判令国土局向挺虎置业集团支付违约金，以挺虎置业集团已支付的土地出让金 398,227,161 元为基数，按每日 1‰的标准，自 2015 年 10 月 20 日计算至实际交付土地之日。

福建省高级人民法院经审理认为：（一）关于挺虎置业集团要求国土局交付案涉土地的问题。国土局迁移新址已获批准，并于 2019 年 1 月 27 日交付了案涉土地。（二）关于国土局应否承担违约责任以及违约金数额问题。（1）关于国土局是否存在违约以及违约金起止时间的问题。出让合同补充条款第 2 点约定，在挺虎置业集团交付仙游县行政中心工程之前，国土局有权推迟交付涉案土地。案涉土地交付时间亦应相应推迟至挺虎置业集团交付工程之日即 2017 年 5 月 8 日，逾期交地违约金应自 2017 年 5 月 8 日交付工程次日起算至交地之日止。（2）关于违约金标准的问题。考虑到挺虎置业集团并无证据证明存在房地产下行的预期利益损失及延期开发导致错过销售的黄金周期造成的损失、挺虎置业集团已自 2014 年 2 月起享受了讼争土地使用权的相关权益、国土局未能及时交地的客观原因系迁移新址未获得批准而非恶意违约、仙游县财政局已支付截至 2017 年 5 月 8 日交付工程的利息弥补挺虎置业集团资金占用的损失，对于国土局提出的出让合同约定其按挺虎置业集团已支付的出让价款 1‰支付逾期交地违约金过高，要求调整的主张予以支持。酌情将违约金调整为“国土局以挺虎置业集团已支付的土地出让金 398,227,161 元为基数，自 2017 年 5 月 9 日起至 2019 年 1 月 27 日止按同期一年期银行贷款基准利率上浮 30%计算”。同时，2017 年 5 月 9 日之后，国土局已将包括自 2017 年 5 月 9 日起至 2019 年 1 月 27 日止按同期一年期银行贷款基准利率上浮 30%计算的利息 39,347,000.56 元支付给挺虎置业集团，事实上已经履行了调整后的违约金。鉴于国土局在诉讼中已交付了土地，并支付了调整后的违约金，福建省高级人民法院一审判决驳回挺虎置业集团的诉讼请求。

宣判后，挺虎置业集团不服一审判决，向最高人民法院提起上诉称：（1）应以出让合同约定的 2015 年 10 月 19 日案涉土地交付时间作为逾期交地违约金计算起点。（2）国土局应当按照出让合同约定的日 1‰标准支付逾期交地违约金。

【案件焦点】

国土局应否承担违约责任以及应支付的违约金数额。

【裁判结果】

最高人民法院经审理认为：

（一）关于国土局是否存在逾期交地违约行为的问题

在挺虎置业集团交付行政中心工程前，国土局有权拒绝交付案涉土地。而在挺虎置业集团交付该工程即竣工移交证书载明的 2017 年 5 月 8 日后，国土局负有交付案涉土地的义务，其迟延交付即构成违约。

（二）关于挺虎置业集团主张国土局支付逾期交地违约金应否予以支持的问题

出让合同约定国土局逾期交付土地产生的损失赔偿额的计算方法为每日按已付土地出让金 1‰计算。《中华人民共和国合同法》第 114 条[①]第 2 款规定，约定的违约损失计算方法过分高于造成的损失的，当事人可以请求人民法院予以适当减少。而关于当事人主张违约金过高，应当如何调整，《最高人民法院关于适用〈中华人民共和国合同法〉若干问题的解释（二）》第 29 条第 1 款规定，人民法院调整合同约定的违约损失计算方法时，应当以守约方的实际损失为基础，兼顾违约方的过错程度、预期利益以及合同的履行情况等因素。

1. 关于挺虎置业集团的实际损失。

挺虎置业集团在一审庭审中称其损失包括土地出让金的资金成本、为土地配套过程中资金投入、房地产下行过程中预期利益损失及延期开发导致错过销售的黄金周期。基于挺虎置业集团未举证证明其向中国工商银行等金融机构办理抵押贷款的利率高于同期贷款利率上浮 30%，未指明其在没有收到土地之前做了哪些配套工作及投入了多少资金，未举证证明在逾

---

① 本条现为《民法典》第 585 条："当事人可以约定一方违约时应当根据违约情况向对方支付一定数额的违约金，也可以约定因违约产生的损失赔偿额的计算方法。约定的违约金低于造成的损失的，人民法院或者仲裁机构可以根据当事人的请求予以增加；约定的违约金过分高于造成的损失的，人民法院或者仲裁机构可以根据当事人的请求予以适当减少。当事人就迟延履行约定违约金的，违约方支付违约金后，还应当履行债务。"以下同。

期交地期间仙游县房地产市场存在房屋销售价格下跌的情形，现有证据不能反映国土局的逾期交地行为导致挺虎置业集团何种损失。

2. 关于国土局的过错程度。

在迁址手续审批通过之前，仙游县人民政府不能从案涉土地搬迁出去，国土局亦无法向挺虎置业集团交付案涉土地，而仙游县人民政府一直在积极履行县政府迁址的审批手续。一般来说，违约金既具有弥补守约方因对方违约遭受损失的功能即补偿性功能，又具有督促当事人诚信履行合同的功能即惩罚性功能。对于违约方具有违约故意的情形，人民法院应当发挥违约金惩罚性功能，督促违约方早日履约。而对于违约方非因其自身等客观原因导致违约情况的，不应过分强调违约金的惩罚性。鉴于在县政府迁址审批通过前，国土局对于案涉土地交付存在法律上履行不能，而非主观上不愿意交付案涉土地，故本案的违约金适用应当以填补守约方损失为主。

3. 关于合同履行情况及预期利益。

根据出让合同及其补充条款的约定，国土局主要义务包括交付土地及在未交付土地期间按照同期贷款利率上浮30%的标准支付已付土地出让金的利息，仙游县政府及国土局一直在能力范围内积极履行出让合同项下义务。且根据出让合同第37条约定，案涉土地使用年期自实际交付土地之日起算，故逾期交付土地并未影响挺虎置业集团对该土地未来开发的收益。

综合以上分析，案涉土地曾经是仙游县政府机关所在地，而县政府迁址需要上级部门审批，在审批通过之前，国土局对案涉土地交付义务的履行存在法律上的障碍，其没有违约的故意，故本案的违约金应当以弥补挺虎置业集团的实际损失为主，而根据本案现有证据不能反映挺虎置业集团因逾期交地存在何种损失，且国土局一直在能力范围内积极履行案涉出让合同项下义务。考虑以上因素，根据公平原则和诚实信用原则，在仙游县财政局已按约支付逾期交地期间土地出让金利息损失情况下，不应再判决国土局承担违约金。因此，本案一审判决认定国土局应支付违约金不当，但该判决以仙游县财政局支付利息已全额冲抵违约金为由驳回挺虎置业集团关于违约金诉讼请求的裁判结果正确，应予维持。依照《中华人民共和国民事诉讼法》第 170 条第 1 款第 1 项，判决驳回上诉，维持原判。

【裁判摘要评析】

一、当事人约定的违约损失赔偿额属于违约金条款

《合同法》第 114 条规定："当事人可以约定一方违约时应当根据违约情况向对方支付一定数额的违约金，也可以约定因违约产生的损失赔偿额的计算方法。约定的违约金低于造成的损失的，当事人可以请求人民法院或者仲裁机构予以增加；约定的违约金过分高于造成的损失的，当事人可以请求人民法院或者仲裁机构予以适当减少。"从字面上来看，该第 114 条第 1 款区分了"一定数额的违约金"和"损失赔偿额的计算方法"；第 2 款规定当事人可以请求人民法院或仲裁机构调整的对象是"约定的违约金"。有观点认为"一定数额的违约金"和"损失赔偿额的计算方法"系不同的制度，前者属于违约金，后者属于"约定损害赔偿"，二者在目的、能否与损害赔偿并用、能否调整及调整的依据方面不同；当事人约定"损失赔偿额的计算方法"时只能类推适用该条第 2 款的规定进行司法调整。[①] 也有学者认为上述法律规定中区分的"一定数额的违约金"与"损失赔偿额的计算方法"，只不过是违约金的两种不同表现形式，前者是以"一定数额"或者确定金额表现的违约金条款，后者则是以特定计算方法表现的违约金条款。[②] 我们认为，当事人针对一方违约行为约定"一定数额的违约金"和"损失赔偿额的计算方法"，两者并不存在本质的不同。《合同法》基于契约正义原则，既需要对当事人约定的"一定数额的违约金"进行必要司法调整，同样也需要对当事人约定的"损失赔偿额的计算方法"进行必要司法调整。且若放弃对损失赔偿额的计算方法司法调整，则为交易实践中规避司法调整规则提供了便利，难谓妥当。[③] 故从解释论的角度，《合同法》第 114 条第 2 款中规定的"约定的违约金"应理解为既包括"一定数额的违约金"与"损失赔偿额的计算方法"。当事人约定的"损失赔偿额的计算方

---

① 王利明：《合同法研究》（第 2 卷）（第 3 版），中国人民大学出版社 2015 年版，第 662~664 页。

② 参见罗昆：《违约金的性质反思与类型重构——一种功能主义的视角》，载《法商研究》2015 年第 5 期。

③ 参见姚明斌：《合同法第 114 条（约定违约金）评注》，载《法学家》2017 年第 5 期。

法”属于违约金条款，同样受到《合同法》第 114 条第 2 款的规制。

本案当事人订立的出让合同约定，出让人延期交付土地的，每延期一日，出让人应当按受让人已经支付出让价款的 1‰向受让人给付违约金。该条即是当事人作出的有关国土局逾期交地违约时给挺虎置业集团造成的损失赔偿额的计算方法的约定，属于违约金条款。国土局主张该违约金条款约定过分高于造成损失时，人民法院应当依法按照违约金酌减规则进行调整。

二、违约金条款双重功能

理论上，违约金分为惩罚性违约金与赔偿性违约金两种。惩罚性违约金又称固有意义上的违约金，是依当事人的约定或依法律法规的规定，对于违约所确定的一项制裁。赔偿性违约金是当事人双方预先估计的损害赔偿总额，又叫作损害赔偿额的预定。① 通说认为，我国《合同法》第 114 条规定的违约金属于赔偿性违约金。在司法实践中，即便是赔偿性违约金，仍然具有双重功能，一是惩罚性功能又称压力功能，二是补偿性功能。

（一）惩罚性功能

通过违约金，债权人掌握有一种压力手段，债务人为避免支付违约金，便会竭力履行其债务。② 作为债务不履行后果的预先安排，约定违约金可以让债务人更明确、清楚地感知其违约可能引发的不利；这种对不利后果的预知及带来的警示，是违约金预先约定性在事实层面引发的效果，从而形成促使对方依约行事的压力。更重要的是，违约金规则所提供的不同于一般违约责任，尤其是损害赔偿的构造，使压力功能得以在规范层面获得落实。③ 发挥违约金条款惩罚性功能，对于督促债务人诚信履行合同、促使合同目的实现，具有重要意义。商事交易中，当事人通过合同对各方权利义务进行适当安排，合同义务的充分履行对于稳定交易预期、维护交易安全、促进交易发展亦具有重要意义。因此，虽然我国《合同法》规定的违约金属于以填补损失为主的赔偿性违约金，但仍然需要给违约金赔偿性

① 参见韩世远：《合同法总论》（第 3 版），法律出版社 2011 年版，第 658 页。
② 参见韩世远：《合同法总论》（第 3 版），法律出版社 2011 年版，第 657 页。
③ 参见姚明斌：《违约金双重功能论》，载《清华法学》2016 年第 5 期。

功能的发挥留有适度空间，赋予当事人在一定幅度内约定高于实际损失的违约金的权利，提高违约成本，降低主观违约风险。

（二）补偿性功能

违约金条款主要功能在于通过预先约定违约造成损失赔偿额，在违约事实发生时，债权人可直接主张违约金以弥补违约行为造成的损失。在没有约定违约金的情形下，债务人违约，债权人主张损害赔偿时，须证明损害事实及因果关系等，而此类举证，不但困难，且容易产生争议，因而当事人为避免上述困难及纠纷，会预先约定损害赔偿额或其计算方法。约定违约金相对于法定损害赔偿最大的优势也就在于简化损害举证规则，即债务人违反合同约定时，债权人无须就其所遭受的损害逐一举证，可直接主张违约金。在债权人能够对其实际损失进行合理说明，且债务人不能举证证明约定违约金过于高分债务人实际损失的情况下，对于债权人按照约定主张的违约金，人民法院应予支持。

三、当事人过错程度对违约金条款双重功能发挥的影响

违约金条款惩罚性功能与补偿性功能对于维护契约自由、契约正义及保护交易安全均具有重要意义。对当事人以约定违约金过高为由请求调整违约金的，人民法院应当根据违约方的过错程度来区别发挥违约金惩罚性功能与补偿性功能。

（一）当事人因故意或重大过失导致违约的，应强化违约金惩罚性功能

违约金惩罚性功能体现在其可以给债务人心理上造成压力，促使之积极履行债务，同时，在债务不履行场合，表现为对违约的惩罚。合同依法成立并生效后，各方当事人均应严格履行合同义务，这是契约自由的必然要求。在债务人因故意或重大过失不履行合同义务的情况下，其主观上对于违约遭受的损失处于追求或放任的状态，应当强化违约金惩罚性功能，督促其早日履行义务。且债务人明知约定违约金的存在，仍然自行选择不履行债务，其应对自身行为承担可预见的法律责任。强化违约金惩罚性功能，是指允许债权人提出的高于实际损失的一定幅度内约定违约金主张，而不仅是只保护实际损失范围内的违约金。当然，鉴于我国《合同法》规定违约金整体性质上属于赔偿性违约金，违约金惩罚性功能也只能在一

定程度内发挥作用。

（二）当事人因客观原因导致违约的，应恪守违约金的补偿性功能

违约金惩罚性功能主要指向的是督促债务人严格履行债务。而在当事人因客观原因导致违约的情形下，由于违约是其意志以外的原因造成的，此时无论给债务人附加何种违约金的压力，债务人亦不能履行债务，违约金惩罚性功能也没有发挥作用的空间。同时，鉴于违约责任本身应遵循严格责任原则，虽然当事人系因客观原因导致违约，但对于违约造成的损失，债务人同样应承担损失填补的赔偿责任。

具体到本案中，国土局未按照合同约定期限交付案涉土地构成违约。造成国土局违约的原因是案涉土地原系仙游县政府机关大院。1985 年《国务院关于行政区划管理的规定》[①] 第 4 条规定，县级人民政府驻地迁移须层报至国务院审批。2018 年国务院颁布的《行政区划管理条例》第 8 条规定县级人民政府驻地迁移需要层报省级人民政府审批。在上级机关审批之前，仙游县政府不能擅自将驻地迁移，也就不能将包括县政府机关大院在内的案涉土地交付给挺虎置业集团。且经审查仙游县人民政府一直在积极履行县政府迁址的审批手续，其对案涉土地未能按时交付并不存在重大过失。因此，对于挺虎置业集团主张的逾期交地违约金，应当采用以填补实际损失为原则进行调整。

四、违约金调整中的实际损失认定

（一）实际损失的举证责任

关于违约金调整中实际损失的举证责任分配问题在实践中争议较大。实际损失的举证责任可以按照下列层次展开。首先，一般情形下，债权人并不首先负有举证证明实际损失的义务，但其主张支付违约金时应当阐明主张的具体内容，即其应向人民法院陈述其因债务人的违约行为造成何种类型的损失以及损失大概数额。其次，根据“谁主张，谁举证”的一般举证规则，债务人主张合同约定的违约金过分高于实际损失的，应当提供证

---

① 《行政区划管理条例》自 2019 年 1 月 1 日起施行，1985 年 1 月 15 日国务院发布的《国务院关于行政区划管理的规定》同时废止。

据予以证明。最后，鉴于债权人对违约造成的损失最清楚，且距离损失发生的证据最近，在债务人已就实际损失进行初步举证情况下，债权人亦应当对实际损失大小承担举证责任。在案件审理过程中，为了查清案件事实，人民法院亦可按照《关于当前形势下审理民商事合同纠纷案件若干问题的指导意见》第 8 条“人民法院要正确确定举证责任，违约方对于违约金约定过高的主张承担举证责任，非违约方主张违约金约定合理的，亦应提供相应的证据”的规定，责令双方就违约金约定是否过高进行举证。

本案中，挺虎置业集团明确其实际损失包括土地出让金的资金成本、为土地配套过程中资金投入、房地产下行过程中预期利益损失及延期开发导致错过销售的黄金周期。关于资金成本，根据国土局的举证，挺虎置业集团在支付出让金之后，虽然土地未交付，但国土局为其办理了土地使用权证书；挺虎置业集团利用土地使用权证书向银行抵押，已经获得资金后，挺虎置业集团的损失即是银行贷款利息成本。关于“为土地配套过程中资金投入”，挺虎置业集团并未指明其在没有收到土地之前做了哪些配套工作，投入了多少资金，该项损失主张缺乏事实依据。而针对其主张的房地产下行过程中预期利益损失及延期开发导致错过销售黄金周期的损失，挺虎置业集团该项主张与当时全国房地产整体上涨的情况相违背，且其没有举证证明在逾期交地期间，仙游县房地产市场存在房屋销售价格下跌的情形，故其该项损失主张亦缺乏事实依据。

（二）实际损失应当扣除因违约而获取的利益

基于损益相抵原则，债权人因债务人违约所额外获得的利益，应当从其实际损失中予以扣除。《关于审理买卖合同纠纷案件适用法律问题的解释》第 31 条规定：“买卖合同当事人一方因对方违约而获有利益，违约方主张从损失赔偿额中扣除该部分利益的，人民法院应予支持。”《关于审理买卖合同纠纷案件适用法律问题的解释》确立了买卖合同可以适用损益相抵原则。我们认为，不仅买卖合同违约金调整可以适用上述损益相抵原则，其他合同纠纷亦同样可以适用。

本案中，挺虎置业集团主张的损失能够成立的仅有土地出让金资金占用损失，但在逾期交地期间，仙游县财政局已按照同期贷款利率上浮 30%

标准向挺虎置业集团支付土地出让金被占用期限的利息。如国土局按照合同约定期限交付了土地，则挺虎置业集团在该合同期限之后即不再享受利息收益。也即在合同约定交地期限之后，该利息收益即成为国土局逾期交地行为给挺虎置业集团带来的额外利益，应当从挺虎置业集团实际损失中予以扣除。在挺虎置业集团没有举证证明其向金融机构办理抵押贷款的利率高于同期贷款利率上浮30%的情况下，可以认定逾期交地期间，挺虎置业集团不存在土地出让金的资金占用损失。因此，本案现有证据不能证明国土局的逾期交地行为导致挺虎置业集团产生损失。

五、违约方因客观原因导致违约，守约方没有实际损失的，可不判决违约金

在违约方因法律上履行不能导致违约的，属于因客观原因无法履约，违约方请求人民法院调整违约金的，因缺少督促债务人履约的余地，人民法院不应强调违约金的惩罚性功能，违约金应当以填补守约方的实际损失为主。案涉土地曾经是仙游县政府机关所在地，而县政府迁址需要上级部门审批，在审批通过之前，国土局对案涉土地交付义务的履行存在法律上障碍，其没有违约的故意，故本案的违约金应当以弥补挺虎置业集团的实际损失为主，而根据本案现有证据不能确定挺虎置业集团因逾期交地存在何种损失，且国土局一直在能力范围内积极履行案涉出让合同项下义务。考虑以上因素，根据公平原则和诚实信用原则，在仙游县财政局已按约支付逾期交地期间土地出让金利息损失情况下，不应再判决国土局承担违约金。

最高人民法院二审合议庭成员：何　抒　肖　峰　王成慧

（编写人：夏　敏* 审稿人：李　明）

* 夏敏，法学硕士，中华人民共和国最高人民法院第三巡回法庭，法官助理。

王某某
与
巴州赛瑞机械设备安装有限公司、曹某甲请求变更公司登记纠纷案

——离职法定代表人要求办理法定代表人工商变更登记，在无其他救济途径情况下，人民法院应予受理

【裁判摘要】

公司聘用的法定代表人辞职后，其权益因公司未及时办理法定代表人工商变更登记而遭受侵害，该离职法定代表人因公司不予办理变更登记而提起的诉讼，系平等主体之间的民事争议。

公司聘用的法定代表人并非股东，不能通过公司自治的途径得到救济，其起诉具有诉的利益，在符合起诉条件且不具有提起诉讼障碍事由时，人民法院应当予以立案受理，而不应将实体裁判要件等同于起诉条件，作为判断民事诉讼受案范围的标准。

当事人的诉讼请求部分符合起诉条件的，对符合起诉条件的部分应予受理，对不符合起诉条件的部分不予受理。

【案件基本信息】

1. 诉讼当事人

再审申请人（一审起诉人、二审上诉人）：王某某

2. 案件索引与裁判日期

一审：新疆维吾尔自治区巴音郭楞蒙古自治州中级人民法院（2019）

新28民初25号裁定（2019年6月24日）

二审：新疆维吾尔自治区高级人民法院（2019）新民终392号裁定（2019年9月27日）

再审：最高人民法院（2020）最高法民再88号裁定（2020年4月29日）

3. 案由

请求变更公司登记纠纷

【简要案情】

王某某诉称，2011年3月，巴州赛瑞机械设备安装有限公司（以下简称赛瑞机械设备安装公司）的股东曹某甲聘请王某担任赛瑞机械设备安装公司法定代表人并办理了公司法定代表人登记。2011年3月25日，赛瑞机械设备安装公司变更为一人公司，并于2011年4月1日办理变更登记。王某发现曹某甲股权纠纷不断，未实际参与公司经营管理，于2011年5月30日辞职离开赛瑞机械设备安装公司。2011年11月15日，赛瑞机械设备安装公司作出股东决定，指定曹某乙担任执行董事、总经理、法定代表人，但赛瑞机械设备安装公司、曹某甲至今未办理变更公司法定代表人工商登记。王某起诉请求判令赛瑞机械设备安装公司、曹某甲履行公司股东决定并办理变更公司法定代表人工商登记；判令赛瑞机械设备安装公司任何法律行为与其无关。

一审法院认为，根据法律规定，变更公司法定代表人应当先由公司股东会作出决议，再向工商部门办理变更登记，法院不能强制公司作出决议变更法定代表人。故，王某的诉讼请求不属于人民法院民事案件的受案范围，王某的起诉不符合法定受理条件，裁定对王某的起诉不予受理。

二审法院查明：王某以曹某甲为被告，于2016年向一审法院提起诉讼，其中一项诉讼请求是要求曹某甲立即办理注销其所担任的赛瑞机械设备安装公司法定代表人职务。一审法院于2017年3月23日作出（2016）新28民初84号判决，驳回王某的诉讼请求。二审法院认为，王某要求人民法院确认赛瑞机械设备安装公司任何法律行为与其无关的诉讼请求，不具备诉的利益，没有法律依据。王某要求曹某甲履行变更赛瑞机械设备安装公司法定代表人的诉讼请求，与其在（2016）新28民初84号案件中提出的要求曹某甲立即办理注销其所担任的赛瑞机械设备安装公司法定代表人职务的诉讼请求实质相同，属于重复起诉。股东会决议的履行问题系公司内部经营管理问题，属于公司自治范畴，不属于人民法院的主管范围，人民法院不能强制履行股东会决议。因此，对于王某要求赛瑞机械设备安装公司履行股东决定书，进行法定代表人变更的诉讼请求，人民法院应当不予受理，遂裁定驳回上诉，维持原裁定。

王某向最高人民法院申请再审称，其已从赛瑞机械设备安装公司辞职，不再参与公司经营管理，其合法权益因赛瑞机械设备安装公司债务的执行问题受侵害，赛瑞机械设备安装公司、曹某甲未办理法定代表人变更登记违反了《公司法》第13条以及《国家工商行政管理局对变更公司法定代表人有关问题的答复》的规定。（2016）新28民初84号案件判决驳回王某的诉讼请求属于认定事实及适用法律错误，该案应当以曹某甲主体不适格，裁定驳回王某某的起诉。因此，本案不构成重复起诉。王某对其诉讼请求具有诉的利益和事实、法律依据，人民法院对其起诉应当立案受理。王某请求撤销一审、二审裁定，依法立案受理本案。

【案件焦点】

人民法院应否受理王某的起诉。

【裁判结果】

最高人民法院认为，判断人民法院应否受理王某的起诉，应依据其诉讼请求及事实理由具体分析。

关于王某提出的判令赛瑞机械设备安装公司、曹某甲办理变更公司法定代表人工商登记的诉讼请求应否受理的问题。王某基于其已离职的事实，请求终止其与赛瑞机械设备安装公司之间法定代表人的委任关系并办理法定代表人变更登记，该纠纷系平等主体之间的民事争议。赛瑞机械设备安装公司无自行办理法定代表人变更登记的意愿。因王某并非赛瑞机械设备安装公司股东，其亦无法通过召集股东会等公司自治途径，就法定代表人的变更事项进行协商后作出决议。若人民法院不予受理王某的起诉，则王某因此所承受的法律风险将持续存在，而无任何救济途径。

故，王某对赛瑞机械设备安装公司办理法定代表人变更登记的诉讼请求具有诉的利益，该纠纷系平等主体之间的民事争议，属于人民法院受理民事诉讼的范围。另外，（2016）新28民初84号案件的被告为曹某甲，王某在该案中系以其姓名权、名誉权、信用权受到侵害为由，要求曹某甲办理注销王某赛瑞机械设备安装公司法定代表人职务的登记手续而停止侵权，该案与本案的当事人、诉讼请求及事实理由均有不同。故本案不构成重复起诉。一审、二审法院裁定不予受理王某该项诉讼请求，适用法律错误。需要明确的是，王某该项诉讼请求是否具有事实和法律依据，是否应予支持，应通过实体审理予以判断。

关于王某提出的判令赛瑞机械设备安装公司任何法律行为与其无关的诉讼请求应否受理的问题。依据《中华人民共和国民事诉讼法》第119条第3项规定，起诉必须符合"有具体的诉讼请求和事实、理由"的条件。王某该项诉讼请求中"赛瑞机械设备安装公司任何法律行为"指向不明，不符合上述法律规定。对于王某该项诉讼请求，一审、二审法院裁定不予受理，并无不当。

再审裁定：（一）撤销新疆维吾尔自治区高级人民法院（2019）新民终392号民事裁定和新疆维吾尔自治区巴音郭楞蒙古自治州中级人民法院（2019）新28民初25号民事裁定；（二）对于王某关于判令赛瑞机械设备安装公司、曹某甲办理变更公司法定代表人工商登记的诉讼请求，指令新疆维吾尔自治区巴音郭楞蒙古自治州中级人民法院立案受理；（三）对于王某关于判令赛瑞机械设备安装公司任何法律行为与其无关的诉讼请求，不予受理。

【裁判摘要评析】

本案涉及对于公司离职法定代表人提起的要求公司变更法定代表人工商登记的诉讼是否应予受理的问题，具有一定示范意义。司法实践中，经常有公司与其工作人员约定，由其工作人员作为法定代表人并办理工商登记的情况。被登记为法定代表人的工作人员离职后，若公司不及时变更法定代表人，该离职工作人员的合法权益可能因公司经营中的问题受到侵害。本案中，王某即称因赛瑞机械设备安装公司债务问题，其被列入失信被执行人名单，合法权益受到侵害。本案一审、二审法院以变更法定代表人系公司自治事项，且王某曾经起诉赛瑞机械设备安装公司股东要求变更法定代表人，本案构成重复起诉为由，裁定不予受理王某的起诉。王某向最高人民法院申请再审，经最高人民法院提审后改判指令一审法院受理其变更法定代表人工商登记的诉讼请求。

一、王某起诉符合法定受理条件

《民事诉讼法》第 119 条规定："起诉必须符合下列条件：（一）原告是与本案有直接利害关系的公民、法人和其他组织；（二）有明确的被告；（三）有具体的诉讼请求和事实、理由；（四）属于人民法院受理民事诉讼的范围和受诉人民法院管辖。"王某提供了赛瑞机械设备安装公司变更法定代表人的股东会决议，赛瑞机械设备安装公司至今未办理法定代表人工商登记。王某认为因赛瑞机械设备安装公司的债务执行问题，其被列入失信被执行人名单，合法权利受到侵害。由此可见，王某与本案有利害关系，其起诉有明确的被告、具体的诉讼请求和事实理由，本案纠纷亦属于平等主体之间的民事争议，属于人民法院受理民事诉讼的范围，即王某的该项诉讼请求符合起诉条件。一审、二审法院裁定不予受理错误。

二、王某在本案中具有诉的利益

诉的利益，是指当事人向法院提出的诉讼请求，具有必须通过法院审理并作出判决予以解决的必要性和实效性，其中必要性是指有无必要通过判决解决当事人之间的纠纷；实效性是指通过判决能否使纠纷获得实质性解决。王某因赛瑞机械设备安装公司的债务执行问题，被列入失信被执行人名单，合法权利因此遭受侵害。王某并非赛瑞机械设备安装公司股东，无法通过公司自治途径予以救济。若人民法院不予受理王某的起诉，则王某因此而承受的法律风险将持续存在，而无任何救济途径。对此，王某具有必须通过法院审理并作出判决予以解决的必要性和实效性，即王某在本案中具有诉的利益。

三、本案不具有"重复起诉"等提起诉讼的障碍事由

（2016）新 28 民初 84 号民事案件的被告为曹某甲，王某在该案中是以其姓名权、名誉权、信用权受到侵害为由，要求曹某通过办理注销王某赛瑞机械设备安装公司法定代表人职务的登记手续而停止侵权，该案与本案的当事人、诉讼请求及事实理由均有不同。故，本案不构成重复起诉，也不存在其他排除诉讼的事由。

四、诉权是程序性权利，不能与实体权利相混淆

诉权是当事人基于民事纠纷的事实，要求法院进行裁判的权利。只要当事人与民事纠纷存在利害关系，就有权基于纠纷的事实要求法院对处于不明状态的权利义务关系作出合乎法律的判断，即诉的利益。一审、二审法院分别以人民法院不能强制公司作出股东决议变更法定代表人、不能强制公司履行股东会决议为理由之一，而对王某的起诉不予受理，是将实体权利有无法律依据作为诉权行使的前提要件，显属不当。在本案中，王某的诉讼请求是否具有事实和法律依据，应否予以支持，应通过案件的实体审理予以判定。人民法院不能因王某的诉讼请求缺乏事实和法律依据而否定其诉权，即不能将实体裁判要件等同于起诉条件，作为判断民事诉讼受案范围的标准。

五、对于符合起诉条件的部分诉讼请求应予受理

当事人的部分诉讼请求符合起诉条件，部分诉讼请求不符合起诉条件的，应当区分处理，不能一概而论。对于符合起诉条件的，人民法院应当立案受理；对于不符合起诉条件的，应在裁定中明确不予受理。王某在本案中提出的判令赛瑞机械设备安装公司任何法律行为与其无关的诉讼请求，所指向的行为不明确，不符合受理条件，故对于该项诉讼请求不予受理。

最高人民法院再审合议庭成员：刘小飞　王东敏　任雪峰

（编写人：刘小飞[*]　邹军红[**]　张　玲[***]　审稿人：李　明）

---

* 刘小飞，法学博士，中华人民共和国最高人民法院第六巡回法庭，二级高级法官。

** 邹军红，法学硕士，中华人民共和国最高人民法院第六巡回法庭，法官助理。

*** 张玲，法学硕士，中华人民共和国最高人民法院第六巡回法庭，法官助理。

彭某某
与
成都农村商业银行股份有限公司簇桥支行、陈某某等
保证合同纠纷案

——混合担保中债权人放弃债务人提供的物的担保对其他担保人担保责任的影响

【裁判摘要】

根据体系解释，在混合担保①情形下，《中华人民共和国物权法》第194条②第2款、第218条③的适用应当以第176条④为基础。在当事人明确约定保证责任优先的情况下，保证人以债权人放弃债务人提供的物的担保为由，主张在债权人丧失优先受偿权益的范围内免除担保责任的，人民法

① 通说认为，同一债权有两个以上担保时，为共同担保。各项担保的性质不同时即为混合担保。依是否将抵押、质押和留置视为不同性质的担保而论，有观点认为同一债权既有抵押担保又有质押担保的，也属于混合担保。本文将抵押、质押和留置视为同一性质，混合担保是指同一债权既有保证担保又有物的担保的情况。

② 本条现为《民法典》第409条："抵押权人可以放弃抵押权或者抵押权的顺位。抵押权人与抵押人可以协议变更抵押权顺位以及被担保的债权数额等内容。但是，抵押权的变更未经其他抵押权人书面同意的，不得对其他抵押权人产生不利影响。债务人以自己的财产设定抵押，抵押权人放弃该抵押权、抵押权顺位或者变更抵押权的，其他担保人在抵押权人丧失优先受偿权益的范围内免除担保责任，但是其他担保人承诺仍然提供担保的除外。"以下同。

③ 本条现为《民法典》第435条："质权人可以放弃质权。债务人以自己的财产出质，质权人放弃该质权的，其他担保人在质权人丧失优先受偿权益的范围内免除担保责任，但是其他担保人承诺仍然提供担保的除外。"以下同。

④ 本条现为《民法典》第392条："被担保的债权既有物的担保又有人的担保的，债务人不履行到期债务或者发生当事人约定的实现担保物权的情形，债权人应当按照约定实现债权；没有约定或者约定不明确，债务人自己提供物的担保的，债权人应当先就该物的担保实现债权；第三人提供物的担保的，债权人可以就物的担保实现债权，也可以请求保证人承担保证责任。提供担保的第三人承担担保责任后，有权向债务人追偿。"以下同。

院不予支持。

【案件基本信息】

1. 诉讼当事人

上诉人（原审被告）：彭某某

被上诉人（原审原告）：成都农村商业银行股份有限公司簇桥支行（以下简称成都农商行簇桥支行）

原审被告：陈某某

原审被告：周某某

原审被告：何某

原审被告：眉山市旗胜建材有限公司（以下简称旗胜建材公司）

2. 案件索引与裁判日期

一审：四川省高级人民法院（2017）川民初85号判决（2019年3月25日）

二审：最高人民法院（2019）最高法民终1631号判决（2019年12月5日）

3. 案由：

保证合同纠纷

【简要案情】

2013年9月29日，借款人成都上风港房地产开发有限公司（以下简称上风港房地产公司）与成都农商行簇桥支行签订项目融资借款合同，约定上风港房地产公司向成都农商行簇桥支行借款人民币1.5亿元。合同还对借款期限、双方的权利义务、违约责任等内容进行了约定。

同日，成都农商行簇桥支行与保证人陈某某、彭某某、王某某、周某某、何某、旗胜建材公司签订保证合同，约定：为保证成都农商行簇桥支行与上风港房地产公司签订的项目融资借款合同的履行，保证人愿意为债务人与债权人依主合同所形成的债务提供连带责任保证。该合同第1条“保证方式”约定：“保证人提供连带责任保证。保证人确认，当债务人未按主合同约定履行债务时，无论债权人对主合同项下的债权是否拥有其他担保（包括但不限于保证、抵押、质押、保函、备用信用证等担保方式)，不论上述其他担保何时成立、是否有效、债权人是否向其他保证人提出权利主张，也不论是否有第三方同意承担主合同项下的全部或部分债务，也不论其他担保是否由债务人自己提供，保证人在本合同项下的保证责任均不因此减免，债权人可直接要求保证人依照本合同约定在其保证范围内承担保证责任，保证人将不提出任何异议。”订立保证合同时，彭某某、陈某某、周某某、何某均为上风港房地产公司股东。

2013 年 10 月 17 日，成都农商行簇桥支行向上风港房地产公司发放贷款 1.1 亿元；2014 年 1 月 26 日发放贷款 1000 万元；2014 年 2 月 20 日发放贷款 2000 万元；2014 年 3 月 10 日发放贷款 500 万元；2014 年 5 月 28 日发放贷款 500 万元。成都农商行簇桥支行共计向上风港房地产公司发放贷款 1.5 亿元，并将所有款项转入上风港房地产公司指定的银行账户。

2014 年 1 月 8 日，上风港房地产公司与成都农商行簇桥支行签订抵押合同，第 2 条约定：“当债务人未按主合同约定履行其债务或发生本合同第九条约定的实现抵押权的情形时，无论抵押权人对主合同项下的债权是否拥有其他担保（包括但不限于保证、抵押、质押、保函、备用信用证等担保方式），不论上述其他担保何时成立、是否有效、抵押权人是否向其他担保人提出权利主张，也不论是否有第三方同意承担主合同项下的全部或部分债务，也不论其他担保是否由债务人自己所提供，抵押人在本合同项下的保证责任均不因此减免，抵押权人均可直接要求抵押人依照本合同约定在其担保范围内承担担保责任，抵押人将不提出任何异议。”

因上风港房地产公司未按期归还借款本息，成都农商行簇桥支行将陈某某、彭某某、周某某、何某、旗胜建材公司诉至法院，请求其对上风港房地产公司所欠债务承担连带保证责任。

四川省高级人民法院一审判决：保证人陈某某、周某某、彭某某、何某、旗胜建材公司在判决生效之日起 15 日内，对上风港房地产公司所欠成都农商行簇桥支行的借款本金 97,028,089 元及相应利息、罚息、复利承担连带清偿责任；陈某某、周某某、彭某某、何某、旗胜建材公司承担保证责任后，有权向上风港房地产公司追偿。

彭某某不服一审判决，向最高人民法院提起上诉，请求撤销一审判决，改判驳回成都农商行簇桥支行对彭某某的全部诉讼请求。

二审审理期间，成都农商行簇桥支行认可解除抵押的房产销售款没有全部用于归还借款。

【案件焦点】

彭某某应否向成都农商行簇桥支行承担连带保证责任及责任范围。

【裁判结果】

最高人民法院经审理认为：《中华人民共和国物权法》第176条是关于物的担保和保证的关系的规定，体现了当事人意思自治与债务人提供的物的担保责任优先相结合的原则。该条规定的“应当按照约定实现债权”，旨在确定或者限制混合担保中债权人行使担保权的顺序；此处的“约定”指当事人关于实现担保权的顺序的约定，而非当事人关于如何实现担保物权的约定；所谓约定的“明确”，系指该约定表述清晰，足以达到让当事人对约定的内容在认识上没有分歧的程度。本案中，保证合同中的约定表明，债权人可以优先主张保证人承担保证责任；抵押合同中的约定亦表明，债权人可以优先主张抵押人承担担保责任。由此呈现出的当事人的真实意思是明确的，内容是清晰的，即债权人可以任意选择保证或者物的担保以确保债权实现。经由债权人选择，担保人承担担保责任的顺序得以确定，这种约定方式与债权人直接向保证人主张承担保证责任并不矛盾，也不因抵押合同存在类似约定而产生理解上的冲突或歧义。因此，成都农商行簇桥支行有权直接要求彭某某承担保证责任。虽然《中华人民共和国物权法》第194条第2款仅将“抵押权人放弃该抵押权、抵押权顺位或者变更抵押权”作为第三人免除担保责任的条件，但由《中华人民共和国物权法》第176条与第194条第2款的体系解释可知，在混合担保情形下，仅在保证人对债务人提供的抵押担保享有顺序利益时，债权人放弃债务人提供的抵押担保，保证人才享有在抵押权人丧失优先受偿权益范围内免除担保责任的权利，在保证人没有顺序利益或者放弃顺序利益的情况下，并无该条款的适用空间。本案中，当事人对于担保责任实现顺序的约定是明确的，彭某某对上风港房地产公司提供的抵押担保并不具有顺序利益。彭某某、陈某某、周某某、何某在订立保证合同时均系上风港房地产公司股东，对该公司的经营状况、偿债能力有合理、充分的认知，并且保证合同签订时间在前，抵押合同签订时间在后，因此债权人主张由保证人承担保证责任，没有超出彭某某在签订保证合同时对保证责任的合理预期，也没有加重其保证责任，彭某某主张在成都农商行簇桥支行丧失抵押权益范围内免除责任，于法无据。遂判决驳回上诉，维持原判。

【裁判摘要评析】

在混合担保情况下，债权人放弃债务人提供的物的担保，其他担保人是否可以免除相应的担保责任，在司法实践中存在不同认识。一种观点认为，其他担保人在债权人放弃的债务人提供的物的担保范围内免除担保责任。理由是：根据文义解释，《物权法》第194条第2款、第218条并未设置适用前提；从法理上来讲，债务人是本位上的债务承担者，在债务人以自己财产提供抵押的情况下，债权人首先向债务人主张抵押权，既可以避免其他担保人在承担担保责任后再行使追偿权，也符合公平原则。另一种观点认为，其他担保人免除担保责任应当以享有顺序利益为前提。理由是：根据体系解释，在混合担保情形下，《物权法》第194条第2款、第218条的适用应当以《物权法》第176条为基础。按照《物权法》第176条的规定，仅在当事人未就物的担保与保证的责任顺序进行约定或约定不明，以及明确约定债务人物保责任优先的情况下，其他担保人相对于债务人才享有担保责任实现上的顺序利益，其顺序利益才因债权人放弃债务人物保责任而受到影响，并可依据《物权法》第194条第2款或者第218条主张相应免责；在当事人明确约定保证责任优先的情况下，并无《物权法》第194条第2款、第218条的适用空间。前述两种观点的本质差异，在于对《物权法》第194条第2款、第218条法理基础的理解不同，即其他担保人担保责任的免除，是基于债务人的债务最终承担者地位，还是基于对其他担保人顺序利益的保护。前者的实质就是《担保法》及《担保法司法解释》所确立的债务人物保责任绝对优先规则，这与《物权法》第176条确立的尊重当事人意思自治基础上的债务人物保责任相对优先规则相冲突，并将导致理念上的混乱；后者既符合"利益受损者获得相应补偿"的公平原则，又与《物权法》第176条相融洽，应当予以肯定。《物权法》作为一个整体，各条文之间应当关联和支撑，不应作孤立或冲突的解读。

一、《物权法》第194条第2款适用所应考虑的隐含条件

《物权法》第194条第2款针对的是同一债权既有债务人提供的抵押担保又有第三人提供的担保的情况。如果第三人提供的担保中有保证担保，就构成了混合担保，从而亦有《物权法》第176条之适用。债权人放弃债务人提供的抵押担保，是对其民事权益的处分，在不违反法律、行政法规的强制性规定，不违背公序良俗的情况下，对其处分行为的效力应予肯定，问题的关键在于其他担保人的利益是否因该处分行为受到影响。根据“利益受损者获得相应补偿”的公平原则，如果其他担保人的法律上的利益因债权人放弃债务人抵押而受到损害，其可因此主张减免担保责任；如果其他担保人相对于债务人不享有法律上的利益，或者该利益未受到损害，则其没有理由主张减免担保责任。从法理层面分析，其他担保人相对债务人可能享有的法律上的利益主要是代位利益、追偿利益和顺序利益。

关于代位利益。大陆法系国家和地区的法律多规定担保人代位权。所谓担保人代位权，是指担保人在代为清偿债务或者债权人实现担保权后，在债权人债权受偿的限度内依法取得债权人对债务人的债权及从属性权利（如担保物权等）。[①] 在法律赋予担保人代位权的情况下，第三人因承担了担保责任而取得债权人地位，享有原债权人对债务人的抵押权。如果债权人放弃了债务人的抵押担保，必然导致第三人无法取得该抵押权，其代位利益受到损害，有理由因此主张减免担保责任。但由于我国现行法并未规定担保人代位权，[②] 第三人的代位利益无从谈起，自然不存在因债权人放弃债务人提供的物的担保导致其他担保人代位利益受损的问题。

关于追偿利益。在债务人提供抵押担保的情况下，债务人兼具抵押人身份，因此应从担保人之间的追偿和担保人向债务人的追偿两个维度考察。《物权法》第176条规定了“提供担保的第三人承担担保责任后，有权向债

① 参见程啸：《混合担保中担保人的追偿权与代位权——对〈物权法〉第176条的理解》，载《政治与法律》2014年第6期。

② 参见最高人民法院民事审判第二庭编著：《〈全国法院民商事审判工作会议纪要〉理解与适用》，人民法院出版社2019年版，第353页。

务人追偿”，但并未规定保证人和物上保证人可以相互追偿。根据全国人民代表大会常务委员会法制工作委员会的解释，《物权法》第 176 条对保证人和物上保证人之间追偿持否定态度。[①] 而物上保证人之间能否相互追偿，尚存争议。[②] 无论各担保人之间能否相互追偿，在债务人提供的抵押担保被放弃的情况下，债务人并未退出主债权债务关系，承担了担保责任的其他担保人仍然可以向债务人追偿。有观点认为，债权人放弃债务人抵押后，债务人有可能对抵押物进行处分并导致责任财产减少，从而对承担了担保责任的第三人向债务人追偿造成不利影响。此种观点难以成立。因为债务人抵押责任免除后是否处分抵押物，以及处分抵押物是否会导致责任财产减少，受到众多因素的影响，具有很大的不确定性，即债权人放弃债务人抵押与承担了担保责任的第三人无法实现追偿权之间没有必然的因果关系。因此，债权人放弃债务人抵押并不影响其他担保人追偿权的实现，其他担保人不能以追偿利益受损为由主张减免担保责任。

关于顺序利益。混合担保情形下的顺序利益，是指责任承担在后的担保人相对于责任承担在前的担保人所享有的担保责任实现顺序上的利益。如果各担保人的责任顺序基于法律规定或者当事人约定而确定，则债权人只能先向担保责任顺序在前者主张担保权利：如果在前的担保责任实现后主债权得到清偿，主债权债务关系即归于消灭，作为从法律关系的其他担保关系也因此消灭，责任顺序在后的担保人不再承担担保责任；如果主债权没有得到完全清偿，则责任顺序在后的担保人只就未能清偿部分承担担保责任；如果债权人越过担保责任在先者向责任顺序在后者主张担保权利，责任顺序在后者可基于顺序利益进行抗辩；如果债权人放弃责任顺序在先者的担保责任，顺序在后者的顺序利益自然受到损害，其担保责任被放大，故其可基于《物权法》第 194 条第 2 款主张减免担保责任。由于责任顺序在前者相对于责任顺序在后者并无顺序利益，债权人放弃在后的担保责任对顺序在先的担保责任不产生影响，责任顺序在前者不能因此主张

---

① 参见胡康生主编：《中华人民共和国物权法释义》，法律出版社 2007 年版，第 381~382 页。

② 参见最高人民法院民事审判第二庭编著：《〈全国法院民商事审判工作会议纪要〉理解与适用》，人民法院出版社 2019 年版，第 351~353 页。

减免担保责任；同理，由于责任顺序相同或并列的担保人之间并无顺序利益，债权人放弃其中一项担保权利，对其他担保责任不产生影响，故其他担保人不能因此主张减免担保责任；在这两种情形下，并无《物权法》第194条第2款的适用空间。

综上所述，在混合担保情形下，债权人放弃债务人提供的抵押担保，仅可能对其他担保人的顺序利益造成影响。由此可以得出，《物权法》第194条第2款之适用，以其他担保人相对于债务人享有担保责任实现上的顺序利益为前提。

二、担保责任顺序的确定

（一）担保责任顺序确定的法律依据

关于混合担保情形下担保责任顺序的确定规则，立法和司法经历了由《担保法》"物保责任绝对优先"[①] 到《担保法司法解释》"债务人物保责任绝对优先+第三人担保责任平等"[②]，再到《物权法》"当事人意思自治+债务人物保责任相对优先+第三人担保责任平等"的演变。根据《物权法》第176条的规定，混合担保的责任顺序，首先由当事人合意确定，即有约定依约定；在没有约定或者约定不明确时，基于债务人作为债务的终局承担者，为避免其他担保人承担责任后再向债务人追偿的烦琐，应当先以债务人提供的物的担保实现债权；在第三人提供的物的担保与保证并存的情况下，无论是就物的担保还是保证实现债权，物上保证人和保证人都存在向债务人追偿的问题，为保障债权人的债权得以充分实现，法律赋予债权人选择权。[③] 上述演变反映了立法理念上的重大变化：一是担保责任顺序以当事人意思自治为原则，以法定顺序为补充；二是明确了第三人提供的物的担保与保证在担保地位上的平等性。根据《物权法》第178条的规定，《担

① 《担保法》第28条规定："同一债权既有保证又有物的担保的，保证人对物的担保以外的债权承担保证责任。债权人放弃物的担保的，保证人在债权人放弃权利的范围内免除保证责任。"

② 《担保法司法解释》第38条第1款规定："同一债权既有保证又有第三人提供物的担保的，债权人可以请求保证人或者物的担保人承担担保责任。"第123条规定："同一债权上数个担保物权并存时，债权人放弃债务人提供的物的担保的，其他担保人在其放弃权利的范围内减轻或者免除担保责任。"

③ 参见胡康生主编：《中华人民共和国物权法释义》，法律出版社2007年版，第380~381页。

保法》《担保法司法解释》中与《物权法》第 176 条冲突的规定不再适用，故混合担保责任顺序的确定以《物权法》第 176 条依据。

（二）《物权法》第 176 条中“约定”的含义

《物权法》第 176 条出现了三处“约定”，分别是“债务人不履行到期债务或者发生当事人约定的实现担保物权的情形”“债权人应当按照约定实现债权”“没有约定或者约定不明确”。根据文义解释，第一处约定是当事人之间关于实现担保物权的约定；第二处约定是关于实现债权的约定，具体而言是关于“物的担保和人的担保的关系”的约定；① 第三处约定指向不明，需要分析。有这样一种观点认为，第三处约定与第一处约定的含义相同，即关于实现担保物权的约定。基本逻辑是：《物权法》第 176 条虽然对《担保法》采取的物保责任绝对优先规则进行了修正，但仍然规定了物保责任相对优先规则。既然是物保责任相对优先，就应当首先审查当事人对物保责任的实现有无明确约定：如果有明确约定，则物保责任优先与尊重当事人意思自治是一致的，应当按照约定实现担保物权；如果没有约定或者约定不明确，应当先就债务人自己提供的物的担保实现债权；只有在既无当事人实现担保物权的明确约定，债务人又没有提供物的担保的情形下，才赋予债权人以选择权。② 此种观点的主要问题是：从立法目的看，《物权法》第 176 条所要解决的主要是物的担保和保证担保并存时的责任顺序问题，仅将当事人的约定限定在如何实现物的担保，不符合立法本意；根据文义解释，“或者”是择一的意思，表示选择关系，如果把“发生当事人约定的实现担保物权的情形”这个选项去掉，第 176 条前半句的表述就成为“债务人不履行到期债务，债权人应当按照约定实现债权；没有约定或者约定不明确，债务人自己提供物的担保的……”无法得出“约定”与

---

① 参见全国人大常委会法制工作委员会民法室：《中华人民共和国物权法条文说明、立法理由及相关规定》（第 2 版），北京大学出版社 2017 年版，第 356 页。

② 参见江苏索普（集团）有限公司、上海儒仕实业有限公司与中国农业发展银行乾安县支行保证合同纠纷案最高人民法院（2016）最高法民终 40 号判决；中国农业发展银行乾安县支行与江苏索普（集团）有限公司、上海儒仕实业有限公司保证合同纠纷案最高人民法院（2016）最高法民申 2612 号裁定。

“实现担保物权”之间的必然关联；从法理分析，如果将当事人“没有约定或者约定不明确”中的约定内容限定于担保物权的实现，而保证合同中又不可能约定担保物权的实现，就会导致完全依据物保合同来适用《物权法》第176条，这与该条文所体现的尊重当事人意思自治、各担保责任原则上平等的精神明显违背。[①] 无论是基于立法目的、法理基础还是文义解释分析，《物权法》第176条所规定的“债权人应当按照约定实现债权”“没有约定或者约定不明确”中的“约定”，是指当事人关于物的担保和保证担保之间责任关系的约定，主要是关于责任顺序的约定，也包括责任范围的约定。

（三）“约定明确”的认定标准和有无顺序利益的判断

在混合担保情形下，债权人与各担保人共同就各项担保的责任顺序作出约定是理想状态，实践中通常是债权人与各担保人分别订立担保合同，某一担保人在订立担保合同时对同一债权是否存在其他担保可能并不知情。如果为担保同一个债权的实现，分别成立了保证合同和物保合同，两个担保合同均就责任顺序作出了一定约定，约定内容基本可分为以下四种情形：

（1）约定一致，如保证合同和物保合同均约定保证责任优先。此种情况当然属于“约定明确”，物上保证人相对保证人享有担保责任实现上的顺序利益。如果债权人先向物上保证人主张权利，物上保证人可以基于顺序利益进行抗辩。

（2）约定相对，即保证合同约定保证责任优先，物保合同约定物保责任优先。两个约定之间并不冲突，实质上是赋予债权人选择权。基于选择权，债权人可以向保证人或者物上保证人主张担保权利，也可以同时向保证人和物上保证人主张担保权利，经由债权人选择，担保责任顺序即得以确定，从而实质上达到“约定明确”的程度。[②] 那种必须白纸黑字写明各担

① 参见高圣平：《混合共同担保的法律规则：裁判分歧与制度完善》，载《清华法学》2017年第5期；刘平：《民法典编纂中混合共同担保之再认识——兼评〈物权法〉第176条》，载《西南政法大学学报》2017年第6期。

② 参见高圣平：《担保法前沿问题与判解研究》（第4卷·最新担保法司法政策精神阐释），人民法院出版社2019年版，第68~74页。

保人的责任顺序的理解过于机械，不当限缩了《物权法》第 176 条确定的尊重当事人意思自治原则，不符合立法本意。在赋予债权人选择权的情况下，各担保人相互之间不享有顺序利益，债权人放弃债务人提供的物的担保并不影响其他担保人的担保责任，其他担保人不能依据《物权法》第 194 条第 2 款或者第 218 条主张免责。

（3）约定相悖，即保证合同约定物保责任优先，物保合同约定保证责任优先。根据合同相对性，以及未经第三人同意不得为其设定义务的公平原则，这两个担保合同中为第三人设定义务的约定均为无效，相当于当事人间对担保责任顺序未作约定。根据《物权法》第 176 条的规定，如果该物的担保是由债务人提供的，债权人应当先向债务人主张担保权利，保证人对于债务人享有顺序利益；如果该物的担保是由第三人提供的，则物保责任和保证责任平等，物上保证人与保证人相互间并不存在顺序利益，债权人享有实现担保权利上的选择权。

（4）约定类似，如本案中保证合同、抵押合同即规定了类似的担保条款。根据约定，保证人彭某某等和提供抵押担保的债务人上风港房地产公司均明确放弃了基于顺序利益的抗辩权，相互之间不享有顺序利益，故债权人放弃抵押担保并不影响保证责任的承担，彭某某不能依据《物权法》第 194 条第 2 款主张减免保证责任；债权人享有实现担保权利的选择权，经由债权人选择，担保责任顺序得以确定，从而实质上达到了“约定明确”的程度，故彭某某也不能以本案属于《物权法》第 176 条规定的“约定不明”情形主张债务人提供的物保责任优先。

（四）格式条款效力排除规则适用之辩

类似本案中的担保条款在金融机构的借款担保合同中较为常见。金融机构为了节约交易成本、提高交易效率，通常提供事先拟定的可以反复使用的担保合同文本，由此引发可否适用格式条款的法律规制认定担保合同无效的争议。本案中，保证人即主张保证合同关于保证方式及债权实现顺序的约定系格式条款，加重了其保证责任，应属无效。对格式条款的法律规制主要涉及《合同法》第39条[①]、第40条[②]和第41条[③]。根据《合同法》第39条第2款的规定，格式条款是当事人为了重复使用而预先拟定，并在订立合同时未与对方协商的条款。实践中，担保人容易证明担保合同条款系金融机构预先拟定，但较难证明金融机构在订立合同时未与其协商。即便认定构成格式条款，该条款也未必无效。根据《合同法》第40条的规定，提供格式条款一方免除其责任、加重对方责任、排除对方主要权利的，该条款无效。而担保合同属于典型的单务合同，债权人仅享有权利不承担义务，担保人只承担义务不享有权利，因此不存在通过格式条款免除债权人责任、加重担保人责任、排除担保人主要权利的问题。至于混合担保中担保人的顺序利益，并不构成担保人在担保合同中的主要权利，且《物权法》第176条明确允许约定排除。《合同法》第41条是关于格式合同解释的规定，如果金融机构提供的担保合同条款约定明确，不存在两种以上的解释，自无《合同法》第41条适用的空间。

三、关于放弃抵押权的认定

放弃抵押权属于处分财产权，系单独民事法律行为，以意思表示为要素，原则上应以明示方式作出。基于抵押物之不同，存在不动产抵押和动产抵押两种形式。如果是不动产抵押，根据《物权法》第9条[④]第1款的规定，放弃不动产抵押权不仅需要债权人明示为之，且须以办理抵押权注销

---

① 本条现为《民法典》第496条："格式条款是当事人为了重复使用而预先拟定，并在订立合同时未与对方协商的条款。采用格式条款订立合同的，提供格式条款的一方应当遵循公平原则确定当事人之间的权利和义务，并采取合理的方式提示对方注意免除或者减轻其责任等与对方有重大利害关系的条款，按照对方的要求，对该条款予以说明。提供格式条款的一方未履行提示或者说明义务，致使对方没有注意或者理解与其有重大利害关系的条款的，对方可以主张该条款不成为合同的内容。"以下同。

② 本条现为《民法典》第497条："有下列情形之一的，该格式条款无效：（一）具有本法第一编第六章第三节和本法第五百零六条规定的无效情形；（二）提供格式条款一方不合理地免除或者减轻其责任、加重对方责任、限制对方主要权利；（三）提供格式条款一方排除对方主要权利。"以下同。

③ 本条现为《民法典》第498条。以下同。

④ 本条现为《民法典》第209条："不动产物权的设立、变更、转让和消灭，经依法登记，发生效力；未经登记，不发生效力，但是法律另有规定的除外。依法属于国家所有的自然资源，所有权可以不登记。"

登记为准。如果是动产抵押，根据《物权法》第188条[①]、第189条[②]的规定，动产抵押权自债权人向抵押人明示放弃时产生放弃效力；对于已经登记的动产抵押权，未注销登记不得对抗善意第三人。

由于放弃抵押权对债权人、债务人和其他担保人权利义务影响甚大，原则上不应承认默示方式的放弃效力。在司法实践中，不能仅因债权人不行使抵押权或者怠于行使抵押权而推定为放弃；亦不能仅基于债权人不起诉、不追加抵押人而认定构成对抵押权的放弃。但是从法理上讲，如果默示方式达到了与明示方式相同的程度，自不应否定其放弃效力，否则不利于对享有顺序利益的其他担保人的保护。至于是否达到同样程度，《担保法司法解释》第38条第3款可资参照。[③] 参照《担保法司法解释》第38条第3款，将默示行为认定为放弃抵押权需要同时满足以下四个构成要件：(1)债权人有怠于行使抵押权的行为；(2)有抵押物价值减少或者毁损、灭失的后果；(3)行为与后果之间具有直接因果关系；(4)债权人具有主观过错。需要说明的是，在认定默示行为的放弃效果时，《担保法司法解释》第38条第3款不能直接适用。《担保法司法解释》第38条是对《担保法》第28条的解释与适用，而《担保法》第28条因与《物权法》第176条冲突不再适用，因此《担保法司法解释》第38条第3款亦不再适用。但是《担保法司法解释》第38条第3款确实提供了一个很有价值的技术层面的判断标准，可以加以借鉴。

四、关于其他担保人的免责范围

关于《物权法》第194条第2款规定的其他担保人的免责范围，有观点认为应当是被放弃的抵押担保在整个混合担保责任中所占的份额。理由是：无论各担保人之间是否承担连带责任，在担保人内部各担保人承担的是按份责任，债权人实际上放弃的只是债务人作为抵押人所应承担的担保责任份额，这一份额以抵押物的价值为限，但可能小于抵押物的价值。这

---

① 本条现为《民法典》第403条："以动产抵押的，抵押权自抵押合同生效时设立；未经登记，不得对抗善意第三人。"

② 本条现为《民法典》第404条："以动产抵押的，不得对抗正常经营活动中已经支付合理价款并取得抵押财产的买受人。"

③ 参见贺小荣主编：《最高人民法院第二巡回法庭法官会议纪要》（第1辑），人民法院出版社2019年版，第96页。

种观点以担保人之间享有追偿权为前提。由于《物权法》并未规定担保人之间的追偿权，《全国法院民商事审判工作会议纪要》第56条亦对此予以明确，[①] 故上述观点在司法实践中不能适用。因此，其他担保人的免责范围就是被放弃的抵押物价值，其他担保人承诺仍然提供担保的除外。当然，在担保合同约定了各担保人责任份额的情况下，债权人对抵押权的放弃实质上是对该抵押权所承担的责任份额的放弃，其他担保人在被放弃的抵押担保的责任份额内免除担保责任。

《物权法》第194条第2款规定了放弃债务人抵押担保对其他担保人担保责任的影响，第218条规定了放弃债务人质押担保对其他担保人担保责任的影响。基于抵押权、质权、留置权性质上的同一性，以及《物权法》第176条将所有担保物权同等对待的立法态度，上述关于《物权法》第194条第2款的分析同样适用于《物权法》第218条，亦可类推适用于债权人对债务人提供的留置权的放弃。由此可以得出统一的裁判规则：（1）在混合担保情况下，债权人放弃债务人提供的物的担保，其他担保人可否相应免除担保责任，应当依担保合同的相关约定而定。（2）如果担保合同无相关约定，则以其他担保人相对于债务人是否享有顺序利益而定。如果享有顺序利益，其他担保人可以在债权人放弃担保的范围内相应减免担保责任；如果不享有顺序利益，其他担保人的担保责任不受影响，不应对其减免担保责任。（3）其他担保人是否享有顺序利益，应当依据《物权法》第176条确定，即当事人对责任顺序有明确约定的依约定；在对责任顺序无约定或者约定不明的情况下，债务人提供的物保责任优先，第三人提供的担保责任平等，债权人对第三人的担保责任有选择主张的权利。

最高人民法院二审合议庭成员：司　伟　马成波　叶　欢

（编写人：司　伟*　刘　哲**　审稿人：李　明）

---

① 参见最高人民法院民事审判第二庭编著：《〈全国法院民商事审判工作会议纪要〉理解与适用》，人民法院出版社2019年版，第351～353页。

* 司伟，法学博士，中华人民共和国最高人民法院民事审判第一庭，三级高级法官。

** 刘哲，法学博士，中华人民共和国最高人民法院第五巡回法庭，法官助理。

湖北雅斯连锁商业有限公司
与
当阳市永生汽车运输有限公司
侵权责任纠纷案

——申请保全是否错误的认定标准

【裁判摘要】

申请保全是否错误不能简单以申请人的诉讼请求是否得到人民法院的支持为依据，应当审查财产保全的申请是否符合侵权责任的一般构成要件，即申请人主观上存在故意或重大过失、被申请人存在损失、申请保全的行为与被申请人的损失之间存在因果关系。

【案件基本信息】

1. 诉讼当事人

再审申请人（一审被告、二审被上诉人）：湖北雅斯连锁商业有限公司（以下简称雅斯连锁商业公司）

被申请人（一审原告、二审上诉人）：当阳市永生汽车运输有限公司（以下简称永生汽车运输公司）

2. 案件索引与裁判日期

一审：湖北省宜昌市中级人民法院（2015）鄂宜昌中民一初字第00072号判决（2015年8月20日）

二审：湖北省高级人民法院（2017）鄂民终3227号判决（2017年12月21日）

再审：最高人民法院（2018）最高法民再314号判决（2018年10月25日）

3. 案由

侵权责任纠纷

【简要案情】

2012 年 2 月 8 日，雅斯连锁商业公司以合伙纠纷为由将永生汽车运输公司诉至宜昌市中级人民法院，要求永生汽车运输公司向雅斯连锁商业公司支付违约金、赔偿款等共计 4694 万元。诉讼中，宜昌市中级人民法院根据雅斯连锁商业公司的诉讼保全申请，于 2012 年 2 月 23 日作出（2012）鄂宜昌中执保字第 00004 号民事裁定，查封了永生汽车运输公司价值 3400 万元的财产；同时，对雅斯连锁商业公司提供的足额担保的财产也予以查封。永生汽车运输公司在诉讼中还提出继续履行合同的反诉请求。该案最终判决驳回雅斯连锁商业公司的诉讼请求和永生汽车运输公司的反诉请求。而后，永生汽车运输公司认为雅斯连锁商业公司在合同纠纷案中申请对永生汽车运输公司财产采取保全措施错误，给永生汽车运输公司造成了损失，遂引发本案申请保全错误之诉。

永生汽车运输公司向宜昌市中级人民法院提起诉讼，要求雅斯连锁商业公司赔偿其经济损失 1800 万元。

宜昌市中级人民法院一审认为，就案件的证据而言，不足以认定雅斯连锁商业公司具有通过保全来损害永生汽车运输公司财产的故意或明显过失，也并非恶意诉讼。故判决驳回永生汽车运输公司的诉讼请求。

永生汽车运输公司不服，提起上诉，湖北省高级人民法院认为，雅斯连锁商业公司因合伙协议纠纷起诉永生汽车运输公司，但该案经审理后雅斯连锁商业公司的诉讼请求被依法驳回，即并未得到人民法院支持，故其对基于错误诉讼请求而采取的保全行为未能尽到谨慎审查义务，雅斯连锁商业公司主观上具有过错。且雅斯连锁商业公司的保全行为是基于其诉讼请求而产生，但由于其诉讼请求并未得到人民法院的支持，其诉讼请求的合法性基础也不复存在，进而导致保全行为不具有合法性。遂判决：（一）撤销湖北省宜昌市中级人民法院（2015）鄂宜昌中民一初字第 00072 号民事判决。（二）雅斯连锁商业公司赔偿永生汽车运输公司经济损失 208.25 万元。（三）驳回永生汽车运输公司的其他诉讼请求。

雅斯连锁商业公司不服二审判决，向最高人民法院申请再审。最高人民法院提审后再审审理本案。

【案件焦点】

1. 雅斯连锁商业公司申请保全永生汽车运输公司财产的行为是否构成保全错误；

2. 雅斯连锁商业公司应否赔偿永生汽车运输公司损失。

【裁判结果】

最高人民法院经审理认为，雅斯连锁商业公司的再审申请主张成立，具体理由如下：

一、现有证据不足以证明雅斯连锁商业公司具有通过诉讼保全损害永生汽车运输公司合法权益的故意或重大过失的主观过错

永生汽车运输公司主张雅斯连锁商业公司在合伙纠纷案中，因诉讼请求被全部驳回，雅斯连锁商业公司申请保全的行为存在明显错误，故应承担损害赔偿责任。经查：

第一，在雅斯连锁商业公司与永生汽车运输公司合伙纠纷案中，雅斯连锁商业公司以永生汽车运输公司未按双方协议约定履行合伙投资付款义务构成违约为由提起诉讼，请求永生汽车运输公司按照相关协议的内容向其支付政府返还土地价款 2394 万元、支付违约金 1200 万元并赔偿损失 1100 万元，共计 4694 万元。为此，雅斯连锁商业公司提供了双方签订的联合竞买协议、竞价协议、补充协议及组建公司协议书等证据，雅斯连锁商业公司提出的诉讼请求与其在诉讼前向永生汽车运输公司发出解除合同函件时所主张的数额相同。诉讼中，雅斯连锁商业公司为保证将来生效判决的顺利执行，申请保全永生汽车运输公司价值约 3400 万元的房产，并未超出其诉讼请求。一审法院根据雅斯连锁商业公司申请，在雅斯连锁商业公司提供相应担保的情况下，对上述房产采取保全措施符合法律规定。雅斯连锁商业公司的诉讼保全申请具有正当性与合法性。雅斯连锁商业公司在 3400 万元限额内对永生汽车运输公司财产进行诉讼保全，已经尽到了合理的注意义务，不构成滥用财产保全权利的主观故意。

第二，虽然在该合伙纠纷案件中，雅斯连锁商业公司的诉讼请求最终未获得生效判决支持，但法院对于雅斯连锁商业公司的异议部分亦予以采纳，并最终认定永生汽车运输公司构成根本违约，同时驳回了永生汽车运输公司要求继续履行合同、确认其在原客运中心开发项目中占有 49%的股份等反诉请求。由此，雅斯连锁商业公司基于永生汽车运输公司的根本违约而提起诉讼并申请财产保全，有事实依据，并非无端恶意诉讼。

第三，因永生汽车运输公司的违约行为客观上引发了雅斯连锁商业公司与永生汽车运输公司之间的合伙纠纷之诉，该案被发回重审后永生汽车运输公司又提起反诉，也在一定程度上增加了审理难度和审理时间，雅斯连锁商业公司于起诉及申请保全时亦难以作出与裁判结果一致的预测与判断。诉讼请求与裁判结果之间存在差距为诉讼常态，亦为正常的诉讼风险，不能据此断定雅斯连锁商业公司的诉讼保全行为存在错误。故永生汽车运输公司以法院生效判决未支持雅斯连锁商业公司的诉讼请求为由主张雅斯连锁商业公司申请保全错误，缺乏充分的事实根据和法律依据，本院不予支持。

二、永生汽车运输公司所提损失的证据不足以证明系因雅斯连锁商业公司申请保全所致

永生汽车运输公司相关房产虽被查封，但并未影响永生汽车运输公司正常的办公经营。永生汽车运输公司主张雅斯连锁商业公司错误申请保全给其造成经济损失 1800 万元，是基于其公司房产被查封后不能获取银行贷款而被迫选择民间借贷产生的高额利息损失。对此，永生汽车运输公司虽然提交了有关民间借贷的相关判决书、调解书等证据，但未提供其损失计算的准确依据，亦未提供证据证明上述利息损失与雅斯连锁商业公司申请保全行为之间存在法律上的因果关系。

据此，现有证据不能认定雅斯连锁商业公司侵权成立。二审法院仅以雅斯连锁商业公司的诉讼请求被驳回的审判结果认定雅斯连锁商业公司申请财产保全存在过错，并判令雅斯连锁商业公司承担损害赔偿责任不当，应当予以纠正。因此，最高人民法院判决：撤销二审判决，维持一审判决。

【裁判摘要评析】

财产保全制度的设置旨在通过人民法院在生效裁判作出前对被申请人的财产采取查封、扣押、冻结等临时措施，使被申请人暂时丧失对保全财产的处分权，从而保障申请人取得的胜诉判决得到顺利执行。然而现实生活中不乏申请人滥用保全制度，损害被申请人合法权益的情况发生。虽然《民事诉讼法》第105条规定："申请有错误的，申请人应当赔偿被申请人因保全所遭受的损失。"但立法并未对保全错误责任性质、责任主体、赔偿范围的问题作进一步规定，审判实践中对上述问题的认识亦存在分歧。

一、"申请保全有错误"的认定

从民事诉讼法的规定来看，财产保全损害赔偿成立的条件有二：一是申请人申请保全有错误；二是被申请人因保全而遭受损失。其中何为申请保全有错误，实践中存在较大争议。有观点认为，财产保全申请应当依靠合理的诉讼请求提出，在申请人败诉或部分败诉的情况下，可以认为申请人提出的诉讼请求未尽到合理的注意义务，损害了对方当事人的合法权益，其依此诉讼请求提出的财产保全申请亦存在错误。而且，从方便审判操作、利于裁判统一的角度来看，以保全申请人的诉讼请求没有得到全部支持，作为认定申请人的保全申请有错误的标准更加简便易行。如本案中，二审法院认为"雅斯连锁商业公司的诉讼请求并未得到人民法院支持，故其对基于错误诉讼请求而采取的保全行为未能尽到谨慎审查义务，因此雅斯连锁商业公司主观上具有过错"。此种观点虽方便操作，但在案件实际审理中，当事人在人民法院是否支持当事人提出的诉讼请求；申请人提出的财产保全申请是否合理等问题上通常难以作出与裁判结果一致的预测和判断。诉讼请求与裁判结果之间存在差距也是诉讼常态，更是正常的诉讼风险。如果仅以诉讼请求是否支持作为认定财产保全申请是否有错误的标准，会增加当事人申请财产保全的风险，也会使当事人因担心承担财产保全错误的赔偿责任，而放弃通过财产保全制度维护自己的合法权益，这就违背了财产保全制度设计的初衷。因此，在理解民事诉讼法规定的"申请有错误"时，不应仅从申请人的诉讼请求是否得到人民法院支持来判断，而应对"错误"作进一步分析，深入探究申请人对申请财产保全出现错误的主观状态，即须审查申请是否符合侵权责任的一般构成要件，即申请人主观上存在故意或重大过失、被申请人存在损失、该保全申请行为与被申请人损失之间存在因果关系。

二、“申请保全有错误”的具体标准

（一）主观过错方面

人民法院应当以申请人作出财产保全申请行为时的主观状态作为价值判断的时点，只有申请人的行为具有主观过错时，才能将责任归责于申请人。特别要注意的是，在申请人的诉讼请求未得到人民法院全部支持的情况下，除非被申请人有证据证明申请人主观上具有故意或重大过失，否则不宜认定申请人主观有过错。本案中，虽然在雅斯连锁商业公司与永生汽车运输公司的合伙纠纷案件中，雅斯连锁商业公司的诉讼请求最终未获得生效判决支持，但法院对于雅斯连锁商业公司的异议部分亦予以采纳，并最终认定永生汽车运输公司构成根本违约，同时驳回了永生汽车运输公司要求继续履行合同、确认其在原客运中心开发项目中占有49%股份等反诉请求。由此，雅斯连锁商业公司的诉讼请求虽未获得全部支持，但其已经就其主张提供了双方签订的联合竞买协议、竞价协议、补充协议、组建公司协议等证据，且雅斯连锁商业公司提出的合计4694万元诉讼请求与其在诉讼前向永生汽车运输公司发出解除合同函件时所主张的数额相同。雅斯连锁商业公司为保障将来生效判决的顺利执行，申请保全永生汽车运输公司价值约3400万元房产，也未超出其诉讼请求范围。因此雅斯连锁商业公司的诉讼保全申请具有正当性与合法性，其已经尽到了合理的注意义务，不构成滥用财产保全权利的主观故意。

（二）损害后果方面

损害赔偿的数额包括因财产保全行为给被侵权人造成的直接损失以及间接损失，但不能以保全财产的全部价值来计算赔偿数额。通常情况下，当事人对于损害赔偿数额的主张多围绕三个方面展开：一是对资金进行保全产生的利润损失；二是对财产进行保全而导致被申请人对他人产生的违约损失；三是股票、债权、实物的跌价损失。

关于对资金进行保全产生的利润损失，主要是指这部分被保全的资金因保全冻结而无法使用给被申请人带来的资金短缺或利润减少。本案中，永生汽车运输公司主张其因财产查封而被迫从民间高额融资，造成巨大利息损失。对于该部分损失的认定，人民法院应秉承公平原则综合参照多元因素予以确定。如本案二审法院在认定雅斯连锁商业公司存在侵权的情况下，并未一律支持永生汽车运输公司所主张的预期利益损失，而是结合保全行为客观上造成永生汽车运输公司资产流动性受限和永生汽车运输公司受损的现状，酌定以保全金额资金占用费计算永生汽车运输公司损失。

关于违约损失的认定，则需要首先确定被申请人与案外人之间存在真实有效的合同，还要遵循合理预见原则来判断采取财产保全行为带来的违约损失。

关于跌价损失的认定，要基于股票、债券等价格波动均存在较大风险型，而实物价格波动则取决于市场供求关系，对这部分损失的认定应结合被保全财产保全措施的期间进行确定。

（三）因果关系方面

认定因果关系的逻辑是如果该行为不存在，这种结果不会必然发生，但正是因为该行为的存在，才会通常引发此种损害后果。就本案而言，一方面，永生汽车运输公司相关房产虽被查封，但并未影响永生汽车运输公司正常的办公经营。另一方面，永生汽车运输公司主张雅斯连锁商业公司错误申请保全给其造成经济损失 1800 万元，是基于其公司房产被查封后不能获取银行贷款而被迫选择民间借贷产生的高额利息损失。对此，永生汽车运输公司虽然提交了有关民间借贷的相关判决书、调解书等证据，但未提供其损失计算的准确依据，亦未提供证据证明上述利息损失与雅斯连锁商业公司申请保全行为之间存在法律上的因果关系。

三、结语

财产保全错误作为一种侵权行为，实践中主要通过侵权责任法对被申请人或第三人的权益进行救济。虽然目前实务界对该类申请保全错误本质上属于民事侵权行为没有异议，但是基于对《民事诉讼法》第 105 条的理解不同，司法实践中的处理也各有不同。结合财产保全错误行为的本质属性，在考察财产保全是否错误时应从一般侵权行为的构成要件出发，逐一对照认定。

最高人民法院再审合议庭成员：刘京川　杨立初　刘慧卓

（编写人：刘京川*　王　戈**　梁　爽***　审稿人：杨　奕）

* 刘京川，法学硕士，中华人民共和国最高人民法院立案庭，三级高级法官。

** 王戈，法学硕士，河南省许昌市中级人民法院，法官助理。

*** 梁爽，法学硕士，中华人民共和国最高人民法院立案庭，三级高级法官。

蒋某某、陈某某等
与
林某、翁某甲等
申请执行人执行异议之诉纠纷案

——查封裁定和协助执行通知书生效时间的认定

【裁判摘要】

不动产登记机构签收民事裁定和协助执行通知书之日，对讼争房产的查封即发生法律效力。不动产登记机构滞后办理讼争房产的查封手续，属于其内部管理问题，不能以此否定对讼争房产的查封已于签收日发生法律效力的事实。

【案件基本信息】

1. 诉讼当事人

再审申请人（一审被告、二审上诉人）：蒋某某

再审申请人（一审被告、二审上诉人）：陈某某

再审申请人（一审被告、二审上诉人）：彭某某

被申请人（一审原告、二审被上诉人）：林某

被申请人（一审被告）：翁某甲

被申请人（一审被告）：翁某乙

被申请人（一审被告）：品乘有限公司（以下简称品乘公司）

被申请人（一审被告）：武夷山市华泰房地产开发有限公司（以下简称华泰房地产开发公司）

2. 案件索引与裁判日期

一审：福建省南平市中级人民法院（2016）闽 07 民初 153 号判决

（2017 年 12 月 28 日）

二审：福建省高级人民法院（2018）闽民终 980 号判决（2018 年 11 月 7 日）

申请再审：最高人民法院（2019）最高法民申 2195 号裁定（2019 年 5 月 23 日）

3. 案由

申请执行人执行异议之诉

【简要案情】

蒋某某于 2014 年 12 月 29 日，陈某某、彭某某于 2015 年 1 月 11 日与华泰房地产开发公司签订商品房买卖合同，约定由蒋某某、陈某某、彭某某分别购买福建省武夷山市度假区××××××的三处房产（以下简称讼争房产），合同签订当天需一次性付清购房款。后蒋某某、陈某某、彭某某实际并未按合同约定履行付款义务，而是向信用社办理抵押借款。2015 年 2 月 6 日，武夷山市房产管理处收到南平市中级人民法院送达的（2014）南民初字第 353 号民事裁定书和协助执行通知书，该通知书内容为查封华泰房地产开发公司名下的部分房产（包括讼争房产）。2015 年 2 月 9 日、2015 年 2 月 10 日，讼争房产办理了预购商品房预告登记。2015 年 2 月 15 日，武夷山市房产管理处办理了讼争房产的查封手续。2015 年 5 月 6 日，一般金钱债权人林某将翁某甲、翁某乙、品乘公司、华泰房地产开发公司作为被执行人，根据生效判决申请强制执行，执行范围涉及讼争房产。

后蒋某某、陈某某、彭某某提出案外人执行异议，南平市中级人民法院裁定中止执行，林某向南平市中级人民法院提起诉讼，请求准予执行讼争房产。蒋某某、陈某某、彭某某辩称南平市中级人民法院送达的民事裁定书因不动产登记机构未办理查封登记而不具有对世效力，而讼争房产办理查封登记之前，已依法办理了预告登记，故预告登记生效时间先于查封行为生效时间，其作为讼争房产的预告登记权利人，对讼争房产享有的物权期待权可以排除法院执行。

一审法院于 2017 年 12 月 28 日作出（2016）闽 07 民初 153 号判决，准许执行标的物。被告人陈某某不服该判决，提起上诉。二审法院于 2018 年

11 月 7 日作出（2018）闽民终 980 号民事判决，驳回上诉，维持原判。

蒋某某、陈某某、彭某某向最高人民法院申请再审，请求排除执行。

【案件焦点】

如何确定查封、扣押、冻结裁定书和协助执行通知书发生查封法律效力的时间。

【裁判结果】

最高人民法院经审查认为，武夷山市房产管理处签收民事裁定和协助执行通知书之日即 2015 年 2 月 6 日，对本案讼争房产的查封即发生法律效力，其滞后办理查封手续的行为属于内部管理问题，不能以此否定对讼争房产的查封已于 2015 年 2 月 6 日发生法律效力的事实。即便蒋某某、陈某某、彭某某二审时提交的预购商品房预告登记证真实，讼争房产在预告登记之前已被南平市中级人民法院依法查封。蒋某某、陈某某、彭某某关于不动产预告登记生效时间先于查封行为生效时间的主张，与事实不符。根据《最高人民法院关于人民法院民事执行中查封、扣押、冻结财产的规定》第 17 条和《最高人民法院关于人民法院办理执行异议和复议案件若干问题的规定》第 28 条的规定，作为买受人的案外人要排除对案涉房屋的执行，应当具备以下要件：（一）与被执行人即登记名义人签订以变动执行标的物所有权为目的的合同；（二）案外人已支付全部价款或已按照合同约定支付部分价款且将剩余价款按照人民法院的要求交付执行；（三）案外人对执行标的物的物权期待权已经以一定的方式对外公示，即在查封前已实际占有该物；（四）物权没有变更登记的原因不可归责于案外人。四个要件必须全部具备，缺一不可。由于本案讼争房产仍登记在华泰房地产开发公司名下，蒋某某、陈某某、彭某某虽提交了在人民法院查封前其与华泰房地产开发公司签订的商品房买卖合同，但未提供证据证实其在人民法院查封前已合法占有讼争房产，且其在人民法院查封前亦未向华泰房地产开发公司支付购房款。二审判决认定蒋某某、陈某某、彭某某的主张不符合《最高人民法院关于人民法院办理执行异议和复议案件若干问题的规定》第 28 条规定的可以排除执行的条件，并无不当。蒋某某、陈某某、彭某某关于其作为讼争房产的预告登记权利人请求排除执行的主张，缺乏事实和法律依据，不能成立。因此，驳回蒋某某、陈某某、彭某某的再审申请。

【裁判摘要评析】

审理案外人执行异议之诉，既要依法确认案外人对执行标的是否享有受法律保护的实体权利，又要对该实体权利能否阻却强制执行作出判断，从而最终确定案外人的异议是否成立。金钱债权执行中，预售商品房买受人对登记在被执行人名下的不动产提出案外人执行异议的，人民法院一般依据《执行异议复议规定》第 28 条至第 30 条的规定进行审查判断。如何确定查封、扣押、冻结裁定书和协助执行通知书发生查封法律效力的时间，是判断案外人是否满足排除执行要件的基础和前提。

《关于人民法院民事执行中查封、扣押、冻结财产的规定》第 1 条第 2 款规定："采取查封、扣押、冻结措施需要有关单位或者个人协助的，人民法院应当制作协助执行通知书，连同裁定书副本一并送达协助执行人。查封、扣押、冻结裁定书和协助执行通知书送达时发生法律效力。"对此规定，实践中存在两种不同理解。第一种理解认为，虽然规定了查封裁定书和协助执行通知书送达时发生法律效力，但该效力只是人民法院在协助通知书送达时有关单位就应当依法协助办理查封的效果，并不直接产生查封的法律效果。对不动产的查封，除需人民法院出具协助执行通知书等材料外，还需不动产登记机构办理登记才产生查封效力。（2019）湘 0405 执异 6 号裁定①即采取这一观点，理由是根据《物权法》《不动产登记暂行条例》《不动产登记暂行条例实施细则》的相关规定，人民法院查封不动产应依法提供相应材料，然后不动产登记机构应当根据送达协助执行通知书的先后

---

① 参见李某甲、曾某与曦丹公司、李某乙民间借贷纠纷案，衡阳市珠晖区人民法院于 2019 年 3 月 18 日作出（2019）湘 0405 执异 6 号裁定。本案中，执行申请执行人李某甲、曾某分别与被执行人曦丹公司、李某乙民间借贷纠纷二案中，异议人何某甲、何某乙、雷某某向法院提出书面异议。法院认为，根据《不动产登记暂行条例》第 2 条、第 3 条以及《不动产登记暂行条例实施细则》第 90 条、第 91 条的规定，人民法院查封不动产应依法提供相应材料，然后不动产登记机构应当根据送达协助执行通知书的先后进行登记。由此可以看出，对不动产的查封，除人民法院出具协助执行通知书等材料外，还需要不动产登记机构办理登记才能完成查封效力。因此，法院驳回异议人何某甲、何某乙、雷某某的异议请求。

进行登记。[①] 不动产物权的设立、变更、转让和消灭，依照法律规定应当登记的，自记载于不动产登记簿时发生效力，不动产的查封登记应当由登记机构依法将查封事项记载于不动产登记簿。[②] 第二种理解认为，查封裁定书和协助执行通知书送达协助执行人时发生法律效力，查封行为自此处于公示状态，行政机关办理查封登记手续、张贴公告或加贴封条等公示方式均不是查封的生效要件，如最高人民法院（2018）最高法民申1281号裁定[③]即采取这一观点。

这两种观点的不同，本质上反映了查封行为效力认定在法律适用上的不统一。考察最高人民法院的裁判文书，目前多数裁判采取第二种理解，本案也采此观点。

一、不动产查封方法的立法模式

民事执行中的查封是指为确保申请执行人的民事权利得以实现，由人民法院作出的禁止被执行人处分或者转移非金钱财产（动产与不动产）的强制性措施。[④]

目前我国尚无强制执行法，现行《民事诉讼法》亦未对不动产之查封方法作出明确规定，从司法解释看，我国采取的是第二种模式，即通过多种方法查封不动产，包括加贴封条或张贴公告、查封登记、预查封登记

---

① 《不动产登记暂行条例实施细则》第90条规定："人民法院要求不动产登记机构办理查封登记的，应当提交下列材料：（一）人民法院工作人员的工作证；（二）协助执行通知书；（三）其他必要材料。"第91条第1款规定："两个以上人民法院查封同一不动产的，不动产登记机构应当为先送达协助执行通知书的人民法院办理查封登记，对后送达协助执行通知书的人民法院办理轮候查封登记。"

② 《不动产登记暂行条例》第2条规定："本条例所称不动产登记，是指不动产登记机构依法将不动产权利归属和其他法定事项记载于不动产登记簿的行为。本条例所称不动产，是指土地、海域以及房屋、林木等定着物。"第3条规定："不动产首次登记、变更登记、转移登记、注销登记、更正登记、异议登记、预告登记、查封登记等，适用本条例。"

③ 参见盘锦鑫诚实业集团有限责任公司、大连筑成建设集团有限公司再审审查与审判监督案。

④ 参见程啸：《不动产登记法研究》，法律出版社2011年版，第579页。对于不动产查封的方法，比较法上存在两种不同的立法模式。一是对不动产的查封必须采取查封登记的方式进行，查封登记是查封不动产的唯一方法，典型国家如德国。德国《强制拍卖与强制管理法》第19条第1款规定，如果法院命令强制拍卖，则须同时请求登记机关将该命令登记在土地登记簿中。即便是被执行人的不动产没有登记，登记机关也应当依据执行法院的要求登记执行标注。二是对不动产的查封方法不限于查封登记，可以采取多种方法。

等。[①]《关于人民法院民事执行中查封、扣押、冻结财产的规定》第9条第2款规定："查封、扣押、冻结已登记的不动产、特定动产及其他财产权，应当通知有关登记机关办理登记手续。未办理登记手续的，不得对抗其他已经办理了登记手续的查封、扣押、冻结行为"，以及第26条第3款规定："人民法院的查封、扣押、冻结没有公示的，其效力不得对抗善意第三人"，仅规定行政机关未办理查封登记的，不得对抗其他已经办理了登记手续的查封行为以及不得对抗善意第三人，并未规定未办理查封登记的，查封不生效。可见，对动产、不动产及其他财产的查封、扣押、冻结，应以人民法院向协助执行人送达裁定书及协助执行通知书作为生效要件，查封登记等公示方式并非查封的生效要件，而是对抗善意第三人的要件。

二、买受人物权期待权的保护与限制

保护买受人物权期待权是在执行程序中对不动产受让人进行优先保护的理论基础，指对于签订买卖合同的买受人，在已经履行合同部分义务的情况下，虽然尚未取得合同标的物的所有权，但赋予其类似所有权人的地位，其物权的期待权具有排除执行的物权效力。

当然，《执行异议复议规定》对买受人物权期待权予以保护的同时也施加了合理的限制。一方面，在不妨害查封目的、保护申请执行人利益的前提下，该规定第28条（无过错不动产买受人物权期待权的保护条件）和第29条（房屋消费者物权期待权的保护条件）对于当事人签订合同、占有不动产、支付房屋价款的时点的审查，均要求在人民法院"查封之前"，旨在减少被执行人与第三人恶意串通的可能性，体现出执行权作为公权力对被执行人与第三人之间的民事权利进行的适当干预，在被执行人与第三人之间进行的利益平衡。另一方面，预告登记权利人对不动产享有的也是物权期待权，并未完成本登记，尚未取得不动产所有权，其依据第30条规定提出执行异议的，当以被查封的不动产"办理了受让物权预告登记"即办理

---

① 参见程啸：《不动产登记法研究》，法律出版社2011年版，第579页。

不动产预告登记应当先于查封为前提。本案中，武夷山房产管理处滞后办理讼争房产的查封手续，南平市中级人民法院若以此作为查封生效的时间，则可能会使被执行人、第三人串通房产管理处恶意办理预告登记来逃避执行，从而与立法本意背道而驰。

三、不动产查封认定规则的实务影响

《关于人民法院民事执行中查封、扣押、冻结财产的规定》和《关于依法规范人民法院执行和国土资源房地产管理部门协助执行若干问题的通知》对不动产登记机构协助执行程序作了具体规范，不动产登记机构有根据人民法院的协助执行通知书办理查封等协助执行事项的义务。[①] 一般认为，对于法院而言，只要不动产登记机构签收了协助文书，协助执行义务就已生效，应当自觉按照生效法律文书的规定履行相应的协助义务。若不动产登记机构以“内部审批”为由拖延推诿，甚至是拒绝执行来对抗协助义务，该行为轻则构成内部管理问题或重大瑕疵，由人民法院判决予以纠正，重则构成妨害民事诉讼的违法行为而因此受到相应处罚，但均不能以此否定对不动产的查封已于签收日发生法律效力的事实。

四、结语

查封、扣押、冻结裁定书和协助执行通知书发生查封法律效力的时间，应当以文书送达日为准。相关查封、扣押、冻结文书经人民法院合法送达，并经不动产登记机构合法签收，查封行为就依法产生公示效力，直接发生禁止或者限制被执行人处分其特定财产的法律效果。而行政机关是否办理查封登记手续、张贴公告或加贴封条均不影响查封的生效。

另外，鉴于执行程序中不动产买受人的责任优待之地位，《执行异议复议规定》给予了倾向保护，赋予买受人对买受房屋的物权期待权以排除执行的效力。但值得强调的是，保护的程度应与查封目的、保护申请执行人利益的目标相统一。因此，在案外人执行异议之诉案件中，应当按照“查

---

① 参见陈琪：《不动产登记机构协助公安机关查封不动产相关问题研究》，载《中国房地产》2013 年第 3 期。

封、扣押、冻结裁定书和协助执行通知书送达时发生法律效力”的标准严格审查买受人的实体权利能否阻却强制执行。

最高人民法院再审合议庭成员：杨　春　张爱珍　何　君

（编写人：杨　春* 魏佳钦** 张　鸣*** 审稿人：杨　奕）

* 杨春，法学硕士，中华人民共和国最高人民法院第三巡回法庭，三级高级法官。
** 魏佳钦，法学硕士，中华人民共和国最高人民法院第三巡回法庭，法官助理。
*** 张鸣，华东政法大学法学硕士研究生。

黄某
与
厦门双润投资管理有限公司
及一审第三人丰禾（中国）有限公司、
惠安县农村信用合作联社
案外人执行异议之诉纠纷案

——股权受让人提出执行异议之诉的成立要件

【裁判摘要】

1. 在人民法院依法查封股权后，股权受让人提出执行异议之诉，其成立要件应当包括在人民法院查封之前签订真实有效的转让合同，在人民法院查封之前完成公司股东名册变更，受让人在查封之前已足额支付转让价款或已依约支付部分价款且将剩余价款按照人民法院的要求交付执行等。

2. 股权受让人在查封之前未经过转让人授权将转让款支付给第三人的，不应视为有效付款。受让人在查封之后仍然直接支付股权转让款的，将会导致人民法院保全目的落空，且损害申请人利益，不应成为阻却事由，且系以实际行为拒绝将股权转让款交付执行，其执行异议申请不应得到支持。

【案件基本信息】

1. 诉讼当事人

上诉人（一审被告）：黄某

被上诉人（一审原告）：厦门双润投资管理有限公司（以下简称双润投资管理公司）

一审第三人：丰禾（中国）有限公司（以下简称丰禾公司）

一审第三人：惠安县农村信用合作联社（以下简称惠安农信社）

2. 案件索引与裁判日期

一审：福建省高级人民法院（2018）闽民初25号判决（2016年6月9日）

二审：最高人民法院（2019）最高法民终1946号判决（2020年5月9日）

3. 案由

案外人执行异议之诉

【简要案情】

2017年7月28日，丰禾公司与厦门思明双润小额贷款股份有限公司（以下简称思明双润小额贷款公司）签署4份最高额质押合同，约定丰禾公司将其持有的惠安农信社股权质押给思明双润小额贷款公司，为4笔借款额分别为1500万元且出借人为思明双润小额贷款公司的最高额借款合同提供质押担保。合同签订后，思明双润小额贷款公司依约发放了贷款。2017年12月4日，思明双润小额贷款公司以出现最高额借款合同中约定违约情形为由，宣布上述4笔贷款提前到期，借款人及保证人应立即偿还全部本息。上述4笔贷款的借款人、质押人、保证人确认上述事项。同日，思明双润小额贷款公司将上述4份最高额借款合同项下的债权及其他相关权利转让给厦门高迅达停车楼投资管理有限公司（以下简称高迅达停车楼投资管理公司），向相关债务人、担保人寄送了债权转让通知书且均已被签收。高迅达停车楼投资管理公司分别于2017年12月5日、2017年12月29日向思明双润小额贷款公司支付了上述债权转让款，共计6000万元。双润投资管理公司于2017年12月5日向高迅达停车楼投资管理公司转账4512万元，款项用途为“往来款”；于2018年1月30日向高迅达停车楼投资管理公司转账1500万元，款项用途为“惠安农联社股权转让款”。

2017年12月6日，丰禾公司和双润投资管理公司向惠安农信社提出办理股权转（受）让申请。2017年12月11日，惠安农信社第四届理事会批准该申请。同日，双润投资管理公司与丰禾公司签订股金转让协议书、确认书，确认双润投资管理公司以6000万元的价格受让丰禾公司原持有的惠安农信社34388095股的股金，惠安农信社作为“股金登记部门”在合同落款处盖章且办理了案涉股权的内部质押冻结解除手续。丰禾公司将其股金账号内的股金金额34,388,095元转入双润投资管理公司股金账号且丰禾公司股金账号销户，惠安农信社为双润投资管理公司制作了股金证（未交付）并办理了内部股金系统转让变更登记手续。

2017年11月28日，福建省高级人民法院作出的（2017）闽民初133号民事裁定书①裁定查封、冻结丰禾公司等名下50，000万元的资产。2017年12月12日，福建省高级人民法院作出的（2017）闽执保102号协助执行通知书②要求惠安农信社及惠安县市场监督管理局协助执行冻结丰禾公司名下的惠安农信社4.2%股权，惠安农信社在其送达回证上签注：丰禾公司在我社无股权，无法冻结。双润投资管理公司对上述股权保全措施提出异议，福建省高级人民法院作出的（2018）闽执异1号裁定驳回了双润投资管理公司的异议申请。

双润投资管理公司起诉请求：（1）确认案涉股权为双润投资管理公司所有；（2）不得执行案涉股权并立即解除福建省高级人民法院作出的（2017）闽民初133号及（2017）闽执保102号案件中对案涉股权的查封冻结手续。

福建省高级人民法院经审理认为，首先，股权转让的申请、股权转让协议书的签订、股权转让申请的批准、股权转让变更手续及股金证的制作等均发生在人民法院对案涉股权采取查封、冻结措施前。其次，丰禾公司为清偿对思明双润小额贷款公司的债务，将其持有的案涉股权转让给双润投资管理公司，双润投资管理公司通过向高迅达停车楼投资管理公司转款，不仅履行了股权转让协议书项下其应向丰禾公司支付股权转让款的义务，同时也替丰禾公司向高迅达停车楼投资管理公司（原属思明双润小额贷款公司）清偿了债务，股权转让行为客观真实。再次，双润投资管理公

---

① 参见原告黄某某与被告丰润公司、丰润控股公司等民间借贷纠纷案。

② 参见原告黄某某与被告丰润公司、丰润控股公司等民间借贷纠纷案。

司提供的转账凭证表明其已实际支付了股权转让款，在基础债权（思明双润小额贷款公司对丰禾公司的债权）真实存在且债权转让（思明双润小额贷款公司将债权转让给高迅达停车楼投资管理公司）也实际发生的情况下，仅仅根据原债权人（思明双润小额贷款公司）与债权受让人（高迅达停车楼投资管理公司）、股权受让人（双润投资管理公司）之间存在关联关系，即否定债务人丰禾公司对外转让股权的真实性，依据并不充分。判决：（一）确认丰禾公司名下的案涉股权为双润投资管理公司所有；（二）不得执行丰禾公司名下的案涉股权；（三）立即解除福建省高级人民法院作出的（2017）闽民初 133 号及（2017）闽执保 102 号案件中对案涉股权的查封冻结手续。宣判后，黄某不服一审判决，向最高人民法院提起上诉。

【案件焦点】

1. 股权被依法查封后，受让人提出执行异议之诉的成立条件；

2. 双润投资管理公司对案涉股权是否具有排除执行的实体权利。

【裁判结果】

最高人民法院经审理认为，根据《最高人民法院关于人民法院办理执行异议和复议案件若干问题的规定》第 25 条的规定，在执行阶段，人民法院应当以工商登记信息作为判断股权权利人的依据。在一审法院于 2017 年 12 月 12 日对案涉惠安农信社 4.2%股权采取保全措施时，该股权仍然登记在被保全人丰禾公司名下，故该院依据福建省高级人民法院作出的（2017）闽民初 133 号裁定，查封案涉股权符合上述司法解释的规定。

一、股权被依法查封后受让人提出执行异议之诉的成立要件

执行异议之诉的基本功能在于通过实体审理程序判断金钱债权申请执行人基于生效裁判对执行标的享有的权利与异议人对执行标的享有的权利谁更具有优先性。基于执行异议之诉的基本功能与价值取向，在人民法院依法查封股权后，股权受让人提出执行异议之诉的成立要件应当包括：第一，受让人与被执行人应当在人民法院查封之前签订真实有效的转让合同；第二，受让人应在人民法院查封之前完成公司股东名册的变更，其可依据股东名册向公司主张股东权利；第三，受让人在查封之前已足额支付转让价款或已依约支付部分价款且将剩余价款按照人民法院的要求交付执行。

二、双润投资管理公司是否符合股权受让人提出执行异议之诉的成立要件

双润投资管理公司认为其分两笔足额支付案涉 6000 万元股权转让款；第一笔是其于 2017 年 12 月 5 日向高迅达停车楼投资管理公司转账 4512 万元，其中 4500 万元系股权转让款；第二笔是其于 2018 年 1 月 30 日向高迅达停车楼投资管理公司转账 1500 万元。

（一）关于 4500 万元转款

首先，该笔付款日期为 2017 年 12 月 5 日，早于案涉股金转让协议书签订的时间及惠安农信社理事会审批股权转让的时间。其次，案涉股金转让协议书签订在后，但该协议并未记载双润投资管理公司已经支付大部分股权转让款。再次，从款项支付对象来看，该笔付款支付至高迅达停车楼投资管理公司账户，而不是支付至转让方丰禾公司账户。现有证据不能反映丰禾公司曾经委托双润投资管理公司将其应得的股权转让款支付给高迅达停车楼投资管理公司用于偿还丰禾公司债务。最后，从款项用途来看，双润投资管理公司与高迅达停车楼投资管理公司属于同一实际控制人控制的关联公司，双方之间常有大额款项往来，在其没有注明款项性质情况下，不能认定该笔款项与本案具有关联性。故从现有证据来看，双润投资管理公司于 2017 年 12 月 5 日向高迅达停车楼投资管理公司支付的 4512 万元不能视为其向丰禾公司支付的股权转让款。

（二）关于 1500 万元转款

首先，双润投资管理公司该笔付款对象同样不是丰禾公司。在缺乏证据证明丰禾公司授权双润投资管理公司向高迅达停车楼投资管理公司支付款项的情况下，该笔付款亦不能视为向丰禾公司支付的股权转让款。其次，双润投资管理公司的该笔付款是在人民法院依法查封案涉股权之后支付，不能成为阻却执行的依据。鉴于双润投资管理公司未有效支付股权转让款，其提出不得执行案涉股权，并解除对案涉股权查封冻结手续的诉讼请求，不能成立。

综上所述，改判撤销一审判决，驳回双润投资管理公司的诉讼请求。

【裁判摘要评析】

本案法律适用方面的难点是股权受让人提出执行异议之诉的成立要件。

一、案外人执行异议中股权权利人的判断标准

案外人执行异议作为执行程序的一部分，其价值取向更注重程序效率性，同时兼顾实体公平性。基于这一目标，执行异议程序更侧重于对执行标的上的权利进行形式审查，人民法院执行部门主要根据执行标的的权属登记、实际占有等权利外观来认定执行标的的权属，并作出应否予以执行的判断。① 这主要基于两点原因：一是执行的效率价值要求，须快速、不间断地实现生效裁判文书确定的债权；二是审执分离的要求，执行部门并不具有审查及认定实体权利归属的权能。

案外人执行异议对执行标的的审查应采取物权公示原则和权利外观主义，而在以有体物以外的其他权利和利益（如股权、知识产权等）作为执行标的的情况下，权利外观主义可以成为执行部门的权属判断标准。②《执行异议复议规定》第25条第1款规定："对案外人的异议，人民法院应当按照下列标准判断其是否系权利人……（四）股权按照工商行政管理机关的登记和企业信用信息公示系统公示的信息判断……"也即在执行阶段，人民法院应当以工商行政管理机关的登记信息和企业信用信息公示系统的公示信息作为判断股权权利人的依据。但在案外人执行异议程序中，依据权利外观主义或物权公示原则对股权权利人进行审查，易将原属于案外人的财产错认定为被执行人的责任财产。

二、执行异议之诉的基本功能与价值取向

在股权被依法查封后，案外人对于驳回其执行异议裁定不服的，可以在规定期限内提出执行异议之诉。因执行异议之诉与案外人执行异议具有一定的关联性及共通性，在针对执行异议之诉的具体法律制度未出台前，执行异议之诉案件一般参照适用《执行异议复议规定》的相关规定。

---

① 参见陈某某与上海市住安建设发展股份有限公司案外人执行异议之诉案，最高人民法院（2019）最高法民再49号判决。该案经最高人民法院审判委员会讨论通过，该案判决说理对案外人执行异议之诉案件处理具有极强的指导意义。

② 参见肖建国：《执行标的实体权属的判断标准——以案外人异议的审查为中心的研究》，载《政法论坛》2010年第3期。

但是执行异议之诉作为与执行异议衔接的后续诉讼程序，是一个独立于执行异议的完整的实体审理程序。执行异议之诉是一种重要的执行救济制度与手段，目的在于阻止或撤销执行机构对执行标的的执行。[①] 对于该诉的功能定位，应当是排除法院不当执行行为对案外人所带来的实体损害。[②]《民事诉讼法司法解释》第 312 条规定："对案外人提起的执行异议之诉，人民法院经审理，按照下列情形分别处理：（一）案外人就执行标的享有足以排除强制执行的民事权益的，判决不得执行该执行标的……"即执行异议之诉是以公平优先、兼顾效率为价值取向，通过实质审查的方式对执行标的权属进行认定，进而作出案外人享有的民事权益是否足以排除强制执行的判断，以实现对案外人民事权益的实体性执行救济。执行异议之诉的基本功能在于通过实体审理程序判断金钱债权申请执行人基于生效裁判对执行标的享有的权利，与异议人对执行标的享有的权利谁更具有优先性。故执行异议之诉制度的基本价值取向是基于公平原则，在实质审查的前提下，给予符合特定条件的异议人优于普通债权人的特别保护。

三、股权被依法查封后，受让人提出执行异议之诉的成立要件

基于执行异议之诉的基本功能与价值取向，除存在法定优先权的情形外，受让人提出对执行标的具有优先性因而可以排除强制执行的，一般应当具备以下要件：

（一）受让人对执行标的的权利应当是真实的，且该权利早在人民法院查封之前即已客观存在

真实性是受让人提出执行异议能够成立的前提条件，如受让人对执行标的权利为虚假，则无保护之必要，遑论优先保护。查封措施的目的在于维护债务人的财产现状，保障经过审判程序或其他程序确认的债权尽可能得到清偿，故查封有禁止债务人处分查封物的效力。[③] 即在人民法院查封之后，任何针对执行标的的处分行为均应属无效，故受让人的权利在人民法院查封之前即已客观存在亦属于其异议能够成立的前提条件。因此，受让

---

① 参见张卫平：《案外人异议之诉》，载《法学研究》2009 年第 1 期。
② 参见唐力：《案外人执行异议之诉的完善》，载《法学》2014 年第 7 期。
③ 参见李磊明：《论查封的法律效力》，载《中外法学》1998 年第 1 期。

人与被执行人应当在人民法院查封之前签订真实有效的转让合同。

（二）受让人已实际占有或控制执行标的

在受让人没有实际占有或者控制执行标的的情况下，其所享有的仅是请求被执行人依约交付执行标的的权利，该权利属于债权请求权，而债权具有平等性，不能对抗强制执行。在受让人因被执行人的履约行为已实际取得对执行标的的占有或控制后，其对执行标的的权利转变为物权请求权，且受让人已经可以对执行标的进行占有、使用、收益，而被执行人对执行标的不再享有上述权益。人民法院在执行程序中对被执行人所采取的强制执行措施，应当以其实际享有的财产或财产性权益为限。在被执行人因丧失对执行标的的占有或控制而对该执行标的不享有任何权益时，该财产即具有排除强制执行的可能。故受让人实际占有或控制执行标的是赋予其优先保护的实质要件。

在转让对象系股权的情况下，对于受让人实际控制执行标的的认定应当考虑到股权的基本特性。股权是股东或出资人对公司所享有的资产收益、参与重大决策和选择管理者等权利，该权利行使的对象是公司。《公司法》第32条规定："有限责任公司应当置备股东名册，记载下列事项：（一）股东的姓名或者名称及住所；（二）股东的出资额；（三）出资证明书编号。记载于股东名册的股东，可以依股东名册主张行使股东权利。公司应当将股东的姓名或者名称向公司登记机关登记；登记事项发生变更的，应当办理变更登记。未经登记或者变更登记的，不得对抗第三人。"据此，股东名册是股东行使股东权利的依据。受让人能够实际行使股权的前提应当是公司股东名册已经变更、受让人已经作为股东记载于股东名册。故受让人应在人民法院查封之前完成公司股东名册的变更，其可依据股东名册向公司主张股东权利。

（三）被执行人的责任财产没有因转让行为而不当减少

首先，执行标的原本属于被执行人的责任财产，系债权人可以请求人民法院依法处置、用于清偿债务的对象。一般规则下责任人的全部财产均为被执行人的责任财产，前提是这些财产标的物必须在强制执行开始时是属于被执行人的财产。[1] 受让人取得对执行标的的占有或控制是基于转让合同关系，而在该基础法律关系中，被执行人转让执行标的的目的是获得转让价款。被执行人转让执行标的与受让支付价款构成对待给付关系，两者相互依存，相互构成受领给付的基础。在受让人已经实际支付转让价款或者已依约支付部分价款、剩余价款交由人民法院执行的情形下，被执行人名下财产由该执行标的转化为转让价款，其责任财产范围并没有因转让行为而不当减少。在受让人依约履行支付价款等合同主要义务的情况下，其有权继续保持受领给付状态，可以赋予其排除强制执行的权利。而在受让人未按照合同约定支付转让对价的情况下，受让人因未履行对待给付义务，缺乏对执行标的继续占有的基础，故不应赋予受让人排除执行的权利。

其次，执行异议之诉的基本价值系公平原则。公平原则意指“各人得其应得”观念的最大化，交换正义涉及个体与个体在财产交易方面是否享有公平合理的对待。[2] 在受让人未支付价款且不愿意将剩余价款交付人民法院执行的情况下，此时债权人已对执行标的采取查封措施且其债权已支付对价，如赋予受让人优于债权人的特别保护，则有悖于执行异议之诉制度的基本价值。

最后，现行司法解释关于受让人能够排除执行的规定中均将转让价款的支付作为核心要件之一。2004 年颁布实施的《关于人民法院民事执行中查封、扣押、冻结财产的规定》第 17 条规定：“被执行人将其所有的需要办理过户登记的财产出卖给第三人，第三人已经支付部分或者全部价款并实际占有该财产，但尚未办理产权过户登记手续的，人民法院可以查封、扣押、冻结；第三人已经支付全部价款并实际占有，但未办理过户登记手续的，如果第三人对此没有过错，人民法院不得查封、扣押、冻结。”2015 年颁布实施的《执行异议复议规定》第 28 条规定：“金钱债权执行中，买受人对登记在被执行人名下的不动产提出异议，符合下列情形且其权利能够排除执行的，人民法院应予支持：（一）在人民法院查封之前已签订合法

① 参见宋刚：《论财产责任下的责任财产》，载《法学评论》2014 年第 1 期。
② 参见易军：《民法公平原则新诠》，载《法学家》2012 年第 4 期。

有效的书面买卖合同；（二）在人民法院查封之前已合法占有该不动产；（三）已支付全部价款，或者已按照合同约定支付部分价款且将剩余价款按照人民法院的要求交付执行；（四）非因买受人自身原因未办理过户登记。”《执行异议复议规定》第28条基本延续了《关于人民法院民事执行中查封、扣押、冻结财产的规定》第17条的规定，只是将价款支付条件放宽至“已支付全部价款，或者已按照合同约定支付部分价款且将剩余价款按照人民法院的要求交付执行”。甚至在基于生存权系最优先权利而对消费者购房予以最优保护的《执行异议复议规定》第29条中，仍将消费者购房人“已支付的价款超过合同约定总价款的百分之五十”作为排除执行的要件之一。在执行异议之诉中，股权受让人不应取得比消费者购房人更优越的地位。

因此，股权受让人在查封之前已足额支付转让价款或已依约支付部分价款且将剩余价款按照人民法院的要求交付执行，亦应属于其能够排除执行的必要条件之一。

综上所述，在人民法院依法查封股权后，股权受让人提出执行异议之诉的成立要件应当包括：第一，受让人与被执行人应当在人民法院查封之前签订真实有效的转让合同；第二，受让人应在人民法院查封之前完成公司股东名册的变更，其可依据股东名册向公司主张股东权利；第三，受让人在查封之前已足额支付转让价款或已依约支付部分价款且将剩余价款按照人民法院的要求交付执行。

四、关于本案的具体处理

根据前述分析，股权转让款支付系股权受让人提出执行异议之诉成立的核心要件之一。本案股权受让人认为其股权转让款支付义务已经履行完毕，其在人民法院查封之前即已支付绝大部分股权转让款，且剩余股权转让款也在人民法院查封之后支付。但是我们认为受让人主张的两笔付款均不构成本案股权转让款的有效支付，主要理由如下：

（一）受让人未经授权向第三人支付款项不应视为有效支付股权转让款

受让人主张的第一笔付款是其于2017年12月5日向案外人高迅达停车楼投资管理公司转账4512万元中的4500万元。根据2017年12月11日的股金转让协议书的约定，双润投资管理公司应在合同生效后向丰禾公司支付股权转让款。现在双润投资管理公司主张的股权转让款是支付给案外人高迅达停车楼投资管理公司的，而不是丰禾公司。双润投资管理公司主张高迅达停车楼投资管理公司系丰禾公司的债权人，故其将股权转让款支付给高迅达停车楼投资管理公司。本案一审法院认为双润投资管理公司付款后，不仅履行了股权转让款的支付义务，高迅达停车楼投资管理公司与丰禾公司之间债权债务也相应得到履行。我们认为，双润投资管理公司的上述主张及一审法院的上述认定不能成立。案涉股金转让协议书明确约定的股权转让款应当支付给股权转让人丰禾公司，双润投资管理公司应当按照合同约定履行付款义务。在没有证据证明丰禾公司授权其将转让款支付给第三人的情况下，双润投资管理公司无权单方更改该笔合同关于付款对象的约定。再结合该笔在付款时间、款项用途等方面的问题，不应认定该笔付款是向丰禾公司有效支付的股权转让款。

（二）股权被查封之后的付款行为不能成为阻却执行的事由

本案受让人还主张其于 2018 年 1 月 30 日向高迅达停车楼投资管理公司转账 1500 万元。除该笔付款对象不是股权受让人之外，该笔付款时间是在人民法院依法查封之后。首先，双润投资管理公司在获悉案涉股权被查封后，其知道案涉股权无法办理后续股权变更手续，其受让股权可能存在法律障碍。但双润投资管理公司并不顾及可能存在的风险，继续向高迅达停车楼投资管理公司支付股权转让款，以其行为明确拒绝将股权转让款交付人民法院执行。其次，双润投资管理公司虽辩称由于一审法院未向其发出停止付款的协助执行通知书，其有权继续支付股权转让款。但人民法院对案涉股权采取保全措施的目的是有效控制被执行人财产和避免该财产被转移，如双润投资管理公司在查封之后的付款视为有效，因该笔付款超出人民法院控制范围，将会导致人民法院保全目的的落空。最后，双润投资管理公司在提出执行异议之后，亦应知晓如其提出的异议申请获得人民法院支持，则人民法院尚可通过保全股权转让款的方式保障申请人的合法权益；而如其继续向高迅达停车楼投资管理公司支付股权转让款，在人民法院支持其异议申请后则无剩余股权转让款可保全，将会损害申请人合法权益。鉴于双润投资管理公司上述付款对象不是丰禾公司，付款时间在案涉股权被查封之后，且该付款本身损害申请人的合法权益，故该笔付款不能视为其向丰禾公司有效支付股权转让款。

从现有证据来看，双润投资管理公司在人民法院查封之前并未向丰禾公司支付股权转让款。在得知人民法院查封之后，双润投资管理公司继续向高迅达停车楼投资管理公司支付款项，并未提出要将股权转让款交付人民法院执行。且从双润投资管理公司诉讼行为来看，其随意摘取自身与关联公司的一次款项往来作为本案股权转让款的支付证据，试图逃避股权转让款支付义务。上述行为均表明双润投资管理公司拒绝将股权转让款交付至人民法院执行。鉴于双润投资管理公司未有效支付股权转让款导致丰禾公司责任财产不当减少，故并不具有足以排除强制执行的实体权利。因此，双润投资管理公司提出不得执行案涉股权并解除对案涉股权查封冻结手续的诉讼请求，不能成立。

最高人民法院二审合议庭成员：何　抒　张爱珍　贾清林

（编写人：夏　敏* 　审稿人：杨　奕）

---

* 夏敏，法学硕士，中华人民共和国最高人民法院第三巡回法庭，法官助理。

桂林彰泰实业集团有限公司、广西丽诚东投资有限公司等金融不良债权追偿纠纷执行复议案

——金融不良债权追偿纠纷执行案件的利息认定

【裁判摘要】

《最高人民法院关于审理涉及金融不良债权转让案件工作座谈会纪要》是对特定时期、特定范围内的金融不良债权转让案件确立的特殊处置规则，应当按照其适用范围的规定参照适用，不在其适用范围内的一般金融不良债权转让案件在受让债权后不停止利息计算。

【案件基本信息】

1. 诉讼当事人

复议申请人（申请执行人）：桂林彰泰实业集团有限公司（以下简称彰泰实业集团）

复议申请人（被执行人）：广西丽诚东投资有限公司（原广西丽原投资有限公司，以下简称丽诚东投资公司）

复议申请人（被执行人）：黄某某

2. 案件索引与裁判日期

执行依据：广西壮族自治区高级人民法院（2017）桂民初 21 号调解书（2017 年 7 月 24 日）

异议：广西壮族自治区高级人民法院（2018）桂执异 19 号裁定（2018 年 12 月 28 日）

复议：最高人民法院（2019）最高法执复 45 号裁定（2019 年 11 月 22 日）

3. 案由

金融不良债权追偿纠纷执行复议

【简要案情】

广西壮族自治区高级人民法院在审理原告中国长城资产管理股份有限公司广西壮族自治区分公司（以下简称长城资产管理公司广西分公司）诉被告丽诚东公司（原广西丽原投资有限公司）、黄某某金融不良债权追偿纠纷一案中，于2017年7月24日作出（2017）桂民初21号民事调解书，主要内容为：（一）截至2017年7月11日，被告丽诚东投资公司欠原告长城资产管理公司广西分公司借款本金36,740万元、利息5472.248891万元、复利514.72971万元、违约金430.780016万元，合计人民币43,157.758617万元，限于2017年7月31日前一次性付清。2017年7月12日起至还清之日止的利息，以本金36,740万元为基数，按年利率17.9%计算，限于2017年7月31日前一次性付清。如逾期不能还清，则应继续按年利率17.9%计付尚欠本金的利息，直至全部本金还清。（二）如被告丽诚东投资公司不按该协议约定期限履行债务，原告长城资产管理公司广西分公司有权依照法律规定对该案抵押物以折价或者拍卖、变卖所得价款优先受偿。（三）被告黄某某对被告丽诚东投资公司上述第一项债务承担连带保证清偿责任。

调解书生效后，丽诚东投资公司、黄某某没有按时履行法律文书确定的义务，长城资产管理公司广西分公司于2017年8月11日向广西壮族自治区高级人民法院申请执行，同日，该院以（2017）桂执11号案件立案执行。

2018年6月7日，长城资产管理公司广西分公司发布对丽诚东投资公司债权资产的公开竞价转让公告，该公告载明："债权情况：债权一为21,353.76万元本金及利息和罚息、违约金……"2018年6月12日长城资产管理公司广西分公司与彰泰实业集团签订债权转让协议，该协议书第2.1.6条载明，甲方（长城资产管理公司广西分公司）在该协议及附件所列贷款债权的本金余额是根据甲方与债务人的确认，账面利息17,640,846.76元的计算方法是按生效民事调解书的规定计算截至基准日2018年5月31日，包含一般债务利息及迟延履行期间的加倍利息（如调解书中有明确，则计算）。甲方对上述瑕疵或风险不发表任何判断性结论，由乙方（彰泰实业集团）自行作出判断，甲方不承担任何责任。

债权转让协议书附件一即贷款债权明细表载明，该案债务人为丽诚东投资公司，担保人为丽诚东投资公司、黄某某；账面本金余额 213,537,619.08 元，账面利息 7,644,646.76 元，账面复利 5,147,297.10 元，账面违约金 4,307,800.16 元，应返还的案件受理费、财产保全费、评估费 1,045,255.50 元，合计 231,682,618.60 元。

2018 年 6 月 12 日，申请执行人长城资产管理公司广西分公司向广西壮族自治区高级人民法院递交变更申请执行人申请书，称该公司已将该案剩余债权转让给了彰泰实业集团，为此请求该院将申请执行人变更为彰泰实业集团。广西壮族自治区高级人民法院于 2018 年 7 月 30 日作出（2017）桂执 11 号之七执行裁定，将该案申请执行人由长城资产管理公司广西分公司变更为彰泰实业集团。

在执行中，通过被执行人的自动履行及案外人代为偿还债务的方式，广西壮族自治区高级人民法院已于 2018 年 7 月 6 日执行到位金额共 488,142,416.83 元。其中 252,141,934.27 元执行款为被执行人丽诚东投资公司自动转至长城资产管理公司广西分公司账户；其余的 236,000,482.56 元执行款为该院采取执行措施扣划至该院账户。上述执行款到位后，广西壮族自治区高级人民法院依法确定了该案的利息计算方法，经计算，被执行人应支付的该案剩余执行款为 232,939,272.86 元（含本金、利息、复利、违约金、诉讼费），该款已从该院执行账户中支付给了彰泰实业集团。此外，扣除该案申请执行费 500,017.84 元，该院也已将多扣的执行款 2,561,191.86 元退还给了被执行人丽诚东投资公司。至此，该院实际支付给申请执行人的款项为 485,081,207.13 元，遂于 2018 年 7 月 30 日作出（2017）桂执 11 号之九结案通知书。

申请执行人彰泰实业集团对该院作出的（2017）桂执 11 号之九结案通知书不服，向该院提出书面异议称，该案结案通知书没有列明计算标准和计算方式，而且计算利息有误，没有计算其公司受让长城资产管理公司广西分公司以后即 2018 年 6 月 12 日至实际清偿之日止的利息；也没有依法计算被执行人迟延履行期间的加倍利息，即2017年8月1日起至清偿之日止。故请求撤销该结案通知书，依法继续强制执行被执行人21,517,970.12元。

广西壮族自治区高级人民法院于2018年12月28日作出（2018）桂执异19号执行裁定，撤销该院（2017）桂执11号之九结案通知书；对丽诚东投资公司应付给彰泰实业集团的利息部分重新计算。

彰泰实业集团、丽诚东投资公司、黄某某均不服广西壮族自治区高级人民法院作出的（2018）桂执异19号执行裁定，向最高人民法院申请复议。

【案件焦点】

1. 本案是否应当参照《关于审理涉及金融不良债权转让案件工作座谈会纪要》的规定于彰泰实业集团受让债权后停止计算利息；

2. 是否支持本案迟延履行期间计付加倍利息。

【裁判结果】

最高人民法院经审查认为，《最高人民法院关于审理涉及金融不良债权转让案件工作座谈会纪要》是对特定时期、特定范围内的金融不良债权转让案件确立的特殊的处置规则，应当按照其适用范围的规定参照适用。如果将该纪要适用范围以外的一般金融不良债权转让案件一律参照适用该纪要精神，既没有明确的法律及司法文件依据，亦与依法平等保护各类民事主体财产权益的司法精神相悖。本案所涉债权最初的转让时间和转让主体与该纪要第12条的规定不符，故不应适用该纪要关于自受让日后停止计付利息的规定。根据《最高人民法院关于人民法院民事调解工作若干问题的规定》第19条的规定，当事人承担了调解书确定的民事责任后，对方当事人又要求其承担民事诉讼法规定的迟延履行责任的，人民法院不予支持。彰泰实业集团受让债权后，向丽诚东投资公司主张迟延履行期间的加倍利息缺乏法律规定，违反当事人意思自治原则。据此，最高人民法院于2019年11月22日作出（2019）最高法执复45号裁定，驳回彰泰实业集团、丽诚东投资公司、黄某某的复议申请，维持广西壮族自治区高级人民法院（2018）桂执异19号裁定。

【裁判摘要评析】

本案裁判是对金融不良债权追偿纠纷执行案件利息计算及认定问题的确认。实践中，金融不良债权转让后，在其追偿纠纷执行案件中往往容易因为利息计算产生分歧，这一问题较为复杂，人民银行关于人民币利率的计算包含复息、罚息等，而根据相关司法解释的规定，一般情况下人民法院在执行过程中需计算一般债务利息和加倍部分债务利息。考虑金融不良债权转让纠纷案件数量较多、标的额较大、影响较大的情况，为了依法妥善公正地审理涉及金融不良债权转让案件，防止国有资产流失，保障金融不良债权处置工作的顺利进行，最高人民法院于 2009 年 3 月就审理涉及金融不良债权转让案件的主要问题形成了规范性文件，规定在债权受让日后停止计付利息。

一、参照适用《关于审理涉及金融不良债权转让案件工作座谈会纪要》的前提是金融不良债权转让合法有效

确定民事法律行为有效，应当以民事主体具有相应的民事行为能力、意思表示真实和不违反法律、行政法规强制性规定以及不违背公序良俗为条件。《合同法》第 79 条①规定："债权人可以将合同的权利全部或者部分转让给第三人，但有下列情形之一的除外：（一）根据合同性质不得转让；（二）按照当事人约定不得转让；（三）依照法律规定不得转让。"第 80 条②规定："债权人转让权利的，应当通知债务人。未经通知，该转让对债务人不发生效力。债权人转让权利的通知不得撤销，但经受让人同意的除外。"本案中，金融不良债权的转让没有违反上述法律的禁止性规定情形，据此，债权人依法可以转让，受让人也可以通过受让取得债权及相关权利。广西壮族自治区高级人民法院（2017）桂民初 21 号民事调解书确认的债权经合法转让，已经由彰泰实业集团取得申请执行人的主体资格，债

---

① 本条现为《民法典》第 545 条："债权人可以将债权的全部或者部分转让给第三人，但是有下列情形之一的除外：（一）根据债权性质不得转让；（二）按照当事人约定不得转让；（三）依照法律规定不得转让。当事人约定非金钱债权不得转让的，不得对抗善意第三人。当事人约定金钱债权不得转让的，不得对抗第三人。"

② 本条现为《民法典》第 546 条："债权人转让债权，未通知债务人的，该转让对债务人不发生效力。债权转让的通知不得撤销，但是经受让人同意的除外。"

务人丽诚东投资公司应当向债权受让人彰泰实业集团履行相应的给付义务。

二、关于本案是否应当参照《关于审理涉及金融不良债权转让案件工作座谈会纪要》规定于彰泰实业集团受让债权后停止计算利息

第一，《关于审理涉及金融不良债权转让案件工作座谈会纪要》是最高人民法院于2009年商有关部门形成的规范性文件，其中第9条对金融不良债权受让日之后止付利息进行了规定，第12条对该纪要的适用范围，包括金融不良债权的转让时间及转让主体进行了限定，因此，该纪要是对特定时期、特定范围内的金融不良债权转让案件确立的特殊的处置规则，目的是依法公正妥善地审理涉及金融不良债权转让案件，防止国有资产流失，保障金融不良债权处置工作的顺利进行，维护社会公共利益和相关当事人合法权益，应当参照适用其适用范围的规定。如果将该纪要适用范围以外的一般金融不良债权转让案件一律参照适用该纪要精神，既没有明确的法律及司法文件依据，亦与依法平等保护各类民事主体财产权益的司法精神相悖。本案中，案涉金融不良债权最初转让发生于2014年4月25日，由兴业信托公司转让给长城资产管理公司广西分公司；该债权第二次转让发生于2018年6月12日，由长城资产管理公司广西分公司转让给彰泰实业集团。可见，债权最初的转让时间和转让主体与该纪要第12条的规定不符，故不应适用该纪要中关于自受让日后停止计付利息的规定。此外，尽管彰泰实业集团无金融机构职能，但双方约定的17.9%的利息并未超出民间借贷年利率的上限，其作为金融债权受让方，可以依双方约定享有债权利息。

第二，该纪要第12条规定："《纪要》的内容和精神仅适用于在《纪要》发布之后尚在一审或者二审阶段的涉及最初转让方为国有银行、金融资产管理公司通过债权转让方式处置不良资产形成的相关案件。"最高人民法院（2013）执他字第4号答复从配合金融体制改革，推进金融不良债务处置工作，解决历史遗留问题的政策导向出发，明确了执行程序中对于迟延履行利息的计算也参照适用该规则。但该答复意见所涉案件中的金融不良债权属于该纪要第12条规定的特定范围内的债权。因此，该答复意见所涉案件基本事实与本案不符，对本案不具有指导意义。

因此，本案不属于该纪要规定的特定范围内的金融不良债权转让案件，不应支持丽诚东投资公司、黄某某关于应适用该纪要第9条的规定于彰泰实业集团受让债权后停止计算利息的主张。

三、关于是否支持本案迟延履行期间计付加倍利息

根据该案查明的事实，长城资产管理公司广西分公司与丽诚东投资公司在广西壮族自治区高级人民法院（2017）桂民初21号民事调解书中约定："2017年7月12日起至还清之日止的利息，以本金36,740万元为基数，按年利率17.9%计算，限于2017年7月31日前一次性付清。如逾期不能还清，则应继续按年利率17.9%计付尚欠本金的利息，直至全部本金还清。"长城资产管理公司广西分公司与丽诚东投资公司经协商，自愿在原先合同约定年利率13%的基础上，加上利息、复利、违约金等，最终确定了17.9%的年利率，如逾期不能还清，则继续按年利率17.9%计付尚欠本金的利息，直至全部本金还清。根据《关于人民法院民事调解工作若干问题的规定》第10条的规定，人民法院对于调解协议约定一方不履行协议应当承担民事责任的，应予准许。第19条规定，调解书确定的担保条款条件或者承担民事责任的条件成就时，当事人申请执行的，人民法院应当依法执行。不履行调解协议的当事人按照前款规定承担了调解书确定的民事责任后，对方当事人又要求其承担民事诉讼法规定的迟延履行责任的，人民法院不予支持。且从长城资产管理公司广西分公司与彰泰实业集团签订的债权转让协议、附件一和附件一中所列利息的计算表以及长城资产管理公司广西分公司的债权转让公告来看，长城资产管理公司广西分公司也并未向丽诚东投资公司主张迟延履行期间的加倍利息。因此，彰泰实业集团受让债权后，向丽诚东投资公司主张迟延履行期间的加倍利息缺乏法律规定，违反当事人的意思自治原则，不应得到支持。

最高人民法院执行复议合议庭成员：向国慧　刘慧卓　孙建国

（编写人：向国慧* 叶　欣** 审稿人：杨　奕）

* 向国慧，法学博士，中华人民共和国最高人民法院执行局，三级高级法官。

** 叶欣，法学硕士，中华人民共和国最高人民法院执行局，二级法官助理。

周某
与
厦门佰翔手礼电子商务有限公司
网络购物合同纠纷案

——对约定的惩罚性违约金调整基准的认定

【裁判摘要】

消费者依据双方订立的合同或者商家承诺，主张约定的惩罚性违约金赔偿时，如果双方约定的惩罚性违约金过高，商家可以依照《中华人民共和国合同法》第114条规定，请求人民法院或仲裁机构予以适当减少。人民法院在确定酌减基准时，可以依照《最高人民法院关于适用〈中华人民共和国合同法〉若干问题的解释（二）》第29条关于调整过高违约金的规定，参照《中华人民共和国食品安全法》等相关法律法规中关于法定赔偿金额的规定，合理调整违约金数额，公平解决违约责任问题。

【案件基本信息】

1. 诉讼当事人

再审申请人（一审原告、二审上诉人）：周某

被申请人（一审被告、二审上诉人）：厦门佰翔手礼电子商务有限公司（以下简称佰翔手礼电子商务公司）

2. 案件索引与裁判日期

一审：江苏省淮安市中级人民法院（2016）苏08民初67号判决（2017年11月14日）

二审：江苏省高级人民法院（2018）苏民终54号判决（2018年4月18日）

申请再审：（2019）最高法民申 3216 号裁定（2019 年 6 月 25 日）

3. 案由

网络购物合同纠纷

【简要案情】

佰翔手礼电子商务公司通过厦门机场户外广告、宣传册以及手礼网网站公告的方式，承诺对其所出售的茶叶“假一罚万”。2015 年 11 月 12 日，周某通过手礼网向佰翔手礼电子商务公司先后购买 630 盒特级大红袍茶叶，合计价款 17,640 元。后周某以所购茶叶不合格为由，要求佰翔手礼电子商务公司按照其承诺的 50%，即所付价款的 5000 倍承担违约赔偿责任。经一审法院委托鉴定，案涉大红袍茶叶质量不合格。

2017 年 11 月 14 日，一审法院作出一审判决，认定佰翔手礼电子商务公司违约，应当承担违约责任。但认为双方约定违约金过高，应依照《食品安全法》第 148 条的规定，将违约金调整为商品价格的 10 倍。后双方均提起上诉，二审法院维持一审判决，驳回双方上诉请求。

二审判决生效后，周某以一审、二审支持的违约金过低为由，向最高人民法院申请再审。

【案件焦点】

生效判决对佰翔手礼电子商务公司支付的违约金标准的认定是否正确。

【裁判结果】

最高人民法院经审查认为，周某向佰翔手礼电子商务公司购买的茶叶经鉴定质量不合格，不是佰翔手礼电子商务公司承诺的“正品”，周某作为买受人要求佰翔手礼电子商务公司承担违约责任符合《中华人民共和国合同法》的相关规定及双方合同约定。依据佰翔手礼电子商务公司作出的“假一罚万”的承诺，周某一审要求佰翔手礼电子商务公司按其所购茶叶价款的 5000 倍给予赔偿，二审变更为要求佰翔手礼电子商务公司按其所购茶叶价款的 100 倍给予赔偿。但周某在一审、二审过程中均未能提交证据证明其因购买案涉茶叶所遭受的实际损失金额。《最高人民法院关于适用〈中华人民共和国合同法〉若干问题的解释（二）》第 29 条第 1 款规定，当事人主张约定的违约金过高请求予以适当减少的，人民法院应当以实际损失为基础，兼顾合同的履行情况、当事人的过错程度以及预期利益等综合因素，根据公平原则和诚实信用原则予以衡量，并作出裁决。鉴于周某一审主张的案涉茶叶价款5000倍的违约金明显过高，且佰翔手礼电子商务公司在一审中明确请求对过高的违约金予以调减，二审判决结合茶叶属于食用农产品，不同于一般的日用品，应对生产或销售该产品的质量予以严格规制等实际情况，参照《中华人民共和国食品安全法》第148条第2款规定，维持一审判决关于佰翔手礼电子商务公司向周某支付违约金的判项，并无不当。周某关于佰翔手礼电子商务公司应按照茶叶价款的100倍支付违约金的主张不能成立。因此，驳回周某的再审申请。

【裁判摘要评析】

本案裁判实质上确立了特殊领域中约定惩罚违约金过高的司法调整思路，即以法定惩罚性赔偿金为参照基数进行酌减。本案的核心争议在于：（1）明显具有惩罚性质的约定违约金能否适用《合同法》第114条的规定进行酌减；（2）特殊领域中，惩罚性违约金的酌减幅度是否仍应当以《合同法司法解释（二）》为标准；（3）如果不以《合同法司法解释（二）》为标准，那么惩罚性违约金的司法调整又以何为基准，以及该酌减基准是否具有正当性基础？

一、对约定惩罚性违约金进行调整的正当性

依据学理上对约定违约金的分类，根据功能的不同，违约金可分为赔偿性违约金和惩罚性违约金。两者的区别在于，约定的赔偿性违约金被视为对违约损害赔偿总额的预定，即当事人的预期损害，而惩罚性违约金则往往极大超过当事人的预期损害，超出的部分具有强烈的惩罚意味。通常而言，无论是赔偿性违约金还是惩罚性违约金，合同中关于违约金的约定本质上属于合同内容，应当受意思自治的保护，不应予以过多的司法干预。但如果对违约金的约定不加干预，又会导致交易主体可能遭受毫无限制的惩罚，特别是在合同当事人地位、力量不对等的情况下。出于保护弱势群体的考虑，也为避免不加限制的约定违约金反向伤害实体经济，对约定违约金进行司法调整具有其合理性。因此，《合同法》第114条赋予人民法院对过高的约定违约金进行酌减的权力。具有争议的是，《合同法》第114条能否用于惩罚性违约金的调整。一种观点认为,《合同法》第 114 条只能适用于赔偿性违约金的调整,对惩罚性违约金的限制应当通过无效或可撤销法律制度规范该约定的效力,或者因惩罚性违约金与《担保法》第 91 条[①]的规定同属“私法制裁”规定,而类推适用《担保法》第 91 条规定,不得超过主合同标的额的 20%。[②] 另一种观点认为,《合同法》第 114 条规定的违约金兼具赔偿和惩罚功能,可以同时使用于赔偿性违约金和惩罚性违约金的调整。[③]

我们赞同后者观点,《合同法》第 114 条明确规定,当事人在约定违约金时,既可以约定一定数额的违约金,也可以约定违约损失赔偿额的计算方式。如果当事人约定的是损失赔偿额的计算方式,则是双方对预期损失金额的预定,可以认为该违约金属于补偿性违约金。但如果约定的是违约金数额,则该数额既可能是对预期损失金额的预定,也可能包括了惩罚性违约金在内的金额。正如本案的中的“假一罚万”的约定。并且,《合同法》第 114 条在规定可予以调整的违约金时,采用的是“约定的违约金”的表述,并未区分惩罚性质还是赔偿性质的违约金。另外,尽管学理上对两类违约金具有明确的定义,但实际的生活中,多数合同在约定违约金时并未明确区分赔偿性违约金和惩罚性违约金,人民法院亦不可能对当事人约定的违约金进行分割,对两部分违约金适用不同的调整或限制规则。因此,我们认为,《合同法》第 114 条赋予法院的违约金酌减权适用于包括补偿性违约金和惩罚性在内的所有约定违约金。

在本案中,周某以网络购物合同纠纷为由诉至人民法院,根据双方“假一罚万”的约定,主张 5000 倍违约金赔偿(二审时变更为 100 倍违约金赔偿),但其并无证据证明其因购买涉案茶叶遭受如此重大损失,且通常购买商品的行为亦难以获得所付价款的 5000 倍或 100 倍的预期收益。因

---

① 本条现为《民法典》第 586 条:“当事人可以约定一方向对方给付定金作为债权的担保。定金合同自实际交付定金时成立。定金的数额由当事人约定;但是,不得超过主合同标的额的百分之二十,超过部分不产生定金的效力。实际交付的定金数额多于或者少于约定数额的,视为变更约定的定金数额。”以下同。

② 参见韩世远:《合同法总论》(第 4 版),法律出版社 2018 年版,第 827~835 页。

③ 参见王利明:《合同法研究》(第 2 卷),中国人民大学出版社 2003 年版,第 696 页。

此，本案约定的违约金明显属于过高，应当予以调整。周某所诉请的违约金金额本质上属于约定违约金（兼具补偿和惩罚性质），应当适用《合同法》第114条的规定，在佰翔手礼电子商务公司的请求下，人民法院有权予以调整。

二、特殊领域的惩罚性违约金酌减应否以《合同法司法解释（二）》为标准

《合同法司法解释（二）》第29条规定："当事人主张约定的违约金过高请求予以适当减少的，人民法院应当以实际损失为基础，兼顾合同的履行情况、当事人的过错程度以及预期利益等综合因素，根据公平原则和诚实信用原则予以衡量，并作出裁决。当事人约定的违约金超过造成损失的百分之三十的，一般可以认定为合同法第一百一十四条第二款规定的'过分高于造成的损失'。"该规定进一步明确了人民法院行使违约金酌减权的合理限度，即以损失的30%为基准。但其"一般"的措辞，从文义解释的角度理解，表明了人民法院可以根据案件实际情况，在有充分理由的情形下，作出例外的判决。

本案所涉及的茶叶买卖属于食品安全领域，根据《食品安全法》第148条关于"生产不符合食品安全标准的食品或者经营明知是不符合食品安全标准的食品，消费者除要求赔偿损失外，还可以向生产者或者经营者要求支付价款十倍或者损失三倍的赔偿金；增加赔偿的金额不足一千元的，为一千元"的规定，在双方当事人没有任何约定的情况下，消费者亦有权直接主张价款10倍或者损失3倍的额外法定赔偿金。若在双方明确约定更高的惩罚性违约金的情况下，反而因原告主张约定违约金而被调整至"实际损失的百分之三十"，明显造成了个案的实质不公。因此，本案考虑案涉争议标的物茶叶是食品农产品，不同于一般的日用品，应对生产或销售该产品的质量予以更加严格的规制，而未适用"实际损失的百分之三十"的酌减基准。

三、特殊领域纠纷中，惩罚性违约金的调整基准

人民法院对违约金酌减权的运用，应当始终保持克制，尽量尊重当事人的意思自治，但一旦行使酌减权，则应具有正当性基础。尽管《合同法司法解释（二）》第29条所确定的酌减基础并不在本案中适用，但其所确立的酌减裁量因素可以为违约金的酌减提供适当指引，即“人民法院应当以实际损失为基础，兼顾合同的履行情况、当事人的过错程度以及预期利益等综合因素，根据公平原则和诚实信用原则予以衡量”。考虑裁判尺度的统一性以及违约金的确定性，以《食品安全法》第148条的规定为参照，酌定本案的违约金为茶叶价款的10倍，既平衡了有无约定两种情况下违约金的数额，为类似民事行为提供稳定预期，又缓解了过度支持惩罚性违约金带来的恶意知假买假现象，还能够避免因机械适用《合同法司法解释（二）》第29条规定导致对食品造假行为的纵容。

四、结语

违约金的司法调整是私法意思自治的例外规定，也赋予了法院较大的司法裁量权。违约金的调整过程往往是司法机关以极其克制的姿态，试探意思自治不受侵犯的领域边界。在违约金的调整过程中，不仅要考虑双方当事人利益的平衡，以及将来对类似案件处理的影响，避免裁判尺度的不一，还要确保司法裁量权的行使是规范与可控的，任何的自由裁量应当是能够充分说理的。

“现行法是到目前为止人们在价值判断问题上所能达成的最大妥协和共识……是目前为止最周全的价值衡量的产物。”① 因此，如果现行法在对类似的问题给予了预先的回答，那么参照该规定作出的个案回应也是“迄今为止最周全的价值衡量的产物”。因此，当某些特殊领域存在法定违约金标准，且适用一般的违约金调整规则会导致个案不公时，可参照该领域中法定违约金的标准进行调整。在个案中平衡约定与法定之间的差距，尽可能实现个案正义和现行法的价值。

最高人民法院再审审查合议庭成员：杨　春　张爱珍　何　君

（编写人：杨　春* 魏佳钦** 陈　福*** 审稿人：杨　奕）

---

① 许德风：《论法教义学与价值判断　以民法方法为重点》，载《中外法学》2008年第2期。

* 杨春，法学硕士，中华人民共和国最高人民法院第三巡回法庭，三级高级法官。

** 魏佳钦，法学硕士，中华人民共和国最高人民法院第三巡回法庭，法官助理。

*** 陈福，上海财经大学法律硕士研究生。

云南铜业股份有限公司
与
昆明万宝集源生物科技有限公司、
云南中恒创新投资有限公司等
买卖合同纠纷案

——封闭式循环买卖合同的性质及效力的认定

【裁判摘要】

在三方或三方以上企业间进行的封闭式循环买卖贸易中，经常发生一方在同一时间段就同一货物“高买低卖”“走单、走票、不走货”的现象，此种异常的交易模式明显与营利法人的经营目的和商业常理相违背，该行为性质实为参与人以买卖合同形式掩盖的票据贴现、借贷等其他法律行为。依照《中华人民共和国民法总则》第146条之规定，参与人以虚假意思表示实施的民事法律行为无效，隐藏的民事法律行为的效力依照相关法律规定处理。

【案件基本信息】

1. 诉讼当事人

上诉人（一审原告）：云南铜业股份有限公司（以下简称铜业公司）

被上诉人（一审被告）：昆明万宝集源生物科技有限公司（以下简称万宝集源生物科技公司）

被上诉人（一审被告）：云南中恒创新投资有限公司（以下简称中恒创新投资公司）

被上诉人（一审被告）：云南恒宸房地产开发有限公司（以下简称恒宸房地产开发公司）

被上诉人（一审被告）：高某

被上诉人（一审被告）：黄某某

被上诉人（一审被告）：张某甲

被上诉人（一审被告）：云南万龙投资有限公司（以下简称万龙投资公司）

被上诉人（一审被告）：云南兰金商贸有限公司（以下简称兰金商贸公司）

被上诉人（一审被告）：张某乙

2. 案件索引与裁判日期

一审：云南省高级人民法院（2017）云民初61号判决（2018年12月28日）

二审：最高人民法院（2019）最高法民终1347号判决（2019年10月9日）

3. 案由

买卖合同纠纷

【简要案情】

2011年11月2日，万宝集源生物科技公司与民生银行股份有限公司昆明分行（以下简称民生银行昆明分行）签订办理卖方付息票据贴现业务合作协议，约定民生银行经审核无误后，与持万宝集源生物科技公司承兑汇票的供货企业签订具体票据贴现协议，按票面金额将款项划入供货企业存款账户，并从万宝集源生物科技公司存款账户中直接划扣票据贴现利息。

2012年1月10日至6月18日，铜业公司与万宝集源生物科技公司分别签订10份供货单对商品铜进行买卖。每笔买卖交易模式大体一致，均系铜业公司（供方）与万宝集源生物科技公司（需方）签订供货单确定买卖标的物即商品铜的数量及总价，并约定交货时间为合同签订当日，货款结算及期限为现款现货。同日，上海晋金实业有限公司（以下简称晋金实业公司）或上海尚铭金属材料有限公司（以下简称尚铭金属材料公司）（供方）与铜业公司（需方）签订订单，确定买卖相同种类和数量的商品铜，亦约定交货时间为合同签订当日，货款结算及期限为现款现货；万宝集源生物科技公司（供方）与晋金实业公司或尚铭金属材料公司（需方）签订购销确认书，约定买卖商品铜的种类和数量与前述供货单、订单确认的一致，并确定结算方式及期限为银行实时汇兑，款到发货。交易后数日，铜业公司作为持票人，将万宝集源生物科技公司背书转让的商业承兑汇票向民生银行申请贴现获取贴现款，贴现利息均由万宝集源生物科技公司支付。随后，铜业公司向晋金实业公司或尚铭金属材料公司付款，晋金实业公司或尚铭金属材料公司向万宝集源生物科技公司付款。晋金实业公司或尚铭金属材料公司收款后向铜业公司签发提货单，铜业公司的关联公司上海云铜贸易有限公司在提货单存根上备注“过户万宝集源生物科技公司”，提货单存根上盖有万宝集源生物科技公司提货专用章。整个交易过程中，晋金实业公司和尚铭金属材料公司均系“低卖高买”，铜业公司从中赚取的差价均不够支付同期应付贴现利息。

就案涉商业承兑汇票贴现时，铜业公司（贴现申请人）与民生银行（贴现人）签订商业汇票贴现协议，约定在汇票到期不能承兑时，民生银行可向铜业公司追索。据调取的证据显示，铜业公司将万宝集源生物科技公司用以支付货款的商业承兑汇票到银行办理汇票贴现时，向银行提交的基础交易合同全部为1#电解铜销售合同。该合同载明的签订主体为铜业公司（供方）和万宝集源生物科技公司（需方），签订时间为2011年8月16日，该合同对2011—2012年度1#电解铜买卖的产品名称、品种、规格、数量、供货时间、计价及付款方式、违约责任等内容进行了约定。

2012年8月20日，铜业公司（甲方）和万宝集源生物科技公司（乙方）签订落款时间为2012年2月1日的阴极铜买卖合同，就2012年2月1日至2013年12月31日阴极铜、阴极铜（A）级买卖的产品质量标准、结算、付款方式、违约责任等内容进行了约定。

2012年11月19日，铜业公司与万龙投资公司等签订还款协议书，万宝集源生物科技公司确认，截至2012年11月9日尚欠铜业公司1.8亿元。2013年1月10日，万宝集源生物科技公司向铜业公司出具债权确认书，确认截至2013年1月30日，共欠铜业公司货款本金2.74亿元，不包含违约金、利息、罚息等。

铜业公司向一审法院云南省高级人民法院起诉，请求判令万宝集源生物科技公司支付所欠货款本金1.94亿元及相应利息，中恒创新投资公司等人承担相应担保责任。一审法院经审理认为，本案系铜业公司基于其与万宝集源生物科技公司签订的10份供货单而提起的、诉请万宝集源生物科技公司支付欠付货款并由担保人承担担保责任的买卖合同纠纷。铜业公司与万宝集源生物科技公司基于10份供货单建立了真实有效的买卖合同关系，且铜业公司已实际履行了供货义务，亦承担了相关举证责任。根据在案证据，本案买卖合同的签订目的并非转移标的物所有权，而是以铜业公司票据贴现、万宝集源生物科技公司贴息的方式，由万宝集源生物科技公司获得商业承兑汇票贴现款，铜业公司与万宝集源生物科技公司之间并未形成真实有效的买卖合同法律关系，对铜业公司要求万宝集源生物科技公司支付欠付货款的诉讼请求不予支持，故判决驳回铜业公司全部诉讼请求。铜业公司不服一审判决，向最高人民法院上诉。

【案件焦点】

各方当事人之间合同关系的效力应当如何认定。

【裁判结果】

依照《中华人民共和国民法总则》第143条[①]之规定，意思表示真实系民事法律行为应当具备的有效条件之一。本案中，铜业公司与万宝集源生物科技公司之间没有形成买卖货物的真实意思表示，双方签订供货单及相关协议的目的，并非买卖标的物，而是以铜业公司票据贴现、万宝集源生物科技公司贴息的方式，由万宝集源生物科技公司获得商业承兑汇票贴现款。

首先，从案涉货单的整体约定来看，本案交易不符合正常市场买卖合同的基本交易特征。虽然供货单、订单、购销确认书就商品铜的数量和价款进行了约定，从形式上体现了各方买卖货物的意思表示。但是从货物的

---

① 本条现为《民法典》第143条。

流转来看，10份供货单项下的货物均是于同日由晋金实业公司或尚铭金属材料公司卖给铜业公司，又经铜业公司卖给万宝集源生物科技公司，再由万宝集源生物科技公司最终卖给晋金实业公司和尚铭金属材料公司，即由晋金实业公司和尚铭金属材料公司最初卖出并最终购回，使整个交易模式形成自买自卖的封闭式交易。同时，从资金的流向来看，按照供货单、订单关于现款现货、签订合同当日支付全额货款的约定，铜业公司应先向晋金实业公司或尚铭金属材料公司付款购货后，再由万宝集源生物科技公司向铜业公司付款购货。但在实际付款中，均是万宝集源生物科技公司先以开具承兑汇票、承兑汇票背书转让，以及银行转款补齐差额款项的方式向铜业公司先行付款；铜业公司取得票据贴现款并收到银行转款后，将部分款项转给晋金实业公司或尚铭金属材料公司；两公司收到款项后，部分按合同约定加价向万宝集源生物科技公司转款，部分等额转回万宝集源生物科技公司。

其次，从案涉货单的价款来看，万宝集源生物科技公司按约从铜业公司处“低买高卖”赚取的合同差价明显不足以支付其向民生银行支付的承兑汇票贴现利息，有违商业常理。并且，晋金实业公司和尚铭金属材料公司作为最初的出卖人以及最终的买受人，就同种类、同数量货物“低卖高买”，尚不符合经营贸易以营利为目的的交易特征。因此，铜业公司与万宝集源生物科技公司之间并非真实的买卖合同关系，而是通过封闭式贸易行为实现承兑汇票贴现的真实目的。

依照《合同法》第130条[①]之规定，买卖合同是转移标的物所有权的合同。从案涉货单的履行过程看，本案交易并无真实的货物流转。第一，铜业公司没有举证证明双方订立合同项下标的物的实际状况和交接过程。除书面提货单及提货单存根之外，该公司亦未提供货物流转的其他证据。第二，提货单及提货单存根均备注“过户给万宝集源生物科技公司”，铜业公司亦主张是以提货单备注过户且背书转让的方式履行的交货义务，但根据一审法院对提货单所载仓库进行的调查可知，万宝集源生物科技公司没有

① 本条现为《民法典》第595条。

在仓库所属公司开户，无法进行过户，提货单不具备一般提货单应有的形式，欠缺卡号无法开户、提货，且提货单未在有效期内发生过提货。第三，万宝集源生物科技公司对交货方式的陈述矛盾。根据一审询问笔录，万宝集源生物科技公司法定代表人张某乙陈述万宝集源生物科技公司是通过向铜业公司发传真的方式，要求其将货物过户给晋金实业公司和尚铭金属材料公司，铜业公司对此不予认可；而万宝集源生物科技公司委托诉讼代理人在二审中却认可铜业公司陈述的即通过提货单背书转让的交货方式违反禁反言原则。因此，提货单及提货单存根并不足以认定案涉交易存在真实的货物流转。

综合考察本案交易过程、相关证据以及各方陈述，铜业公司、万宝集源生物科技公司、晋金实业公司或尚铭金属材料公司之间并不存在真实的铜买卖关系，而是以铜买卖形式进行商业承兑汇票贴现，本案诉争铜业公司与万宝集源生物科技公司之间订立的买卖合同仅系上述封闭式交易链条中的一个环节。现有证据仅能证明案涉交易发生了资金的流转，而不能证明发生了真实的货物流转，不符合一般买卖合同的基本特征。铜业公司与万宝集源生物科技公司之间并未建立真实有效的买卖合同关系，一审法院对铜业公司依据买卖合同要求万宝集源生物科技公司支付欠付货款的诉请请求不予支持，具有事实和法律依据，应予维持。因本案所涉融资性贸易关系产生的纠纷，各方当事人可另寻法律途径解决。

【裁判摘要评析】

近年来，由于国际市场原油、商品铜、铁矿石等大宗商品价格的大幅下跌导致企业资金链突然断裂现象不足为奇。当企业需要融资而又无法从银行获得贷款时，往往通过买卖、联营、存单、票据等形式开展实质上的借贷业务。据此，企业间以融资为目的，以贸易为手段，以货物为载体，扩大自身规模的融资性贸易形式不一而足，封闭式循环买卖即是其中最典型的类型之一，在司法实务中亦具有广泛性和代表性。

一、封闭式循环买卖合同的特点

封闭式循环买卖合同，又称闭合循环贸易，一般由三方或三方以上的企业参与，参与各方之间两两订立买卖合同，货物和货款的流转形成闭合式的“双循环”。封闭式循环买卖通常以“走单、走票、不走货”的形式出现，即整个交易过程中，仅存在形式上的买卖合同，不存在货权转移或实物交付，甚至并无实物存在。审判实务中，若当事人主动向法庭提供能够证明缔约时当事人之间的真实意思并非买卖，而是融资借贷等其他目的的证据，则这类事实查明的过程相对简单；若行为人有意隐瞒缔约时的真实意思，竭力掩盖隐藏行为，则如何通过表象发现买卖形式背后的真实意图，无疑是对法官阅历、智识、经验等进行的考验。经总结发现，该诉讼类案件体现出如下特点：一是提起诉讼的主体多为提供资金一方当事人。受资金回笼强烈意愿所控，一旦其发现资金需求方有无力偿还的风险，便会及时提起诉讼。这往往也是后续多起纠纷的诉讼起点。二是一般情况下，资金需求方不会否认自身还款责任，但其在客观上确无偿债能力。一旦其拒绝付款，多数情况下，会引用合同相对性原则，以与资金提供方之间不存在真实买卖合同关系为由进行抗辩。三是第三方托盘企业通常会主张其不知晓闭合循环情况，因被欺诈否认合同效力，或者主张付款主体应为实际借款人，其无须就此承担责任。因此，对封闭式买卖行为进行甄别、对合同性质和效力进行认定亦成为审判实务的难点之一。

二、封闭式买卖行为的甄别

关于封闭式买卖行为的甄别，可以从该类行为的特点入手进行区分。封闭式买卖的主体、资金、货物流转等方面具备如下特征：

（1）交易主体形成封闭式循环买卖。其基本模式为资金提供方向上游托盘企业购货后转售资金需求方，资金需求方再转售给资金提供方的上游托盘企业。为增加隐蔽性，可能会出现下游托盘企业，或者托盘企业之间可能存在多个交易环节，但从始至终整个交易链条是闭合的。而第三方托盘企业，通常扮演两种角色：一种是以“二传手”的角色，在资金供需方之间开展形式上的连环贸易，而资金最终由供给方通过向需求方回购货物的形式归还；另一种是托盘企业系资金需求方的关联企业或合作单位，由其实施回购行为，以货款形式将资金返还给供给方，关联企业之间再通过内部交易结算完成封闭式的资金循环。

（2）交易各方尚无买卖的真实意思，且各方对此知晓。其真实目的主要包括融资借贷、票据贴现、虚增业绩等。这也是封闭式买卖与一般买卖之间的根本区别，即效果意思与表示行为之间不一致。

（3）资金的起点与终点是资金提供方，买卖合同约定价格的最高点与最低点是资金需求方。但亦非必然，如本案所示，买卖合同约定价格的最高点与最低点出现在第三方托盘企业。其中缘由系资金需求方要为其融资、贴现行为付出代价，其往往会在不考虑市场实际价格的情况下事先约定不利于自己的差价，就同种货物低价卖出、高价买入，形式上从事亏本交易，实质上支付利息或报酬。

（4）不存在真实的货物流转。封闭式循环买卖中，除价款外，几个买卖合同的标的物在种类、数量、质量等方面通常完全相同或基本相同。如前所述，由于交易各方尚无真实的买卖目的及货物需求，故标的物一般不随交易流程而实际交付流转，甚至会出现资金供需方与仓储企业串通，虚构提货单、仓单等货权凭证进行没有实物的资金空转型买卖。而交易各方通常在诉讼发生前均没有对供货情况提出异议。

三、封闭式买卖合同的效力认定

关于封闭式买卖合同性质和效力的认定，应依照《民法总则》第 146 条之规定进行处理。司法实务中，对此类合同的效力问题，一直存在较大争议。一种观点认为，应遵循商法的外观主义原则，以当事人外在的意思表示行为为准，即按照外在表现的买卖合同认定各方当事人的真实意思表示，合同内容不违反法律强制性规定的，应当认定合同合法有效，并按有效合同的原则界定合同参与各方的责任。另一种观点则认为，封闭式循环买卖违背了正常的商业规则，当事人之间的真实意思另有所图，并非为了买卖，故该合同名为买卖实为融资借贷，应当认定为无效合同，并按无效合同处理原则来界定各方当事人的责任。而依照《民法总则》第 146 条关于“行为人与相对人以虚假的意思表示实施的民事法律行为无效。以虚假的意思表示隐藏的民事法律行为的效力，依照有关法律规定处理”的规定为该问题的解决提供了依据和方向，买卖合同因虚假的意思表示而无效，但其隐藏的民事法律行为的效力，则须依照有关法律规定予以进一步判断。

我们认为，此种认定方法的存在具有合理性。

第一，从民法学的角度看，意思表示是将企图发生一定私法上效果的意思表示于外部的行为。其构成要素包括指明民事法律行为具体内容的目的意思、行为人表示内容引起法律效果的效果意思、将内心意思外化的表示行为，即先有某种“动机”，经由“效果意思”与“表示行为”三个阶段而成立意思表示。通常情况下，对交易行为的性质认定应以表示行为为准，具体到商法领域即遵循外观主义原则。但当交易行为明显有悖于一般交易常理，以至于使人有理由质疑当事人内心意思与外在表示不一致，存在掩盖隐蔽行为，甚至隐藏非法目的、规避法律限制之嫌时，则应采取意思主义，对当事人的真意进行探究。封闭式买卖的识别即属于后者，构成了民法上的伪装表示。从方法论的角度看，这种识别的有效途径，即通过对买卖合同的内容、交流过程、环节等外在形式证据的综合考量，找出其与正常买卖行为存在的明显区别之处，进而揭示差异背后的真实动机及目的。

第二，基于前述，当事人订立合同的目的并非为了买卖交易，而是为了融资借贷、票据贴现等其他真实目的。若当事人之间存在以合法形式掩盖非法目的的情况，而法院机械地以商事外观主义进行处理，容易成为当事人不法目的的帮凶，导致虚假诉讼的频现。因此，对于伪装的买卖行为，应依法认定无效；对于隐藏的行为效力，应依照《民法总则》“民事法律行为的效力”① 一节的相关规定，以及其他与法律行为效力有关之规定进行认定。隐藏行为依其情形，可呈现出有效、无效、效力待定、可撤销等多种法律效力状态。如果当事人的实际目的是借贷，则应依照《民间借贷司法解释》的有关规定及精神，对合同效力进行认定。在不违反法律、行政法规的效力性强制性规定和公序良俗的情况下，原则上应属有效。如果当事人的实际目的是转移资产，则应查清是否存在恶意串通，损害国家、集体、第三人利益的无效情形。同时，《关于民事诉讼证据的若干规定》第53条规定：“诉讼过程中，当事人主张的法律关系性质或者民事行为效力与人民法院根据案件事实作出的认定不一致的，人民法院应当将法律关系性质或者民事行为效力作为焦点问题进行审理。但法律关系性质对裁判理由

① 《民法典》第六章第三节对“民事法律行为的效力”作出规定。

及结果没有影响，或者有关问题已经当事人充分辩论的除外。存在前款情形，当事人根据法庭审理情况变更诉讼请求的，人民法院应当准许并可以根据案件的具体情况重新指定举证期限。”当法院经审理认为合同的性质及效力与当事人主张不一致时，应当将该问题作为焦点问题进行审理，并行使好释明权，当事人可以根据法庭审理情况变更诉讼请求，也可以坚持原来的主张不予变更。根据处分原则，若当事人坚持原来的主张，法院不得要求当事人必须变更诉讼请求权，并且应当及时作出裁判，但这并不妨碍当事人今后再以法院认定的法律关系或者民事行为效力为基础另行起诉。

四、审判实务中还应注意的问题

审判实务中还应注意处理好下列问题：

一是针对当事人根据买卖合同仅起诉合同相对方的情况，若合同相对方抗辩存在循环买卖、实为借贷，并提供就同一标的物签订的签订日期相同或相近、内容数量相同的买卖合同及相关证据，为准确认定案件性质，必要情形下，法院应依法追加潜在的所有循环买卖缔约人参与诉讼。

二是针对货物实际交付情况，若当事人仅提供收货确认材料，而未提供物权交接凭证或运输凭证的，一般情况下，资金需求方的陈述更具高度盖然性，因其通常系货物流转的起点和终点，系货物实际验收人。如果仍无法确认货物的交付情况，法院可以对仓储方或者货物生产方进行调查询问，或者可以追加其为诉讼参与人，以核实货物的真实状况。

三是针对以承兑汇票等方式进行保兑仓交易的情况，可参照《全国法院民商事审判工作会议纪要》第 69 条规定：“保兑仓交易以买卖双方有真实买卖关系为前提。双方无真实买卖关系的，该交易属于名为保兑仓交易实为借款合同，保兑仓交易因构成虚伪意思表示而无效，被隐藏的借款合同是当事人的真实意思表示，如不存在其他合同无效情形，应当认定有效。保兑仓交易认定为借款合同关系的，不影响卖方和银行之间担保关系的效力，卖方仍应当承担担保责任”进行处理。在没有真实交易关系的情况下，买方通过银行承兑汇票的方式向卖方支付的款项，通常以融资为目的，故可认定双方存在借贷关系。该借贷关系如不存在违反《民法总则》

第153条、《合同法》第52条以及《民间借贷司法解释》第14条规定的情形，则不宜否认其效力。

最高人民法院二审合议庭成员：冯文生　葛洪涛　马　岚

（编写人：马　岚* 毛荧月** 审稿人：钟　莉）

---

* 马岚，法学硕士，中华人民共和国最高人民法院第五巡回法庭，三级高级法官。

** 毛荧月，法律硕士，中华人民共和国最高人民法院第五巡回法庭，四级法官助理。

中控国融新能源开发有限公司
与
福州大德实业有限公司
买卖合同纠纷案

——不完全履行合同定金罚则的认定与适用

【裁判摘要】

在审判实践中，认定当事人是否属于不完全履行合同，其标准在于合同目的是否得到实现。因当事人一方迟延履行或存在违约行为，致使一方解除合同，合同目的不能实现，适用定金罚则。

如当事人部分履行合同义务，但因后续违约导致合同全部解除，合同目的不能实现，即便当事人已履行一定合同义务，仍应适用定金罚则。

一方不完全履行合同，是指当事人履行部分合同义务，合同目的已部分实现，即便合同解除，已履行部分的合同目的已经实现而不能解除，此时则按未履行部分所占合同内容的比例适用定金罚则。

【案件基本信息】

1. 诉讼当事人

再审申请人（一审原告、反诉被告、二审上诉人）：中控国融新能源开发有限公司（以下简称中控国融新能源开发公司）

再审申请人（一审被告、反诉原告、二审上诉人）：福州大德实业有限公司（以下简称大德实业公司）

2. 案件索引与裁判日期

一审：福建省福州市中级人民法院（2017）闽01民初439号判决（2017年11月1日）

二审：福建省高级人民法院（2018）闽民终 265 号判决（2018 年 7 月 31 日）

再审：最高人民法院（2019）最高法民申 246 号裁定（2019 年 3 月 30 日）

最高人民法院（2019）最高法民再 183 号判决（2019 年 12 月 30 日）

3. 案由

买卖合同纠纷

【简要案情】

2016 年 5 月 11 日，大德实业公司作为甲方与中控国融新能源开发公司作为乙方签订租售合同、房产转让框架协议各一份。租售合同约定：中控国融新能源开发公司拟向大德实业公司购买大德广场 C 座、D 座等房产，鉴于该标的房产目前尚不具备交易条件，乙方采取先向甲方租赁的方式使用上述房产；在标的房产具备交易条件后，乙方须通过购买的方式使用上述房产。届时甲、乙双方按照本协议约定的转让条件另行签订买卖合同，由甲方将标的房产出售给乙方；如标的房产在 3—5 年内不能按协议约定的转让条件转让标的房产，届时双方就购房款支付方式另行签订买卖补充合同。房产转让框架协议约定：中控国融新能源开发公司向大德实业公司购买 C 座部分房产及 103 个车位，中控国融新能源开发公司支付购房定金 3000 万元，并应按约定时间支付购房款。如中控国融新能源开发公司各期购房款逾期付款，大德实业公司有权单方解除本协议。

上述合同签订后，中控国融新能源开发公司向大德实业公司支付了房产转让框架协议项下购房定金 3000 万元。因中控国融新能源开发公司未如期支付第二期购房款 13,000 万元，2016 年 8 月 15 日，双方签订了备忘录一份，约定中控国融新能源开发公司应在 2016 年 8 月 11 日前向大德实业公司支付 100 万元，2016 年 9 月 20 日前向大德实业公司支付购房款至 16,000 万元。双方在该备忘录中确认已支付的 3000 万元定金性质不变。此后，中控国融新能源开发公司于 2016 年 9 月共向大德实业公司支付了购房款 1190 万元。

2016 年 10 月 27 日，大德实业公司委托律师向中控国融新能源开发公司寄发《关于要求立即支付大德广场尚欠的第二期购房款的催告函》。2017 年 2 月 15 日，大德实业公司向中控国融新能源开发公司寄发《关于大德广场 D 座已符合交房条件并要求贵司立即支付押金及租金的通知函》，通知 D 座房产符合交房条件，要求中控国融新能源开发公司付款并办理交房手续。2017 年 3 月 22 日、3 月 23 日，大德实业公司及大德实业公司委托律师分别向中控国融新能源开发公司寄发了关于解除租售合同的通知函、关于解除房产转让框架协议的通知函，通知中控国融新能源开发公司租售合同、房产转让框架协议自中控国融新能源开发公司收到该函件之日起解除。

中控国融新能源开发公司提起本案诉讼，请求撤销双方房产转让框架协议，并要求大德实业公司返还已支付的款项及利息。大德实业公司提起反诉，要求确认房产转让框架协议已解除，适用定金罚则，中控国融新能源开发公司已交纳的定金不予退还，并支付相应利息。

一审法院判决认为，中控国融新能源开发公司未按约定支付房款，构成根本违约，案涉房产转让框架协议已解除，其撤销该协议的理由不能成立。因中控国融新能源开发公司违约导致合同目的不能实现，大德实业公司依法适用定金罚则应予支持，中控国融新能源开发公司已交的购房款予以退还，驳回双方其他诉讼请求。中控国融新能源开发公司、大德实业公司均不服一审判决提起上诉。二审法院判决认为，中控国融新能源开发公司已按约定支付购房款 1190 万元，已部分履行合同，应按照不完全履行合同的比例适用定金罚则，故大德实业公司应退还中控国融新能源开发公司定金 108 万元，并支付退还款项的相应利息，维持一审法院其他判项。中控国融新能源开发公司、大德实业公司均不服二审判决，向最高人民法院申请再审。最高人民法院于 2019 年 12 月 30 日作出裁定提审本案。

【案件焦点】

本案是否适用不完全履行合同的按比例适用定金罚则。

【裁判结果】

本案中，中控国融新能源开发公司与大德实业公司签订房产转让框架协议，约定中控国融新能源开发公司购买大德实业公司案涉 C 座房产及相应车位，并应于协议签订后 3 个月内支付购房款 13,000 万元。协议履行过程中，中控国融新能源开发公司未按约定付款，在双方签订备忘录约定延期付款后，中控国融新能源开发公司仍仅支付 1190 万元，致使大德实业公司解除双方合同，大德实业公司有权依据定金罚则要求全部定金不予返还。具体理由如下：

首先，中控国融新能源开发公司未按约定支付购房款导致合同解除，合同目的已不能实现，应当直接适用定金罚则。中控国融新能源开发公司按约定应当支付购房款 13,000 万元，但实际仅付 1190 万元，在双方签订备忘录约定付款延期后，中控国融新能源开发公司仍然未能按约定付款，大德实业公司依照双方约定有权解除合同，案涉房产转让框架协议已解除。在房产转让框架协议解除的情况下，中控国融新能源开发公司实际已因违约行为而致使合同解除，大德实业公司合同目的不能实现。根据《担保法司法解释》第 120 条第 1 款的规定，在一方违约致使合同目的不能实现时，可以直接适用定金罚则。

其次，案涉房产转让框架协议为整栋房产及相关车位的购买，并未约定分期分割购买，不存在部分履行或不完全履行之情形，不应适用《担保法司法解释》第 120 条第 2 款规定。案涉协议为整体房产购买合同，双方没有约定合同标的可以区分，实际履行过程中亦未约定可根据付款金额分割交付，因此，中控国融新能源开发公司仅支付 1190 万元，并不构成对协议的部分履行，而是因其违约行为导致合同目的不能实现，案涉协议已解除，中控国融新能源开发公司并不属于不完全履行合同。

最后，从案涉房产转让框架协议解除的后果来看，大德实业公司应当全部退还中控国融新能源开发公司所交房款 1190 万元，说明该部分款项并没有完成案涉协议约定内容的部分履行，大德实业公司亦未由此获取任何合同利益，其合同目的未得到任何实现。而按比例适用定金罚则的立法本意在于合同部分履行后，守约方已因合同部分履行获得一定的收益，故从利益平衡角度将已履行部分按比例扣除罚金。因此，本案应按《担保法司法解释》第 120 条第 1 款规定直接适用定金罚则，而不属于不完全履行合同应按比例适用定金罚则。因此，二审判决认为中控国融新能源开发公司属于不完全履行合同，故按未履行部分所占比例适用定金罚则，系适用法律错误，应予以纠正。故本院改判撤销二审判决第三项、第四项，维持一审判决第三项，即中控国融新能源开发公司在房产转让框架协议项下已支付的定金3000万元归福州大德实业公司所有。

【裁判摘要评析】

《担保法司法解释》第120条规定："因当事人一方迟延履行或者其他违约行为，致使合同目的不能实现，可以适用定金罚则。但法律另有规定或者当事人另有约定的除外。当事人一方不完全履行合同的，应当按照未履行部分所占合同约定内容的比例，适用定金罚则。"上述司法解释系对定金罚则具体适用的规定，第1款规定当事人一方因违约致使合同目的不能实现，直接适用定金罚则；第2款是指当事人一方不完全履行合同并不构成根本违约，应当按照未履行部分所占合同内容的比例，适用定金罚则。上述两款规定在适用上的主要区别在于合同目的能否实现，当一方根本违约致使合同目的不能实现时，应当直接适用定金罚则。从第2款规定的立法本意来看，若在合同标的能够区分比例的情形中也完全适用定金罚则，就可能会导致合同双方权益失衡进而有失公允，由此规定在当事人一方部分履行的情况下按未履行部分所占比例进行适用。因此，当事人一方不完全履行合同是指合同实际已经部分履行，该履行应是指合同部分内容已经完成，其前提应当是合同标的能够区分，不完全履行一方后续违约行为并不能导致整个合同目的不能实现，不构成根本违约，此时部分合同内容已经履行，可依比例适用定金罚则。

本案中，房产转让框架协议系关于C座房产和地下车位的整体转让，中控国融新能源开发公司虽按照协议约定交纳了部分款项，但因后续购房款未按时交纳，大德实业公司依协议约定有权解除合同，导致合同目的不能实现，并不属于不完全履行合同。二审法院认为只要交纳了部分房款，就属于部分履行合同，实际上是对《担保法司法解释》第120条的理解有误，未能以合同目的是否实现作为定金罚则的适用标准，亦未准确把握不完全履行合同的实质要求。在实践中，买卖合同一方不按合同约定履行全部付款义务导致合同解除较为常见，如认定只要买方支付部分款项就认定合同属于不完全履行，则定金罚则都将按比例适用，这不仅与定金罚则的立法本意不符，也不利于促进合同的履行及社会经济的正常有序发展。

最高人民法院再审合议庭成员：刘雅玲　肖　峰　张　颖

（编写人：夏根辉* 审稿人：钟　莉）

* 夏根辉，硕士研究生，中华人民共和国最高人民法院第三巡回法庭，四级法官助理。

知识产权

北京中融恒盛木业有限公司
与
左尚明舍家居用品（上海）有限公司、
南京梦阳家具销售中心
侵害著作权纠纷案

——实用艺术品著作权保护的考量因素

【裁判摘要】

受著作权法保护的实用艺术作品必须具有艺术性，这是由实用艺术品本身的性质所决定的。实用艺术品是具有实际用途的艺术品，缺乏艺术性不构成艺术品，更不能成为实用艺术品，只能是实用物品，著作权法保护的就是实用艺术作品上的艺术性而非实用性。

受著作权法保护的实用艺术作品必须满足其艺术性与实用性能够分离的条件。在判断实用艺术品是否构成实用艺术作品时，应当区分实用功能决定的造型成分和纯粹的艺术表达成分。若其实用性与艺术性不能相互独立，保护其艺术性实质上同时亦对其实用功能予以保护，导致著作权的保护延及实用功能，将产生以著作权为手段实现技术控制和垄断的后果，违背著作权法的基本原理。

对于具有独创性、实用性、艺术性、可复制性，且实用性与艺术性能分离的实用艺术品，应该确定为实用艺术作品，作为美术作品受到著作权法的保护；对于虽“富有美感”但不具有一定艺术性和独创性的平面或者

立体设计，则可申请外观设计专利权以获得保护。

【案件基本信息】

1. 诉讼当事人

再审申请人（一审被告、二审被上诉人）：北京中融恒盛木业有限公司（以下简称中融恒盛木业公司）

被申请人（一审原告、二审上诉人）：左尚明舍家居用品（上海）有限公司（以下简称左尚明舍家居用品公司）

一审被告、二审被上诉人：南京梦阳家具销售中心（以下简称梦阳家具销售中心）

2. 案件索引与裁判日期

一审：江苏省南京市中级人民法院（2014）宁知民初字第126号判决（2014年12月16日）

二审：江苏省高级人民法院（2015）苏知民终字第00085号判决（2016年8月30日）

再审：最高人民法院（2018）最高法民申6061号裁定（2018年12月29日）

3. 案由

侵害著作权纠纷

【简要案情】

左尚明舍家居用品公司一审诉称：其于2009年2月1日创造完成“唐韵衣帽间组合柜”家具产品。梦阳销售中心为中融恒盛木业公司在南京地区的代理经销商。左尚明舍家居用品公司发现梦阳销售中心门店销售品牌为“越界”的红木衣帽间与“唐韵衣帽间组合柜”完全一致。“唐韵衣帽间组合柜”属于实用艺术品，中融恒盛木业公司侵害了左尚明舍家居用品公司对该作品享有的复制权、发行权；梦阳销售中心侵犯了左尚明舍家居用品公司对该作品的发行权。请求法院判令：（1）中融恒盛木业公司停止生产、销售侵犯左尚明舍家居用品公司著作权的唐韵红木家具；（2）梦阳销售中心停止销售侵犯左尚明舍家居用品公司著作权的唐韵红木家具；（3）中融恒盛木业公司在其官网和《新民晚报》上刊登声明，消除影响；

（4）中融恒盛木业公司、梦阳销售中心连带赔偿左尚明舍家居用品公司经济损失200万元；（5）中融恒盛木业公司、梦阳销售中心赔偿左尚明舍家居用品公司因制止侵权所支出的合理费用共计人民币95,513.5元。

一审法院认为，中融恒盛木业公司生产“唐韵红木衣帽间”的行为不是著作权法意义上的复制行为，判决驳回左尚明舍家居用品公司的诉讼请求。二审法院认为，左尚明舍家居用品公司“唐韵衣帽间家具”属于我国著作权法保护的作品，被控侵权产品“唐韵红木衣帽间”与之构成实质性相同，中融恒盛木业公司侵害了左尚明舍家居用品公司“唐韵衣帽间家具”作品著作权，应当承担相应侵权责任，判令中融恒盛木业公司停止侵权并赔偿左尚明舍家居用品公司经济损失（包括合理费用）30万元。中融恒盛木业公司不服，向最高人民法院申请再审。

【案件焦点】

1. 左尚明舍家居用品公司在本案中请求保护的权利客体的确定；

2. 左尚明舍家居用品公司的“唐韵衣帽间家具”是否构成受我国著作权法保护的作品；

3. 中融恒盛木业公司是否侵害了左尚明舍家居用品公司主张保护的案涉作品著作权。

【裁判结果】

最高人民法院经审查认为：我国著作权法保护的作品必须同时具备以下三个一般构成要件：一是必须属于文学、艺术和科学领域内的智力创作；二是具有独创性；三是能以有形的形式复制。受我国著作权法保护的美术作品，除了同时满足作品的上述一般构成三个要件外，还必须同时满足美术作品的特殊构成要件：一是由绘画、书法、雕塑等以线条、色彩或者其他方式构成；二是具有审美意义；三是属于平面或者立体的造型艺术作品。在我国目前的司法实践中，实用艺术作品作为美术作品受我国著作权法的保护。我国著作权法所保护的是作品中作者具有独创性的表达，而不保护作品中所反映的思想本身。实用艺术品本身既具有实用性，又具有艺术性。实用功能属于思想范畴不应受著作权法保护，作为实用艺术作品受到保护的仅仅在于其艺术性，即保护实用艺术作品上具有独创性的艺术造型或艺术图案，亦即该艺术品的结构或形式。作为美术作品受著作权法保护的实用艺术作品，除同时满足关于作品的一般构成要件及其美术作品的特殊构成条件外，还应满足其实用性与艺术性可以相互分离的条件：两者物理上可以相互分离，即具备实用功能的实用性与体现艺术美感的艺术性可以物理上相互拆分并单独存在；两者观念上可以相互分离，即改动实用艺术品中的艺术性，不会导致其实用功能的实质丧失。"唐韵衣帽间家具"之实用性主要在于柜体内部置物空间设计使其具备放置、陈列衣物等功能，以及柜体L形拐角设计使其能够匹配具体家居环境进行使用。该家具的艺术性主要体现在板材花色纹路、金属配件搭配、中式对称等设计，使其整体呈现鲜明中式风格。改动案涉"唐韵衣帽间家具"的板材花色纹路、金属配件搭配、中式对称等造型设计，其作为衣帽间家具放置、陈列衣物的功能不会受到影响。因此，案涉家具作品的实用性与艺术性能够进行分离并独立存在。案涉作品通过板材花色纹路、金属配件搭配、中式对称等设计的组合，整体呈现鲜明中式风格并具有相当美感，达到了著作权法对于美术作品规定的艺术创作高度。综上所述，案涉家具作品作为兼具实用功能和审美意义的立体的造型艺术作品，应作为美术作品受我国著作权法保护。最高人民法院于2018年12月29日裁定驳回中融恒盛木业公司的再审申请。

【裁判摘要评析】

一、现阶段实用艺术作品在我国作为美术作品受著作权法保护

《著作权法》（2001年）第3条规定的作品类型包括：文字作品，口述作品，音乐、戏剧、曲艺、舞蹈、杂技艺术作品，美术、建筑作品，摄影作品，电影作品和以类似摄制电影的方法创作的作品，工程设计图、产品设计图、地图、示意图等图形作品和模型作品，计算机软件，法律、行政法规规定的其他作品。上述作品类型中未将实用艺术作品列入其中。然而，《保护文学和艺术作品伯尔尼公约》第2条第7款规定，成员国可以立法决定，用专门法保护工业品外观设计和实用艺术作品，没有专门法的，这类作品必须作为艺术作品受到著作权法的保护。第7条第4款规定，作为艺术作品保护的实用艺术作品的保护期限由本同盟各成员国的法律规定；但这一期限不应少于自该作品完成之后算起的二十五年。我国是

《保护文学和艺术作品伯尔尼公约》的成员国，具有承担公约义务的责任。《著作权法实施条例》第 4 条第 8 项规定："美术作品，是指绘画、书法、雕塑等以线条、色彩或者其他方式构成的有审美意义的平面或者立体的造型艺术作品。"《专利法》第 2 条第 4 款规定："外观设计，是指对产品的形状、图案或者其结合以及色彩与形状、图案的结合所作出的富有美感并适于工业应用的新设计。"在《保护文学和艺术作品伯尔尼公约》明确规定实用艺术作品应受保护的情况下，基于对实用艺术作品与美术作品一样更侧重于艺术性，而外观设计更侧重工业设计的考虑，我国司法实践中通常将实用艺术作品作为美术作品予以著作权保护。

二、作为美术作品受我国著作权保护的实用艺术作品之艺术性和独创性考量

实用艺术品，是兼具实用性和艺术性的平面或立体物品的总称。实用艺术品分为一般实用艺术品和特殊实用艺术品。实用艺术品与实用艺术作品不是同一个概念，并非所有的实用艺术品均能成为实用艺术作品受著作权法保护。实用艺术品在具备一定条件时，构成特殊实用艺术品，即受著作权法保护的实用艺术作品和/或作为外观设计专利保护的平面或立体设计。受著作权法保护的实用艺术作品必须具有艺术性，这是由实用艺术品本身的性质所决定的。实用艺术品是具有实际用途的艺术品，缺乏艺术性不构成艺术品，更不能成为实用艺术品，只能是实用物品，而著作权法恰恰保护的就是实用艺术作品上的艺术性而非实用性。对于实用艺术作品艺术性高度的考量，一方面，考虑到外观设计是技术和艺术的结合体，侧重于保护其技术部分，其对艺术性提出"富有美感"的要求得以与功能性设计切割开来，而实用艺术作品则更加注重于对于艺术性的保护，故实用艺术作品所要求的艺术性应当高于外观设计中的"富有美感"；另一方面，我国现阶段将实用艺术作品作为美术作品给予著作权法保护，美术作品对艺术性的要求需要达到"具有审美意义"的美学高度。创作者在创作过程中受环境、气氛、灵感等因素的影响，通过线条、色彩、空间造型、明暗对比、图案设计、材料使用等将激情融于作品中，以体现实用艺术作品所具有的一定的审美意义。因此，作为美术作品受我国著作权法保护的实用艺术作品应当具有一定的艺术性。

《著作权法实施条例》第2条规定："著作权法所称作品，是指文学、艺术和科学领域内具有独创性并能以某种有形形式复制的智力成果。"实用艺术作品作为美术作品受著作权法保护的条件是，要同时满足《著作权法实施条例》第2条所规定的一般构成要件及第4条第8项规定的特殊构成要件，结合其自身实用性的特点，可以概括为实用艺术作品应具有实用性、艺术性、独创性和可复制性。[①] 著作权的客体是作品，任何受著作权法保护的作品必须具有独创性，实用艺术作品也不例外。实用艺术作品的艺术性寓于其独创性之中。独创性是一个需要根据具体事实加以判断的问题，不存在适用于所有作品的统一标准，实际上，不同种类作品对独创性的要求不尽相同。[②] 对实用艺术作品的独创性要求应当与其保护目标相一致，保护实用艺术作品具有保护艺术美感的表达、增进生活审美的目标，与其相对的就是作品的实际用途或者功能。实用艺术作品的艺术创作受制于其实用功能，可以自由创作的空间相对有限，对于实用因素较多的实用艺术作品，只有独创性特征比较明显即具有较高高度，才能够表明其艺术性的存在。实用因素与独创性的高度要求呈现出正相关关系，这是实用艺术作品独创性判断的特殊性。[③] 在判断实用艺术品是否具有独创性时，从作品构思到表达过程中留下的平面设计草图、修改、定稿以及雕模说明等，均可作为判断独立完成的证据。[④] 创作性方面要注重其整体的表达效果，考察其整体连贯性、协调均衡性及实用性和审美性结合的程度，兼顾作品的创作意图、审美意境等。

三、受著作权法保护的实用艺术作品必须满足其艺术性与实用性能够分离的条件

人民法院在确定作品的保护范围时，通常会遵循的"思想—表达二分

---

① 参见高赟燕：《实用艺术作品的著作权保护研究》，厦门大学2006年硕士学位论文，第一章第二节。

② 参见乐高公司与广东小白龙动漫玩具实业有限公司、北京华远西单购物中心有限公司侵害著作权纠纷案，最高人民法院（2013）民申字第1262号裁定。

③ 参见冯晓青、付继存：《实用艺术作品在著作权法上之独立性》，载《法学研究》2018年第2期。

④ 参见丁丽瑛：《实用艺术作品著作权的保护》，载《政法论坛》2005年第3期。

法”的基本规则，即我国著作权法所保护的是作品中作者具有独创性的表达，即思想或情感的表现形式，不包括作品中所反映的思想或情感本身。这里指的思想，包括对物质存在、客观事实、人类情感、思维方法的认识，是被描述、被表现的对象，属于主观范畴。思想者借助物质媒介，将构思诉诸形式表现出来，将意象转化为形象、将抽象转化为具体、将主观转化为客观、将无形转化为有形的且为他人感知的过程即为创作，创作形成的有独创性的表达才成为受著作权法保护的作品。实用艺术作品的实用性体现了技术方案、实用功能等思想范畴，故不应受到著作权法的保护。在判断实用艺术品是否构成实用艺术作品时，应当区分实用功能决定的造型成分和纯粹的艺术表达成分，亦即在剔除实用功能决定而无法分离的造型成分之后，再判断其中独立的艺术表达是否具有独创性从而构成实用艺术作品。若其实用性与艺术性不能相互独立，保护其艺术性实质上同时亦对其实用功能予以保护，导致著作权的保护延及实用功能，将产生以著作权为手段实现技术控制和垄断的后果，违背著作权法的基本原理。两者的分离包括物理或观念上的相互分离，即具备实用功能的实用性与体现艺术美感的艺术性可以物理上相互拆分并单独存在，改动实用艺术品中的艺术性，也不会导致其实用功能的实质丧失。

四、结语

在实用艺术作品的侵权判定中，首先要确定原告主张保护的权利是否构成实用艺术作品，下一步才是“接触+实质性相似”的判断。这就需要准确把握实用艺术品与实用艺术作品、实用艺术作品与美术作品及工业品外观设计之间的关系，厘清一般实用艺术品与作为美术作品受著作权法保护的实用艺术作品以及受专利法保护的外观设计的边界。我国著作权法保护的实用艺术作品是兼具实用性、艺术性、独创性和可复制性，且其实用性与艺术性可以相互分离。对于不具有独创性、实用性与艺术性无法分离的实用艺术品，当然要排除在著作权保护之外。对于具有独创性、实用性、艺术性、可复制性，且实用性与艺术性能分离的实用艺术品，应该确定为实用艺术作品，作为美术作品受到著作权法的保护；对于虽“富有美感”但不具有一定艺术性和独创性的平面或立体设计，则可申请外观设计专利权以获得保护。

值得注意的是，实用艺术作品与美术作品相比最主要的区别在于其必须以实用性为前提，实用性导致其受材料、市场和功能的制约，限制了实用艺术作品的表达方式和创作空间，故不能对其艺术程度提出过于严苛的要求，否则可能导致大批实用艺术作品无法得到著作权法的保护。

最高人民法院再审合议庭成员：秦元明　李　嵘　吴　蓉

（编写人：李　嵘* 审稿人：丁文严）

* 李嵘，法学博士，中华人民共和国最高人民法院民事审判第三庭（知识产权庭），二级高级法官。

加多宝（中国）饮料有限公司
与
广州王老吉大健康产业有限公司
虚假宣传纠纷案

——虚假宣传行为的认定

【裁判摘要】

认定是否构成《中华人民共和国反不正当竞争法》（1993 年）第 9 条第 1 款规定的虚假宣传行为，应当以是否易使相关公众产生误解为立足点，根据日常生活经验、相关公众一般注意力、发生误解的事实、被宣传对象的实际情况和是否不正当占用他人良好商誉等因素进行判断。

【案件基本信息】

1. 诉讼当事人

再审申请人（一审被告、二审上诉人）：加多宝（中国）饮料有限公司（以下简称加多宝饮料公司）

被申请人（一审原告、二审被上诉人）：广州王老吉大健康产业有限公司（以下简称王老吉大健康产业公司）

2. 案件索引与裁判日期

一审：重庆市第五中级人民法院（2013）渝五中法民初字第 00345 号判决（2014 年 6 月 26 日）

二审：重庆市高级人民法院（2014）渝高法民终字第 00318 号判决（2015 年 12 月 15 日）

再审：最高人民法院（2017）最高法民再 151 号判决（2019 年 5 月 28 日）

3. 案由

虚假宣传纠纷

【简要案情】

王老吉大健康产业公司是第32类无酒精饮料、果汁、植物饮料等商品上第3980709号“王老吉”商标的被许可使用人，有权采取广告宣传、公证取证或诉讼等方式维护“王老吉”品牌的合法权益。王老吉大健康产业公司向重庆市第五中级人民法院起诉称，加多宝饮料公司在其销售的“加多宝”红罐凉茶产品外包装上印有“全国销量领先的红罐凉茶改名加多宝”“全国销量领先的红罐凉茶——加多宝”字样的广告语；在产品手提袋上印有“全国销量领先的红罐凉茶改名加多宝”字样广告语；在网络、报纸、杂志等媒体进行销售和宣传时，使用标有“全国销量领先的红罐凉茶改名加多宝”“原来的红罐王老吉改名加多宝凉茶了”等字样的广告宣传；并在电视、网络报刊等媒体中以“红罐王老吉改名‘加多宝’配方工艺均不变”“红罐王老吉改名加多宝”“加多宝就是以前的王老吉”“红罐‘王老吉’正式更名‘加多宝’”“加多宝凉茶全国上市红罐王老吉正式改名”等为题进行报道，故请求判决：（1）确认加多宝饮料公司发布包含“全国销量领先的红罐凉茶改名加多宝”广告语的行为构成虚假宣传；（2）加多宝饮料公司停止销售包含“全国销量领先的红罐凉茶改名加多宝”或与之相似的广告词的产品包装，停止发布包含上述内容的电视、网络、视频和平面媒体广告；（3）加多宝饮料公司销毁、删除和撤换包含上述广告语的广告宣传册、视频和包装盒等产品包装盒宣传资料；（4）加多宝饮料公司在全国性的电视和报纸上公开向王老吉大健康产业公司赔礼道歉、消除影响；（5）加多宝饮料公司赔偿王老吉大健康产业公司经济损失500万元；（6）加多宝饮料公司承担王老吉大健康产业公司为维权而支出的律师费及合理的调查取证费用；（7）加多宝饮料公司承担本案全部诉讼费用。一审庭审中，王老吉大健康产业公司明确与“全国销量领先的红罐凉茶改名加多宝”相似的广告语有“全国销量领先的红罐凉茶——加多宝”。

重庆市第五中级人民法院作出（2013）渝五中法民初字第00345号判决，部分支持了王老吉大健康产业公司的诉讼请求。加多宝饮料公司不服上述判决，向重庆市高级人民法院提起上诉，重庆市高级人民法院作出（2014）渝高法民终字 318 号判决，驳回上诉，维持一审判决。

加多宝饮料公司不服二审判决，向最高人民法院申请再审。

【案件焦点】

加多宝饮料公司使用“全国销量领先的红罐凉茶改名加多宝”广告语的行为是否构成虚假宣传行为。

【裁判结果】

最高人民法院经审理认为，判断加多宝饮料公司使用“全国销量领先的红罐凉茶改名加多宝”广告语的行为是否构成虚假宣传，需要结合具体案情，根据日常生活经验，以相关公众的一般注意力，判断涉案广告语是否片面，是否有歧义，是否易使相关公众产生误解。

第一，根据查明的事实，加多宝饮料公司及其关联公司作为“王老吉”商标的被许可使用人，通过多年的广告宣传和使用，已经使“王老吉”红罐凉茶在凉茶市场具有很高知名度。而在“王老吉”商标许可使用期间，广药集团并不生产和销售“王老吉”红罐凉茶。因此，涉案广告语前半部分“全国销量领先的红罐凉茶”的描述与相关统计结论相吻合，不存在虚假情形，且其指向性非常明确，指向的是加多宝饮料公司及其关联公司生产和销售的“王老吉”红罐凉茶。2012 年 5 月 9 日，“王老吉”商标许可协议被仲裁委员会裁决无效后，加多宝饮料公司开始生产“加多宝”红罐凉茶，因此在涉案广告语后半部分宣称“改名加多宝”也是客观事实的描述。

第二，在商标使用许可期间，加多宝饮料公司及其关联公司通过多年持续、大规模的宣传和使用行为，显著提升了王老吉红罐凉茶的知名度，相关公众普遍认知的是加多宝饮料公司及其关联公司生产的“王老吉”红罐凉茶，而不是广药集团授权王老吉大健康产业公司于 2012 年 6 月生产和销售的“王老吉”红罐凉茶。在加多宝饮料公司及其关联公司不再生产“王老吉”红罐凉茶后，加多宝饮料公司使用涉案广告语实际上是向相关公众行使告知义务，告知相关公众以前的“王老吉”红罐凉茶现在商标已经为“加多宝”，否则相关公众反而会误认为王老吉大健康产业公司生产的

“王老吉”红罐凉茶为原来加多宝饮料公司及其关联公司生产的“王老吉”红罐凉茶。因此，加多宝饮料公司使用涉案广告语不存在易使相关公众误认误购的可能性。

第三，“王老吉”商标知名度的提升和商誉在很大程度上源于加多宝饮料公司及其关联公司在商标许可使用期间大量的、持续多年的宣传和使用，因此加多宝饮料公司使用涉案广告语具有一定合理性。广药集团收回“王老吉”商标后，开始授权许可王老吉大健康产业公司生产“王老吉”红罐凉茶，这种使用行为本身即已获得了“王老吉”商标的巨大商誉。2012年6月王老吉大健康产业公司开始生产“王老吉”红罐凉茶，因此消费者看到涉案广告语客观上并不会误认为“王老吉”商标已经停止使用或不再使用，凝结在“王老吉”红罐凉茶上的商誉在王老吉大健康产业公司生产“王老吉”红罐凉茶后，自然为王老吉大健康产业公司所享有。王老吉大健康产业公司在商标许可合同被仲裁裁决认定无效前并不生产“王老吉”红罐凉茶，因此涉案广告语并不能使其生产的“王老吉”红罐凉茶无形中失去了原来拥有的知名度和商誉。

本案中，加多宝饮料公司在商标许可合同终止后，为保有在商标许可期间其对“王老吉”红罐凉茶商誉提升所做出的贡献而享有的权益，将“王老吉”红罐凉茶改名“加多宝”的基本事实向消费者告知，其主观上并无明显不当；在客观上，基于广告语的简短扼要特点，以及“王老吉”商标许可使用情况、加多宝饮料公司及其关联公司对提升“王老吉”商标商誉所做出的贡献，消费者对“王老吉”红罐凉茶实际经营主体的认知，结合消费者的一般注意力、发生误解的事实和被宣传对象的实际情况，加多宝饮料公司使用涉案广告语并不产生引人误解的效果，并未损害公平竞争的市场秩序和消费者的合法权益，不构成虚假宣传行为。即便部分消费者在看到涉案广告语后有可能会产生“王老吉”商标改为“加多宝”商标，原来的“王老吉”商标已经停止使用或不再使用的认知，也并不必然产生反不正当竞争法上的“引人误解”的效果。

此外，由于该广告语虽因自身属性原因没有完整表达“改名”的相关背景，在双方许可关系刚刚终止之时，加多宝饮料公司使用该广告语有一定的合理性，但现已经过相关宣传，消费者对两者之间的纠葛已有一定的了解，加之双方各自对其产品的宣传行为，加多宝饮料公司使用该广告语已经不再具有事实依据，故加多宝饮料公司不应继续使用该涉案广告语。

综上所述，最高人民法院判决：撤销一审、二审判决；驳回王老吉大健康产业公司的诉讼请求。

【裁判摘要评析】

本案涉及的主要问题是对虚假宣传行为的认定。有关虚假宣传行为认定的法律依据主要有《反不正当竞争法》（1993 年）第 9 条第 1 款[①]以及《关于审理不正当竞争民事案件若干问题的解释》第 8 条。[②] 本案中，认定涉案广告语是否构成虚假宣传，关键在于涉案广告语是否易产生歧义，是否易引人误解。

判断涉案广告语是否构成虚假宣传，应当考量以下几方面因素：

首先，应当分析两公司的历史渊源以及商标许可使用关系，也即涉案广告语的内容是否真实和符合客观事实。本案中，根据查明的事实，鸿道集团自 1995 年取得“王老吉”商标的独占许可使用权后，加多宝饮料公司及其关联公司生产、销售“王老吉”红罐凉茶，直到 2012 年 5 月 9 日中国国际经济贸易仲裁委员会对广药集团与鸿道集团之间的商标许可合同作出仲裁裁决，鸿道集团停止使用“王老吉”商标，在长达十多年的时间内加多宝饮料公司及其关联公司作为“王老吉”商标的被许可使用人，通过多年的广告宣传和使用，已经使“王老吉”红罐凉茶在凉茶市场具有很高知名度。而在“王老吉”商标许可使用期间，广药集团并不生产和销售“王

---

① 《反不正当竞争法》（1993 年）第 9 条第 1 款规定：“经营者不得利用广告或者其他办法，对商品的质量、制作成分、性能、用途、生产者、有效期限、产地等作引人误解的虚假宣传。”

② 《关于审理不正当竞争民事案件若干问题的解释》第 8 条规定：“经营者具有下列行为之一，足以造成相关公众误解的，可以认定为反不正当竞争法第九条第一款规定的引人误解的虚假宣传行为：（一）对商品作片面的宣传或者对比的；（二）将科学上未定论的观点、现象等当作定论的事实用于商品宣传的；（三）以歧义性语言或者其他引人误解的方式进行商品宣传的。以明显的夸张方式宣传商品，不足以造成相关公众误解的，不属于引人误解的虚假宣传行为。人民法院应当根据日常生活经验、相关公众一般注意力、发生误解的事实和被宣传对象的实际情况等因素，对引人误解的虚假宣传行为进行认定。”

老吉”红罐凉茶。因此，涉案广告语前半部分“全国销量领先的红罐凉茶”的描述与统计结论相吻合，不存在虚假情形，且其指向性非常明确，指向的是加多宝饮料公司及其关联公司生产和销售的“王老吉”红罐凉茶。2012年5月9日，“王老吉”商标许可协议被仲裁委裁决无效后，加多宝饮料公司开始生产“加多宝”红罐凉茶，因此在涉案广告语后半部分宣称“改名加多宝”也是客观事实的描述。

其次，应当分析涉案广告语是否以恰当的方式向消费者行使告知义务，如果这种告知义务不足够恰当或者合理时，是否构成反不正当竞争法意义上的虚假宣传行为。分析上述问题可以从以下层次展开：

第一层次，从反不正当竞争法规制虚假宣传的目的分析。反不正当竞争法是通过制止对商品或者服务的虚假宣传行为，维护公平的市场竞争秩序。反不正当竞争法上的虚假宣传立足点在于引人误解的虚假宣传，如果对商品或者服务的宣传并不会使相关公众产生误解，则不是反不正当竞争法上规制的虚假宣传行为。本案中，在商标使用许可期间，加多宝饮料公司及其关联公司通过多年持续、大规模的宣传和使用行为，不仅显著地提升了王老吉红罐凉茶的知名度，而且向消费者传递了王老吉红罐凉茶的实际经营主体为加多宝饮料公司及其关联公司。在加多宝饮料公司及其关联公司不再生产“王老吉”红罐凉茶后，加多宝饮料公司使用涉案广告语实际上是向相关公众履行告知义务，告知相关公众以前的“王老吉”红罐凉茶现在商标已经为“加多宝”，否则相关公众反而会误认为王老吉大健康产业公司生产的“王老吉”红罐凉茶为原来加多宝饮料公司及其关联公司生产的“王老吉”红罐凉茶。因此，加多宝饮料公司使用涉案广告语不存在易使相关公众误认误购的可能性。

第二层次，从加多宝饮料公司的主观意图以及是否发生损坏后果分析。加多宝饮料公司使用涉案广告语虽然没有完整反映商标许可使用期间以及商标许可合同终止后，其为何使用、终止使用并变更商标的相关事实，确有不妥，但其主观上并无明显不当，毕竟双方存在多年商标许可关系；在客观上，基于广告语的简短扼要特点，以及“王老吉”商标许可使用情况、加多宝饮料公司及其关联公司对提升“王老吉”商标商誉所做出的贡献，消费者对“王老吉”红罐凉茶实际经营主体的认知，结合消费者的一般注意力、发生误解的事实和被宣传对象的实际情况，加多宝饮料公司使用涉案广告语并不产生引人误解的效果，并未损害公平竞争的市场秩序和消费者的合法权益。

综上分析，加多宝饮料公司使用涉案广告语不构成虚假宣传行为。即便部分消费者在看到涉案广告语后有可能会产生“王老吉”商标改为“加多宝”商标，原来的“王老吉”商标已经停止使用或不再使用的认知，也属于商标许可使用关系中商标所有人与实际使用人相分离后，尤其是商标许可关系终止后，相关市场可能产生混淆的合理后果，但该混淆的后果并不必然产生反不正当竞争法上的“引人误解”的效果。

最高人民法院结合具体案情，根据日常生活经验，以相关公众的一般注意力为标准，对涉案广告语是否片面、是否有歧义、是否容易使相关公众产生误解等问题进行了分析，明确了认定虚假宣传行为的立足点和标准；同时也结合具体案情，考虑到作为被宣传对象的商品及商标的实际情况，对涉案广告语是否会不正当占用他人商誉的问题作了评述。在此基础上，最高人民法院还在涉案广告语的合理性范围和使用时间等方面作出了符合市场实际的评判，在保护竞争者合法权益的同时，也有利于进一步维持和净化市场竞争环境。

最高人民法院再审合议庭成员：王艳芳　钱小红　杜微科

（编写人：钱小红*　曹佳音**　审稿人：丁文严）

---

* 钱小红，法学硕士，中华人民共和国最高人民法院民事审判第三庭（知识产权庭），二级高级法官。

** 曹佳音，法学博士，中华人民共和国最高人民法院民事审判第三庭（知识产权庭），法官助理。

山东比特智能科技股份有限公司
与
江苏中讯数码电子有限公司
因恶意提起知识产权诉讼损害责任纠纷案

——恶意提起知识产权诉讼损害赔偿纠纷中主观过错的判断标准

【裁判摘要】

在因恶意提起知识产权诉讼损害责任纠纷中，判断当事人提起知识产权侵权之诉是否具有主观恶意，应当考虑当事人的权利基础及其对该种权利基础的认识能力、当事人提起侵权诉讼的目的等因素。

【案件基本信息】

1. 诉讼当事人

再审申请人（一审被告、二审上诉人）：山东比特智能科技股份有限公司（以下简称比特智能科技公司）

被申请人（一审原告、二审被上诉人）：江苏中讯数码电子有限公司（以下简称中讯数码电子公司）

2. 案件索引与裁判日期

一审：江苏省无锡市中级人民法院（2016）苏 02 民初 71 号判决（2017 年 7 月 26 日）

二审：江苏省高级人民法院（2017）苏民终 1874 号判决（2018 年 9 月 28 日）

再审：最高人民法院（2019）最高法民申 366 号裁定（2019 年 12 月 12 日）

3. 案由

因恶意提起知识产权诉讼损害责任纠纷

【简要案情】

案外人 TELEMATRIX 公司于 1999 年在欧盟等地注册了第 9 类电话机商品上的“TELEMATRIX”商标，后赛德公司兼并 TELEMATRIX 公司。1998 年起，赛德公司开始委托比特智能科技公司加工酒店专用电话。2006 年起，赛德公司开始委托中讯数码电子公司加工 TELEMATRIX 品牌酒店电话。后赛德公司变更企业名称为美爵信达公司。2004 年 11 月 12 日，比特智能科技公司的前身兖矿比特智能科技公司在第 9 类电话机商品上提出“TELEMATRIX”商标（案涉商标）的注册申请，该商标于 2007 年 5 月 28 日被核准注册。从 2008 年起，比特智能科技公司先后对包括中讯数码电子公司在内的赛德公司 TELEMATRIX 品牌电话的代工商提起商标侵权之诉。其中比特智能科技公司曾于 2008 年针对中讯数码电子公司提起（2009）锡知民初字第 57 号侵权诉讼（以下简称第 57 号诉讼），要求判令中讯数码电子公司赔偿经济损失 612 万元。后根据比特智能科技公司的申请，一审法院裁定准许其撤回起诉。在案证据显示，因对中讯数码电子公司提起第 57 号诉讼，中讯数码电子公司产生了律师费等诉讼成本，并因停止生产销售 TELEMATRIX 商标商品的活动丧失了交易机会、导致物料及人工损失。2010 年 9 月 6 日，美爵信达公司的关联企业北京美爵信达公司对案涉商标提出撤销申请。2013 年 7 月 22 日，原国家工商行政管理总局商标评审委员会（以下简称商标评审委员会）[①] 作出裁定认为：“TELEMATRX”电话机商品于 2002 年进入中国市场，迄今已经具有一定的知名度。比特智能科技公司自 1998 年起即与美爵信达公司的前身合作并为其加工生产酒店专用电话机，作为同业经营者，比特智能科技公司在同类商品上申请注册与美爵信达公司在先商标完全相同的案涉商标，构成“以不正当手段抢先注册他人已经使用并有一定影响的商标”之情形，遂对案涉商标予以撤销。后经

① 根据 2018 年国务院机构改革方案，原国家工商行政管理总局商标局、商标评审委员会的相关职责已由国家知识产权局统一行使。

三级法院的司法审查程序，均对撤销结论予以维持。2016 年 4 月 26 日，中讯数码电子公司向江苏省无锡市中级人民法院提起本案诉讼，认为比特智能科技公司对其提起商标侵权之诉的行为构成恶意诉讼。江苏省无锡市中级人民法院于 2017 年 7 月 26 日作出（2016）苏 02 民初 71 号判决，认定比特智能科技公司的行为构成恶意诉讼，并判令其承担消除影响、赔偿经济损失 100 万元等侵权责任。宣判后，比特智能科技公司提出上诉。二审法院于 2018 年 9 月 28 日作出（2017）苏民终 1874 号判决，驳回上诉、维持原判。比特智能科技公司不服二审判决，向最高人民法院申请再审。

【案件焦点】

比特智能科技公司提起商标侵权诉讼是否具有主观恶意。

【裁判结果】

最高人民法院经审查认为，判断比特智能科技公司提起商标侵权诉讼是否具有主观恶意，应当考虑如下因素：第一，比特智能科技公司的权利基础及其对该种权利基础的认识能力。商标评审委员会及三级法院均认定，比特智能科技公司注册涉案商标的行为，属于“以不正当手段抢先注册他人在先使用并有一定影响的商标”，并予以撤销。据此，案涉商标权自始不具有正当性基础，且在权利取得之初，比特智能科技公司对于其权利基础的正当性即应当具备相应的认识能力。第二，比特智能科技公司对中讯数码电子公司提起商标侵权诉讼的目的。经查，比特智能科技公司与中讯数码电子公司曾先后接受赛德公司的委托，为其加工酒店电话机产品，系具有竞争关系的同行业经营者。结合比特智能科技公司的案涉商标为“抢注他人在先使用并有一定影响的商标”、比特智能科技公司宣传使用的情况以及其先后对美爵信达公司及其代工企业提起商标侵权之诉等事实，难以认定比特智能科技公司是以依法维权为目的，正当行使其诉讼权利。一审、二审法院认定比特智能科技公司对中讯数码电子公司提起侵权诉讼的行为构成恶意诉讼，该结论于法有据。

【裁判摘要评析】

本案所涉为恶意提起知识产权诉讼损害责任纠纷，其本质上为侵权责任纠纷的一种具体类型。比特智能科技公司在本案中应当承担侵权责任的前提是，比特智能科技公司提起第 57 号诉讼的行为属于恶意提起知识产权诉讼。判断比特智能科技公司是否存在恶意诉讼行为，应当从侵害行为、损害结果、侵害行为与损害结果之间的因果关系以及行为人的主观过错等几方面进行审查。现有证据可以证明，本案中存在侵害行为，产生了损害结果，且侵害行为与损害结果之间具有因果关系，故本案关键在于比特智能科技公司提起第 57 号诉讼的行为是否具有恶意。

民事诉讼是知识产权人维护自身权益的重要途径，人民法院应当依法保障知识产权人在其权利范围内获得充分和严格的保护。但民事行为的实施、民事诉讼程序的启动，同样应当遵循诚实信用、禁止权利滥用的原则。判断比特智能科技公司提起第 57 号诉讼是否具有主观恶意，应当考虑如下因素：

第一，比特智能科技公司在第 57 号诉讼中的权利基础及其对该种权利基础的认识能力。经查，比特智能科技公司于 2008 年启动第 57 号诉讼程序。2013 年 7 月 22 日，商标评审委员会作出〔2013〕第 23303 号《关于第 4359350 号 TELEMATRIX 商标争议裁定书》（以下简称第 23303 号裁定），以构成《商标法》（2001 年）第 31 条所指“以不正当手段抢先注册他人在先使用并有一定影响的商标”为由，将作为第 57 号诉讼权利基础的第 4359350 号 TELEMATRIX 商标（案涉商标）予以撤销。后历经三级法院的司法审查程序，最高人民法院于 2014 年 12 月 15 日作出（2014）知行字第 93 号行政裁定，驳回比特智能科技公司的再审申请。至此，案涉商标自始不具有法律效力，且相关判决认为，基于美爵信达公司的 TELEMATRIX 商标在案涉商标申请日之前已经具有的知名度，比特智能科技公司申请注册案涉商标的行为难谓善意。由此可见，基于生效判决的明确认定，案涉商标权自始不具有正当性基础，且在权利取得之初，比特智能科技公司对于其权利基础的正当性即应当具备相应的认识能力。

第二，比特智能科技公司提起第 57 号诉讼的目的。根据原审法院查明的事实，比特智能科技公司与中讯数码电子公司曾先后接受赛德公司的委托，为其加工酒店电话机产品，系具有竞争关系的同行业经营者。结合已为生效判决确认的事实，即作为第 57 号诉讼权利基础的案涉商标，系比特智能科技公司“以不正当手段抢先注册他人在先使用并有一定影响的商标”，以及比特智能科技公司在提起第 57 号诉讼之前即在其网站上宣传“作为国际与德利达、TELEMATRIX 齐名的三大酒店电话机品牌之一，比特在产品和服务商一直追求领先”，并先后对美爵信达公司及其代工企业提起侵害商标权之诉等事实，确难认定比特智能科技公司是以依法维权为目的、正当行使其诉讼权利的行为。

综上所述，一审、二审法院认定比特智能科技公司启动第 57 号诉讼程序的行为属于恶意提起知识产权诉讼，该结论于法有据。

最高人民法院再审合议庭成员：佟　姝　毛立华　吴　蓉

（编写人：佟　姝* 　审稿人：丁文严）

---

* 佟姝，法学博士，中华人民共和国最高人民法院民事审判第三庭（知识产权庭），三级高级法官。

拉科斯特股份有限公司
与
卡帝乐鳄鱼私人有限公司、
国家工商行政管理总局商标评审委员会
商标争议行政纠纷案

——境外共存协议对判断商标近似的影响

【裁判摘要】

争议商标是否应予注册，应当按照《商标法》及其司法解释等规定进行判断，当事人以其在其他国家和地区注册的图形商标、和解协议等证据主张争议商标不应予以注册，缺乏法律依据。境外共存协议不影响商标近似性的判断。

【案件基本信息】

1. 诉讼当事人

再审申请人（一审第三人、二审上诉人）：拉科斯特股份有限公司（以下简称拉科斯特公司）

被申请人（一审原告、二审被上诉人）：卡帝乐鳄鱼私人有限公司（鳄鱼国际机构私人有限公司的权利义务承受人，以下简称卡帝乐鳄鱼公司）

被申请人（一审被告）：国家工商行政管理总局商标评审委员会（以下简称商标评审委员会）

2. 案件索引与裁判日期

一审：北京市第一中级人民法院（2014）一中知行初字第 4497 号判决（2014 年 12 月 10 日）

二审：北京市高级人民法院（2015）高行（知）终字第 3019 号判决

（2015 年 12 月 18 日）

申请再审：最高人民法院（2016）最高法行申 2317 号裁定（2018 年 5 月 28 日）

再审：最高人民法院（2018）最高法行再 134 号判决（2018 年 11 月 29 日）

3. 案由

商标争议行政纠纷

【简要案情】

国际注册第 638122 号图形商标（以下简称争议商标，见图 1）由拉科斯特公司于 1994 年 10 月 19 日申请注册，基础注册国为法兰西共和国，后向国家工商行政管理总局商标局（以下简称商标局）① 提出领土延伸保护申请，核定使用于第 25 类服装等商品上。

第 1331001 号“CARTELO 及图”商标（以下简称引证商标，见图 1）由鳄鱼国际机构私人有限公司（以下简称鳄鱼国际公司）于 1993 年 12 月 24 日向商标局提出注册申请，核定使用于第 25 类服装等商品。

争议商标

引证商标

图 1　本案争议商标和引证商标

鳄鱼国际公司于 2012 年 6 月 13 日向商标评审委员会提出撤销争议商标的申请，理由之一为：争议商标构成对鳄鱼国际公司所有的第 1331001 号“CARTELO 及图”商标（以下简称引证商标）的恶意模仿，违反了 2001 年修正的《商标法》第 28 条、第 29 条、第 41 条的规定。

商标评审委员会于 2013 年 12 月 2 日作出商评字〔2013〕第 124819 号关于国际注册第 638122 号图形商标争议裁定（以下简称第 124819 号裁

① 根据 2018 年国务院机构改革方案，原国家工商行政管理总局商标局、商标评审委员会的相关职责已由国家知识产权局统一行使。

定），认定：争议商标与引证商标在构成元素、视觉效果等方面区别明显，相关公众施以一般注意力便能够区分，两商标并存于市场不易使相关公众混淆，故争议商标与引证商标未构成《商标法》（2001 年）第 29 条所指的使用在同一种或类似商品上的近似商标。

卡帝乐鳄鱼公司不服第 124819 号裁定，向北京市第一中级人民法院（以下简称一审法院）提起行政诉讼，请求撤销该裁定。

卡帝乐鳄鱼公司在一审中还提交了包括最高人民法院（2009）民三终字第 3 号判决在内的多份判决文书，其中对于卡帝乐鳄鱼公司与拉科斯特公司就鳄鱼商标的注册、使用、争议、和解情况进行详尽阐述。

一审法院认为：争议商标与引证商标并存于市场易导致相关公众混淆误认，争议商标的注册违反《商标法》（2001 年）第 29 条规定，一审法院判决：撤销第 124819 号裁定；责令商标评审委员会重新作出裁定。

拉科斯特公司不服一审判决，向北京市高级人民法院（以下简称二审法院）提起上诉。二审法院判决：驳回上诉，维持一审判决。

二审判决生效后，拉科斯特公司申请再审，主要理由如下：（1）争议商标系拉科斯特公司对其于 1979 年在中国申请注册的基础注册系列鳄鱼商标的延续性注册，并非对他人商标标识的模仿，且拉科斯特公司的鳄鱼品牌获得了较高知名度。（2）争议商标的申请注册不违反《商标法》（2001 年）第 29 条规定。一审、二审判决关于争议商标与引证商标近似的认定与在先生效行政裁判中关于引证商标与拉科斯特公司基础注册商标不相近似的认定相冲突，也与最高人民法院（2009）民三终字第 3 号判决的认定相矛盾。（3）1983 年和解协议适用的国家或者地区包括中国台湾地区、新加坡、印度尼西亚、马来西亚、文莱而不包括中国大陆，所以对本案没有约束力。（4）卡帝乐鳄鱼公司对头朝左鳄鱼标识并不享有商标权，最高人民法院（2009）民三终字第 3 号判决关于不侵权的认定也未确认鳄鱼国际公司在任何环境下均可单独使用头朝左鳄鱼标识，更未跨越到行政法上进行商标授权确权。

卡帝乐鳄鱼公司辩称：（1）争议商标是对引证商标的恶意模仿、恶意注册。（2）一审、二审判决关于争议商标与引证商标构成近似的认定与相关在先生效行政裁判并不矛盾。（3）拉科斯特公司与卡帝乐鳄鱼公司长期以来在全球各地包括中国申请注册并在实际商业经营中使用鳄鱼商标，已经形成了前者鳄鱼头朝右、后者鳄鱼头朝左的严格区分标准。1983 年和解协议更是明确了双方商标的上述区别特征，最高人民法院（2009）民三终字第 3 号判决也对此予以确认。综上所述，对于争议商标与引证商标是否构成近似的判断，必须综合考虑双方的历史背景以及商标注册、使用、知名度情况等，必须考虑双方各自经过长期实际使用、宣传早已经形成的固定市场格局和市场秩序。

商标评审委员会提交意见称：（1）法国最高法院判决未就拉科斯特公司基础注册商标是否属于合法注册予以明示。（2）商标评审委员会的在先裁定中未涉及争议商标与引证商标是否近似的问题。（3）其他案件与本案情况不同，不能作为本案争议商标是否应予以维持的依据。

最高人民法院另查明：

（一）拉科斯特公司在法国申请注册争议商标及在中国申请领土延伸保护的情况

1994 年 10 月 19 日，拉科斯特公司在法国同时申请注册三件头朝左鳄鱼图形商标。2005 年，鳄鱼国际公司针对该商标向法国巴黎大审法院提起诉讼，该法院作出判决认定其中的 94541291 号商标注册不违法，法国最高法院于 2014 年 5 月 20 日维持上述判决。1995 年 3 月 23 日，拉科斯特公司就上述 94541291 号商标向中国申请领土延伸保护，申请号为国际注册第 638122 号，即本案争议商标。

（二）在先生效行政裁判情况

拉科斯特公司主张的在先生效行政裁判涉及本案引证商标异议程序及后续诉讼程序（以下简称前案）。鳄鱼国际公司于 1993 年 12 月 24 日在第 25 类服装、鞋等商品上向商标局申请第 1331001 号商标即本案引证商标，商标局以本案引证商标与拉科斯特公司第 141103 号商标（见表 1）构成类似商品上的近似商标为由予以驳回，商标评审委员会准予本案引证商标初步审定公告并移交商标局办理。本案引证商标审定公告后，拉科斯特公司于 1999 年 11 月 5 日提出异议，商标局和商标评审委员会先后裁定予以核准注册。北京市高级人民法院于 2007 年 12 月 20 日作出（2007）高行终字第 178 号判决，维持商标评审委员会裁定。该判决认为：本案中，被异议商标（本案引证商标，第 1331001 号商标）为文字图形组合商标，且指定了颜色，其中文字“CARTELO”为无含义臆造词，具有较强的显著性和独创性，是商标识别的主要要素，图形部分为一夹杂在文字中的写实鳄鱼图形。引证商标一、二（第 141103 号商标、第 213412 号商标）为单纯图形商标，亦为一写实鳄鱼图形。被异议商标与引证商标一、二相比较，二者图形部分近似，但主要部分及各要素组合后的整体结构并不相同或近似。以相关公众的一般注意力在隔离状态下观察，并考虑引证商标一、二的显著性和知名度，二者之间可能会产生某种联想，但不会产生混淆和误认。故引证商标一、二与被异议商标不构成近似商标，二者使用在相同或者类似商品上，不致造成消费者的混淆误认。拉科斯特公司不服，向最高人民法院申请再审被裁定驳回。第 141103 号商标由拉科斯特公司于 1979 年 5 月 12 日申请，于 1980 年 10 月 30 日获准注册，也是拉科斯特主张的基础注册商标。

表 1　前案与本案涉及的商标

案涉商标	前案引证商标一	前案被异议商标	—
	—	本案引证商标	本案争议商标
申请人	拉科斯特公司	鳄鱼国际公司	拉科斯特公司
商标号	第 141103 号商标	第 1331001 号商标	第 638122 号商标
申请日	1979 年 5 月 12 日	1993 年 12 月 24 日	1994 年 10 月 19 日
商标			

（三）最高人民法院在先民事判决情况

拉科斯特公司曾经以鳄鱼国际公司、上海东方鳄鱼服饰有限公司北京分公司为被告提起侵犯商标权诉讼，主张被告使用的被诉标识一至四（见图 3）侵犯其核定使用在第 25 类衣服、腰带、领带、鞋等商品和第 18 类皮革、皮包等商品上的注册商标专用权（见图 2）。最高人民法院于 2010 年

12 月 29 日作出（2009）民三终字第 3 号判决，该判决对于被诉标识与拉科斯特公司请求保护的注册商标是否构成混淆性近似的问题认定如下：“本院亦认定被诉标识一、被诉标识二与拉科斯特公司请求保护的注册商标不构成侵犯注册商标专用权意义上的混淆性近似，不足以对拉科斯特公司的注册商标造成损害……当然，鉴于本院是在综合考量诉争标识在构成要素上的差别，特别是相关使用历史和共存现状等因素的基础上，对于诉争商标近似性问题作出的认定，而被诉标识一、被诉标识二在构成要素上毕竟与拉科斯特公司相关注册商标具有一定程度的近似性，故鳄鱼国际公司在使用被诉标识一、二时，应保持其与拉科斯特公司注册商标有明显区分的相关使用环境和状态，尽可能避让该公司的注册商标。”“被诉标识三、四与拉科斯特公司请求保护的注册商标相比具有显著区别，不能认定为侵犯注册商标专用权意义上的近似商标。”

第 141103 号　第 879258 号　　第 1318589 号　　第 940231 号

图 2　在先民事判决中拉科斯特公司请求保护的注册商标

被诉标识一　　被诉标识二　　被诉标识三　　被诉标识四

图 3　在先民事判决中鳄鱼国际公司使用的被诉标识

（四）1983 年和解协议情况

1969 年，鳄鱼国际公司的前身利生民公司向日本大阪法院提起民事诉讼，指控拉科斯特公司的销售商侵犯其商标权，后于 1973 年在日本大阪高等法院达成和解。1983 年 6 月 17 日，利生民公司与拉科斯特公司签订和解协议（1983 年和解协议）。根据协议载明内容，双方希望在本协议第一条所列国家或者地区（中国台湾地区、新加坡、印度尼西亚、马来西亚、文莱）开展合作；拉科斯特公司愿意付给利生民公司过去支付鳄鱼商标保护和防御费用的补偿金；双方同意A系列和B系列中所示其各自徽标（见图4）可在相关市场共存不致混淆。拉科斯特公司与鳄鱼国际公司就1983年和解协议在新加坡国际仲裁中心进行了仲裁，仲裁庭于2011年8月15日作出的仲裁裁决认为，1983年和解协议并未要求协议任何一方同意对方在协议约定的五个国家或者地区之外的商标注册，且1983年和解协议本身也不构成这种同意。

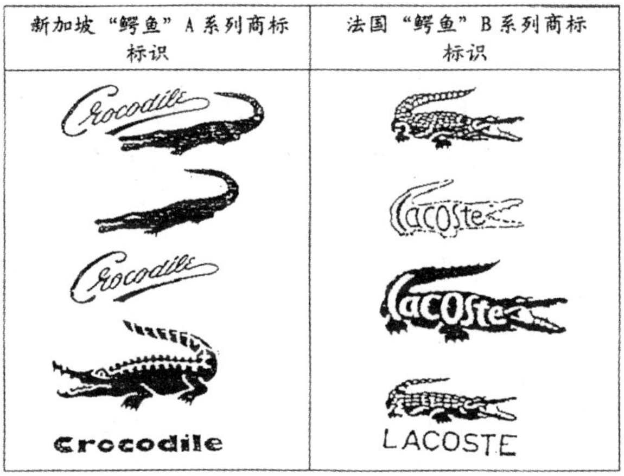

图4 1983年和解协议中利生民公司与拉科斯特公司各自商标

（五）卡帝乐鳄鱼公司在中国申请注册鳄鱼文字商标情况

根据商标局于1993年10月4日作出的（1993）标申驳字第3963号商标核驳通知书，鳄鱼国际公司在第25类鞋等商品上申请注册的“鳄鱼”商标因与拉科斯特公司在类似商品上已注册的第552436号“鳄鱼”商标文字相同，被通知驳回。

（六）卡帝乐鳄鱼公司使用本案引证商标和鳄鱼商标的情况

根据（2016）京东方内民证字第15431号公证书，通过在京东商城网站上搜索“卡帝乐鳄鱼POLO衫”而搜索到的大量含有T恤商品的图片，大部分图片左上角标有本案引证商标，但图片中T恤商品本身使用的是CARTELO文字加鳄鱼图形商标，CARTELO文字与T恤颜色一致，鳄鱼图形为绿色，得以突出显示。根据（2017）京海诚内民证字第17270号公证书，进入https：//fr. aliexpress. com网站（全球速卖通，阿里巴巴旗下面向全球打造的在线交易平台），搜索到 CARTELO 店铺，在其网页上有 CARTELO 加单条头朝左鳄鱼等于本案引证商标的宣传用语。根据（2018）沪徐证经字第 7171 号公证书，在上海市松江区开元地中海商业广场 1 楼，在距离拉科斯特公司鳄鱼品牌专卖店不远处，有一招牌并列显示有“CARTELO”和头朝左鳄鱼图形标识的店铺，该店铺使用了网球拍和网球作为装饰；店内柜台上摆放有一绿色鳄鱼平面模型和一蓝、白、红三色鳄鱼平面模型，后者鳄鱼平面模型的三色排列方式与法国国旗的颜色排列方式（从左至右蓝、白、红三色垂直排列）相同；店内的 T 恤、女式挎包等产品上使用了绿色鳄鱼商标，其中一件男式短袖 T 恤的标价为 785 元。

拉科斯特公司主张，法国鳄鱼品牌的创始人拉科斯特是 20 世纪 20 年代法国著名的网球运动员，其提交上述证据用于证明，卡帝乐鳄鱼公司在引证商标的注册程序、实际使用及申请撤销争议商标程序中违反诚实信用原则，使用网球作为装饰，使用单条鳄鱼图形商标和与法国国旗颜色排列一致的蓝、白、红三色鳄鱼平面模型误导消费者，使消费者以为其产品来自法国，且产品价格已经贴近拉科斯特公司的产品价格。卡帝乐鳄鱼公司认可上述证据的真实性，但主张其有多件商标，有权使用单条鳄鱼图形商标，并不存在攀附拉科斯特公司鳄鱼商标的问题，对为何使用网球作为装饰和与法国国旗颜色排列一致的蓝、白、红三色鳄鱼平面模型未提供合理解释。

【案件焦点】

1. 争议商标是否与引证商标构成近似商标，其申请注册是否违反《商标法》（2001 年）第 29 条规定；

2. 境外共存协议对判断商标近似的影响。

【裁判结果】

对于争议商标的申请注册是否违反《商标法》（2001 年）第 29 条规定，最高人民法院认为：

本案中，争议商标为一写实鳄鱼图形，引证商标为文字图形组合商标，且指定了颜色，其中文字“CARTELO”为无含义臆造词，在文字中间嵌有一鳄鱼图形，鳄鱼身长大概占据了文字中的三个字母，身高大概占据了文字高度的 2/3。从整体来看，争议商标与引证商标差别较大；从主要识别部分来看，争议商标为一写实鳄鱼图形，引证商标虽然也在文字中间嵌有一鳄鱼图形，但相对于“CARTELO”文字来说，所占面积较少，不到文字所占面积的 1/3，“CARTELO”文字更容易引起相关公众注意，因此，“CARTELO”是引证商标的主要识别部分。争议商标与引证商标相比较，二者图形部分近似，但主要识别部分及各要素组合后的整体结构并不相同或者近似。以相关公众的一般注意力在隔离状态下观察，二者不会产生混淆和误认。因此，争议商标与引证商标不构成近似商标，争议商标的申请注册未违反《商标法》（2001 年）第 29 条的规定。

在进行商标近似判断中，二审判决仅仅将两商标中的鳄鱼图形进行比对，违反了司法解释规定的整体比对和主要部分比对的商标近似判断方法。此外，二审判决未考虑北京市高级人民法院（2007）高行终字第 178 号判决所认定的本案引证商标获准注册的原因主要在于“CARTELO”是本案引证商标识别的主要要素以及本案引证商标的整体结构，判断方法有所不当。

对于 1983 年和解协议，最高人民法院认为，一方面，争议商标是否应予注册，应当按照《商标法》及其司法解释等规定进行判断，卡帝乐鳄鱼公司以其在其他国家和地区注册的鳄鱼图形商标、1983 年和解协议等证据主张争议商标不应予以注册，缺乏法律依据。另一方面，商标权具有地域性。1983 年和解协议中约定双方在中国台湾地区、新加坡、印度尼西亚、马来西亚、文莱五个国家或者地区开展合作，拉科斯特公司向鳄鱼国际公司的前身利生民公司支付补偿金，系基于双方合意。拉科斯特公司于 1979 年领先卡帝乐鳄鱼公司十四年之久在中国大陆申请注册了鳄鱼图形商标，这也是拉科斯特公司主张的 1983 年和解协议没有明确约定适用于中国大陆的原因。因此，1983 年和解协议并不能成为判断本案争议商标是否与引证商标相近似以及是否应当注册的事实和依据。

此外，最高人民法院（2009）民三终字第 3 号判决认为，被诉标识一、二与拉科斯特公司请求保护的头朝右鳄鱼图形商标在构成要素上具有一定程度的近似性，并对其使用提出了要求，卡帝乐鳄鱼公司关于最高人民法院（2009）民三终字第 3 号判决确认其与拉科斯特公司鳄鱼商标头朝左与头朝右的区别的主张不能成立。

需要指出的是，鳄鱼国际公司及其权利义务承受人卡帝乐鳄鱼公司在使用本案引证商标（前案被异议商标）的过程中，置 1983 年和解协议的适用范围以及最高人民法院（2009）民三终字第 3 号判决的使用要求于不顾，突出使用单条鳄鱼图形商标，还使用与法国国旗颜色排列方式一致的蓝、白、红三色鳄鱼平面模型，其在经营行为中使其鳄鱼品牌商品与拉科斯特公司的鳄鱼品牌商品相混淆的主观意图明显，容易造成消费者在购买相关商品时的混淆和误认或者认为二者存在特定联系。人民法院在审理双方因鳄鱼商标的注册和使用而引发的案件中，以事实和法律为依据，促使双方鳄鱼商标能够区分各自的商品来源。卡帝乐鳄鱼公司也应当依法正当使用核准注册的商标，避免造成相关公众的混淆和误认。

最高人民法院判决：撤销一审、二审判决；维持第 124819 号裁定。

【裁判摘要评析】

拉科斯特公司与卡帝乐鳄鱼公司之间因申请注册和使用“鳄鱼”商标在中国以及日本等其他国家和地区发生了多起商标行政或者民事纠纷。两公司因鳄鱼商标提起了很多诉讼，历时很久，此前有多个关联案件存在，两公司在本案中又均以在先生效判决或者 1983 年和解协议的相关内容支持其主张，使争议本身更加错综复杂。本案判决在正确理解和适用《商标法》及其司法解释关于商标近似判断方法的基础上，对争议商标与引证商标进行整体比对和主要部分比对后认定两商标不构成近似，不会造成相关公众混淆和误认，并认定卡帝乐鳄鱼公司在先使用的未注册商标不具有一定影响且争议商标不构成以不正当手段抢先注册该未注册商标。更为重要的是，本案判决梳理、回顾了两公司在先生效行政判决、在先生效民事判决和 1983 年和解协议，重申了在先生效判决关键认定部分的效力，论证了 1983 年和解协议只适用于中国台湾地区、新加坡、印度尼西亚、马来西亚、文莱而不包括中国大陆的理由及对商标近似判定的影响，最后认定争议商标应当予以核准注册，既维护了生效裁判权威，又尊重了两公司正当竞争形成的市场格局，更保护了在先注册商标和诚信经营。此外，本案判决根据事实指出卡帝乐鳄鱼公司在经营行为中使其鳄鱼品牌商品与拉科斯特公司的鳄鱼品牌商品相混淆的主观意图明显，要求其依法规范正当使用核准注册的商标，避免造成相关公众的混淆和误认，也符合商标法关于使用商标应当遵循诚实信用原则的要求。本案判决结果综合考虑了双方商标的发展过程，依法保护了在先注册商标和诚信经营行为，取得了良好的法律效果与社会效果。

本案涉及的一个争议问题是境外商标共存协议对商标近似判断的影响。在回答该问题之前，首先需要回答境内商标共存协议对商标近似判断的影响。近年来，商标申请人在其申请的争议商标因构成现行《商标法》第30条或者第31条规定（对应2001年修正的《商标法》第28条、第29条）的情形而被驳回或者不予注册的情况下，通过向商标审查机构或者人民法院提交引证商标权利人出具的商标共存协议书来请求准予申请商标注册。这就引出了商标共存协议对于商标近似判断的影响的问题。对此问题，有两种观点，一种观点认为，商标权是一种私权，出具商标共存协议书是引证商标权利人对其私权的处分，在此情况下，引证商标不再是争议商标注册的权利障碍，也无须再判断争议商标与引证商标是否构成相同或者类似商品上的相同或者近似商标，应当准予引证商标注册；另一种观点认为，商标共存协议书可以作为初步排除混淆的依据，但不能排除现行《商标法》第30条的适用。对此，我们同意第二种观点，理由如下：

第一，根据商标法的规定，申请注册商标应当经过商标行政管理部门的审查和核准，不符合现行《商标法》第30条、第31条规定的，应当驳回申请。商标共存虽然也是一种私权处分方式，但不能否定商标法对注册商标的审核和核准要求。

第二，商标的基本功能是识别商品来源，避免混淆误认。如果一旦有商标共存协议就意味着允许争议商标注册，那么势必会导致在相同或者类似商品上存在多个相同或者近似商标，导致消费者混淆误认，破坏商标基本功能的实现，这本身与商标法的立法宗旨是相悖的。[①]

---

① 目前只有英国等少数国家承认商标共存协议的绝对效力，由于我国与英国的国情、法律文化观念、商标法律传统并不一致，也不宜全盘接受英国的做法。

第三，现行《商标法》第42条对商标的转让作了严格规定，要求在相同商品上的近似商标以及在类似商品上的相同或者近似商标应当一并转让，而且对容易导致混淆误认或者有其他不良影响的转让不予核准。《商标法》的上述规定体现了《商标法》通过相关法条的实施努力避免相同或者类似商品上的近似商标属于不同权利人，如果直接接受商标共存协议而允许争议商标注册，显然违背商标法立法精神。

第四，在争议商标与引证商标近似的情况下，引证商标权利人认为两者不会产生混淆误认，其作为事实上的相关公众的判断会更为准确，如果没有其他证据证明争议商标与引证商标共存足以导致相关公众对商品来源发生混淆，可以认定争议商标与引证商标不构成近似商标。

第五，该观点并不影响引证商标权利人对引证商标的私权处分，引证商标权利人可以通过许可或者不对争议商标申请人使用争议商标提出侵权主张而实现引证商标与争议商标在事实上的共存。

对于境外商标共存协议，由于商标权具有地域性，更不能成为判断争议商标是否与引证商标相近似以及是否应当注册的事实和依据。

最高人民法院再审合议庭成员：夏君丽　郎贵梅　马秀荣

（编写人：郎贵梅*　陈泽宇**　审稿人：丁文严）

---

* 郎贵梅，法学博士，中华人民共和国最高人民法院民事审判第三庭（知识产权庭），二级高级法官。

** 陈泽宇，法学博士，中华人民共和国最高人民法院民事审判第三庭（知识产权庭），法官助理。

厦门美柚股份有限公司
与
北京康智乐思网络科技有限公司、
国家知识产权局商标权
无效宣告请求行政纠纷案

——诉争商标是否为“不得作为商标使用”的标志属于人民法院对商标授权确权行政行为进行审查的范围

【裁判摘要】

1.《商标法》第 10 条第 1 款所列标志不得作为商标使用。人民法院在商标授权确权行政案件审理中，对诉争商标是否构成《商标法》第 10 条第 1 款所列标志进行审查并作出裁判，不违反《商标法》的规定。

2.《商标法》第 10 条第 1 款第 8 项规定的“有害于社会主义道德风尚或者有其他不良影响”的含义是与时俱进的，所处的历史时期不同，其内涵也不同，人民法院应综合考虑社会、政治、历史背景及文化传统、民族风俗、宗教政策等因素，并应考虑商标的构成及其指定使用的商品或服务作出判定。

【案件基本信息】

1. 诉讼当事人

再审申请人（一审第三人、二审上诉人）：厦门美柚股份有限公司（以下简称美柚公司）

被申请人（一审原告、二审被上诉人）：北京康智乐思网络科技有限公

司（以下简称康智乐思网络科技公司）

二审上诉人（一审被告）：国家知识产权局（原国家工商行政管理总局商标评审委员会，以下简称商标评审委员会）

2. 案件索引与裁判日期

一审：北京知识产权法院（2017）京73行初7868号判决（2018年3月8日）

二审：北京市高级人民法院（2018）京行终3808号判决（2018年10月8日）

再审：最高人民法院（2019）最高法行再240号判决（2019年12月27日）

3. 案由

商标权无效宣告请求行政纠纷

【简要案情】

美柚公司对康智乐思网络科技公司申请注册的“大姨妈”及图商标（以下简称诉争商标）向商标评审委员会提起无效宣告申请。商标评审委员会认为，诉争商标缺乏显著特征，对诉争商标宣告无效。康智乐思网络科技公司不服，提起行政诉讼，北京知识产权法院、北京市高级人民法院均认为诉争商标具有显著性，判决撤销宣告无效裁定、由商标评审委员会重新作出裁定。判决生效后，美柚公司向最高人民法院申请再审，请求撤销一审、二审行政判决，维持被诉的商标无效宣告请求裁定，并增加了此前从未主张的“‘大姨妈’及图商标存在造成不良影响的可能性”的理由。

【案件焦点】

1. 再审审查中，当事人提出诉争商标具有不良影响的主张，但在前续程序均未提出且被诉行政裁定，一审、二审判决均未涉及的情况下，法院能否对此进行审查；

2. 诉争商标是否为有害于社会主义道德风尚或者有其他不良影响的标志。

【裁判结果】

最高人民法院再审认为，本案再审争议焦点是诉争商标应否被宣告无效。美柚公司再审中主张诉争商标具有《商标法》第 10 条第 1 款第 8 项规定的情形，具有不良影响。对此，虽然美柚公司没有在商标无效评审阶段提出此问题，原商标评审委员会以及一审、二审法院亦没有对此进行审理，但依据《中华人民共和国行政诉讼法》第 87 条关于对被诉行政行为进行全面审查的原则、《最高人民法院关于适用〈中华人民共和国行政诉讼法〉的解释》第 120 条关于人民法院审理再审案件应当围绕再审请求和被诉行政行为合法性进行的规定以及《最高人民法院关于审理商标授权确权行政案件若干问题的规定》第 2 条“人民法院对商标授权确权行政行为进行审查的范围，一般应当根据原告的诉讼请求及理由确定。原告在诉讼中未提出主张，但商标评审委员会相关认定存在明显不当的，人民法院在各方当事人陈述意见后，可以对相关事由进行审查并做出裁判”之规定，对于诉争商标是否具有《商标法》第 10 条第 1 款第 8 项规定的不良影响，在再审阶段对此进行审查并不违反上述法律及司法解释的规定。况且，《商标法》第 10 条第 1 款第 8 项系商标注册的绝对条款，如果商标的注册违反此条规定，应当被禁止。

本案诉争商标系由文字“大姨妈”及图像构成，其显著识别部分为文字“大姨妈”。“大姨妈”，原义是指母亲的姐妹。近来作为月经的俗称，指代女性月经。将“大姨妈”文字作为商标注册，使用在第 38 类“电话会议服务、电子公告牌服务（通信服务）、计算机辅助信息和图像传送、视频会议服务、数字文件传送、提供互联网聊天室、提供在线论坛、移动电话通讯”等服务上，与我国文化传统不相符，有损公众情感和女性尊严，有违公序良俗，系有害于社会主义道德风尚或者有其他不良影响的标志，应当宣告无效。原商标评审委员会作出的无效裁定结果正确，但没有认定该商标属于《商标法》第 10 条第 1 款第 8 项规定的具有不良影响的情形，有所不当。

至于诉争商标是否具有显著性的问题，在该商标具有《商标法》第 10 条第 1 款第 8 项规定的情形下，即便该商标并没有直接表示商品的质量、主要原料、功能、用途、重量、数量及其他特点，也不能作为商标注册。况且该商标文字本身所具有的含义亦不易被消费者作为商标识别，并不能够起到识别商品或服务来源的作用。因此，原审法院以该商标具有显著性而撤销原商标评审委员会作出的裁定并判令其重作，有所不当，依法应予纠正。

【裁判摘要评析】

一、法院能否主动审查诉争商标是否具有不良影响

《商标法》第10条属该法总则部分，该条是关于不得作为商标使用的标志及使用地名作商标的管理的规定，该条属于学理上一般所说的绝对拒绝注册的理由。商标是用以区别不同生产经营者所提供的商品或者服务的标志，标志能否在我国作为商标使用并被注册，需要符合相关法律规定。该条第1款第1项至第8项对不得作为商标使用的标志进行了列举，第2款为使用地名作商标的管理的规定。该条第1款所列举的标志不仅不能作为商标注册，而且不能作为商标使用。如果注册商标构成《商标法》第10条第1款中所列举的情形，则不应被注册为商标使用。人民法院在审理商标授权确权行政案件中，对诉争商标是否构成《商标法》第10条第1款所列标志进行审查并作出裁判，不违反《商标法》的规定。需要进一步指出的是，《商标法》第10条的规定，既适用于注册商标，也适用于非注册商标，对于违反该条规定的标志，正在申请注册的，应依法驳回申请；已经注册的，应依法宣告无效；已使用但尚未注册的，应予以查处。

二、关于“大姨妈”商标是否具有不良影响

《商标法》第10条第1款第8项规定的“有害于社会主义道德风尚或者有其他不良影响”的含义，应当随时代的发展而发展，是与时俱进的，所处的历史时期不同，其内涵也不同。人民法院应综合考虑社会、政治、历史、文化传统、民族风俗、宗教政策等因素，并应结合案件情况考虑商标的构成及其指定使用的商品或服务作出判定。本案中“姨妈”原义指母亲的姐妹，“大姨妈”原意是指母亲的姐姐，近来逐渐成为月经的俗称，指代女性月经。将“大姨妈”文字作为商标注册并彰显使用，现阶段应认为与我国文化传统不相符，有损公众感情和女性尊严，有违公序良俗，系有害于社会主义道德风尚或者有其他不良影响的标志，违反了《商标法》第10条的规定，应当依法宣告无效。

最高人民法院再审合议庭成员：张志弘　曹　刚　江建中

（编写人：张志弘*　审稿人：丁文严）

---

* 张志弘，法学硕士，中华人民共和国最高人民法院民事审判第三庭（知识产权庭），二级高级法官。

肖某
与
深圳市森诺照明有限公司
侵害发明专利权纠纷案

——说明书中关于技术效果的记载对权利要求的解释作用和对等同原则适用的影响

【裁判摘要】

在专利侵权诉讼中确定专利权保护范围时，不论权利要求的用语从表面上看是否清楚，都不应当仅仅基于权利要求本身就确定其含义，而应当从说明书出发，系统、全面地理解专利所要保护的技术方案，并以此为基础，对权利要求所记载的技术特征作出准确认定。对于说明书中关于权利要求特定技术特征的技术效果的记载，需要考虑该技术效果是否确实由该技术特征所导致，以及该技术效果的显著程度等因素，综合判断权利要求中的该技术特征是否应当受到说明书中该技术效果记载的限定。在侵权诉讼中适用等同原则时，对于说明书中明确记载并且本领域技术人员能够确定的技术效果，应当予以考虑。

【案件基本信息】

1. 诉讼当事人

再审申请人（一审原告、二审被上诉人）：肖某

被申请人（一审被告、二审上诉人）：深圳市森诺照明有限公司（以下简称森诺照明公司）

2. 案件索引与裁判日期

一审：广东省深圳市中级人民法院（2017）粤03民初936号判决

（2018年1月24日）

二审：广东省高级人民法院（2018）粤民终1142号判决（2018年9月21日）

再审：最高人民法院（2019）最高法民申365号裁定（2019年6月10日）

3. 案由

侵害发明专利权纠纷

【简要案情】

涉案专利系名称为“一种LED照明灯”的发明专利，专利权人为肖某，涉案专利权利要求书共记载5项，肖某在本案中请求保护的是涉案专利权利要求1，其内容为：一种LED照明灯，其特征在于：包括有灯头（7），该灯头（7）与外电源电连接；多根LED灯条（2），该LED灯条（2）上设置有驱动LED的电路，所述LED灯条（2）上布设有多颗LED灯珠（21），该LED灯条（2）相互拼接组成圆柱形灯体，其LED灯珠（21）均朝外设置，该圆柱形灯体的一端与所述灯头（7）固定电连接；还包括有固定所述圆柱形灯体的灯芯支架（3），该灯芯支架（3）包括有固定LED灯条（2）两端的固定架，支撑固定架的主体支架（35），与LED灯条（2）插拔电连接的环形插槽。涉案专利说明书中记载：“所述LED灯条的至少一端凸设有连接端，该连接端与环形插槽电连接”；“在所述灯头上固设有第一固定架，所述主体支架的一端固定在第一固定架上，其另一端与第二固定架连接；在该第一固定架上设置有第一环形插槽，所述LED灯条的一端与第一环形插槽插拔电连接，其另一端与第二固定架固定连接。在灯头内固设有第一环形插槽，这样每根LED灯均可以对应插入到该插槽内，灯条的插拔设置，更加方便了LED照明灯的维修，进一步降低使用成本”；“本发明的LED照明灯与现有技术相比，具有如下的优点：……由于采用LED灯条与插槽插拔电连接的结构，这样，对LED照明灯的维修和排除故障提供便利，当某颗或数颗LED灯珠损毁时，只需将其相应所在的LED灯条抽出，即可维修更换灯珠，而不影响其他LED灯条的使用，因此可以最大限度地降低了维护和使用成本”。

肖某向一审法院提交了公证保全的被诉侵权产品并起诉称：被诉侵权技术方案具有涉案专利权利要求1中的所有技术特征，被诉侵权技术方案落入涉案专利权的保护范围。森诺照明公司未经其许可擅自制造、销售、许诺销售被诉侵权产品，侵害其涉案专利权。请求判令森诺照明公司：（1）立即停止侵犯涉案专利权的行为，包括停止制造、销售、许诺销售侵权产品，删除销售侵权产品的网页链接，销毁侵权产品、专用模具及宣传材料；（2）判令森诺照明公司赔偿经济损失及维权的合理费用共计人民币20万元；（3）判令森诺照明公司承担本案全部诉讼费用。

一审法院经审理认为，被诉侵权产品具有涉案专利中"与LED灯条插拔电连接的环形插槽"的技术特征，在插拔电连接的基础上再行焊接加固构成比涉案专利多的技术特征，被诉侵权产品落入涉案专利权的保护范围，据此，一审判决：森诺照明公司立即停止侵权行为，赔偿肖某经济损失及合理费用10万元。

森诺照明公司不服一审判决，提起上诉。二审法院经审理认为，涉案专利"与LED灯条插拔电连接的环形插槽"技术特征，限定了灯条和环形插槽两者的连接关系是插拔电连接。从说明书描述可知，其含义是指照明灯在实际使用中，灯条与环形插槽易于插拔，实现灯条易于更换和维修的发明目的。而被诉侵权产品的灯条穿过环形插槽的插槽之后，被焊锡固定，从而使被诉侵权产品的灯条在不借助工具的情况下，无法轻易地从环形插槽中抽出，无法实现涉案专利便于灯条维修和更换的发明目的。被诉侵权产品的相应技术特征与涉案专利"与LED灯条插拔电连接的环形插槽"技术特征不相同亦不等同，不落入涉案专利权保护范围，据此，二审判决：撤销一审判决，驳回肖某全部诉讼请求。

肖某不服二审判决，向最高人民法院申请再审。

【案件焦点】

被诉侵权技术方案是否落入涉案专利权的保护范围。

【裁判结果】

最高人民法院经审查认为，本案中，双方当事人就涉案专利权利要求1中"与LED灯条（2）插拔电连接的环形插槽"的技术特征的认定产生争议。在争议技术特征的解释过程中，应当考虑说明书中技术效果部分的记载，被诉侵权技术方案 LED 灯条与环形插槽通过焊锡固定电连接的技术特征与涉案专利“LED 灯条（2）与环形插槽插拔电连接”的技术特征不相同也不等同，被诉侵权技术方案未落入涉案专利权的保护范围，肖某的相关再审申请理由不能成立。裁定驳回肖某的再审申请。

【裁判摘要评析】

在专利权侵权诉讼中，如何运用说明书及附图对权利要求进行解释，以准确理解权利要求限定的技术方案，同时又不会对专利权保护范围作出不适当的限缩，一直是司法实践中的难点问题。本案对权利要求解释的必要性以及引入说明书及附图解释权利要求的时机作出指引，对说明书中关于技术效果的记载对权利要求相关技术特征的解释作用及对等同原则适用的影响给出明确的裁判规则，对于司法实践具有指导意义。

在专利侵权纠纷中，专利权保护范围的确定是侵权判定的前提。《专利法》第 59 条第 1 款规定：“发明或者实用新型专利权的保护范围以其权利要求的内容为准，说明书及附图可以用于解释权利要求的内容。”即权利要求是确定专利权保护范围的依据，但是，说明书及附图的相关内容对权利要求具有解释作用。肖某主张涉案专利中争议技术特征含义清楚，二审判决引入说明书中关于技术效果的记载对其进行解释，属于适用法律错误。对此，最高人民法院认为，《关于审理专利侵权案件若干问题的解释》第 2 条规定：“人民法院应当根据权利要求的记载，结合本领域普通技术人员阅读说明书及附图后对权利要求的理解，确定专利法第五十九条第一款规定的权利要求的内容。”

首先，关于权利要求解释的必要性。权利要求以文字和数字记载技术特征的形式描述专利技术方案，基于语言文字的多义性和局限性，如果不结合具体的语境对权利要求进行解释，将难以准确界定其所要表达的技术方案。因此，在确定专利权保护范围的过程中，不论权利要求的用语从表面上看是否清楚，都不应当仅仅基于权利要求本身就确定其含义。

其次，关于引入说明书及附图解释权利要求的时机。《专利法》第 26 条规定，说明书应当对发明或者实用新型作出清楚、完整的说明，以所属技术领域的技术人员能够实现为准；权利要求书应当以说明书为依据，清楚、简要地限定要求专利保护的范围。由此可见，权利要求书的内容是对说明书的抽象和概括，说明书的内容是对权利要求书的进一步解释和说明，即说明书构成权利要求适用的具体语境。因此，在对权利要求进行解读的过程中，应当从说明书出发，系统、全面地理解专利所要保护的技术方案，并以此为基础，对权利要求所记载的技术特征作出准确认定。

最后，关于说明书中技术效果的记载对权利要求相关技术特征的解释作用及对等同原则适用的影响。一般而言，权利要求中记载的是技术特征所限定的技术方案，也就是发明的构成，而发明的目的及相关技术效果则记载于说明书中。说明书中关于技术效果的记载，其体现的有益效果通常就是专利相较于现有技术所具有的进步。由于专利权人对现有技术认识的有限性，以及专利审查部门对现有技术检索的局限性，说明书中记载的技术效果对于权利要求的解释只能起到参考作用。对于说明书中关于权利要求特定技术特征的技术效果的记载，需要考虑该技术效果是否确实由该技术特征所导致，该技术效果的显著程度等因素，综合判断权利要求中的该技术特征是否应当受到说明书中该技术效果记载的限定。在侵权诉讼中适用等同原则时，对于说明书中明确记载并且本领域技术人员能够确定的技术效果，应当予以考虑。

本案中，对于争议技术特征，权利要求中只限定了灯条和环形插槽两者的连接关系是插拔电连接，而并未对如何插拔电连接进行具体限定。但是，涉案专利说明书在技术效果部分明确记载：该发明的 LED 照明灯与现有技术相比，具有如下的优点……由于采用 LED 灯条与插槽插拔电连接的结构，这样，对 LED 照明灯的维修和排除故障提供便利，当某颗或数颗 LED 灯珠损毁时，只需将其相应所在的 LED 灯条抽出，即可维修更换灯珠，而不影响其他 LED 灯条的使用，因此可以最大限度地降低维护和使用成本，以本领域技术人员的通常理解来说，涉案专利的“插拔电连接”确实能实现上述技术效果。因此，在争议技术特征的解释过程中，应当考虑上述技术效果。而被诉侵权技术方案相应的技术特征为，LED 灯条与环形插槽在插拔的过程中并不接触，而是通过焊锡形成电连接和实现固定。由此带来的技术效果是，当灯条发生故障时，需要先破坏焊锡结构，才能实现灯条的更换和维修。因此，被诉侵权技术方案 LED 灯条与环形插槽通过焊锡固定电连接的技术特征与涉案专利争议技术特征不相同也不等同，被诉侵权技术方案未落入涉案专利权的保护范围。

最高人民法院再审合议庭成员：杜微科　吴　蓉　李　嵘

（编写人：吴　蓉* 　周睿隽** 　审稿人：丁文严）

---

* 吴蓉，博士研究生，中华人民共和国最高人民法院民事审判第三庭（知识产权庭），三级高级法官。

** 周睿隽，硕士研究生，中华人民共和国最高人民法院民事审判第三庭（知识产权庭），二级法官助理。

麦达可尔（天津）科技有限公司
与
华阳新兴科技（天津）集团有限公司
及一审被告王某某、张某某等
侵害商业秘密纠纷案

——如何甄别客户名单是否构成商业秘密

【裁判摘要】

1. 商业秘密保护的客户名单，除由客户的名称地址、联系方式以及交易的习惯、意向、内容等信息构成外，还应当属于区别于相关公知信息的特殊客户信息，并非所有客户名单均可构成商业秘密。

2. 人民法院在审理商业秘密案件中，既要依法加强商业秘密保护，有效制止侵犯商业秘密的行为，为企业的创新和投资创造安全和可信赖的法律环境，又要妥善处理保护商业秘密与劳动者自由择业、竞业限制和人才合理流动的关系，维护劳动者正当就业、创业的合法权益，依法促进劳动力的合理流动和自主择业。职工在工作中掌握和积累的知识、经验和技能，除属于单位的商业秘密的情形外，构成其人格的组成部分，是其生存能力和劳动能力的基础，职工离职后有自主利用的自由。

3. 在没有竞业限制义务，亦不存在商业秘密的情况下，仅因为某一企业曾经与另一市场主体有过多次交易或稳定交易即禁止前员工与其进行市场竞争，实质上等于限制了该市场主体选择其他交易主体的机会，不仅禁锢交易双方的交易活动，限制了市场竞争，也不利于维护劳动者正当就业、创业的合法权益，有悖反不正当竞争法维护社会主义市场经济健康发展，鼓励和保护公平竞争，制止不正当竞争行为，保护经营者和消费者的

合法权益之立法本意。

【案件基本信息】

1. 诉讼当事人

再审申请人（一审被告、二审上诉人）：麦达可尔（天津）科技有限公司（以下简称麦达可尔科技公司）

被申请人（一审原告、二审上诉人）：华阳新兴科技（天津）集团有限公司（以下简称华阳新兴科技集团）

一审被告：王某某

一审被告：张某某

一审被告：刘某

2. 案件索引与裁判日期

一审：天津市第一中级人民法院（2017）津01民初50号判决（2017年12月12日）

二审：天津市高级人民法院（2018）津民终143号判决（2018年6月14日）

再审：最高人民法院（2019）最高法民再268号判决（2019年12月16日）

3. 案由

侵害商业秘密纠纷

【简要案情】

原告华阳新兴科技集团与被告麦达可尔科技公司、王某某、张某某、刘某侵害商业秘密纠纷案中，原告是一家从事工业清洗维护产品研发、生产和销售的企业。产品范围主要包括清洗剂、润滑剂、密封剂等工业化学品。

被告成立于2015年10月30日，主要经营清洗剂的生产销售。王某某于1996年入职华阳新兴科技集团，曾任华阳新兴科技集团董事、销售副总经理、总经理、副总裁，自2012年至2016年任华阳新兴科技集团的法定代表人，于2015年10月底创立麦达可尔公司，现任法定代表人和总经理。

张某某于2001年入职华阳新兴科技集团，曾任华阳新兴科技集团技术部经理、技术服务部经理，于2016年1月入职麦达可尔公司，任技术部经理。

刘某于2010年入职华阳新兴科技集团，曾任华阳新兴科技集团销售服务部经理，于2015年10月底入职麦达可尔公司，负责人事行政工作。

华阳新兴科技集团与张某某、刘某签订了保密协议，保密范围包括了与客户业务、产品、服务有关的信息等商业秘密。华阳新兴科技集团与王某某、刘某、张某某均未签订竞业限制合同或有类似的约定。

华阳新兴科技集团对客户信息采用ERP系统进行管理。在华阳新兴科技集团的ERP系统中，存储的客户信息包括：客户名称、品名、货品规格、销售订单数量、单价、联系人、电话、地址等。华阳新兴科技集团对ERP系统中的部分客户信息进行了公证，并提交了相应的发票。

华阳新兴科技集团向天津市第一中级人民法院起诉中选择包含有43家客户信息的客户名单作为被侵犯的商业秘密。具体名单为：×××厨卫用具厂（略）。华阳新兴科技集团在本次诉讼中主张的秘密点为：与上述43家客户交易中所掌握的客户名称、品名、货品规格、销售订单数量、单价、联系人、电话、地址。天津市第一中级人民法院于2017年12月12日作出（2017）津01民初50号民事判决，判决：（一）被告麦达可尔公司、王某某、张某某、刘某立即停止侵犯原告华阳新兴科技集团涉案客户名单商业秘密，即在涉案商业秘密不为公众知悉期间，不得披露、使用、允许他人使用该商业秘密；（二）被告麦达可尔公司于本判决生效之日起10日内赔偿原告华阳新兴科技集团60万元；（三）被告王某某、张某某、刘某对上述第二项判决内容承担连带赔偿责任；（四）驳回原告华阳新兴科技集团的其他诉讼请求。麦达可尔公司不服，向天津市高级人民法院提起上诉。天津市高级人民法院于2018年6月14日作出（2018）津民终143号民事判决，驳回上诉，维持原判。麦达可尔公司仍然不服，向最高人民法院申请再审。

【案件焦点】

华阳新兴科技集团与涉案43家客户交易中所掌握的客户名称、品名、货品规格、销售订单数量、单价、联系人、电话、地址是否构成《反不正当竞争法》（1993年）第10条规定的商业秘密。如果构成，麦达可尔公司是否使用了该商业秘密。

【裁判结果】

最高人民法院经审查认为，麦达可尔公司的申请理由成立，裁定提审本案。

最高人民法院经审理认为：人民法院在审理商业秘密案件中，既要依法加强商业秘密保护，有效制止侵犯商业秘密的行为，为企业的创新和投资创造安全和可信赖的法律环境，又要妥善处理保护商业秘密与劳动者自由择业、竞业限制和人才合理流动的关系，维护劳动者正当就业、创业的合法权益，依法促进劳动力的合理流动和自主择业。职工在工作中掌握和积累的知识、经验和技能，除属于单位的商业秘密的情形外，构成其人格的组成部分，是其生存能力和劳动能力的基础，职工离职后有自主利用的自由。

根据《最高人民法院关于审理不正当竞争民事案件应用法律若干问题的解释》第13条规定的“客户名单”，受商业秘密保护的客户名单，除由客户的名称、地址、联系方式以及交易的习惯、意向、内容等信息所构成外，还应当属于区别于相关公知信息的特殊客户信息，并非指对所有客户名单的保护。

根据麦达可尔公司提供的公证书，前述43家客户信息可以通过网络搜索得到。根据华阳新兴科技集团提供的43家被侵权客户名单（2012—2015），该表格为特定时间段内华阳新兴科技集团与某客户的交易记录及联系人。最高人民法院认为，首先，在当前网络环境下，相关需方信息容易获得，且相关行业从业者根据其劳动技能容易知悉；其次，关于订单日期，单号，品名、货品规格，销售订单数量、单价、未税本位币等信息均为一般性罗列，并没有反映某客户的交易习惯、意向及区别于一般交易记录的其他内容。在没有涵盖相关客户的具体交易习惯、意向等深度信息的情况下，难以认定需方信息属于反不正当竞争法保护的商业秘密。

结合华阳新兴科技集团未与王某某、张某某、刘某签订竞业限制协议的事实，麦达可尔公司并不承担相关竞业禁止义务。因此，在王某某、张某某、刘某既没有竞业限制义务，相关客户名单又不构成商业秘密，且相关联系人、联系电话较大比例不相同的情况下，难以认定麦达可尔公司、王某某等人之行为构成侵犯华阳新兴科技集团商业秘密。王某某、张某某、刘某，在既没有竞业限制义务又不侵犯华阳新兴科技集团商业秘密的情况下，运用其在原用人单位学习的知识、经验与技能，无论是从市场渠道知悉相关市场信息还是根据从业经验知悉或判断某一市场主体需求相关产品和服务，都可以在此基础上进行市场开发并与包括原单位在内的其他同行业市场交易者进行市场竞争。虽然与原单位进行市场竞争不一定合乎个人品德的高尚标准，但其作为市场交易参与者，在不违反法律禁止性规定又没有合同义务的情况下，从事同行业业务并不为法律所禁止。如果在没有竞业限制义务亦不存在商业秘密的情况下，仅因为某一企业曾经与另一市场主体有过多次交易或稳定交易即禁止前员工与其进行市场竞争，实质上等于限制了该市场主体选择其他交易主体的机会，不仅禁锢交易双方的交易活动，限制了市场竞争，也不利于维护劳动者正当就业、创业的合法权益，有悖反不正当竞争法维护社会主义市场经济健康发展，鼓励和保护公平竞争，制止不正当竞争行为，保护经营者和消费者的合法权益之立法本意。

据此，最高人民法院判决撤销一审、二审判决，驳回华阳新兴科技集团的诉讼请求。

【裁判摘要评析】

客户名单是否构成商业秘密的认定问题在司法实践中是一个较为疑难复杂的问题，该问题一方面关系着企业经营秘密的保护，关系着诚信经营，避免企业积累的经营秘密被不正当利用；另一方面又涉及劳动者基于自身、知识和经验所形成的知识和技能，两者之间界限的划分关系劳动者的择业自由是否应当受到限制。如果保护过宽，则将会不适当地限制市场自由竞争，因此把握合适的“度”尤为重要。尺度宽严的把握实质上是世俗公平和商业伦理不同价值取向冲突与取舍的体现。也就是说，本案表面上是是否构成商业秘密的冲突，实质上是世俗公平价值观和商业伦理价值观的冲突和取舍。两种价值观取舍和选择在本案原审和再审中得以鲜明体现。本案再审在对证据做了大量梳理比对的基础上，着眼于反不正当竞争法基本价值取向，同时对劳动者的劳动自由基本权利的保护进行了充分考量，以维护公平竞争秩序的导向，为客户名单类商业秘密案件的裁判提供了清晰的价值指引和裁判思路。

一、公平的竞争观与效率的竞争观

法律的价值取向是其价值观的反映和体现，也是价值观的实现路径。反不正当竞争法的价值取向反映和体现的是竞争观。关于竞争观，传统研究认为反不正当竞争法与效率原则绝缘。效率竞争原则或自由竞争原则一般体现在反垄断法的理论研究和表述之中。绝大多数学者强调反不正当竞争法维护“公平竞争”的功能，如在关于竞争原则的表述上，许多学者主要的措辞和着力点是自愿、公平、平等、诚实信用、遵守商业道德等原则，强调公平原则是核心原则之一，而不涉及竞争行为效率属性的表述。① 在适用反不正当竞争法时，判断标准局限于竞争行为是否“公平”的衡量上，如吴炯教授等就认为反不正当竞争法不允许以任何歧视性条件排斥竞争。② 此种做法类似于有些学者认为的欧陆国家传统反不正当竞争法只维护竞争秩序而从不考虑竞争效率的好坏。③ 也就是说，公平的竞争观认为反不正当竞争法的目的是追求一般社会意义上的公平。而效率的竞争观则认为反不正当竞争法的公平竞争系建立于效率基础之上的公平。孔祥俊教授在其多篇论著中从竞争行为的本质属性出发，系统性地论证了反不正当竞争法的效率属性，④ 即法律保护的是基于效率基础之上的公平，绝对的公平并非其所追求之目标。⑤ 他指出反不正当竞争法不是追求一般社会意义上的公平，而是兼顾效率存在的、综合意义上的公平。⑥

二、原审法院和再审法院关于特殊客户信息认定的区别

《反不正当竞争法》（1993 年）第 10 条规定“本条所称的商业秘密，是指不为公众所知悉、能为权利人带来经济利益、具有实用性并经权利人采取保密措施的技术信息和经营信息。”根据前述司法解释的规定，构

---

① 参见倪振峰、汤玉枢主编：《经济法学》，复旦大学出版社 2014 年版，第 124~125 页；倪振峰：《〈反不正当竞争法〉理解适用与修改完善》，复旦大学出版社 2013 年版，第 18~19 页；王名湖主编：《反不正当竞争法概论》，中国检察出版社 1994 年版，第 106~142 页。

② 参见吴炯主编：《反不正当竞争法答问》，中国经济出版社 1994 年版，第 20 页。

③ 参见［比］保罗·纽尔：《竞争与法律——权力机构、企业和消费者所处的地位》，刘利译，法律出版社 2004 年版，第 4~5 页。

④ 参见孔祥俊：《论反不正当竞争的基本范式》，载《法学家》2018 年第 1 期。

⑤ 参见孔祥俊：《论反不正当竞争法的现代化》，载《比较法研究》2017 年第 3 期。

⑥ 参见孔祥俊：《论反不正当竞争法的竞争法取向》，载《法学评论》2017 年第 5 期。

成商业秘密的要件有三：一是不为公众所知悉，二是能为权利人带来经济利益、具有实用性，三是经权利人采取保密措施。本案中对于诉争客户名单是否构成商业秘密，原审法院和再审法院的主要分歧在于对客户名单是否为公众所知悉。如何认定客户名单是否为公众所知悉，在前述司法解释第13条进行了限定，即“商业秘密中的客户名单，一般是指客户的名称、地址、联系方式以及交易的习惯、意向、内容等构成的区别于相关公知信息的特殊客户信息，包括汇集众多客户的客户名册，以及保持长期稳定交易关系的特定客户”。在客户名称、地址等通过公开渠道获得的互联网时代，客户名单中是否含有交易的习惯、意向等特殊客户信息成为判断相关经营信息区别于公知信息的关键点。

一审、二审法院关于客户名单构成不为公众知悉的要件。本案中，华阳新兴科技集团在本次诉讼中主张的秘密点为：与其43家客户交易中所掌握的客户名称、品名、货品规格、销售订单数量、单价、联系人、电话、地址。一审认为前述名单既有客户名称、地址、联系方式，又有交易产品、交易价格、交易数量等深度信息。虽然部分客户的名称、电话、地址等信息可以通过公开途径查询得知，但是客户名称、电话、地址与交易内容等深度信息结合所形成的信息集合，并不为其所属领域的相关人员普遍知悉和容易获得，因此区别与相关公知信息。二审法院在一审法院认定的基础上，补充认为43家客户名单符合客户众多的特点且与华阳新兴科技集团形成了长期、稳定的交易关系，维持了一审法院关于43家客户名单构成商业秘密的认定。一审、二审法院均未对前述信息中进行进一步的分析，直接以其含有客户名称、电话、地址与交易内容等就认定前述信息为深度信息进而认定其区别与相关公知信息。

再审法院在认定前述信息是否为特殊客户信息时，并未笼统得出结论，而是就结合本案证据对诉争客户名单是否为特殊客户信息进行了详细的分析和论证。本案诉争客户名单主要内容为：订单日期，单号，品名，货品规格、单位（桶或个），销售订单数量，单价，未税本位币，联系人，电话，地址。华阳新兴科技集团称其43家客户名单交易信息能够反映不同客户的特殊产品需求和交易习惯，考虑到诉争行业清洗业的特点，结合 43 家客户中既有×××厨卫用具厂等制造生产类企业，也有宁波市×××有限公司等经营文具礼品类的公司，可以得出结论对于经营文具礼品类企业而言，目前证据难以说明采购的产品反映了客户的特殊需求。再具体分析诉争产品的购买客户，以速可洁-Ⅰ产品为例，在华阳新兴科技集团列出的 43 家客户中就有 30 家购买，占比为 69.76%，也难以证明其销售的产品反映了客户的特殊产品需求，更难以证明其反映了客户的特殊交易习惯。在分析此证据的基础上，再审法院认为，关于订单日期，单号，品名、货品规格，销售订单数量、单价、未税本位币等信息均为一般性罗列，并没有反映某客户的交易习惯、意向及区别于一般交易记录的其他内容，因此难以认定前述客户名单属于反不正当竞争法保护的商业秘密。

三、两种价值观在原审和再审的体现

原审法院与再审法院关于不为公众知悉的要件判定标准的不同，表面上是判断标准的差异，深层则是竞争观的差异。

原审法院认为只要含有客户名称、电话、地址与交易内容等就认定前述信息为深度信息进而认定其区别与相关公知信息。此判断标准更倾向认为，原职工离职后再与原单位相关客户进行交易即违反了《反不正当竞争法》(1993 年) 第 2 条规定的“公平、诚实信用原则”。再审法院则认为前述信息不能是一般性的罗列，而必须反映了客户的交易习惯等特殊客户信息，否则会对相关客户名单构成商业秘密的认定过宽，事实上会限制市场竞争，不利于《反不正当竞争法》(1993 年) 关于“保障社会主义市场经济健康发展，鼓励和保护公平竞争，制止不正当竞争行为，保护经营者和消费者的合法权益”的立法精神。

原审法院判断标准背后的价值观类似于最高人民法院在关于马某某与山东省食品进出口公司一案指出的“人情世故”和“社会道义”等社会世俗意义上的公平标准①，也就是传统的公平的价值观。在该案中，最高人民法院指出：如果从传统的知恩图报、哥们义气等人情世故和社会道义的角度进行判断，马某某从跳槽到从事竞争业务的行为或许被看作“忘恩负义”

① 参见最高人民法院 (2009) 民申字第 1065 号裁定。

或者“不仗义”。本案中，王某某从华阳新兴科技集团离职后即成立麦达可尔公司并与华阳新兴科技集团交易多年的客户交易，从世俗意义上讲，可以谓之“不够诚信”和“不够仗义”。但再审法院认为，市场经济中的诚实信用不同于一般市民社会的诚实信用，在规范市场竞争的反不正当竞争法中，诚实信用原则更多的是以公认的商业道德的形式体现出来的。商业道德要按照特定商业领域中市场交易参与者即经济人的伦理标准来加以评判，它既不同于个人品德，也不能等同于一般的社会公德，所体现的是一种商业伦理。关于人的特质，经济学者归纳出两点：理性和自利。理性，是指人能思索，会思索。自利不是自私，而是指会做对自己有利的事情。利益包括物质和精神，也可能包含别人的利益。[①] 熊教授形象地举例，理性有刻度高下之分—在商业上和竞争对手锱铢必较的思维，想必和酒桌上朋友打敬酒官司时不同。[②] 虽然这个例子用在此处并非特别贴切，但也大体表现了日常民事生活中的道德和商业道德的不同。

竞争自由是反不正当竞争法价值取向的基本定位，是市场效率与竞争公平的根基，反不正当竞争法是为了适当限制竞争自由而生，是对于竞争自由的直接限制，但对于竞争自由的限制本身依然是有限度和受限制的，限制不正当竞争范围的基准恰是竞争自由，即出于最大限度地维护竞争自由的需要，不允许以公平的名义将太多的竞争行为纳入不正当竞争。试问，如果在不构成商业秘密的情况下，仅因为某一企业曾经与另一市场主体有过多次交易或稳定交易即禁止前员工与其进行市场竞争，实质上等于限制了该市场主体选择其他交易主体的机会，不仅禁锢交易双方的交易活动，限制了市场竞争，这恰恰违背了反不正当竞争法对自由竞争竞争秩序的根本要义。

除了维护市场主体自由竞争的权利之外，劳动者权益的保护与其雇主权益之间的平衡也是再审法院考虑的重点因素。劳动者有自主择业的自由，在没有约定和法定限制之外，任何人限制劳动者择业实际上等于对劳动自由权利的侵犯。

---

① 参见熊秉元：《法的经济解释》，东方出版社 2017 年版，第 5~6 页。

② 参见熊秉元：《法的经济解释》，东方出版社 2017 年版，第 5~6 页。

综上，鉴于前述分析，结合本案华阳新兴科技集团未与王某某、张某某、刘某签订竞业限制协议的事实，麦达可尔公司并不承担相关竞业禁止义务。因此，在王某某、张某某、刘某既没有竞业限制义务，相关客户名单又不构成商业秘密，且相关联系人、联系电话较大比例不相同的情况下，麦达可尔公司、王某某等人之行为不构成侵犯华阳新兴科技集团商业秘密。王某某、张某某、刘某，在既没有竞业限制义务又不侵犯华阳新兴科技集团商业秘密的情况下，运用其在原用人单位学习的知识、经验与技能，无论是从市场渠道知悉相关市场信息还是根据从业经验知悉或判断某一市场主体需求相关产品和服务，都可以在此基础上进行市场开发并与包括原单位在内的其他同行业市场交易者进行市场竞争。虽然与原单位进行市场竞争不一定合乎个人品德的高尚标准，但其作为市场交易参与者，在不违反法律禁止性规定又没有合同义务的情况下，从事同行业业务并不为法律所禁止。

本案裁判在对涉案证据做了大量梳理比对的基础上，着眼于商业秘密保护的基本价值取向，同时对劳动者的权益进行了充分考量，明确指出人民法院在审理商业秘密案件中，不能仅侧重对某一市场主体的保护，而是要考虑其交易相对方及劳动者三者利益的平衡，既要依法加强商业秘密保护，有效制止侵犯商业秘密的行为，为企业的创新和投资创造安全和可信赖的法律环境，又要妥善处理保护商业秘密与劳动者自由择业、竞业限制和人才合理流动的关系，维护劳动者正当就业、创业的合法权益，依法促进劳动力的合理流动和自主择业。在此基础上进行裁判方符合反不正当竞争法维护社会主义市场经济健康发展，鼓励和保护公平竞争，制止不正当竞争行为，保护经营者和消费者的合法权益之立法本意。

最高人民法院再审合议庭成员：王艳芳　杜微科　毛立华

（编写人：王艳芳* 审稿人：丁文严）

---

* 王艳芳，法学博士，中华人民共和国最高人民法院民事审判第三庭（知识产权庭），二级高级法官。

宁波必沃纺织机械有限公司
与
宁波慈星股份有限公司
技术秘密许可使用合同纠纷案

——涉商业秘密刑民交叉案件的处理

【裁判摘要】

依据《最高人民法院关于在审理经济纠纷案件中涉及经济犯罪嫌疑若干问题的规定》的相关规定，因违反保密义务引发的商业秘密许可合同纠纷案件与关联刑事案件并非基于同一法律要件事实所产生的法律关系，人民法院可以在移送犯罪嫌疑线索的同时，继续审理该商业秘密许可合同纠纷案件。

【案件基本信息】

1. 诉讼当事人

上诉人（原审被告）：宁波必沃纺织机械有限公司（以下简称必沃纺织机械公司）

被上诉人（原审原告）：宁波慈星股份有限公司（以下简称慈星公司）

2. 案件索引与裁判日期

一审：浙江省宁波市中级人民法院（2018）浙02民初2329号裁定（2019年6月6日）

二审：最高人民法院（2019）最高法知民终333号裁定（2019年11月4日）

3. 案由

技术秘密许可使用合同纠纷

【简要案情】

慈星公司诉称：2016 年 3 月，慈星公司与必沃纺织机械公司签署了采购协议并同时签署了保密协议，约定必沃纺织机械公司依据慈星公司提供的技术图纸仅能为慈星公司生产加工横机设备零部件，慈星公司向必沃纺织机械公司提供的涉案图纸未经慈星公司书面同意，必沃纺织机械公司不能另作他用。2017 年，慈星公司发现必沃纺织机械公司生产并对外出售的横机设备及部件与慈星公司自主研发生产的横机设备部件外观及技术要求完全相同，而这些部件正是之前慈星公司与必沃纺织机械公司签署的采购协议中涉及的横机部件。因此，慈星公司认为必沃纺织机械公司在未经慈星公司允许的情况下，擅自将慈星公司的技术图纸用于自己横机的部件生产，违反了协议约定不得使用慈星公司的商业秘密的条款，必沃纺织机械公司利用慈星公司要求保密的技术图纸，非法生产横机设备，给慈星公司造成重大损失，遂诉至法院。请求：（1）必沃纺织机械公司继续履行采购协议中的不作为义务，立即停止违反采购协议及其附件保密协议的行为，立即停止生产销售涉案图纸描述的零部件及使用涉案零部件的机器；（2）必沃纺织机械公司承担违约金 100 万元；（3）必沃纺织机械公司将违法所得收益返还慈星公司，暂按 5000 万元计算收益；（4）必沃纺织机械公司承担慈星公司因本案支付的律师费 30 万元。

必沃纺织机械公司辩称：本案案由为技术秘密许可合同纠纷，涉及的是在履行委托加工合同过程中，必沃纺织机械公司是否违反保密义务，将“被许可的技术秘密”用于合同约定事项之外，进而需要承担相应违约责任之争议，其法律关系是必沃纺织机械公司与慈星公司之间约定的技术秘密许可合同法律关系，而非宁波市公安局立案侦查的侵犯商业秘密案件的侵权法律关系。

原审法院经审理查明：本案必沃纺织机械公司与慈星公司之间因履行采购协议及其附件保密协议产生争议，慈星公司以必沃纺织机械公司违反保密义务，将其“被许可的技术秘密”用于合同约定事项之外为由提起本案诉讼。同时，必沃纺织机械公司又因涉嫌侵犯慈星公司的商业秘密（包含涉案合同所涉技术秘密）犯罪与其他案外人一并被浙江省宁波市公安局立案侦查。宁波市公安局认为必沃纺织机械公司的行为涉嫌侵犯商业秘密罪，于2019年5月13日立案侦查，将立案理由进行了说明并函告一审法院。一审法院于2019年5月30日收到甬公函〔2019〕31号宁波市公安局关于立案侦查“宁波慈星股份有限公司被侵犯商业秘密案”的函及附件。

原审法院于2019年6月6日作出的（2018）浙02民初2329号裁定：（一）驳回原告慈星公司的起诉；（二）本案移送公安机关处理。宣判后，必沃纺织机械公司向最高人民法院提起上诉。

【案件焦点】

涉商业秘密刑民交叉案件的处理原则。

【裁判结果】

最高人民法院于2019年11月4日作出（2019）最高法知民终333号民事裁定：（一）撤销浙江省宁波市中级人民法院（2018）浙02民初2329号民事裁定；（二）本案由浙江省宁波市中级人民法院继续审理。

最高人民法院认为，《最高人民法院关于在审理经济纠纷案件中涉及经济犯罪嫌疑若干问题的规定》第10条规定，人民法院在审理经济纠纷案件中，发现与本案有牵连，但与本案不是同一法律关系的经济犯罪嫌疑线索、材料，应将犯罪嫌疑线索、材料移送有关公安机关或检察机关查处，经济纠纷案件继续审理。本案中，必沃纺织机械公司认为，本案系技术秘密许可合同法律关系，而宁波市公安局立案侦查的侵犯商业秘密案件系侵权法律关系，二者不属于同一法律关系，根据《最高人民法院关于在审理经济纠纷案件中涉及经济犯罪嫌疑若干问题的规定》第10条之规定，本案技术秘密许可合同纠纷应当继续审理。由此可见，本案二审争议核心在于判断本案所涉法律关系与必沃纺织机械公司涉嫌侵犯商业秘密犯罪是否基于同一法律事实。根据本案查明的事实可知，本案必沃纺织机械公司与慈星公司之间因履行采购协议及其附件保密协议产生争议，慈星公司以必沃纺织机械公司违反保密义务，将其“被许可的技术秘密”用于合同约定事项之外为由提起本案诉讼，请求判令必沃纺织机械公司承担相应违约责任。同时，必沃纺织机械公司又因涉嫌侵犯慈星公司的商业秘密（包含涉案合同所涉技术秘密）犯罪与其他案外人一并被浙江省宁波市公安局立案侦查。

可见，本案系慈星公司以必沃纺织机械公司违反合同约定为由所提起的合同之诉，系技术秘密许可使用合同法律关系。而浙江省宁波市公安局所立案侦查的必沃纺织机械公司涉嫌商业秘密犯罪，系必沃纺织机械公司涉嫌侵犯慈星公司的商业秘密的侵权法律关系。二者所涉法律关系不同，并非基于同一法律事实所产生之法律关系，分别涉及经济纠纷和涉嫌经济犯罪，仅仅是二者所涉案件事实具有重合之处。本案为技术秘密许可使用合同纠纷，属于经济纠纷案件。尽管本案的案件事实与浙江省宁波市公安局立案侦查的商业秘密犯罪案具有重合之处，但慈星公司与必沃纺织机械公司之间的涉案民事法律关系并不受影响。一审法院应将与本案有牵连，但与本案不是同一法律关系的犯罪嫌疑线索、材料移送浙江省宁波市公安局，但也应继续审理本案所涉技术秘密许可使用合同纠纷。因此，一审法院以“必沃纺织机械公司具有侵犯商业秘密罪嫌疑，应移送公安机关处理”为由，裁定驳回慈星公司的起诉并将本案移送公安机关处理之结论错误，最高人民法院予以纠正。但是，必沃纺织机械公司所提一审法院未经诉辩程序明确技术秘密便将本案移送公安机关构成程序违法及本案系因家庭矛盾引发的经济纠纷不适合移送公安机关处理之上诉理由，欠缺法律依据且并非本案是否移送公安机关处理之要件，故最高人民法院不予采信。

【裁判摘要评析】

本案明确了涉商业秘密刑民交叉案件的处理原则。刑民交叉案件的实际办理，历来就是难点和热点，疑难争议问题较多。但概括起来看，有两大基本问题：一是刑事程序和民事程序的操作顺序如何把握，两者孰先孰后，能否并行不悖；二是刑事或者民事判决作出后的既判力问题，也即先行作出的刑事判决或民事判决，对民事部分或刑事部分处理的效力。本案涉及第一个基本问题。而刑民交叉谁先谁后的问题，不仅是一个简单的程序先后问题，还涉及司法理念的深层次考量。目前，为深入贯彻中央关于保护产权及保护企业家权益、构建良好法治营商环境的要求，进一步明确刑民交叉案件的裁判规则，既要保证民事案件的公正和及时处理，又要防止部分民事诉讼当事人恶意利用刑事诉讼手段干扰民事诉讼程序的正常进行；既要避免以涉嫌犯罪为由插手经济纠纷，也要避免以经济纠纷为由拒绝刑事立案。

一、"先刑后民"机制之下对于民事案件的处理方式

"先刑后民"这个司法习惯形成已久，"先刑后民"是制定刑民交叉案件处理方式的一个大原则。这个原则早在20世纪80年代便基本确立。例如1985年《最高人民法院、最高人民检察院、公安部关于及时查处在经济纠纷案件中发现的经济犯罪的通知》①、1987年《最高人民法院、最高人民检察院、公安部关于在审理经济纠纷案件中发现经济犯罪必须及时移送的通知》② 等文件，均采取了"先刑后民"的立场。在其后的司法文件中，除个别认为"可视案件实际情况刑民并行"外，绝大多数都是在强调"先刑后民"。

需要指出的是，在"先刑后民"机制之下对于民事案件的处理方式，有关司法文件的规定并不一致。1998年《关于在审理经济纠纷案件中涉及经济犯罪嫌疑若干问题的规定》、2014年《关于办理非法集资刑事案件适用法律若干问题的意见》、2015年《民间借贷司法解释》等规定的处理方式是"驳回起诉或者不予受理"，而1997年《关于审理存单纠纷案件的若干规定》规定的是"中止审理"。由此，目前司法实践中存在以下几种不同的处理方式：（1）民终于刑，民事案件裁定驳回起诉或者不予受理，将有关材料移送公安机关或检察机关查处。（2）民刑并行，民事案件继续审理，仅将与民事案件有牵连，但与民事案件不是同一法律关系的犯罪嫌疑线索、材料移送公安机关或检察机关查处。（3）刑先民后，民事案件中止审理，将与民事案件有牵连的犯罪嫌疑线索、材料移送公安机关或检察机关查处。

二、"刑民交叉"案件的判断标准

如前所述，"刑民交叉"案件针对民事案件的处理方式不统一，为什么会如此呢？究其根源，还在于对"刑民交叉"案件的判断标准存有差异。《关于在审理经济纠纷案件中涉及经济犯罪嫌疑若干问题的规定》是以"同

---

① 该通知自2013年1月18日起不再适用。
② 该通知自2013年1月18日起不再适用。

一法律事实”“同一法律关系”作为区分标准。而《关于办理非法集资刑事案件适用法律若干问题的意见》《民间借贷司法解释》采取的是“同一事实”的判断标准。除了上述的“同一事实”“同一法律事实”“同一法律关系”等含义不尽相同的认定标准外，在“刑民交叉”的判断上，《关于审理存单纠纷案件的若干规定》还提出了“民事案件是否必须以刑事案件的审理为前提”的标准。不过在目前的司法实践中，主流的观点还是采用“同一事实”的判断标准。即认为刑事、民事案件涉及“同一事实”的，属于刑民交叉案件，原则上应当纳入刑事诉讼程序一并处理。

对于如何判断“同一事实”，在司法实践中，主流观点亦认为，所谓“同一事实”，是指行为主体、行为客体或对象，以及行为表现三者均相同的情形；如果其中之一发生变化的，则属于“不同事实”，应当分别作为刑事与民事案件独立审判。具体来说，从行为实施主体的角度来看，“同一事实”指的是同一主体实施的行为，不同主体实施的行为不属于同一事实；从法律关系的角度来看，刑事案件的受害人同时也是民事法律关系的相对人的，可以认定为“同一事实”；从要件事实的角度来看，只有民事案件争议的事实，同时也是构成刑事犯罪的要件事实的情况下，才属于“同一事实”。上述判断标准比较清晰，易于操作。但同时也应当看到，从实际情况看，刑事与民事案件并非只有“事实完全竞合”一种交叉形态。在事实部分竞合，或者彼此存在主从、隶属等牵连关系时，同样产生刑民法律关系需要整体考虑刑民诉讼程序需要协调推进的必要性。严格地讲，刑民交叉案件的考量，实质是如何准确掌握经济犯罪的界限，重点在于切实贯彻刑法谦抑原则，审慎把握经济犯罪的构成要件及成罪标准，以及从严掌握相应的证据规则。只有如此，才能让刑事与民事各有置重、各安其位、各司其责。

三、“刑民交叉”案件处理的新视角

从司法实践来看，刑民交叉案件采用“先刑后民”的处理方式，确实有其简便、易操作的优势，因为在刑事优先的情况下，可以借助国家公权力机关强大的事实调查能力，来弥补一些当事人自行诉讼时在举证能力方

面的不足，从而更好地查清案件事实，推动案件客观公正的处理。但是，我们也应当看到，既然“先刑后民”只是一个原则性的法则，就不能过于机械地、绝对地理解，否则就容易出现问题。事实上，“先刑后民”的程序便利性也并非绝对的，一些情况下，“先刑后民”也可能造成一种程序上的非便利和不公正。“先刑后民”甚至还可能被某些人恶意利用，成为干涉民事案件或者寻求自身不法利益的“挡箭牌”。比如，利用“先刑后民”原则将正在进行的民事或经济纠纷案件中止，甚至裁定驳回起诉或不予受理，已成为部分民事诉讼当事人恶意利用刑事诉讼手段干扰民事诉讼程序进程的工具，甚至成了地方保护主义干预经济纠纷的一个重要借口。

即便是“同一事实”，在发生刑民交叉的情况下，也不宜搞“一刀切”。在处理刑民交叉案件时，我们必须明确一个基本立场，那就是要选择更利于保护当事人合法权利、更为公正有效解决问题的思路与机制。与其在“同一事实”的判断上纠缠不清，进而在决定是否适用“先刑后民”机制上举棋不定，不如立足于更佳保护当事人利益的立场，按照实事求是的原则来处理刑民交叉案件。具体来说，就是按照《民事诉讼法》第 150 条第 1 款第 5 项的规定，根据刑民交叉案件中刑事、民事诉讼发生的时间顺序，以及两者之间的审理是否存在依存关系，来确定刑事诉讼和民事诉讼的受理和审理：（1）当刑民交叉案件引起的民事诉讼与刑事诉讼的处理不会产生矛盾，两者也不存在相互依赖关系的，可以“刑民并行”，各自分别进行或者并案审理。（2）当刑民交叉案件引发的民事诉讼和刑事诉讼可能发生冲突，民事诉讼的进行需要以刑事诉讼的结果为前提时，应当“先刑后民”。（3）当刑民交叉案件引发的刑事诉讼需要以民事诉讼的结果为前提时，则应当“先民后刑”。

四、涉商业秘密案件的具体考量

具体到本案，到底采用哪一种处理方式更为合适，涉商业秘密民刑交叉案件是否一律移送公安机关处理，还是按照前述规定区别对待，目前尚无明确定论。本案的处理，让我们看到“先刑后民”的司法习惯在松动，开始重视起“刑民并存”的程序意义。涉商业秘密民刑交叉案件如何处理，其标准亦需要确定涉商业秘密民事案件与刑事案件是否基于同一法律事实产生之法律关系，并从立足于更佳保护当事人利益的立场，按照实事求是的原则出发，以免将简单化民事纠纷刑事化。本案系慈星公司以必沃纺织机械公司违反合同约定为由所提起的合同之诉，系技术秘密许可合同法律关系。而浙江省宁波市公安局所立案侦查的必沃纺织机械公司涉嫌商业秘密犯罪案件，系必沃纺织机械公司涉嫌侵犯慈星公司的商业秘密的侵权法律关系。可见前后二者所涉法律关系不同，并非基于同一法律事实所产生之法律关系，分别涉及经济纠纷和嫌疑经济犯罪。尽管本案的案件事实与浙江省宁波市公安局立案侦查的商业秘密犯罪案具有重合之处，但慈星公司与必沃纺织机械公司之间的涉案民事法律关系并不受影响，本案基本事实的认定不以刑事案件的审理结果为前提。故一审法院应当将与本案有牵连，但与本案不是同一法律关系的犯罪嫌疑线索、材料移送浙江省宁波市公安局，同时，一审法院应当继续审理本案所涉技术秘密许可合同纠纷。

最高人民法院二审合议庭成员：刘晓军　邓　卓　高　雪

（编写人：邓　卓* 审稿人：丁文严）

---

* 邓卓，法学硕士，中华人民共和国最高人民法院知识产权法庭，四级高级法官。

VMI荷兰公司、固铂（昆山）轮胎有限公司与萨驰华辰机械（苏州）有限公司确认不侵害专利权纠纷案

——确认不侵害专利权之诉的受理条件

【裁判摘要】

专利权人仅针对被诉侵权产品的使用者向专利行政部门提起专利侵权纠纷处理请求，使被诉侵权产品生产者、销售者的经营处于不确定状态，且其不能参与行政处理程序以维护其权益的情况下，尽快确定被诉侵权产品是否落入案涉专利权保护范围，符合案涉各方利益，有利于节约行政和司法资源。应认定此类专利侵权纠纷处理请求属于专利权人发出的侵犯专利权警告，未能参与行政处理程序的相关方有权提起确认不侵害专利权之诉。

【案件基本信息】

1. 诉讼当事人

上诉人（原审原告）：VMI荷兰公司（VMI HOLLAND B. V.）

上诉人（原审原告）：固铂（昆山）轮胎有限公司（以下简称固铂轮胎公司）

被上诉人（原审被告）：萨驰华辰机械（苏州）有限公司（以下简称萨驰华辰机械公司）

2. 案件索引与裁判日期

一审：江苏省苏州市中级人民法院（2018）苏05民初1453号裁定

（2019年2月11日）

二审：最高人民法院（2019）最高法知民终5号裁定（2019年6月12日）

3. 案由

确认不侵害专利权纠纷案

【简要案情】

2018年5月24日，苏州市知识产权局受理了萨驰华辰机械公司提交的固铂轮胎公司侵犯其案涉专利权的纠纷处理请求。同年6月12日，苏州市知识产权局基于案件管辖原因将该行政投诉案件移送至江苏省知识产权局。同年7月5日，江苏省知识产权局受理了萨驰华辰机械公司提交的固铂轮胎公司侵犯其案涉专利权的纠纷处理请求。同年8月15日，江苏省知识产权局出具中止处理通知书，载明因固铂轮胎公司向国家知识产权局专利复审委员会（以下简称专利复审委员会）提出案涉专利权无效宣告的请求被受理，固铂轮胎公司请求江苏省知识产权局中止处理，故江苏省知识产权局决定中止对案件的处理。同年9月24日，VMI荷兰公司向萨驰华辰机械公司邮寄催告函，催告函中记载萨驰华辰机械公司向苏州市知识产权局提起了专利侵权行政投诉，声称固铂轮胎公司使用的VMI荷兰公司的MAXX型号轮胎一次法成型机涉嫌侵犯了萨驰华辰机械公司包含案涉专利在内的共计6项专利权，萨驰华辰机械公司的行政投诉使得VMI荷兰公司和其中国客户的生产经营处于极为不稳定状态，因此要求萨驰华辰机械公司撤回行政投诉或依法提起侵权诉讼。萨驰华辰机械公司于同年9月26日签收了该函件。同年9月30日，萨驰华辰机械公司向VMI荷兰公司回函。在回函中，萨驰华辰机械公司称其将会毫不迟疑地提起针对任何包括固铂轮胎公司和VMI荷兰公司在内的侵权者的诉讼或行政投诉，并且萨驰华辰机械公司已经这样做了。同年10月19日，原审法院收到了萨驰华辰机械公司起诉VMI荷兰公司和固铂轮胎公司侵犯其案涉专利权的专利侵权诉讼材料，萨驰华辰机械公司请求判令VMI荷兰公司、固铂轮胎公司立即停止侵权行为，连带赔偿萨驰华辰机械公司经济损失人民币100万元并承担诉讼费。萨驰华辰机械公司于同年10月26日将案件的诉讼费汇至原审法院诉讼费账户。原审法院于同年 11 月 7 日立案受理了该专利侵权诉讼，案号为（2018）苏 05 民初 1459 号。同年 10 月 29 日，VMI 荷兰公司和固铂轮胎公司向原审法院提交了确认不侵权之诉的诉讼材料，该案于同年 11 月 7 日立案，案号为（2018）苏 05 民初 1453 号。

VMI 荷兰公司、固铂轮胎公司向原审法院起诉请求：（1）请求确认 VMI 荷兰公司制造、许诺销售、销售、进口以及固铂轮胎公司使用 MAXX 型号半钢子午胎一次法成型机及相关产品的行为不侵害萨驰华辰机械公司 ZL201420660550.1 号实用新型专利权；（2）诉讼费用由萨驰华辰机械公司承担。

一审法院于 2019 年 2 月 11 日作出（2018）苏 05 民初 1453 号裁定，驳回 VMI 荷兰公司、固铂轮胎公司的起诉。VMI 荷兰公司不服一审裁定，向最高人民法院提起上诉。

【案件焦点】

1. 萨驰华辰机械公司提起的专利侵权纠纷处理请求是否构成专利法意义上的侵权警告；

2. 萨驰华辰机械公司提起侵权诉讼的时间应当如何确定；

3. 固铂轮胎公司提起的确认不侵权之诉的请求是否超越涉案专利侵权纠纷处理请求的范围。

【裁判结果】

最高人民法院经审理认为，首先，本案中对于 VMI 荷兰公司而言，应将萨驰华辰机械公司提起的专利侵权纠纷处理请求认定为属于《关于审理专利侵权案件若干问题的解释》第 18 条所称的侵权警告，VMI 荷兰公司关于萨驰华辰机械公司专利侵权纠纷处理请求属于侵权警告的上诉理由具有合理性，原审法院适用法律不当，本院予以纠正。此外，专利权人是否滥用其权利并非认定其行为是否构成侵权警告的前提，确认不侵权之诉本身并不处理专利权人是否滥用其权利的问题，原审法院并未对萨驰华辰机械公司是否滥用其知识产权进行单独认定，VMI 荷兰公司、固铂轮胎公司关于原审法院未认定萨驰华辰机械公司滥用知识产权属事实认定错误的上诉理由不能成立。其次，原审法院于 2018 年 10 月 19 日即已收到萨驰华辰机械公司提交的起诉材料，萨驰华辰机械公司亦于同月 26 日预交了案件受理费，可将萨驰华辰机械公司提起侵权诉讼的时间确定为 2018 年 10 月 19 日，此时点尚在 VMI 荷兰公司发出催告函两个月之内、萨驰华辰机械公司收到催告函一个月之内。因此，虽然本案中萨驰华辰机械公司请求专利行政部门处理侵权纠纷属于侵权警告，但萨驰华辰机械公司作为专利权人已在合理期限内提起侵权诉讼，VMI 荷兰公司、固铂轮胎公司提起的本案确认不侵害专利权之诉，并不符合《关于审理专利侵权案件若干问题的解释》规定的相应受理条件。最后，当事人不能提起超出侵权警告范围的确认不侵害专利权之诉，因此 VMI 荷兰公司所增加的诉讼请求，不应在本案中予以处理。如 VMI 荷兰公司认为其 VMI245 全自动一次法轮胎成型机收到了其他侵权警告，可另行寻求救济。原审裁定认定事实基本清楚，适用法律不当之处已予纠正，不影响裁定结果，故对 VMI 荷兰公司、固铂轮胎公司的上诉请求，二审法院不予支持。

【裁判摘要评析】

确认不侵权之诉是最高人民法院在《民事案件案由规定》中明确予以规定的诉讼类型，虽然在理论上可以扩及所有债权债务纠纷，但司法政策的选择是目前仅限于在知识产权领域适用，其他侵权纠纷类型暂不宜提起确认之诉。[①] 自 21 世纪初最高人民法院批复可以受理苏州龙宝生物工程实业公司与苏州朗力福保健品有限公司请求确认不侵犯专利权纠纷案以来，[②] 经过知识产权各领域的长期诉讼实践，确认不侵权之诉在当前已属屡见不鲜，虽然案件总量并不多，但已成为知识产权异化的治理方案之一。[③] 业界对此类案件并不陌生，但关于确认不侵权之诉的性质、管辖、反诉、受理条件等困扰审判实务的问题，众说纷纭。

一、确认之诉还是侵权之诉

尽管最高人民法院在《关于本田技研工业株式会社与石家庄双环汽车股份有限公司、北京旭阳恒兴经贸有限公司专利纠纷案件指定管辖的通知》中已明确确认不侵犯专利权诉讼属于侵权类纠纷，依据侵权纠纷确定地域

---

① 参见刘哲玮：《确认之诉的限缩及其路径》，载《法学研究》2018 年第 1 期。

② 参见最高人民法院（2001）民三他字第 4 号批复。

③ 参见林琳：《透视专利权不侵权确认之诉》，载《电子知识产权》2009 年第 6 期。

管辖,[①] 但并未否定其具有确认之诉性质，确认不侵权之诉究竟是确认之诉还是给付之诉仍悬而未决，因具有实务价值，仍有探讨之必要。理论上民事诉讼可分为确认之诉、给付之诉、形成之诉，确认之诉是原告请求法院确认法律关系或基础法律事实存在与否的诉讼,[②] 给付之诉是原告请求法院判令对方履行一定义务、为一定给付行为的诉讼，一般认为侵权之诉属于典型的给付之诉。但是，给付之诉是在确认当事人之间存在一定法律关系或存在特定法律事实的基础之上，方可判断是否应判令被告为给付行为，因此，给付之诉中一般必然包含对法律关系或特定法律事实的确认，这就与确认之诉产生联系。实际上，确认之诉是基础的民事诉讼类型，给付之诉、形成之诉是确认之诉的特殊形态，确认之诉是其他种类诉讼的基础。[③]

侵害专利权诉讼的关键在于判断被诉产品或方法是否落入原告专利权保护范围这一事实认定问题，而确认不侵害专利权之诉所要解决的问题，也正是这一问题，因而确认不侵权之诉与侵权之诉在此发生交汇重合，这两种诉讼所要解决的问题存在一致性，在这一问题上，它们的审理思路、比对方法是实质相同的。[④] 在专利权领域，侵权之诉与确认不侵权之诉的关键问题，均是判断产品或方法是否落入专利权的保护范围这一法律事实问题，侵权之诉实质上包含着确认之诉，也可以认为确认不侵权之诉实质上是侵权之诉的一部分，因而其具有侵权之诉的属性，只不过此诉中原被告地位发生反转。如认为确认不侵害专利权之诉为单纯的确认之

---

① 该通知由最高人民法院于 2004 年 6 月 24 日发布。

② 通说一般认为确认之诉仅确认法律关系存在与否，确认不侵权之诉的目的在于判断侵权关系是否存在。参见夏璇：《消极确认诉讼之反诉研究——从司法解释与相关判例视野的再审视》，载《学术界》2016 年第 3 期。但是，法律事实能够引起法律关系的演变，不同于纯粹的客观事实，在专利诉讼中，判断是否落入专利权保护范围即为法律事实问题，属于法律与事实相互交织的问题，确认其存在与否是确认不侵害专利权诉讼的核心，因此，法律事实是否存在应当成为确认不侵权之诉的对象。关于法律事实的研究可参见杨建军：《法律事实的概念》，载《法律科学》2004 年第 6 期。

③ 参见夏璇：《消极确认诉讼之反诉研究——从司法解释与相关判例视野的再审视》，载《学术界》2016 年第 3 期。

④ 参见欧宏伟：《"知识产权确认不侵权纠纷"若干问题研究》，载《科技与法律》2008 年第 4 期。

诉，将导致对同一问题的审理分别在不同法院进行，容易导致判决结果冲突，从诉讼成本看并不符合经济原则，因此宜突破狭隘理论视野。综上，确认不侵害专利权之诉是一种确认之诉，也可以认为是侵权之诉或特殊侵权之诉。确认不侵权诉讼的性质问题，直接与管辖问题相关联，这是其性质之争的意义所在，因此具有重要的实务价值。

二、何为侵权警告

《关于审理专利侵权案件若干问题的解释》第 18 条规定，权利人向他人发出侵犯专利权的警告，被警告人或者利害关系人经书面催告权利人行使诉权，自权利人收到该书面催告之日起 1 个月内或者自书面催告发出之日起 2 个月内，权利人不撤回警告也不提起诉讼，被警告人或者利害关系人向人民法院提起请求确认其行为不侵犯专利权的诉讼的，人民法院应当受理。这是目前关于确认不侵权诉讼较为完备的规定，具有很强的可操作性。但在审判实务中，仍有不少问题有待探索。比如何谓侵权警告？发出及接收侵权警告的主体范围有无限定？

关于何种警告构成法律上适格的侵权警告。警告显然不应限于书面的警告函，侵权警告宜作广义理解，不仅包括警告函、侵权声明等形式，还应包括权利人已经申请知识产权行政执法部门进行调处、行政部门已经采取扣押被控侵权产品等措施，法院已经采取相关诉前临时措施且在 15 日内权利人未提起侵权之诉，发布涉嫌侵权或含有影射之词的广告等形式；[①] 又如专利权人起诉被告侵权后又在判决前撤诉，原因可能是被告提交了强有力的反驳证据，或提起了无效宣告请求且证据较为充分，为避免再次被诉，被告应可提起确认不侵害专利权之诉。[②] 而对于认定权利人的实际行为是否属于适格的侵权警告，在实践中情形非常复杂。以本案为例，一审、二审法院对于确认不侵权之诉的制度目的，认识基本上是一致的，即目的在于使潜在的专利侵权纠纷中的被控侵权行为人有消除不确定状态的司法

---

① 参见汤茂仁、管祖彦：《确认不侵权案的受理条件及相关法律问题研究》，载《苏州大学学报（哲学社会科学版）》2006 年第 4 期。

② See Peter Menell et al., *Patent Case Management Judicial Guide*, third edition, Clause 8 Publishing, 2016, § 2. 2. 1. 2.

救济途径，此种诉讼制度安排使各方避免单纯的口舌之争，而将争议纳入国家司法权的处理范围，通过裁判达到定分止争的效果。我国现行法律并未规定确认不侵权之诉，司法实践的发展表明知识产权相关利益各方的矛盾和冲突加剧。[①] 通过确认不侵权之诉的审理，司法机关发挥终局效应，有助于稳定法律秩序，符合司法保护知识产权主导作用的定位，亦合乎专利侵权纠纷经由司法机关处理的国际通行规则。

问题的关键在于，专利侵权纠纷已经进入行政处理程序，是否意味着必然排除寻求司法救济的可能性。显然，一审、二审法院对此问题给出了不同答案。一审法院认为，该专利侵权纠纷已经进入行政处理程序，再通过确认不侵权之诉由法院审理，并无必要。二审法院则认为，虽然相关侵权纠纷已进入行政处理程序，相关行政机关将会出具是否构成侵害专利权的处理结果，但是其他的利益相关方并不能进入该行政处理程序，其权利实际难以得到保障，因此对于该利益相关方提起的确认不侵权之诉，法院有受理的必要。这一问题实际上由我国专利侵权纠纷处理的双轨制所引发。根据《专利法》第 60 条，专利侵权纠纷当事人不愿协商或者协商不成的，专利权人或者利害关系人可以向人民法院起诉，也可以请求管理专利工作的部门处理。管理专利工作的部门处理时，认定侵权行为成立的，可以责令侵权人立即停止侵权行为，当事人不服的，可以依照《行政诉讼法》向人民法院起诉；侵权人期满不起诉又不停止侵权行为的，管理专利工作的部门可以申请人民法院强制执行。进行处理的管理专利工作的部门应当事人的请求，可以就侵犯专利权的赔偿数额进行调解；调解不成的，当事人可以依照《民事诉讼法》向人民法院起诉。这种双轨制的设计属于中国特色，导致判断被控侵权产品或方法是否落入涉案专利的保护范围时，专利权人具有要求行政机关处理或提起诉讼的选择权，但侵权赔偿仍由司法专辖，其出发点是认为法院判断技术事实存在一定困难，由专利行政部门介入，一是方便查明技术事实，二是可以加快纠纷处理进度。但是这种优势是否仍然存在，值得推敲。

---

① 参见陈钧：《对确认不侵权之诉有关问题的研究》，载《中国发明与专利》2010 年第 4 期。

首先，随着人民法院专利审判事业的发展，上述理由实际上已难以成立。目前技术事实查明机制已经较为完善，法官素质明显提升，辅之以鉴定、专家辅助人、专家咨询等查明手段，技术事实查明问题已经得到了很大缓解。随着专利审判队伍的壮大，专利侵权纠纷的审理时间已经大幅缩减，中国法院的审理效率在世界上已经居于前列。其次，即使行政处理决定已经作出，但如果当事人不服，仍可以提起行政诉讼，关于侵权与否的判断最终仍进入司法程序，并且行政诉讼程序和民事诉讼程序所解决的问题是完全一致的，即判断被控侵权产品或方法是否落入涉案专利权的保护范围。确认不侵权之诉，仍以侵权争议为其核心，[①] 可认为兼具确认之诉和侵权之诉双重属性，[②] 行政机关的判断并非终局，将使其解决纠纷的效率大打折扣，再加上行政处理程序并不能根本解决赔偿问题，使得专利侵权纠纷的行政处理制度效用有限。

现实是专利侵权纠纷行政处理程序已为立法所接受，虽然有观点认为行政处理程序与确认不侵权之诉可以平行进行，[③] 并且该观点不无道理，但是基于专利法已经明确规定双轨制，且行政处理程序从制度设计上看亦有成本低、取证快、效率高的优势，尽管其不具有终局性，司法机关当前一般予以尊重为宜，在实践中宜与行政机关进行分工。但是本案中情况有所不同，因 VMI 荷兰公司并未进入行政处理程序中，一审法院对此未认识到其没有进入行政程序则其权利难以有效得到保障。对于此种未能参与行政处理程序的相关方，其与行政处理结果具有明显的相关利害关系，[④] 因此对侵权警告应作广义理解，[⑤] 如不赋予其提起确认不侵害专利权之诉的权利，则其在行政程序中有口难言，寻司法救济又求告无门，显然有违实质正义。二审法院在此案中明确的规则，抓住了专利侵权纠纷的本质，有利

---

① 参见何文哲、余晖：《对知识产权确认不侵权之诉的分析》，载《人民司法》2006 年第 1 期。

② 参见曹伟：《知识产权确认不侵权诉讼的几个基本问题》，载《知识产权》2014 年第 4 期。

③ 参见谢绍静：《知识产权确认不侵权诉讼与行政处理及行政诉讼的关系之厘定》，载《科技管理研究》2013 年第 5 期。

④ 参见高毅龙：《侵权警告的利害关系人提起确认不侵权之诉的条件》，载《人民司法》2009 年第 16 期。

⑤ 参见汤茂仁：《确认不侵权案的受理条件及相关法律问题研究》，载《法律适用》2006 年第 6 期。

于将纠纷纳入司法渠道实质解决，有利于充分保障各利益主体的实体权利和程序权利。

质言之，所谓“侵犯专利权的警告”，其关键在于使潜在的侵权之诉被告感受到了威胁和不安，其具体警告方式并无定形，为划定技术方案的权利边界、稳定经营活动的预期，受警告方及利害关系人提起确认不侵权之诉具有正当性，其诉诸法律，恰恰表明通过正当法律途径解决问题的坦诚之心。

最高人民法院二审合议庭成员：徐卓斌　高　雪　邓　卓

（编写人：徐卓斌* 　审稿人：丁文严）

---

* 徐卓斌，法学博士，中华人民共和国最高人民法院知识产权法庭，四级高级法官。

阿尔法拉瓦尔股份有限公司
诉
国家知识产权局
及原审第三人 SWEP 国际公司
发明专利权无效行政纠纷案

——无效宣告程序中权利要求修改超范围的认定

【裁判摘要】

无效宣告程序中，修改方式作为手段，应当着眼于实现对权利要求书的修改满足不得超出原说明书和权利要求书记载的范围以及不得扩大原专利的保护范围两大法律标准的立法目的，同时兼顾行政审查行为的效率与公平保护专利权人的贡献，而不宜对具体修改方式作出过于严格的限制，否则将使得对修改方式的限制纯粹成为对专利权人权利要求撰写不当的惩罚。

当权利要求的修改系将从属权利要求的全部或部分附加技术特征补入其所引用的独立权利要求时，判断修改后的独立权利要求是否扩大了原专利的保护范围，应以作为修改对象的原专利的独立权利要求的保护范围为基准。

【案件基本信息】

1. 诉讼当事人

上诉人（原审原告）：阿尔法拉瓦尔股份有限公司（以下简称阿尔法拉瓦尔公司）

被上诉人（原审被告）：国家知识产权局

原审第三人：SWEP 国际公司

2. 案件索引与裁判日期

一审：北京知识产权法院（2016）京73行初5802号判决（2019年2月25日）

二审：最高人民法院（2019）最高法知行终19号判决（2019年12月15日）

3. 案由

发明专利权无效行政纠纷

【简要案情】

原告阿尔法拉瓦尔公司起诉请求：撤销被诉决定，责令国家知识产权局重新作出无效宣告请求审查决定。其主要事实和理由为：（1）无效宣告程序中权利要求1的修改方式属于删除并列技术方案，应予接受。当授权权利要求20包含P、Mn、C或Hf时，它们的量不限于权利要求19对这四种元素限定的量。因此，在将授权权利要求20的技术方案撰写为独立权利要求时，权利要求18、19的字面附加技术特征可以被省略。（2）修改后的权利要求1没有超出原始申请的范围，也没有扩大专利权的保护范围，应予接受。

国家知识产权局辩称：阿尔法拉瓦尔公司在无效宣告程序修改的权利要求1并未包含授权权利要求18、19的特征，不符合2002年《专利法实施细则》第68条及2010年《专利审查指南》的规定。

SWEP国际公司述称：阿尔法拉瓦尔公司对权利要求的修改不符合2010年《专利审查指南》的修改规则，阿尔法拉瓦尔公司的诉讼理由不能成立。

法院经审理查明：

阿尔法拉瓦尔公司系专利号为200680018368.4、名称为“钎焊不锈钢制品的方法和由此方法获得的不锈钢钎焊制品”的发明专利的权利人。该专利申请日为2006年5月24日，优先权日为2005年5月26日，授权公告日为2010年6月16日。本专利授权公告的权利要求1、2、18、19、20内容如下：

“1. 一种钎焊不锈钢制品的方法，包含：

（i）将铁基钎焊填料物质施加至不锈钢部件；

（ii）任选地组装部件；

（iii）在非氧化性气氛、还原性气氛、真空或者它们组合中，加热来自步骤（i）或（ii）的部件至少1000℃，且在至少1000℃的温度加热该部件至少15分钟；

（iv）提供所得的钎焊区域平均硬度小于600HV1的制品；和

（v）任选地重复步骤（i）、步骤（ii）和步骤（iii）的一步或多步。

2. 权利要求1的方法，其中

通过该方法密封或填充大于76μm的接头、孔、间隙、裂纹或裂缝。

18. 根据权利要求1或2的方法，其中，铁基钎焊填料物质含有Si、B、P、Mn、C或者Hf的一种或者多种。

19. 根据权利要求18的方法，其中，铁基钎焊填料物质含有9wt%—30wt%的Cr、5wt%—25wt%的Ni，以及0—25wt%的Si、0—6wt%的B、0—15wt%的P、0—8wt%的Mn、0—2wt%的C和0—15wt%的Hf中的至少一种。

20. 根据权利要求19的方法，其中，铁基钎焊填料物质至少包含40wt%的Fe，14wt%—21wt%的Cr、5wt%—21wt%的Ni、6wt%—15wt%的Si和0. 2wt%—1. 5wt%的B。"

针对SWEP国际公司提出的无效宣告请求，阿尔法拉瓦尔公司于2014年7月21日提交了经过修改的权利要求书，其中将从属权利要求2和20的附加技术特征加入权利要求1中，删除权利要求18—22并调整了引用关系。修改后的权利要求1为：

"1. 一种钎焊不锈钢制品的方法，包含：

（i）将铁基钎焊填料物质施加至不锈钢部件，其中，铁基针焊填料物质至少包含40wt%的Fe，14wt%—21wt%的Cr、5wt%—21wt%的Ni、6wt%—15wt%的Si和0. 2wt%—1. 5wt%的B；

（ii）任选地组装部件；

（iii）在非氧化性气氛、还原性气氛、真空或者它们组合中，加热来自步骤（i）或（ii）的部件至少1000℃，且在至少1000℃的温度加热该部件至少15分钟；

（iv）提供所得的钎焊区域平均硬度小于600HV1的制品；和

（v）任选地重复步骤（i）、步骤（ii）和步骤（iii）的一步或多步，其中

通过该方法密封或填充大于76μm的接头、孔、间隙、裂纹或裂缝。”

国家知识产权局于2016年8月3日作出被诉决定。该决定认定：阿尔法拉瓦尔公司于2014年7月21日提交的对权利要求的修改不符合2002年《专利法实施细则》第68条和2010年《专利审查指南》第四部分第三章第4.6.2节的规定；本专利授权公告的权利要求1、19—22、24、28—32的技术方案没有以说明书为依据，其他权利要求均不能克服上述缺陷，故本专利说明书不符合《专利法》第26条第4款的规定。据此，宣告本专利全部无效。

阿尔法拉瓦尔公司在无效宣告程序的口头审理中陈述，本专利解决的技术问题的实现与含量有关，与温度和时间也有关；本专利的发明点不仅仅是铁替换铜。

原审诉讼过程中，阿尔法拉瓦尔公司提交了国家知识产权局作出的第24591号无效宣告请求审查决定，用以说明国家知识产权局曾认定2010年《专利审查指南》并未完全排除存在其他修改方式的可能性，可以接受不符合2010年《专利审查指南》规定方式的修改。

原审法院认为：如果阿尔法拉瓦尔公司以授权权利要求20引用权利要求2的技术方案作为修改后的独立权利要求的内容，则修改后的独立权利要求中还应当包括授权权利要求18、19的附加技术特征。权利要求19限定了铁基钎焊填料物质含有Cr、Ni、Si、B、P、Mn、C、Hf中的至少一种，并给出了每种元素的量的范围，即当铁基钎焊填料物质含有上述元素中的多种时，每种元素的量都应受到权利要求19记载的数值的限制。修改后的权利要求1虽然限定了铁基钎焊填料物质同时包含Fe、Cr、Ni、Si、B五种元素，且Cr、Ni、Si、B元素的含量范围均小于其引用的权利要求中记载的含量范围，但修改后的权利要求1采用开放式的撰写方法，并未排除铁基钎焊填料物质可含有P、Mn、C、Hf四种元素。当铁基钎焊填料物质中含有这四种元素时，由于修改后的权利要求1对这四种元素的具体含量范围并无限定，故实际上扩大了原专利的保护范围。据此，一审法院判决驳回阿尔

法拉瓦尔公司的诉讼请求。

阿尔法拉瓦尔公司不服一审判决，向最高人民法院提起上诉，称：（1）阿尔法拉瓦尔公司对权利要求的修改方式属于删除并列技术方案，应予接受。①在专利无效行政程序中，对权利要求的修改方式并不限于2010年《专利审查指南》中规定的三种方式，该指南并未完全排除存在其他修改方式的可能性。修改后的权利要求是对授权权利要求1的进一步限定，修改方式应予接受。②2017年《专利审查指南》对无效宣告程序中权利要求的修改方式进行了修改，根据该指南，权利要求修改的方式包括对权利要求的删除、技术方案的删除、权利要求的进一步限定、明显错误的修正。本案中，修改后的权利要求1可以视为将授权权利要求2和20的技术特征补入权利要求1以缩小保护范围，属于对权利要求的进一步限定，应予接受。（2）阿尔法拉瓦尔公司对权利要求1的修改没有扩大原专利的保护范围。①在权利要求20中，当满足“0—25%的Si”“0—6wt%的B”时，即满足了“至少一种”的要求，此时，即使含有16wt%的P，也符合权利要求的记载。②说明书和附图可以用于解释权利要求的内容。本专利说明书第［0047］段记载了专利权人意图披露的钎焊填料组分和含量，其中公开了“至少包含以重量计40%的Fe、14%—21%的Cr、5%—21%的Ni、6%—15%的Si、0.2%—1.5%的B，和作为替代物的余量的其他元素”。可见，说明书明确记载了包含一定含量的Fe、Cr、Ni、Si、B的钎焊填料，其他元素可以存在或不存在；当存在时，含量没有限制。上述内容表明说明书并不要求包含P、Mn、C、Hf四种元素时，每种元素的含量应符合所述数值限制。③最高人民法院（2014）行提字第17号判决确立了对权利要求的解释采取最大合理解释原则，即基于权利要求的文字记载，结合对说明书的理解，对权利要求作出最广义的合理解释，本案应遵循这一原则。综上所述，本专利的修改方式应予接受，修改的权利要求没有扩大原专利的保护范围。阿尔法拉瓦尔公司上诉请求：（1）撤销一审判决；（2）撤销国家知识产权局作出的第29765号无效宣告请求审查决定，判令国家知识产权局重新作出无效宣告请求审查决定。

国家知识产权局辩称：（1）一审判决关于对本专利权利要求的修改扩

大了原专利保护范围的认定正确。阿尔法拉瓦尔公司在无效宣告程序修改的权利要求1并未包含授权权利要求18、19的特征，且采用开放式撰写方式，并未排除铁基钎焊填料物质可含有P、Mn、C、Hf四种元素。当铁基钎焊填料物质含有上述四种元素时，由于修改后的权利要求1对此无限定，故实际上扩大了原专利的保护范围。（2）被诉决定于2016年作出，不应适用2017年《专利审查指南》的相关规定。而且无论适用2010年或者2017年的《专利审查指南》，上述修改均不得被接受。

SWEP国际公司述称：（1）从文义解释看，本领域技术人员明确知晓"至少一种"的含义，在保护两种或多种组分时，"至少一种"所主张的组分含量需要满足权利要求中其他组分所限定的范围。（2）修改后权利要求的保护范围。阿尔法拉瓦尔公司在合并授权权利要求2、20时未加入权利要求18、19的全部附加技术特征，对权利要求的保护范围有实质影响。（3）根据法不溯及既往原则，2017年的《专利审查指南》不适用于本案。

【案件焦点】

1. 权利要求的修改方式；

2. 关于权利要求修改不得扩大原专利的保护范围的比对基准。

【裁判结果】

最高人民法院经审理认为：（一）关于修改方式。虽然被诉决定依据的2010年《专利审查指南》规定无效宣告程序中对权利要求的修改方式一般限于对权利要求的删除、合并和技术方案的删除三种方式，但是并未完全排除存在其他修改方式的可能性。特别是，2017年《专利审查指南》已经将无效宣告程序中的修改方式扩展到包括对权利要求的删除、技术方案的删除、权利要求的进一步限定、明显错误的修正等四种基本修改方式。当权利要求书的修改满足未超出原说明书和权利要求书记载的范围以及未扩大原专利的保护范围两大法律标准时，此种修改应被接受。本案中，阿尔法拉瓦尔公司的修改方式，系将从属权利要求2和权利要求20的技术特征进一步限定至授权权利要求1中，属于对权利要求的进一步限定，该修改方式应被接受。（二）关于修改范围。专利授权后对社会公众具有公示作用，社会公众的信赖利益通常建立在保护范围最大的独立权利要求上，并据此预测和评价自身行为的合法性。本案中，阿尔法拉瓦尔公司将从属权利要求 2、20 的附加技术特征加入至授权权利要求 1 中，是对授权权利要求 1 的进一步限定，并未扩大授权权利要求 1 的保护范围，符合法律的规定。

最终，最高人民法院判决：撤销一审判决，撤销被诉决定，责令国家知识产权局重新作出无效宣告决定。

【裁判摘要评析】

无论是语言表达的准确性，还是专利权人的认知能力都可能存在局限性，因此，专利法赋予专利权人可以对专利文件进行修改的权利，实践中专利权人为克服专利存在的缺陷修改权利要求也较为常见。虽然《专利法》及《专利法实施细则》对权利要求修改的时间节点、程序设计、实体要求均作出了具体规定，但是在专利审查及司法实践中，对于权利要求的修改方式的宽严尺度，以及是否扩大了原专利的保护范围仍然模糊不清，存在不同认识。因此，明确权利要求的修改标准和比对基准就显得格外重要。本案是关于无效宣告程序中权利要求修改是否超范围的典型案例，对于明确无效宣告程序中权利要求的修改方式、修改标准以及不得扩大原专利的保护范围的比对基准进行了详细阐述，明确的裁判规则对类案的审理具有重要指导价值。而且，本案对于专利无效宣告行政案件中如何平衡行政审查行为的效率与公平保护专利权人的贡献进行了有益探索，增强了专利权人与社会公众的行为预期，具有十分重要的指导意义。

一、权利要求修改的基本价值及要求

叔本华在《孤独读书术》一书中就思想与语言表达的关系做了精妙的论述：思想的生命延续到语言表达时为止，一旦用语言表达出来，思想也就僵化了。叔本华意在强调语言精准表达对于写作的重要性，要避免错误表达和歧义表达。其实，上述论述同样适用于专利领域。相比于写作，专利文献对于文字表达的准确性要求更为严格。作为技术方案载体的专利文献一旦用文字方式固定下来，技术方案也就确定了，这是专利以公开换保护本质的应有之义。

但是语言表达本身确实存在多义甚至歧义等局限，尤其要将技术方案通过语言精准表达并不容易。可以说，无论语言表达的准确性，还是专利权人的认知能力都会存在局限性，尤其是对于现有技术以及发明创造等的认知局限。在专利无效宣告程序中，这种局限性通常会成为无效宣告请求人的标靶。因此，基于上述客观情况，专利法赋予专利权人可以对专利文件进行修改的权利。2002年《专利法实施细则》第68条第1款规定：“在无效宣告请求的审查过程中，发明或者实用新型专利的专利权人可以修改权利要求书，但是不得扩大原专利的保护范围。”一方面，为保护专利权人的发明创造和技术贡献，进而推动全社会的创新动力，允许专利权人对专利文件进行适当修改，而不将专利权的无效作为对权利人撰写水平不足的惩罚。另一方面，虽然允许专利权人对专利文件做适当修改，但是基于社会公众对已授权专利文件的信赖利益，又要避免专利权人利用修改机会将专利申请时未完成的技术内容补充到专利文件中，因此无效宣告行政程序中权利人对权利要求的修改要受到一定限制，包括不得改变原权利要求的主题名称、不得扩大原专利的保护范围、不得超出原说明书和说明书记载的范围等。尤其将对权利要求的修改是否超出原专利保护范围作为专利文件是否接受修改的重要标准，这是在专利权人利益与社会公共利益之间实现利益平衡的重要制度设计。一般来说，对权利要求的任何修改都将使得专利保护的范围发生变化，判断专利权人在无效宣告行政程序中的修改是否应被接受，应当建立在不得超出原说明书和权利要求书记载的范围以及不得扩大原专利保护范围的两大基本标准上，根据案件的具体情况，适度灵活把握原专利文件公开的内容，结合不同修改方式的特点予以综合考量。

二、关于权利要求的修改方式

关于权利要求的修改方式，《专利法》及《专利法实施细则》中并未作出具体规定，只有《专利审查指南》作出了规范。2010年《专利审查指南》规定无效宣告行政程序中对权利要求的修改方式一般限于权利要求的删除、合并和技术方案的删除。2017年修订后的《专利审查指南》则进一步放宽，将无效宣告行政程序中的修改方式扩展到一般限于权利要求的删除、技术方案的删除、权利要求的进一步限定、明显错误的修正。显然，《专利审查指南》对于权利要求的修改方式由严格不断趋于宽松，正是专利行政机关在听取行业需求和业界呼声背景下作出的积极回应。

本案中，被诉决定认为当权利要求 18 引用权利要求 2 时，权利要求 20 的技术方案应当包括权利要求 1、2、18、19、20 的全部技术特征，而目前的修改方式中仅仅将权利要求 20 的附加技术特征加入权利要求 1 或权利要求 2 中，故而认定专利权人对权利要求的修改方式不符合 2002 年《专利法实施细则》第 68 条以及 2010 年《专利审查指南》的规定。分析上述审查逻辑，被诉决定系以对本专利权利要求的修改不符合 2010 年《专利审查指南》的三种修改方式为由不予接受。对此，本案明确指出，虽然本案被诉决定依据的 2010 年《专利审查指南》规定无效宣告行政程序中对权利要求的修改方式一般限于权利要求的删除、合并和技术方案的删除，但是并未完全排除存在其他修改方式的可能性。因为修改方式作为手段，应当着眼于符合相关的立法目的，而不应对具体修改方式作出过于严格的限制否则将使得对修改方式的限制成为一种对专利权人权利要求撰写不当的惩罚，使得对权利人的保护与其技术贡献不相适应。特别是 2017 年《专利审查指南》已经作出了放宽，将无效宣告行政程序中的修改方式扩展到一般限于权利要求的删除、技术方案的删除、权利要求的进一步限定、明显错误的修正等四种基本修改方式。这一修改方式的变化，既有助于专利确权程序聚焦发明创造核心，同时也不会影响社会公众对已授权专利文件的信赖利益。因此，仅以对权利要求的修改不符合 2010 年《专利审查指南》的三种修改方式为由而不予接受此种修改的做法有违立法的精神。具体到本案中，由于阿尔法拉瓦尔公司的修改方式，系将从属权利要求 20、2 的技术特征进一步限定至授权权利要求 1 中，属于对权利要求的进一步限定，因此，此种修改方式应予接受。

三、关于权利要求修改不得扩大原专利的保护范围的比对基准

2002 年《专利法实施细则》第 68 条规定“不得扩大原专利的保护范围”，该条款中“原专利”这一表述较为笼统，如何确定比对的基准是需要解决的前提和条件。专利无效宣告程序中，当权利要求的修改系将从属权利要求的全部或部分附加技术特征补入其所引用的独立权利要求时，判断修改后的独立权利要求是否扩大了原专利的保护范围，究竟是以保护范围小的从属权利要求为比对基准，还是以保护范围大的独立权利要求为比对基准？这个问题是本案审理的关键性问题，也是当事人双方的重要分歧点。

如果以独立权利要求为比对基准，则此类修改属于进一步限定，通常不会超出原专利的保护范围；如果以从属权利要求为比对基准，则对权利要求的修改提出了极为严格的标准，并可能导致修改后的权利要求超出了从属权利要求的范围。以本案为例，阿尔法拉瓦尔公司在无效宣告程序中修改了本专利权利要求书，将从属权利要求2、20的附加技术特征补入至授权权利要求1中。如果以原权利要求1为比对基准，则属于对授权权利要求1的进一步限定，并未扩大授权权利要求1的保护范围。如果以最小的权利要求20为比对基准，则须将权利要求2、17、18、19、20的全部技术特征限定入权利要求1中才符合修改要求。

该问题的解决思路应当回归到权利要求修改的价值及社会公众的行为预期。因为专利授权后对社会公众具有公示作用，社会公众的信赖利益通常建立在保护范围最大的独立权利要求上，并据此预测和评价自身行为的合法性。将从属权利要求的附加技术特征加入独立权利要求中，系对独立权利要求的进一步限定，并未扩大原独立权利要求的保护范围，相反还会缩小原独立权利要求的保护范围。在此基础上，不会损害原专利的公示效力，也不会损害社会公众基于原专利而产生的信赖利益。并且，对权利要求修改标准的适度放宽，既不会影响社会公众对已授权专利文件的信赖利益，也有助于保护发明人的利益，推动全社会的创新动力。基于此，本案明确指出应以作为修改对象的原专利的独立权利要求的保护范围为基准。即应当将修改后的独立权利要求与原专利保护范围最大的独立权利要求进行比较，而非与原专利保护范围较小的从属权利要求进行比较。

最高人民法院二审合议庭成员：朱　理　傅　蕾　张晓阳

（编写人：傅　蕾* 　审稿人：丁文严）

---

* 傅蕾，法学博士，中华人民共和国最高人民法院知识产权法庭，四级高级法官。

株式会社岛野
与
广东顺德顺泰智能运动器材有限公司
侵害发明专利权纠纷案

——功能性特征保护范围的确定

【裁判摘要】

在确定功能性特征保护范围时，专利说明书中针对功能性特征只有一种实施方式，且没有说明或暗示其他替代方式也是可行的情况下，不能使得该功能性描述能够涵盖实现该功能的其他方式，否则，将使得保护范围与技术贡献不相匹配。在实施例中公开的实现功能的部件及其关系是一个相互配合密不可分的有机系统时，在权利人没有证据证明或没有充分说明哪些部件或者部件之间的关系不属于实现该功能必不可少的情况下，应当认定前述各部件均为实现该功能所必不可少的内容。

【案件基本信息】

1. 诉讼当事人

再审申请人（一审原告、二审被上诉人）：株式会社岛野（以下简称岛野公司）

被申请人（一审被告、二审上诉人）：广东顺德顺泰智能运动器材有限公司（原广东顺德顺泰自行车配件有限公司，以下简称顺德顺泰智能运动器材公司）

2. 案件索引与裁判日期

一审：广州知识产权法院（2015）粤知法专民初字第 2245 号判决（2017 年 9 月 29 日）

二审：广东省高级人民法院（2017）粤民终2830号判决（2019年4月8日）

再审：最高人民法院（2019）最高法民申5466号裁定（2019年12月30日）

3. 案由

侵害发明专利权纠纷

【简要案情】

原告岛野公司诉称：岛野公司拥有“自行车用变速操作装置”的发明专利权，该专利至今有效。被告顺德顺泰智能运动器材公司未经专利权人许可的情况下，制造、销售和许诺销售落入本专利保护范围的涉案产品，给原告造成了较大的经济损失。现起诉请求：（1）判令被告立即停止制造、销售、许诺销售落入涉案专利权的产品，以及停止其他一切侵犯上述专利权的行为；（2）判令被告销毁所有库存侵权产品以及制造侵权产品专用的工具、模具、删除所有宣传资料上登载的侵权产品信息（包括但不限于产品目录）；（3）判令被告赔偿原告因其侵犯原告专利权而造成的经济损失，以及原告为制止侵权行为的合理支出共计人民币1,000,000元（上述款项应一次性支付给原告）；（4）判令被告承担全部诉讼费用。

被告顺德顺泰智能运动器材公司辩称：被控侵权技术方案没有落入涉案专利的保护范围，无须向原告承担任何法律责任，请依法驳回原告的所有诉讼请求。

法院经审理查明：岛野公司是名称为“自行车用变速操作装置”，专利号为ZL200610084877.9的发明专利权人。岛野公司在一审中主张的权利要求保护范围为权利要求1、3、4（引用权利要求1的部分）、11、12、14（引用权利要求12的部分）、18—20。顺德顺泰智能运动器材公司确认被诉侵权产品是其生产、销售的。经当庭比对，岛野公司认为涉案产品落入了前述权利要求的保护范围。顺德顺泰智能运动器材公司则认为，对于前述权利要求，除了权利要求中1.4、1.5、19.3、19.4技术特征及权利要求18之外，涉案产品具备了前述权利要求的相关技术特征。一审法院认为，权利要求1.4技术特征分别描述了第1操作部件与安装部及位置保持/释放机构的结构及运动关系以及第1操作部与位置保持/释放机构的运动关系，并非通过其在发明创造中所起的功能或者效果进行限定的技术特征，不属于功能性技术特征。故涉案产品是具备了权利要求1中1.4及权利要求19中19.5的技术特征，结合顺德顺泰智能运动器材公司对权利要求1、3、4（引用权利要求1的部分）、11、12、14（引用权利要求12的部分）、19—20无异议的技术特征的陈述，涉案产品落入了涉案专利权利要求1、3、4（引用权利要求1的部分）、11、12、14（引用权利要求12的部分）、18—20的保护范围。广州知识产权法院于2017年9月29日作出（2015）粤知法专民初字第2245号判决：（一）顺德顺泰智能运动器材公司停止生产、销售、许诺销售侵害岛野公司的涉案专利产品；（二）顺德顺泰智能运动器材公司立即销毁侵害岛野公司涉案专利的库存产品；（三）顺德顺泰智能运动器材公司赔偿岛野公司经济损失及合理费用合计人民币330,000元；（四）驳回岛野公司的其他诉讼请求。顺德顺泰智能运动器材公司不服一审判决，向广东省高级人民法院提起上诉，请求：撤销一审判决，依法改判或发回重审。广东省高级人民法院认为技术特征1.4属于功能性特征，涉案专利权利要求1的1.4技术特征与被诉侵权产品相应技术特征不相同亦不等同，因此，被诉技术方案不落入岛野公司主张保护的权利要求1、3、4、11、12、14以及18—20的保护范围，不构成侵害涉案专利权。一审法院认定事实和适用法律有误，广东省高级人民法院于2019年4月8日作出（2017）粤民终2830号判决：撤销一审判决，驳回岛野公司的全部诉讼请求。岛野公司不服二审判决，向最高人民法院提起再审申请。

【案件焦点】

被诉侵权产品的技术方案是否具有与涉案专利的技术特征1.4（技术特征19.3）、技术特征18.2相同或者等同的技术特征，即是否落入涉案专利的权利要求1、19和权利要求18的保护范围。

【裁判结果】

最高人民法院经审查认为：被诉侵权产品与本专利实施方式不属于以基本相同的手段，实现相同的功能，达到相同的效果。综上，涉案专利权利要求1中的1.4技术特征（权利要求19的技术特征19.3）与被诉侵权技术方案相应技术特征不相同亦不等同。基于上述相同理由，权利要求18的18.2技术特征与被诉侵权技术方案相应技术特征不相同亦不等同。因此，驳回岛野公司的再审申请。

【裁判摘要评析】

本案是专利侵权纠纷中涉及功能性特征保护范围确定以及功能性特征等同侵权判断的典型案例，被评为2019年全国50件知识产权典型案件之一。在专利侵权案件中，功能性特征的认定及保护范围的确定一直以来都是司法实践中的焦点和难点。如何确定功能性特征在司法实践中具有较多探索，司法解释也作出了相应规定，但是，对于功能性特征的保护范围确定以及等同侵权的判断则鲜有涉及。本案在确定了权利要求中的功能性特征后，对如何认定说明书实施例及附图记载的实现所称功能或者效果不可缺少的技术特征作出了有益的探索，对于进一步明确功能性特征的保护范围具有积极意义。

一、功能性特征的源起

专利制度的核心思想是以公开换取保护。因此，作为向社会宣示专利权保护范围的法律文件权利要求书，则必须对技术方案中的全部技术特征作出准确、清晰的描述。但是在某些领域中，许多技术特征难以用表示结构、组分、方法或步骤的语言来进行描述，因此，实践中出现了一种新的权利要求撰写方式，即通过描述某一技术特征的具体实施方式所能达到的功能或效果来对该技术特征进行限定，这种技术特征被称为功能性限定特征，也称功能性特征。

功能性特征起源于美国，其英文表述为“Functional Feature”或“Functional Limitation”或“Means/Step Plus Function”，是指在权利要求中对于某一技术特征采用其功能（效果）是什么而非其物理结构是什么样子的方式进行描述。美国对于功能性特征的认识和理解，经历了1952年之前的否定阶段、1952—1994年的分歧阶段和1994年之后的统一阶段。在In re Donaldson Co. 案之后，美国法院和美国专利商标局在功能性特征认定方式上达成统一。现行的《美国专利审查程序手册》规定，权利按要求中采用功能性机构或步骤来限定技术特征是允许的，应当解释为说明书以及附图公开的实施方式及其等同方式。如果说明书及附图中限定了功能性描述的含义，审查员应当将功能性机构或步骤解释为具体的含义。如果说明书以及附图中没有限定，则应当判断功能性机构或步骤的范围。

我国关于功能性特征的规定最早出现在1993年的《专利审查指南》，第二部分第二章3.2.2中关于“清楚要件”中规定：“通常，对产品权利要求来说，应当尽量避免使用功能或者效果特征来限定发明。只有某一技术特征无法用结构特征来限定，或者技术特征用结构特征限定不如用功能或者效果来限定更为清楚，而且该功能或者效果能通过说明书中充分规定的实验或者操作直接和肯定地验证时，使用功能或者效果特征来限定发明才是允许的。但是，不得利用功能或者效果特征任意扩大权利要求的保护范围，以免造成权利要求保护范围不清楚。”后在2001年、2006年、2010年《专利审查指南》修改时对该条进行了局部修改，但在解释规则方面一直是坚持覆盖所有能够实现所述功能的实施方式。

在司法实践中，法院对于功能性特征的解释进行了积极探索，历经了从观点分歧到统一规范的过程。最高人民法院在2010年施行的《关于审理专利侵权案件若干问题的解释》中第一次在司法解释的层面上规定了功能性特征的解释规则。该解释第4条规定：“对于权利要求中以功能或者效果表述的技术特征，人民法院应当结合说明书和附图描述的该功能或者效果的具体实施方式及其等同的实施方式，确定该技术特征的内容。”因此，司法实践中对于功能性特征保护范围的解释是说明书和附图中实现该功能或者效果的具体实施方式及其等同的实施方式，而非“所有能够实现所述功能的实施方式”。2016年施行的《专利司法解释（二）》第8条规定：“功能性特征，是指对于结构、组分、步骤、条件或其之间的关系等，通过其在发明创造中所起的功能或者效果进行限定的技术特征，但本领域普通技术人员仅通过阅读权利要求即可直接、明确地确定实现上述功能或者效果的具体实施方式的除外。与说明书及附图记载的实现前款所称功能或者效果不可缺少的技术特征相比，被诉侵权技术方案的相应技术特征是以基本相同的手段，实现相同的功能，达到相同的效果，且本领域普通技术人员在被诉侵权行为发生时无需经过创造性劳动就能够联想到的，人民法院应当认定该相应技术特征与功能性特征相同或者等同。”该司法解释明确了功能性特征以及与功能性特征相同或者等同的判断规则。

二、功能性特征的判断标准

根据《专利司法解释（二）》第8条第1款规定，功能性特征，是指对于结构、组分、步骤、条件或其之间的关系等，通过其在发明创造中所起的功能或者效果进行限定的技术特征，但本领域普通技术人员仅通过阅读权利要求即可直接、明确地确定实现上述功能或者效果的具体实施方式的除外。上述规定中的“以功能或者效果表述的技术特征”在司法实践中通常被称为“功能性特征”，是一类性质较为特殊的技术特征。其以技术特征拟实现或者达到的功能、效果，而不是实现该功能、效果的具体技术手段来限定权利要求的保护范围，导致“功能性特征”的字面含义十分宽泛，涵盖了所有能够实现该功能、效果的具体实施方式，不论该实施方式是涉案专利申请日之前已有的，还是申请日之后新发现、发明的，也不论权利人在申请日是否知晓，又或者是否在说明书中公开。在《专利审查指南》第二部分第二章中，虽然规定允许在权利要求中使用功能或者效果特征来限定发明，但与此同时，也针对此类技术特征作出了诸多限制性规定，要求“尽量避免使用”。相应地，如果在专利侵权诉讼中仍然按照权利要求解释的一般规则，将“功能性特征”的保护范围解释为包含实现该功能、效果的全部实施方式，将导致专利权的保护范围与专利的创新程度和公开内容不相匹配，不可避免地会给后续的改进和创新带来不应有的限制，给科学技术发展和经济社会进步带来负面影响。因此，《关于审理专利侵权案件若干问题的解释》第4条对于“功能性特征”的解释作出特别规定：“……应当结合说明书和附图描述的该功能或者效果的具体实施方式及其等同的实施方式，确定该技术特征的内容”，以使专利权的保护范围与其创新程度和说明书、附图公开的内容相适应，维护社会公众与权利人的利益平衡，为后续改进和创新留下必要的空间。

司法实践中，在认定争议技术特征是否属于“功能性特征”时，不仅需要考虑技术特征文字本身的含义，还需将该技术特征纳入权利要求限定的整体技术方案中进行理解。对于包含有特定功能、效果的技术特征，本领域普通技术人员仅通过阅读权利要求即可直接、明确地确定实现该功能或者效果的具体实施方式的，该技术特征不属于“功能性特征”。

本案中，涉案专利权利要求1的技术特征1.4的内容为：“位置保持/释放机构，选择性地将上述缆线卡止体保持在多个保持位置中的任一个上。”该技术特征仅描述了位置保持/释放机构将缆线卡止体选择性的保持在多个保持位置的任意一个的功能，而没有进一步限定位置保持/释放机构的具体结构以及其实现该功能的方式，本领域技术人员根据涉案权利要求1的描述，无法得知位置保持/释放机构的具体结构以及实现该功能的方式。因此，该技术特征1.4为《专利司法解释（二）》第8条第1款规定的功能性技术特征。

三、功能性特征保护范围的确定

《专利司法解释（二）》第5条规定：“在人民法院确定专利权的保护范围时，独立权利要求的前序部分、特征部分以及从属权利要求的引用部分、限定部分记载的技术特征均有限定作用。”含功能性特征的权利要求是通过对功能或者效果的限定进行的表述，因此，在确定含功能性特征的权利要求保护范围时，要结合说明书及附图中记载的实现功能或者效果的技术特征确定相应保护范围。

在确定功能性特征保护范围时，专利说明书中针对功能性特征只有一种实施方式，且没有说明或暗示其他替代方式也是可行的情况下，不能使该功能性描述能够涵盖实现该功能的其他方式，否则，将使保护范围与技术贡献不相匹配。在实施例中公开的实现功能的部件及其关系是一个相互配合密不可分的有机系统时，在权利人没有证据证明或没有充分说明哪些部件或者部件之间的关系不属于实现该功能必不可少的情况下，应当认定前述各部件均为实现该功能所必不可少的内容。

本案中，对于本专利技术特征1.4，说明书中给出两个主要优选实施方式，被控侵权产品与本专利的第2优选实施方式更为接近。根据涉案专利说明书第20页第7段至第21页第3段，第2优选实施方式的线缆释放方向的动作如下：“如果第1臂部件170向离开定位体154的方向摆动，则第2臂部件 171 的动作部 171a 的卡合部 172 与定位爪 156 的卡合凸起 156d 卡合，使定位爪 156 从图 1① 所示的第 1 卡合位置绕第 2 摆动轴 165 顺时针摆动到图 2 所示的第 1 释放位置。此时，动作部 171a 也与防转动爪 157 的释放凸轮部 157c 接触，使防转动爪 157 从图 1 所示的第 2 释放位置摆动到图 2 所示的第 2 卡合位置。结果，经由卷绕体 132 受弹簧部件 150 向图 2 顺时针的释放方向施力的定位体 154 向缆线释放方向旋转，比受定位爪 156 定位的定位齿 162b 更靠近旋转方向下游侧的下一个定位齿 162b 与防转动爪 157 的第 2 爪部 157a 接触。于是，防转动爪 157 在既定范围内相对于定位爪 156 摆动自如，所以受定位齿 162c 推压的防转动爪 157 向逆时针方向摆动。于是，如图 3 所示，防转动爪 157 的释放凸轮部 157c 推压动作部 171a 的卡合释放部 173，将第 2 臂部件 171 上通过卡合部 172 与定位爪 156 的卡合释放。由此，受弹簧部件 158 施力的定位爪 156 从第 1 释放位置移动到第 1 卡合位置，与 1 级缆线释放侧的定位齿 162d 卡合，1 个变速级的释放动作结束。该状态如图 4 所示。在图 4 中，定位体 154 与图 1 相比向缆线释放方向旋转了 1 个变速级（此处可称为 1 级释放）。在此状态下，如果进一步摆动杆部件 136，则如图 5 及图 6 所示，与上述动作同样，动作部 171b 使定位爪 156 摆动到第 1 释放位置，定位体 154 向缆线释放方向旋转，进而定位齿 162b 推压防转动爪 157 而使防转动爪 157 在既定范围内摆动，释放动作部 171b 与定位爪 156 的卡合。结果，如图 7 所示，定位体 154 又向缆线释放方向旋转了 1 个变速级（此处可称为 2 级释放），直到定位爪 156 接触到定位齿 162e。如果进一步操作杆部件 136，则通过同样的动作使定位体 154 又向缆线释放方向旋转 1 个变速级（此处可称为 3 级释放）。该释放操作可以反复进行直到释放了动作部 171c 的卡合释放部 173 的卡合。”

---

① 本案中的图 1 至图 7，分别对应裁判文书原文中的图 12、图 16、图 17、图 18、图 19、图 20、图 21。——编者注

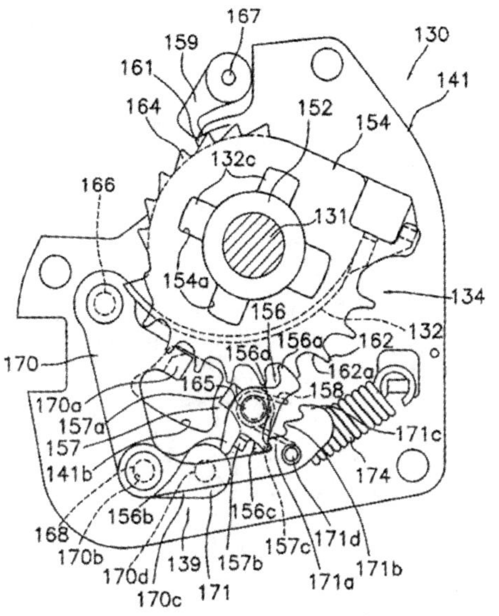

图 1　1 级释放阶段一

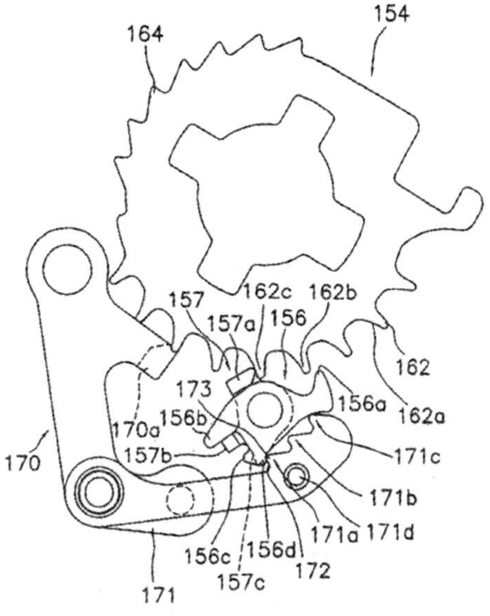

图 2　1 级释放阶段二

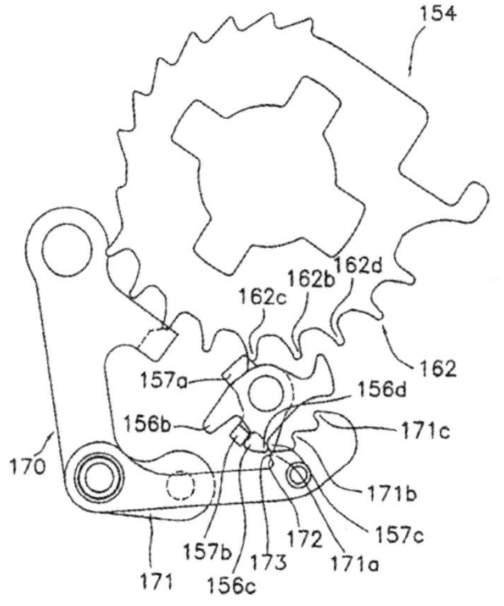

图 3　1 级释放阶段三

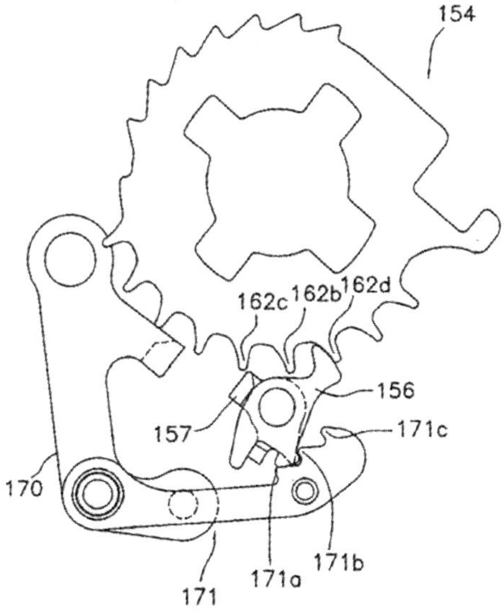

图 4　1 级释放结果示意图

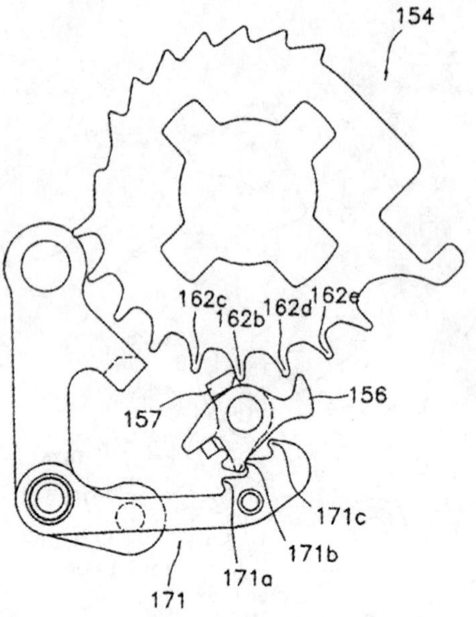

图 5　2 级释放阶段一

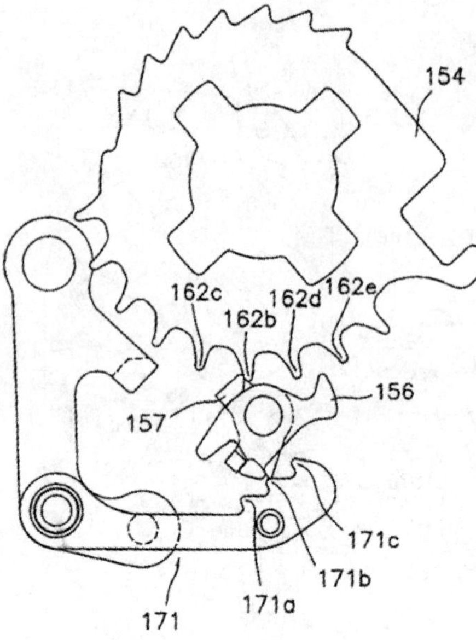

图 6　2 级释放阶段二

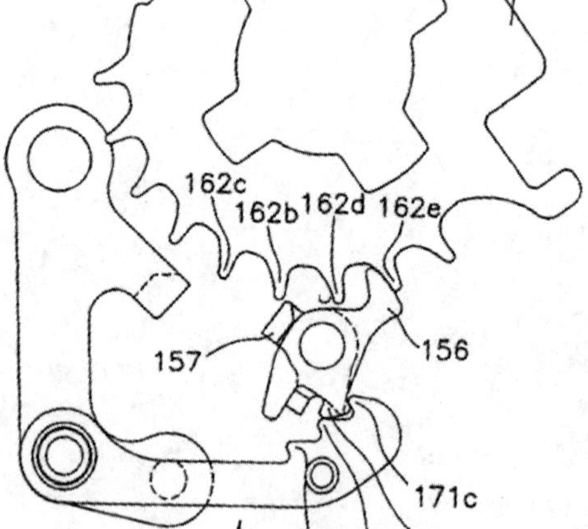

图 7　2 级释放结果示意图

上述1—3级释放可理解为多级释放。由于涉案专利说明书中针对第2优选实施例的缆线释放方向的动作只有上述一种实施方式，且没有暗示其他替代方式也是可行的，在其权利要求以功能性语言进行描述的情况下，不能使该功能性描述能够涵盖实现该功能的其他方式，否则，将使得保护范围与技术贡献不相匹配。由于涉案专利第二实施例中公开的实现缆线释放的部件及其关系是一个有机系统的配合，在没有证据证明哪些部件或者部件之间的关系不属于实现该功能必不可少的部件的情况下，应当认定前述有机系统配合的各个部件均为实现特征1.4的功能所必不可少的内容。

因此，技术特征1.4的保护范围应为说明书实施例中第2优选实施方式所限定的具体结构。

四、功能性特征的侵权判断

《专利司法解释（二）》第8条第2款规定，与说明书及附图记载的实现前款所称功能或者效果不可缺少的技术特征相比，被诉侵权技术方案的相应技术特征是以基本相同的手段，实现相同的功能，达到相同的效果，且本领域普通技术人员在被诉侵权行为发生时无须经过创造性劳动就能够联想到的，人民法院应当认定该相应技术特征与功能性特征相同或者等同。因此，在进行功能性特征的侵权比对时，对于功能和效果需要达到相同，而手段则可以是相同或基本相同。这里的基本相同即为本领域技术人员无须进行创造性活动就可想到的替换手段。

本案中，被诉侵权产品的实施方式与涉案专利前述实施方式比较，两者区别在于：一是涉案专利实施方式的释放和下一个保持位置功能，需要由防转动爪157这一单独部件发挥作用。防转动爪157的限制部157b与定位爪限制突起156b、156c配合，防转动爪157的释放凸轮部157c与驱动部件第二臂171配合，才能完成释放和进入下一个保持位置。而被诉侵权产品的实施方式中，释放和进入下一个保持位置，由定位爪的上下部来完成，即不存在单独一个部件的“防转动爪”。二是涉案专利的驱动部件第二臂171与定位爪156的卡合和分离，也是完成其功能的必不可少特征。而被诉侵权产品的驱动部件和定位爪为一体，并不存在驱动部件和定位爪的卡合和分离。三是涉案专利的特征 1.4 要求其能实现选择性地将缆线卡止体保持在多个保持位置中的任一个上的功能，即包括一次操作实现多级释放保持的情况和一次操作实现单级释放保持的情况，而被诉侵权产品并不具备能够一次操作实现多级释放保持的这一功能。

从功能上来讲，对于涉案专利的特征 1.4 选择性地将缆线卡止体保持在多个保持位置中的任一个上的功能所包含的一次操作实现多级释放保持的情况，由于被诉侵权产品并不具备这一功能，即被诉侵权产品与涉案专利实现了不同的技术效果，则并未落入特征 1.4 的保护范围。

对于能够实现单级释放这一功能来说，涉案专利需要其防转动爪 157 具有特定的结构，与转动爪 156 以及驱动部件第二臂 171 相互配合。本领域普通技术人员无法无须创造性劳动就可以联想到，去掉单独设置的防转动爪 157，或者将防转动爪 157 与定位爪 156 设置为一体之后，进而能以被诉侵权技术方案的“两个错开对置的齿轮+‘<’型爪”的实施方式进行替代。同时，涉案专利的驱动部件 171 与定位爪 156 具有可相互卡合和分离的关系，本领域普通技术人员无法无须创造性地联想即将两者设置为一体，进而以被诉侵权技术方案替代涉案专利第二实施方式中的技术特征。因此，被诉侵权产品与本专利实施方式不属于以基本相同的手段，实现相同的功能，达到相同的效果。

关于特征 18.2“上述位置保持/释放机构具有具备多个定位齿的定位体，以及在与上述定位齿卡合的卡合位置和不与上述定位齿卡合的释放位置之间沿着平行于上述第 1 平面的平面移动的定位爪，选择性地将上述缆线卡止体保持在多个保持位置中的任一个上”。上述特征也仅仅描述了位置保持/释放机构具有具备多个定位齿的定位体以及定位爪，以实现将缆线卡止体选择性地保持在多个保持位置的任意一个的功能，然而其仍然没有具体限定定位体、定位爪的具体结构以及是如何实现上述功能的具体方式，本领域技术人员根据涉案权利要求 18 的描述，无法得知位置保持/释放机构的结构以及实现该功能的方式，因此，该技术特征 18.2 仍然为功能性技术特征，需要结合上述说明书和附图描述的该功能或者效果的具体实施方式及其等同的实施方式来确定其结构特征。基于上述相同理由，权利要求 18 的 18.2 技术特征与被诉侵权技术方案相应技术特征不相同亦不等同。

最高人民法院再审审查合议庭成员：杜微科　张玲玲　吴　蓉

（编写人：张玲玲* 审稿人：丁文严）

---

* 张玲玲，法学博士，中华人民共和国最高人民法院民事审判第三庭（知识产权庭），四级高级法官。

深圳街电科技有限公司
与
深圳来电科技有限公司、
安克创新科技股份有限公司
侵害实用新型专利权纠纷案

——权利要求技术特征的划分及认定标准

【裁判摘要】

划分权利要求的技术特征时，一般应把能够实现一种相对独立的技术功能的技术单元作为一个技术特征，不宜把实现不同技术功能的多个技术单元划定为一个技术特征。

【案件基本信息】

1. 诉讼当事人

再审申请人（一审被告、二审上诉人）：深圳街电科技有限公司（以下简称街电科技公司）

再审申请人（一审原告、二审上诉人）：深圳来电科技有限公司（以下简称来电科技公司）

一审被告、二审被上诉人：安克创新科技股份有限公司（原湖南海翼电子商务股份有限公司，以下简称安克创新科技公司）

2. 案件索引与裁判日期

一审：北京知识产权法院（2017）京73民初357号判决（2018年5月25日）

二审：北京市高级人民法院（2018）京民终470号判决（2012年11月22日）

再审：最高人民法院（2019）最高法民再 348 号判决（2019 年 12 月 30 日）

3. 案由

侵害实用新型专利权纠纷

【简要案情】

再审申请人街电科技公司与再审申请人来电科技公司及一审被告、二审被上诉人安克创新科技公司侵害实用新型专利权纠纷一案中，涉案专利系 ZL201520103318. 2 号名称为“吸纳式充电装置”的实用新型专利，其申请日为 2015 年 2 月 12 日，授权公告日为 2015 年 6 月 24 日，专利权人为来电科技公司。一审法院认定本领域技术人员通常仍会将减速电机看作电机与减速机构的组合，该减速机构可以视为减速电机的一部分，同样，亦可以视为权利要求 1 所述传动组件的一部分，被诉侵权产品包含权利要求 1 所述传动组件。被诉侵权产品技术特征与权利要求 9 所述 PCB 固定座上设有顶针导向结构，技术手段基本相同，且实现了相同的功能，并达到了相同的效果，两者构成等同。被诉侵权产品中的针式机械触碰开关与权利要求 10 所述弹片式机械触碰开关，技术手段基本相同，实现的功能和取得的效果相同，两者构成等同。街电科技公司提出的现有技术抗辩与涉案专利适用对象及充电模式均不同，由此导致两者内部充电结构、控制电路的结构也必然存在不同，现有技术抗辩不成立。未认定安克创新科技公司实施制造行为，认定街电科技公司实施了制造被诉侵权产品的行为，未认定街电科技公司实施销售和许诺销售行为。判决：（一）街电科技公司于本判决生效之日起立即停止制造被诉侵权产品；（二）街电科技公司于本判决生效之日起 30 日内停止使用被诉侵权产品；（三）街电科技公司自本判决生效之日起 10 日内赔偿来电科技公司经济损失共计 85 万元；（四）街电科技公司自本判决生效之日起 10 日内赔偿来电科技公司合理支出共计 15 万元；（五）驳回来电科技公司的其他诉讼请求。二审法院驳回上诉，维持原判。

街电科技公司不服，向最高人民法院申请再审。

【案件焦点】

被诉侵权产品是否落入涉案专利权利要求 9 和 10 的保护范围。

【裁判结果】

最高人民法院经审查认为：关于被诉侵权产品的技术特征，二审判决认定被诉侵权产品系通过电机轴插入滚轴组件的凹槽中以实现动力传递；被诉侵权产品的齿轮减速电机是一种常见的减速电机，由电机组件和减速齿轮组件直接组合成一体，有凸点的输出轴通过减速齿轮组件与电机输出轴相连，减速齿轮组件是为了实现减速动力输出。关于涉案专利“传动组件”在被诉侵权产品中的对应技术特征，二审判决认定被诉侵权产品包含权利要求 1 所述传动组件，同时亦认定减速电机中的减速机构可以视为权利要求 1 所述传动组件的一部分。划分权利要求的技术特征时，一般应把能够实现一种相对独立的技术功能的技术单元作为一个技术特征，不宜把实现不同技术功能的多个技术单元划定为一个技术特征。减速电机是一种将电机和减速机构集成在一起的一体化电机，本领域技术人员通常将减速电机看作电机与减速机构的组合，认为属于一个整体。而减速机构作为减速电机的一部分，其主要功能为减速动力输出。被诉侵权产品的电机轴通过齿轮组件与有凸点的轴相连在一起，均应当属于减速电机的组成部分，齿轮组件的主要功能为减速动力输出。被诉侵权产品通过将减速电机轴插入滚轴组件的凹槽中以实现动力传递，其传动方式是通过直接连接实现的。而涉案专利权利要求 1 所述“传动组件”独立于电机之外，不属于电机的组成部分，其功能是将电机的力传导给滚轴，从而实现将电机一同封装在机械结构内还能实现驱动滚轴。可见，被诉侵权产品的减速机构和涉案专利的“传动组件”的技术手段、功能和效果既不相同亦不等同，被诉侵权产品缺少“传动组件”，因此，二审判决认定减速电机中的减速机构可以视为权利要求 1 所述“传动组件”的一部分，进而认定被诉侵权产品具有相应技术特征，属于认定事实不清，适用法律错误。在缺少“传动组件”技术特征的情形下，根据《最高人民法院关于审理侵犯专利权纠纷案件应用法律若干问题的解释》第 7 条的规定，被诉侵权产品未落入涉案专利专利权利要求 9 的保护范围，二审判决认定事实不清，适用法律错误，应予纠正。最高人民法院于 2019 年 6 月 28 日作出（2019）最高法民申 528 号裁定提审本案，并于 2019 年 12 月 30 日作出（2019）最高法民再 348 号判决，撤销一审、二审判决，驳回深圳来电科技有限公司诉讼请求。

【裁判摘要评析】

人民法院在审理专利案件时，首要问题是对专利权利要求进行解释，确定专利的保护范围，案件争议焦点往往集中于“权利要求解释和技术特征划分”。准确、合理地确定权利要求技术特征的划分及认定标准，不仅是明确权利要求的保护范围、进行侵权比对的基础，能够使权利要求的解释更加接近真实边界，维护知识产权司法保护的公平和正义，更对提高创新能力、保护发明创造、维护公共利益具有重要意义，向来为学界和实务界所重视。

2018 年以来，我国共享经济保持持续高速增长，共享经济的突出代表之一就是共享充电宝，共享充电宝对于生活服务、绿色环保、节能减排等方面有重要的积极作用。街电科技与来电科技是共享充电宝领域两大头部企业，双方的专利纠纷案被《中国知识产权报》评为 2018 年知识产权十大热点案件，社会关注度较高。双方选择利用专利诉讼来争夺市场，裁判结果也将给共享充电宝领域格局带来较大影响。在法律适用上，本案对于权利要求技术特征划分及认定标准进行了明确，对于实用新型专利侵权案件中侵权技术特征比对及认定具有指导意义，对于定分止争，促进共享充电宝行业健康有序发展具有积极作用。

我国现行相关法律法规及司法解释对于权利要求的解释和技术特征的划分作出了相关规定。例如《专利法》第 59 条第 1 款规定：“发明或者实用新型专利权的保护范围以其权利要求的内容为准，说明书及附图可以用于解释权利要求的内容。”《专利法实施细则》第 20 条规定：“权利要求书应当有独立权利要求，也可以有从属权利要求。独立权利要求应当从整体上反映发明或者实用新型的技术方案，记载解决技术问题的必要技术特征。从属权利要求应当用附加的技术特征，对引用的权利要求作进一步限定。”《关于审理专利侵权案件若干问题的解释》第 2 条规定：“人民法院应当根据权利要求的记载，结合本领域普通技术人员阅读说明书及附图后对权利要求的理解，确定专利法第五十九条第一款规定的权利要求的内容。”

虽然对于权利要求解释、技术特征的划分已有相关规定，但是在审判实践中，如何就个案进行分析认定，明确权利界限，仍是各方争议的焦点所在。本案进一步阐明了划分权利要求的技术特征时，一般应把能够实现一种相对独立的技术功能的技术单元作为一个技术特征，不宜把实现不同技术功能的多个技术单元划定为一个技术特征。

技术特征是指在权利要求所限定的技术方案中，能够相对独立地执行一定的技术功能并能产生相对独立的技术效果的较小单元或者单元组合。其不需要再通过与其他技术内容组合就能够体现其自身的功能，并且事实上已经在整体技术方案中发挥了作用或产生了技术影响。对权利要求进行解释，通常就是对其中的技术特征含义进行解释。

一、权利要求的解释原则

权利要求的解释原则贯穿整个解释过程，在审理过程中，应把握以下权利解释原则：

（一）专利权有效原则。一般情况下，在权利人据以主张的专利权未被宣告无效之前，其权利应予保护，不得以该专利权不符合专利法相关授权条件、应被宣告无效为由作出裁判。

（二）公平原则。解释权利要求时，不仅要充分考虑专利对现有技术所做的贡献，合理界定专利权利要求限定的保护范围，保护权利人的利益，还要充分考虑权利要求的公示作用，兼顾社会公众的信赖利益，不能把不应纳入保护的内容解释到权利要求的范围当中。下列情形属于不应纳入保护范围的内容：（1）专利所要克服的技术缺陷的技术方案；（2）整体上属于现有技术的技术方案。

（三）折中原则。解释权利要求时，应当以权利要求记载的技术内容为准，根据说明书及附图、现有技术、专利对现有技术所做的贡献等因素合理确定专利权的保护范围。既不能将专利权的保护范围拘泥于权利要求书的字面含义，也不能将专利权的保护范围扩展到本领域普通技术人员在专利申请日前通过阅读说明书及附图后需要经过创造性劳动才能联想到的内容。关于专利权的保护范围，目前各国主要有三种不同的学说（doctrine，或者叫原则），即以德国为代表的“中心限定原则”、以美国为代表的“周边限定原则”，以及现在多数国家所采用的“折中原则”。现在大多数国家依照《欧洲专利公约》第69条的规定采用“折中原则”，即“一份欧洲专利或者欧洲专利申请的保护范围由权利要求书的内容确定，说明书和附图可以用以解释权利要求”。

（四）符合发明目的原则。权利要求的解释不能将不应纳入专利保护范围的内容包含进权利要求的范围之中，除了专利要克服的技术缺陷的技术方案和现有技术之外，对于那些本领域人员认为不能解决的发明的技术问题、达到发明的技术效果的技术方案，也不应纳入专利的保护范围之内。适用符合发明目的原则时，应当合理地认定发明目的。如果专利权人声称可以解决多个技术问题，权利要求的技术方案只要可以解决其中一个技术问题，就应当被认为符合发明目的。

二、技术特征的比对原则及方法

（一）全面覆盖原则

《关于审理专利侵权案件若干问题的解释》第7条规定：“人民法院判定被诉侵权技术方案是否落入专利权的保护范围，应当审查权利人主张的权利要求所记载的全部技术特征。被诉侵权技术方案包含与权利要求记载的全部技术特征相同或者等同的技术特征的，人民法院应当认定其落入专利权的保护范围；被诉侵权技术方案的技术特征与权利要求记载的全部技术特征相比，缺少权利要求记载的一个以上的技术特征，或者有一个以上技术特征不相同也不等同的，人民法院应当认定其没有落入专利权的保护范围。”该条明确了在认定专利侵权过程中，应采用全面覆盖原则，被诉侵权技术方案与涉案专利相比是否增加了技术特征无须考虑。依照该原则划定了权利要求的技术特征之后，就可以逐一判断被诉侵权技术方案中是否含有相同的特征。若被诉侵权技术方案与权利要求的技术方案完全相同，则构成“相同侵权”。

（二）等同原则

若不构成相同侵权，还需要判断是否构成“等同侵权”。等同侵权的认定需要判断两者是否具备基本相同的手段、功能和效果等因素。《关于审理专利纠纷案件适用法律问题的若干规定》第17条规定：“专利法第五十九条第一款所称的‘发明或者实用新型专利权的保护范围以其权利要求的内容为准，说明书及附图可以用于解释权利要求的内容’，是指专利权的保护范围应当以权利要求记载的全部技术特征所确定的范围为准，也包括与该技术特征相等同的特征所确定的范围。等同特征，是指与所记载的技术特征以基本相同的手段，实现基本相同的功能，达到基本相同的效果，并且本领域普通技术人员在被诉侵权行为发生时无需经过创造性劳动就能够联想到的特征。”本案中，涉案专利权利要求1所述“传动组件”独立于电机之外，不属于电机的组成部分，其功能是将电机的力传导给滚轴，从而在实现将电机一同封装在机械结构内的同时还能实现驱动滚轴。可见，被诉侵权产品的减速机构和涉案专利的“传动组件”的技术手段、功能和效果既不相同亦不等同，被诉侵权产品缺少“传动组件”。

三、技术特征的划分

技术特征的划分方式会对专利侵权判定产生重大影响。技术特征的划分应该结合发明的整体技术方案，考虑能够相对独立地实现一定技术功能并产生相对独立的技术效果的较小技术单元。合理划分技术特征是进行侵权比对的基础，如果技术特征划分得过细，会导致比对也会较为细致，较易发现两者的区别从而认定不侵权，不适当地限缩专利保护范围；如果技术特征划分得过粗，比对时就容易忽略两者的区别，或者笼统地认为两者构成等同而认定构成侵权。本案中，以能够实现相对独立的技术功能的技术单元作为一个技术特征，在审判实践中能够较好地解决技术特征划分粗细不合理的问题。

对技术功能进行理解与解释的核心在于理解其技术含义，而非自然段落或分号等标点符号。虽然从本领域技术人员的角度而言，可能将权利要求划分成不同的技术特征，但对于权利要求含有一些非常琐碎细小、不能在权利要求的整体技术方案中单独发挥作用的技术特征，不宜将其作为单个技术特征，而应当与其他特征共同划分为一个技术特征。若某些特征可以实现多个功能，则表明这些特征承载着多个技术信息，应当将其拆分为多个技术特征，才能进行单独比对。特别是在判定等同侵权时，需要判断被诉侵权技术方案中是否具有功能或效果基本相同的技术特征，只有将权利要求中具有相对独立的功能或效果的特征划分为一个特征，才能与被诉侵权技术方案中的对应特征进行单独比对。

综上所述，在司法实践中，对技术特征的划分首先需要正确理解专利权利要求的整体技术方案。其次，分别剥离出实现整体技术效果的各技术单元，在产品技术方案中一般是指部件，和/或部件与部件之间的连接关系，在方法技术方案中一般是指方法步骤或者步骤之间的关系，这些技术单元应实现一种相对独立的技术功能。最后，通过对现有技术或被诉侵权技术方案的理解，合理划分技术特征，正确把握技术创新点，实现正确认定专利侵权，保护科技创新的司法价值导向。

最高人民法院再审合议庭成员：秦元明　郎贵梅　马秀荣

（编写人：秦元明* 曾　志** 审稿人：丁文严）

---

* 秦元明，法学博士，中华人民共和国最高人民法院民事审判第三庭（知识产权庭），二级高级法官。

** 曾志，法学硕士，中华人民共和国最高人民法院民事审判第三庭（知识产权庭），法官助理。

海事海商

瓦锡兰芬兰有限公司、西特福船运公司 与 荣成市西霞口船业有限公司、颖勤发动机（上海）有限公司 船舶设备买卖侵权纠纷案

——单纯的合同履行利益原则上不属于侵权责任法适用范围

【裁判摘要】

除非合同一方当事人的行为违反合同约定，又同时侵害侵权责任法所保护的民事权益，构成违约责任与侵权责任竞合，否则，合同对方当事人无权针对一方的违约行为提起侵权责任之诉。合同当事人之间单纯的合同债权属于合同法调整范围，而不属于侵权责任法调整范围。对于单纯合同履行利益，原则上应坚持根据合同法保护，而不应支持合同当事人寻求侵权责任救济。

【案件基本信息】

1. 诉讼当事人

再审申请人（一审被告、二审上诉人）：瓦锡兰芬兰有限公司（Wartsila Finland Oy，以下简称瓦锡兰芬兰公司）

再审申请人（一审被告、二审上诉人）：西特福船运公司（Spliethoff's Bevrachtingskantoor B. V.，以下简称西特福船运公司）

被申请人（一审原告、二审被上诉人）：荣成市西霞口船业有限公司（以下简称西霞口船业公司）

一审被告、二审上诉人：颖勤发动机（上海）有限公司（以下简称颖勤发动机公司）

2. 案件索引与裁判日期

一审：青岛海事法院（2011）青海法海商初字第361号判决（2013年4月9日）

二审：山东省高级人民法院（2013）鲁民四终字第88号判决（2014年4月2日）

再审：最高人民法院（2016）最高法民再16号判决（2016年10月9日）

（最高人民法院作出再审判决后，西霞口船业向最高人民检察院申请抗诉，最高人民检察院于2019年8月29日作出高检民监〔2017〕7号不支持监督申请决定）

3. 案由

船舶设备买卖侵权纠纷

【简要案情】

2006年6月3日，西霞口船业公司与西特福船运公司同时签订了编号为xxk06-038、xxk06-039的两份船舶建造合同，约定西霞口船业公司为西特福船运公司建造12500型多用途船舶两艘，每艘造价均为2049万美元；在西霞口船业公司与西特福船运公司签署的12500DWT技术规格书及附录一制造者清单中，西特福船运公司要求西霞口船业公司在选择xxk06-039号轮（以下简称039号轮）发动机供应商时应接受西特福船运公司首选的发动机供应商，并在技术规格书中将瓦锡兰芬兰公司标为其唯一首选的发动机供应商，同时在12500DWT技术规格书第2.3.1条款（西特福船运公司要求039号轮发动机所应具备的技术规格条款）中，直接将发动机品牌写成瓦锡兰并注明型号为W6L46型。2007年1月9日，西霞口船业公司与西特福船运公司签订补充协议，该协议进一步明确西霞口船业公司必须使用瓦锡兰主机，指出该补充协议效力超越（船舶建造）合同。

2007年1月17日，西霞口船业公司与瓦锡兰芬兰公司同时签订编号为xxk06-038-001、xxk06-039-001的两份主机及推进系统购买协议（以下简称主机供货合同），由时任西霞口船业公司总经理苏波与瓦锡兰芬兰公司的代表曹旭（颖勤公司销售经理）在协议书上签字，约定价款为301.93万欧元。

根据发动机铭牌显示，2008年10月，型号为瓦锡兰W6L46型的发动机（序列号为PAAE082742）在瓦锡兰荷兰有限公司出厂。2010年2月7日，西霞口船业公司支付了全部价款301.93万欧元；同月，该主机及推进系统一台套由瓦锡兰芬兰公司负责托运，3月22日运至西霞口船业公司处，主机于2010年9月开始在039号轮安装。

2011年4月，颖勤发动机公司负责安装调试的工程师杨某某，在xxk06-038号轮（以下简称038号轮）试航油压达不到要求时，给西霞口船业公司发送邮件称："我们查阅了发动机的记录。西特福船运公司是从什么地方购买的一款旧的瓦锡兰发动机，然后在荷兰的工厂进行了翻新。最后，西特福船运公司将该发动机又卖给了瓦锡兰芬兰公司，这就是这款发动机的由来"，并且其还称："我们认为有三个大端轴承需要更换成新的，以彻底解决油压低的问题。我们已努力准备配件，但不幸的是直到7月，还有一个轴承没准备好"。

2012年5月，青岛双诚船舶技术咨询有限公司（以下简称双诚船舶技术咨询公司）登船检验后发现，该主机曲柄销、连杆等均是旧的，结论为039号轮瓦锡兰W6L46发动机（序列号为PAAE082742）与038号轮瓦锡兰W6L46发动机（序列号为PAAE082740）一样，均为翻新后的二手主机。按照主机供货合同，瓦锡兰芬兰公司委托瓦锡兰德国有限公司对039号轮主机及推进系统进行了相应调试，并于2012年11月8日至10日进行试航。在039号轮试航前，瓦锡兰芬兰公司已决定为涉案主机更换轴瓦，并将需要更换的轴瓦运送至西霞口船业公司处。试航结束后的第二日、第三日（2012年11月12日、13日），在涉案主机各项指标均正常的情况下，瓦锡兰芬兰公司仍然为西霞口船业公司更换了三套轴瓦。039号轮从2015年6月1日至2016年2月11日已经投入营运，在山东龙眼、辽宁营口、广东汕头、海南海口等国内港口及新加坡、马尼拉等东南亚港口之间航行。

西霞口船业公司在诉讼中提供的039号轮主机的劳氏船级社发动机证书（编号AMS 0803877/01）载明：制造商瓦锡兰荷兰有限公司；客户（client）“西特福”（证书以英文记载为“Spliethoff”）；用于“西特福”；检验开始日期2008年5月7日；检验结束日期2008年10月20日；发动机序号PAAE 082742；制造商品名瓦锡兰W6L46；曲轴LR ROT 0803807；该证书由劳氏船级社阿姆斯特丹办公室EMEA检验师A. J. F迪·维尔德（A. J. F de Weerd）于2010年6月16日签署，签发给上述客户证明主发动机的制作符合入级规范与规则的要求。该证书没有关于主发动机是否为二手翻新主机的记载。

西霞口船业公司在诉讼中提供039号轮主机的劳氏船级社曲轴证书（编号ROTO803807）载明：项目名称“西特福船运公司荣成西霞口船厂—厂号xxk06-039”；客户（client）瓦锡兰荷兰有限公司；办公室荷兰鹿特丹；客户订单号4500698693；日期2008年4月4日；订单状态完成（complete）；检验日期第一次为2008年2月19日，最后一次为2008年2月20日；应上述客户要求，劳氏船级社EMEA检验师R. J. 范·伊尔瑟（R. J. vaniersel）于上述日期亲临分包商马克·范·莎伊克公司（Mark van Schaick B. V.）位于荷兰斯希丹（Schiedam）的工厂检验柴油发动机旧零件，并出具报告“一件二手翻新的实心旧曲轴”，具体情况为：曲轴的轴颈和曲柄销（449mm）磨损到了正常的尺寸以下；零件的加工质量上乘，完全符合标准；该曲轴可以在满足证书所列条件的情况下继续使用。

西霞口船业公司于2011年7月26日向青岛海事法院（以下简称一审法院）诉称：西霞口船业公司与西特福船运公司于2006年6月3日签订船舶建造合同，并按西特福船运公司的要求，于2007年1月17日与瓦锡兰芬兰公司签订了购买主发动机（又称主机）一台套的协议。颖勤发动机公司、瓦锡兰芬兰公司、西特福船运公司在交易过程中，故意隐瞒事实，以旧机器冒充新机器卖给西霞口船业公司，其行为已构成商业欺诈，侵犯了西霞口船业公司的合法权益。请求判令：颖勤发动机公司、瓦锡兰芬兰公司、西特福船运公司按合同约定提供同样的主发动机、推进系统一台套；赔偿西霞口船业公司船舶贬损及其他损失14,890,835.33元人民币；颖勤发动机公司、瓦锡兰芬兰公司、西特福船运公司互负连带责任并承担本案诉讼费用。

一审法院经审理于2013年4月9日作出（2011）青海法海商初字第361号判决：（一）瓦锡兰芬兰公司为西霞口船业公司提供同等型号主发动机、推进系统一台套，限于判决生效之日起60日内履行完毕；逾期不履行的，则应按原主机及推进系统购买价款301.93万欧元（按2010年2月7日人民币兑欧元汇率）折款赔偿，并自2010年2月7日起至判决确定应付之日止按同期银行贷款利率计算利息，颖勤发动机公司、西特福船运公司对此承担连带赔偿责任。（二）颖勤发动机公司、瓦锡兰芬兰公司、西特福船运公司连带赔偿西霞口船业公司各项损失总计为14,890,835.33元，并承担自起诉之日起至判决确定应付之日止的同期银行贷款利息。一审案件受理费247,194元，由颖勤发动机公司、瓦锡兰芬兰公司、西特福船运公司共同负担。

二审法院经审理于2014年4月2日作出（2013）鲁民四终字第88号判决：（一）变更一审判决第一项为：瓦锡兰芬兰公司为西霞口船业公司提供符合双方约定的主发动机一台，限判决生效之日起60日内履行完毕；逾期不履行的，则应按原主机及推进系统购买价款301.93万欧元（按2012年5月13日人民币兑欧元汇率）折款赔偿，西特福船运公司对此承担连带赔偿责任；（二）变更一审判决第二项为：瓦锡兰芬兰公司和西特福船运公司连带赔偿西霞口船业公司各项损失人民币14,405,415.33元，以及西霞口船业公司垫付造船款的利息损失（利息损失以32,871,697元为基数，从2012年11月16日起到2013年2月1日止，按中国人民银行公布的同期贷款基准利率计算实际数额）；（三）驳回西霞口船业公司对瓦锡兰芬兰公司和西特福船运公司的其他诉讼请求；（四）驳回西霞口船业公司对颖勤发动机公司的诉讼请求。一审案件受理费247,194元，由瓦锡兰芬兰公司、西特福船运公司共同负担。二审案件受理费247,194元，由瓦锡兰芬兰公司、西特福船运公司共同负担210,115元，由西霞口船业公司负担37,079元。

瓦锡兰芬兰公司、西特福船运公司不服二审判决，向最高人民法院申请再审。

【案件焦点】

欺诈行为、侵权责任与损失等问题的认定。

【裁判结果】

最高人民法院再审认为：西霞口船业公司坚持就涉案纠纷提起侵权责任之诉，因瓦锡兰芬兰公司与西特福船运公司分别为在芬兰、荷兰登记注册的公司且涉案船用主机及推进系统从荷兰进口，本案具有涉外因素，西霞口船业公司所称侵权行为地在中华人民共和国境内，依照《中华人民共和国涉外民事关系法律适用法》第44条关于侵权责任适用侵权行为地法律的规定，一审、二审法院适用中华人民共和国法律处理本案纠纷正确。本案有关证据可以证明西特福船运公司坚持选用瓦锡兰芬兰公司生产的发动机、涉案发动机为二手翻新主机以及瓦锡兰芬兰公司知情或者应当知情等三个相对孤立的事实，但不能证明西特福船运公司、颖勤发动机公司在瓦锡兰芬兰公司于2010年2月至3月交付主机及推进系统以前知道或者应当知道主机为翻新旧发动机，不能证明西特福船运公司、颖勤发动机公司与瓦锡兰芬兰公司有恶意串通的情形。西霞口船业公司请求西特福船运公司、颖勤发动机公司承担共同侵权责任没有事实和法律依据。西霞口船业公司与瓦锡兰芬兰公司在涉案主机供货合同中具体约定了主机等设备的技术规范、设备部件保修（修理和更换）、违约责任与赔偿范围、纠纷解决方式、处理纠纷的准据法等。瓦锡兰芬兰公司在履行合同过程中向西霞口船业公司提供含有二手翻新旧曲轴和其他部分旧部件的主机，但未发现主机存在不良技术性能，由此引起的纠纷涉及瓦锡兰芬兰公司是否可以按合同约定提供含有部分旧部件的主机、是否应当更换整个主机还是仅应更换旧曲轴等部分旧部件以及是否必须更换旧曲轴、如何承担责任等问题，均属于双方合同约定的范围。

合同双方当事人应当遵守合同约定，全面履行合同，根据合同约定处理合同争议，西霞口船业公司不能只要求供应商按照合同约定提供主机，而不按照合同约定处理主机或者其零部件瑕疵的保修问题，涉案主机修理或者更换也需要根据合同约定来处理。西霞口船业公司请求瓦锡兰芬兰公司“按合同约定提供同样的主发动机、推进系统一台套”，这明显是基于合同约定提出的请求。西霞口船业公司请求赔偿主机更换费用、船舶贬值与维持费用等损失，也分别是基于其请求按合同约定提供同样主发动机而进一步主张的费用、基于其所称瓦锡兰芬兰公司提供旧主机的瑕疵给付而产生的额外费用和可得利益损失，均属于违约损失（合同履行利益）的范畴，在性质上属于合同债权。尽管瓦锡兰芬兰公司在履行合同过程中存在故意提供旧主机之嫌，西霞口船业公司诉请的给付属合同履行利益的性质并不因此改变。本案没有证据表明瓦锡兰芬兰公司提供旧主机使西霞口船业公司遭受合同履行本身及可得利益等合同债权之外的损害。《中华人民共和国侵权责任法》第2条①规定：“侵害民事权益，应当依照本法承担侵权责任。本法所称民事权益，包括生命权、健康权、姓名权、名誉权、荣誉权、肖像权、隐私权、婚姻自主权、监护权、所有权、用益物权、担保物权、著作权、专利权、商标专用权、发现权、股权、继承权等人身、财产权益。”《中华人民共和国侵权责任法》并没有将合同债权列入该法保护范围，亦即侵权责任法不调整违约行为。除非合同一方当事人的行为违反合同约定，又同时侵害侵权责任法所保护的民事权益，构成违约责任与侵权责任竞合，合同对方当事人无权针对一方的违约行为提起侵权责任之诉。合同相对人之间单纯的合同债权属于合同法调整范围，而不属于侵权责任法调整范围。对于单纯合同履行利益，原则上应坚持根据合同法保护，而不应支持当事人寻求侵权责任救济。西霞口船业公司就其合同履行利益损失请求合同相对方瓦锡兰芬兰公司承担侵权责任，一审、二审法院予以支持，没有法律依据，应予以纠正。据此，最高人民法院依照《中华人民共和国侵权责任法》第2条、《中华人民共和国民事诉讼法》第207条第1款与第170条第1款第2项之规定，于2016年10月9日作出（2016）最高法民再16号判决：（一）撤销山东省高级人民法院（2013）鲁民四终字第88号判决；（二）撤销青岛海事法院（2011）青海法海商初字第361号判决；（三）驳回西霞口船业公司的诉讼请求。一审、二审案件受理费各247，194

① 本条现为《民法典》第1164条：“本编调整因侵害民事权益产生的民事关系。”以下同。

元，均由西霞口船业公司负担。

最高人民法院作出再审判决后，西霞口船业公司向最高人民检察院申请抗诉，最高人民检察院于 2019 年 8 月 29 日作出高检民监〔2017〕7 号不支持监督申请决定，基本上肯定最高人民法院再审判决的意见，特别指出：最高人民法院关于“合同相对人之间单纯的合同债权属于合同法调整范围，而不属于侵权责任法调整范围。对于单纯合同履行利益，原则上应坚持根据合同法保护，而不应支持当事人寻求侵权责任救济”的认定正确。

【裁判摘要评析】

本案的典型意义在于在厘清了合同法与侵权责任法适用的边界，明确了一项基本的法律适用规则：单纯合同履行利益原则上不属于侵权责任法适用范围。

尽管《合同法》第 122 条[①]在违约责任与侵权责任竞合情形下赋予受害人选择就违约责任或者侵权责任行使请求权，但绝不意味着合同当事人可以随意跳开合同约定去寻求侵权责任救济。合同当事人就合同履行中的损失寻求侵权责任救济的前提是合同对方的违约行为同时构成侵权行为形成竞合情形，即违约行为侵害的权益本身属于侵权责任法的适用范围。根据整个法律体系的分工设置，合同法与侵权责任法应当有各自适用范围，尽管存在竞合情形但违约责任与侵权责任不能完全混同，否则该两种责任的基本区分将失去应有的意义。合同法和侵权责任法的基本分野就是合同债权原则上不属于侵权责任法的保护范围（对于第三人侵害债权是否属于侵权责任法调整范围，可以另行研究）。之所以强调这个基本分野，主要法理在于：

合同责任所保护的利益主要是履行利益，包括履行本身和可得利益，体现在合同债权中，赔偿标准通常是通过赔偿使当事人处于合同完全履行的状态；而侵权责任保护的利益是一种固有利益，即受害人在遭受侵害行为之前所既存的财产权益和人身权益，体现在绝对权中，赔偿标准以

① 本条现为《民法典》第 186 条：“因当事人一方的违约行为，损害对方人身权益、财产权益的，受损害方有权选择请求其承担违约责任或者侵权责任。”

恢复受害人遭受侵害以前的人身、财产状态为原则。总体上看，侵权责任法的目的是使当事人有义务赔偿因其不法行为给其他当事人造成的合同关系之外的损害。合同法的基本价值是私法自治，允许合同当事人在不违反法律强制规定的前提下自由约定责任承担、权利救济等权利义务关系，体现市场交易的灵活性和多样性，鼓励市场交易。侵权责任法是保护合同债权以外的民事权益的强行法，如果将侵权责任法随意拓展适用于合同债权，准许合同当事人以侵权责任之诉规避合同的有效约定势必损害私法自治的实现，混淆侵权责任法与合同法的规范体系，削弱当事人对权利义务的可预期性。因此，对于单纯合同履行利益，原则上应坚持根据合同法保护，而不应支持合同当事人寻求侵权责任救济。

尽管本案再审判决所涉行为和法律关系发生于《民法典》颁布之前，但本案再审判决对于民法典有关民事责任规定的适用仍然具有指导意义。《民法典》第七编（侵权责任）第1164条规定“本编调整因侵害民事权益产生的民事关系”。该条规定相比原《中华人民共和国侵权责任法》第2条的规定，删除了后者第2款关于侵权责任法的保护对象“民事权益”范围的规定，但是，从民法典分编体系的构成看，合同法和侵权责任法的基本分野相当明确，与之前的立法相比并没有根本改变。所以，在民法典施行后，“单纯合同履行利益原则上不属于侵权责任法适用范围”的基本规则必须继续强调。

最高人民法院再审合议庭成员：王淑梅　郭忠红　余晓汉

（编写人：余晓汉*　审稿人：郭载宇）

---

* 余晓汉，法学硕士，中华人民共和国最高人民法院民事审判第四庭，二级高级法官。

交通运输部上海打捞局
与
普罗旺斯船东2008-1有限公司、
法国达飞轮船有限公司等
海难救助及船舶污染损害责任纠纷案

——预防措施费用与救助措施费用的区分、船舶碰撞漏油污染事故否认责任主体的认定、海事赔偿请求的限制性与非限制性的识别

【裁判摘要】

1. 认定某项海上应急行动是海难救助抑或防污清污，需要结合作业的初始目的、船舶所面临的风险、实际作业内容等事实进行分析判断；作业具有救助遇险船舶、其他财产和防止、减轻油污损害的双重目的，应根据目的的主次比例合理划分预防措施费用与救助措施费用。

2. 在两艘船舶互有过失发生碰撞导致其中一艘船舶漏油污染环境的情形下，对于其中有过失的非漏油船舶一方是否应当承担污染损害赔偿责任以及如何承担责任的问题，涉及有关国际条约和国内法的理解与适用。由《2001年国际燃油污染损害民事责任公约》有关条款文义和公约主旨可知该公约仅规定漏油船舶方面的责任，非漏油船舶一方的污染损害赔偿责任承担问题应当根据有关国家的国内法予以解决。根据《中华人民共和国侵权责任法》第68条①及其相关司法解释的规定，因第三人的过错污染环境造

① 本条现为《民法典》第1233条："因第三人的过错污染环境、破坏生态的，被侵权人可以向侵权人请求赔偿，也可以向第三人请求赔偿。侵权人赔偿后，有权向第三人追偿。"以下同。

成损害的，被侵权人可以向污染者请求赔偿，也可以向第三人请求赔偿；被侵权人请求第三人承担赔偿责任的，人民法院应当根据第三人的过错程度确定其相应赔偿责任；有关国际条约和国内法分别对污染者与第三人实行无过错责任原则、过错责任原则——原则上污染者负全责，另有过错者相应负责。

3.《中华人民共和国海商法》第十一章是吸收借鉴《1976 年海事索赔责任限制公约》作出的规定，该法第 207 条规定限制性海事赔偿请求时没有将该公约允许缔约国保留的以下两项请求纳入限制性海事赔偿请求范围：有关沉没、遇难、搁浅或者被弃船舶（包括此种船上的任何物件）的起浮、清除、拆毁或者使之无害的索赔；有关船上货物的清除、拆毁或者使之无害的索赔。当事船舶如果不构成上述“沉没、遇难、搁浅或者被弃船舶”，对其起浮、清除、拆毁或使之无害的有关索赔不能纳入非限制性海事赔偿请求的范围。当事船被碰撞后虽面临一定危险，但尚能自航，没有沉没、搁浅或者被弃，也没有达到严重损毁或者毁灭的程度以致成为遇难（wrecked）船舶，因该轮事故而发生的防污清污费债权属于《中华人民共和国海商法》第 207 条第 1 款第 4 项规定的限制性海事赔偿请求。

【案件基本信息】

1. 诉讼当事人

再审申请人（一审原告、二审上诉人）：交通运输部上海打捞局（以下简称上海打捞局）

被申请人（一审被告、二审上诉人）：普罗旺斯船东 2008-1 有限公司（Provence Shipowner 2008-1 Ltd.，以下简称普罗旺斯船东公司）

被申请人（一审被告、二审上诉人）：法国达飞轮船有限公司（CMA CGM SA，以下简称达飞轮船公司）

被申请人（一审被告、二审被上诉人）：罗克韦尔航运有限公司（Rockwell Shipping Limited，以下简称罗克韦尔航运公司）

2. 案件索引与裁判日期

一审：宁波海事法院（2015）甬海法商初字第 442 号判决（2017 年 7 月 14 日）

二审：浙江省高级人民法院（2017）浙民终581号判决（2018年3月29日）

再审：最高人民法院（2018）最高法民再368号判决（2019年9月20日）

3. 案由

海难救助及船舶污染损害责任纠纷

【简要案情】

2013年3月19日0：32，普罗旺斯船东公司所有并由达飞轮船公司经营的英国籍“达飞佛罗里达”轮与罗克韦尔航运公司所有的巴拿马籍“舟山”轮在长江口灯船东北约124海里的东海海域发生碰撞，致使“达飞佛罗里达”轮五号燃油舱严重破损，泄漏约613.278吨燃油入海。上海海事局、上海海上搜救中心自当日12：00起，先后协调、组织包括上海打捞局在内的多家单位启动应急行动；于24日13：10根据“边抢险、边清污、边移泊、边观察”方案，组织“达飞佛罗里达”轮在六艘专业救助船、专业清污船的伴航下起锚，沿途救助船和清污船保持即时清污，该轮于4月4日安全抵达舟山的船厂。该事故应急处置属中国在专属经济区远海海域开展的重大救助及油污应急处置，经过17个昼夜的海空配合连续作业，载有6100余吨燃油的“达飞佛罗里达”轮避免了沉没断裂，中国海域也避免了灾难性污染事故的发生。上海打捞局先后协调安排“深潜号”轮、“联合正力”轮、“德泳”轮赶赴现场作业。“深潜号”轮系11，244总吨的特种用途船，该轮从2013年3月19日16：00接到通知投入应急行动至27日18：00结束应急行动返航，其间主要从事吊装物资及设备、潜水检查探摸、供应淡水、伴航、切割钢板等作业，同时也从事了吊装抽油设备并抽取油污、潜水清除作业中布放的绳索等作业。“联合正力”轮为3656总吨的工程船，其从2013年3月22日至4月10日在应急行动中主要从事的作业是吊装清污设备、堵漏钢板、抽油污水、清洗油污水舱，同时还包括吊装电焊机和补给、伴航、配合起吊落水集装箱、配合切割钢板等作业。“德泳”轮为1303总吨拖轮，其在应急行动中从2013年3月26日9：40至27日19：00，主要往返“联合正力”轮、“深潜号”轮从事吊运人员、物资和集装箱工作。2016年5月30日，二审法院作出（2015）浙海终字第319号判决，认定“达飞佛罗里达”轮与“舟山”轮对案涉碰撞事故各承担50%的责任。

上海打捞局于2014年2月20日向一审法院起诉，请求法院判令普罗旺斯船东公司、达飞轮船公司、罗克韦尔航运公司向上海打捞局支付救助款项20,864,170.50元及其利息（自事故发生之日起，按中国人民银行确定的金融机构同期贷款基准利率计算至本案判决生效之日止），并负担本案案件受理费和债权登记申请费。

一审法院判决：（一）上海打捞局对普罗旺斯船东公司、达飞轮船公司享有防污清污费8,958,539元的海事债权；（二）上海打捞局就上述债权参与普罗旺斯船东公司、达飞轮船公司为案涉碰撞事故所设立的非人身伤亡海事赔偿责任限制基金的分配；（三）驳回上海打捞局的其他诉讼请求。上海打捞局、普罗旺斯船东公司、达飞轮船公司不服一审判决提起上诉，二审法院判决：驳回上诉，维持原判。上海打捞局不服一审、二审判决，向最高人民法院申请再审。

【案件焦点】

上海打捞局的案涉应急行动的性质（是否构成海难救助）、有关费用索赔的权利主体与赔偿的责任主体、案涉海事赔偿请求的限制性与非限制性。

【裁判结果】

最高人民法院再审认为，本案系上海打捞局参与案涉海事事故应急处置行动所引起的费用索赔纠纷，本案具有涉外因素。中华人民共和国加入了《1989年国际救助公约》和《2001年国际燃油污染损害民事责任公约》，本案属于该两国际条约的适用范围，应当优先适用该两国际条约的有关规定。《中华人民共和国海商法》第九章（海难救助）基本上是借鉴《1989年国际救助公约》作出的规定，该法在与该国际条约规定一致范围内也可在本案中一并适用。本案中对于有关国际条约没有规定的事项，应当适用《中华人民共和国海商法》《中华人民共和国侵权责任法》等中华人民共和国国内法及其司法解释的规定。

根据《1989年国际救助公约》第1条第1项关于救助作业的定义，救助作业是指对在可航水域或者其他任何水域中处于危险的船舶或者其他任何财产进行援救（assist）的任何行为或者活动。根据《最高人民法院关于审理船舶油污损害赔偿纠纷案件若干问题的规定》第11条的规定，认定某项海上应急行动究竟是海难救助抑或防污清污，需要结合作业的初始目的、船舶所面临的风险、实际作业内容等事实进行分析判断。根据本案基本事实，上海打捞局在案涉事故应急中派遣三艘船舶“深潜号”轮、“联合正力”轮、“德泳”轮参与事故应急处置，其作业性质分别为：“深潜号”轮主要从事海难救助，“联合正力”轮主要从事防污清污，“德泳”轮配合协调前两艘船舶的海难救助与防污清污作业（同时从事了海难救助与防污清污作业）。对于救助款项与防污清污费，有关国际条约和国内法及其司法解释仅原则性规定与评定标准相关的考量因素，各方当事人之间没有约定款项或者费用数额，中国国内尚无政府指导价或者普遍采用的行业参考价，有关量化标准需要当事人进行举证，然后由人民法院合理酌定。认定有关量化标准主要应当考虑两个问题：一是标准的证成（证据证明问题）；二是标准的合理性（实体依据问题）。据此认定其救助款项和防污清污费共计22,024,407.15元，包括：“深潜号”轮费用15,571,514.10元、“联合正力”轮费用6,196,790.35元、“德泳”轮费用256,102.70元。将“深潜号”轮费用和50%的“德泳”轮费用认定为救助款项，案涉救助款项为15,699,565.45元（15,571,514.10元+256,102.70元×50%）；将“联合正力”轮费用和50%的“德泳”轮费用认定为防污清污费，案涉防污清污费为6,324,841.70元（6,196,790.35元+256,102.70元×50%）。鉴于遇险船舶“达飞佛罗里达”轮所有人与光船承租人（经营人）普罗旺斯船东公司和达飞轮船公司应当同时支付有关救助款项和防污清污费，对于上海打捞局受偿的预付金3,372,660元，按照其救助款项与防污清污费的比例（15,699,565.45元/6,324,841.70元），将其中2,404,119元作为已付救助款项，将其中968,541元作为已付防污清污费。

上海打捞局在上海海上搜救中心等行政主管机关的指导部署下参与救助，属于《1989年国际救助公约》第5条规定的公共当局控制的救助作业，上海打捞局根据该公约第5条第2款的规定有权主张救助款项。普罗旺斯船东公司、达飞轮船公司分别系被救助船舶“达飞佛罗里达”轮的所有人、光船承租人（经营人），在本案中可以同时被认定为上海打捞局施救“达飞佛罗里达”轮行为中的被救助方，对案涉救助款项共同承担给付义务。罗克韦尔航运公司并非被救助船舶“达飞佛罗里达”轮一方的当事人，与上海打捞局没有形成海难救助法律关系，故罗克韦尔航运公司不应当对上海打捞局承担给付救助款项的义务。

根据《2001年国际燃油污染损害民事责任公约》第1条第7款关于“预防措施”的定义和第9款关于“污染损害”的定义及其上下文并参照该公约的目的及宗旨，可以明确采取预防措施的人所发生的费用属于污染损害赔偿范围，采取预防措施的人也相应可以主张预防措施的费用。上海打捞局从事的案涉防污清污作业属于该公约规定的预防措施，具有索赔防污清污费的主体资格。普罗旺斯船东公司、达飞轮船公司分别作为“达飞佛罗里达”轮的所有人、光船承租人（经营人），属于《2001年国际燃油污染损害民事责任公约》规定的船舶所有人，其在案涉事故中不存在该公约第3条第3款和第4款规定的免责情形，应当对“达飞佛罗里达”轮事故造成的预防措施费用（防污清污费）等污染损害承担全部赔偿责任。由《2001年国际燃油污染损害民事责任公约》有关条款文义和公约主旨可知，该公约仅规定漏油船舶方面的责任，在类似本案船舶碰撞导致其中一艘船舶漏油的情形中，非漏油船舶一方的污染损害赔偿责任承担问题应当根据有关国家的国内法予以解决。根据《中华人民共和国侵权责任法》第68条及《最高人民法院关于审理环境侵权责任纠纷案件适用法律若干问题的解释》第5条的规定，因第三人的过错污染环境造成损害的，被侵权人可以向污染者请求赔偿，也可以向第三人请求赔偿；被侵权人请求第三人承担赔偿责任的，人民法院应当根据第三人的过错程度确定其相应赔偿责任。在案涉船舶污染事故中，尽管“舟山”轮没有漏油，但其因部分驾驶过失与“达飞佛罗里达”轮发生碰撞，导致“达飞佛罗里达”轮漏油造成污染，“舟山”轮所有人罗克韦尔航运公司是上述法律和司法解释中规定的第三人，其应当按照有关生效判决确定的50%过错比例承担污染损害赔偿责任。罗克韦尔航运公司所谓“谁漏油，谁负责”的观点，并没有全面反映有关国际条约和国内法分别对污染者与第三人实行无过错责任原则、过错责任原则的基本内涵——原则上污染者负全责，另有过错者相应负责。

根据《中华人民共和国海商法》第208条第1项的规定，该法第十一章（海事赔偿责任限制）规定不适用于对救助款项的请求，故上海打捞局对普罗旺斯船东公司、达飞轮船公司的救助款项13,295,446.45元（15,699,565.45元-2,404,119元）及其利息的请求，不属于责任人可以依照该法第十一章限制赔偿责任的海事赔偿请求。上海打捞局主张的防污清污费属于《2001年国际燃油污染损害民事责任公约》规定的污染损害中的预防措施的费用。但是，该公约没有规定专门的责任限制制度，对于案涉防污清污费请求是否属于限制性海事赔偿请求以及如何限制等事项，应当根据《中华人民共和国海商法》第十一章（海事赔偿责任限制）及其司法解释的有关规定进行审理认定。《中华人民共和国海商法》第十一章是吸收借鉴《1976年海事索赔责任限制公约》作出的规定，该法第207条规定限制性海事赔偿请求时没有将该公约允许缔约国保留的以下两项请求纳入限制性海事赔偿请求范围：有关沉没、遇难、搁浅或者被弃船舶（包括此种船上的任何物件）的起浮、清除、拆毁或者使之无害的索赔；有关船上货物的清除、拆毁或者使之无害的索赔。当事船舶如果不构成上述“沉没、遇难、搁浅或者被弃船舶”，对其起浮、清除、拆毁或使之无害的有关索赔不能纳入非限制性海事赔偿请求的范围。当事船被碰撞后虽面临一定危险，但尚能自航，没有沉没、搁浅或者被弃，也没有达到严重损毁或者毁灭的程度以致成为遇难（wrecked）船舶，因该轮事故而发生的防污清污费债权属于《中华人民共和国海商法》第207条第1款第4项规定的限制性海事赔偿请求。

综上所述，最高人民法院依照《中华人民共和国民事诉讼法》第207条第1款、第170条第1款第2项之规定，判决如下：

（一）撤销浙江省高级人民法院（2017）浙民终581号判决、宁波海事法院（2015）甬海法商初字第442号判决。

（二）普罗旺斯船东公司、达飞轮船公司应当于本判决生效之日起10日内向上海打捞局给付救助款项人民币13,295,446.45元（不含已预付款项人民币2,404,119元）及其利息（自2013年4月10日起，按中国人民银行确定的金融机构同期贷款基准利率计算至本判决生效之日止）。上海打捞局的该项债权为普罗旺斯船东公司、达飞轮船公司依法不可以限制赔偿责任的海事赔偿请求，由该两公司在其就“达飞佛罗里达”轮案涉事故所设立的海事赔偿责任限制基金之外另行清偿。普罗旺斯船东公司、达飞轮船公司如果未按本判决指定的期限履行该项给付金钱义务，应当依照《中华人民共和国民事诉讼法》第253条之规定，加倍支付迟延履行期间的债务利息。

（三）普罗旺斯船东公司、达飞轮船公司应当向上海打捞局给付防污清污费人民币6,324,841.70元（含已预付费用人民币968,541元）及其利息（自2013年4月10日起，按中国人民银行确定的金融机构同期贷款基准利率计算至本判决生效之日止）。上海打捞局的该项债权为普罗旺斯船东公司、达飞轮船公司可以依法限制赔偿责任的海事赔偿请求，由上海打捞局以上述防污清污费人民币6,324,841.70元及其利息，参与普罗旺斯船东公司、达飞轮船公司就“达飞佛罗里达”轮案涉事故所设立的海事赔偿责任限制基金的分配，按比例受偿。

（四）罗克韦尔航运公司应当向上海打捞局给付防污清污费人民币3,162,420.85元及其利息（自2013年4月10日起，按中国人民银行确定的金融机构同期贷款基准利率计算至本判决生效之日止）。上海打捞局的该项债权为罗克韦尔航运公司可以依法限制赔偿责任的海事赔偿请求，由上海打捞局从罗克韦尔航运公司就“舟山”轮案涉事故所设立的海事赔偿责任限制基金中受偿。上海打捞局可以在参与上述第三项判决所确定的海事赔偿责任限制基金分配的同时或者前后，以上述防污清污费人民币3,162,420.85元及其利息，参与罗克韦尔航运公司就“舟山”轮案涉事故所设立的海事赔偿责任限制基金的分配，按比例受偿。

（五）上海打捞局从上述第三项、第四项判决确定的两个海事赔偿责任限制基金中受偿的债权总额，应当以防污清污费人民币6,324,841.70元及其利息（自2013年4月10日起，按中国人民银行确定的金融机构同期贷款基准利率计算至本判决生效之日止）为限。在上述两个海事赔偿责任限制基金分配时，如果按上海打捞局债权比例初步计算，其拟从该两个基金中分配受偿的债权总额超过上述防污清污费人民币 6,324,841.70 元及其利息，可以由负责基金分配的宁波海事法院通知上海打捞局在合理期限内具体选择调低其拟从该两个基金中受偿的数额（如果上海打捞局没有在合理期限内选择调低其拟从该两个基金中受偿的数额，则由宁波海事法院在分配基金前予以酌定），使得上海打捞局最终受偿的债权总额不超过上述防污清污费人民币 6,324,841.70 元及其利息。

（六）对于普罗旺斯船东公司、达飞轮船公司已经预付的防污清污费人民币 968,541 元及其利息（自 2013 年 4 月 3 日起，按中国人民银行确定的金融机构同期活期存款基准利率计算至交通运输部上海打捞局退还之日止），应当由上海打捞局在按上述第三项判决从普罗旺斯船东公司、达飞轮船公司就“达飞佛罗里达”轮案涉事故所设立的海事赔偿责任限制基金受偿时，退还普罗旺斯船东公司、达飞轮船公司（也可以在上海打捞局从该基金受偿额中相应划扣退还）。上海打捞局如果未按本判决指定的期限履行该项给付金钱义务，应当依照《中华人民共和国民事诉讼法》第 253 条之规定，加倍支付迟延履行期间的债务利息。

一审、二审案件受理费各人民币 162,984 元，合计 325,968 元，由上海打捞局负担 19,434 元，普罗旺斯船东公司、达飞轮船公司负担 257,126 元，罗克韦尔航运公司负担 49,408 元。债权登记申请费人民币 2000 元，由普罗旺斯船东公司、达飞轮船公司负担 1000 元，罗克韦尔航运公司负担 1000 元。普罗旺斯船东公司、达飞轮船公司、罗克韦尔航运公司应负担的上述案件受理费和债权登记申请费，由该三公司在其所设立的海事赔偿责任限制基金之外另行缴纳。

【裁判摘要评析】

本案是一件法律关系相当复杂的海事纠纷案件，该案再审判决在法律适用规则和裁判方法上均具有多方面的典型意义。

第一，再审判决根据《1989 年国际救助公约》、《2001 年国际燃油污染损害民事责任公约》和《海商法》及其司法解释的精神，结合不同专业船舶在案涉海事事故应急处置行动中的初始目的和实际作业内容等基本事实，合理认定部分船舶作业分别为海难救助与防污清污作业，准确识别本案各方当事人之间的法律关系为两种法律关系即海难救助和船舶污染损害责任法律关系，为进一步正确适用法律确定了必要前提。实践中的有关难点在于海难救助与防污清污作业的区分。在某些情况下，海难救助可能含有防止或者减少船舶污染损害的预防措施成分，某些海上应急活动也可能同时具有海难救助与防止或者减少船舶污染损害的目的，还可能进一步存在该两种目的并存而又不易区分的情形。而具体将特定海上应急活动认定为海难救助抑或防污清污，涉及费用评定和有关海事赔偿请求的限制性与非限制性等影响当事人重大利益的问题，由此容易引起纠纷。本案再审判决中的具体认定具有示范指导意义。

第二，再审判决站在维护国家主权的高度，正确处理国内法与国际条约的关系，厘清有关国内法与国际条约的调整边界，遵循《维也纳条约法公约》规定的善意解释等规则，对我国加入的有关船舶碰撞、海难救助、船舶油污的国际条约作出准确细致的阐释，特别是首次明确了我国海事界争论达二十多年之久的船舶碰撞事故中非漏油船一方的油污损害赔偿责任及其相关的责任限制与责任限制基金分配问题，从多方面填补了我国的海事法律适用规则。首先，《2001 年国际燃油污染损害民事责任公约》并没有规定船舶漏油事故中第三人责任，第三人责任问题由缔约国国内法解决。理论和实践中长期较为普遍存在的“谁漏油，谁负责”的片面认识，否定被侵权人向第三人索赔的权利，直接剥夺或者限缩《海洋环境保护法》规定的依法行使海洋环境监督管理权的部门（如交通运输部、国土资源部[①]、环境保护部[②]、农业部[③]及其下属机构）在船舶油污事故中索赔清污费和海洋生态、渔业资源等国家损失的权益，无端损害国家利益，特别是遇到漏油船沉没且其船东为外国公司或者单船公司的情形，可能导致上述国家损失索赔无果，再审判决对“谁漏油，谁负责”的错误观点进行了有力驳斥。

---

① 根据 2018 年国务院机构改革方案，原国土资源部的相关职责已由自然资源部等行使。
② 根据 2018 年国务院机构改革方案，原环境保护部的相关职责已由生态环境部等行使。
③ 根据 2018 年国务院机构改革方案，原农业部的相关职责已由农业农村部等行使。

其次，在法律推理方面，《侵权责任法》第68条的规定所针对的典型案例之一就是船舶碰撞事故漏油的情形，在没有特别规定情况下，该基本法的规定具有普遍适用的效力，应当适用于本案类似情形。最后，依法合理平衡各方利益，防止过分偏向船公司的商业利益从而导致利益保护严重失衡。有关国际条约和国内法已经在船舶油污损害赔偿范围和赔偿责任限制方面给予船公司一系列特殊照顾，再免除有过错的非漏油船一方的责任，既违反过错责任原则，也直接损害国家利益，本案再审判决一方面认定碰撞双方均对油污损害承担赔偿责任（不真正连带责任），有利于清污费等国家损失尽可能充分受偿；另一方面认定事故船舶双方享有海事赔偿责任限制的权利，将船舶所有人的责任依法限制在合理范围内，合理平衡保护海洋环境和分散海运风险的利益关系。总之，再审判决明确了船舶互有过失碰撞中一船漏油污染情形下的责任承担规则，对漏油船所有人与非漏油船所有人分别适用无过错责任原则、过错责任原则——原则上漏油船所有人作为污染者负全责，非漏油船所有人作为有过错的第三人按照其过错比例相应负责。这不仅是法律适用技术上严格逻辑推理的初步结论，也是对主权国家与国际社会、环境保护与海运发展等多方面利益综合考量的合理结果，需要在今后审判实践中继续遵循。《民法典》颁布后，并没有改变原《侵权责任法》的有关规定，故本案再审判决在《民法典》施行后仍可继续在司法实践中发挥指导作用。

第三，本案再审判决具体明确船舶油污损害赔偿债权如何从碰撞船舶双方所设立的两个海事赔偿责任限制基金中受偿的规则，具有很强的针对性和可操作性，填补了有关法律和司法解释的空白，再审判决主文具体写明有关受偿与分配程序，对今后类似案件的处理具有参考作用。同时，再审判决坚持问题导向，充分注意到中国海上救助、打捞、清污等产业在与国际接轨并日益市场化条件下早已没有政府指导费率的实际，以宽阔的国际视野和勇于创新的精神，积极采用了国际上普遍选用的“船东互保协会特别补偿条款”费率（scopic 费率），在很大程度上解决了中国救助打捞行业长期不得不倾向签订劳氏救助标准格式（lof）合同（约定在英国伦敦仲裁）以避免中国国内裁决救助款项过低的问题（再审判决以附表形式详细罗列具体计算依据和办法），为中国国际海难救助合理采用较高国际费率标准提供了明确指引。

最高人民法院再审合议庭成员：余晓汉　沈红雨　黄西武

（编写人：余晓汉*　审稿人：郭载宇）

---

* 余晓汉，法学硕士，中华人民共和国最高人民法院民事审判第四庭，二级高级法官。

中国银行股份有限公司河南省分行
与
阿拉伯及法兰西联合银行（香港）有限公司
独立保函纠纷案

——表面相符索赔因滥用付款请求权而构成独立保函欺诈的认定

【裁判摘要】

转开保函情形下，存在保函和反担保保函两份保函，如果反担保保函受益人的付款请求是在尚未获得付款请求权的情况下，例如以隐瞒事实，虚假提交表面相符的索赔诱使反担保保函开立人付款的方式提出，则可能因滥用付款请求权而构成反担保保函欺诈，但保函是否止付不因此受到影响。

【案件基本信息】

1. 诉讼当事人

上诉人（一审被告）：中国银行股份有限公司河南省分行（以下简称中国银行河南省分行）

被上诉人（一审原告）：阿拉伯及法兰西联合银行（香港）有限公司［UBAF（Hong Kong）Ltd.］［以下简称阿拉伯及法兰西联合银行（香港）公司］

2. 案件索引与裁判日期

一审：河南省高级人民法院（2014）豫法民三初字第3号判决（2018年3月9日）

二审：最高人民法院（2019）最高法民终880号判决（2019年12月27日）

3. 案由

独立保函纠纷

【简要案情】

2010年10月至12月，韩国现代工程建设株式会社（Hyundai Engineering and Construction Co.，Ltd.，以下简称韩国现代工程建设公司）作为发包商与分包商卡塔尔洪炯工业有限公司（Hyojong Industrial Co.，Ltd.，以下简称卡塔尔洪炯工业公司）签订钢管桩供货合同，金额52,902,313美元。卡塔尔洪炯工业公司将该工程通过分包协议分包给洛阳航空工程（卡塔尔）有限公司［Luoyang Aviation Construction Co.，Ltd.，以下简称洛阳航空工程（卡塔尔）公司］，洛阳航空工程（卡塔尔）公司又与洛阳航空工程建设有限公司（以下简称洛阳航空工程建设公司）签订转让协议约定由洛阳航空工程建设公司具体负责分包协议的履行，洛阳航空工程建设公司受让预付款、工程款，相应地，由洛阳航空工程建设公司或其关联公司向银行开立保函。

2010年12月25日，洛阳航空工程建设公司的关联公司凯迈（洛阳）航空防护装备有限公司［以下简称凯迈（洛阳）航空防护装备公司］向中行洛阳分行申请开立履约保函和预付款保函，两份保函的被担保人均为卡塔尔洪炯工业公司、卡塔尔航空工程建设公司，受益人为韩国现代工程建设公司，保函的开立方式为由中国银行河南省分行电开委托阿拉伯及法兰西联合银行（香港）公司转交给受益人韩国现代工程建设公司。2010年12月31日，中国银行河南省分行以阿拉伯及法兰西联合银行（香港）公司为受益人开具了反担保履约保函、反担保预付款保函，这两份反担保保函均载明："按照卡塔尔航空工程建设公司的要求，请阿拉伯及法兰西联合银行（香港）公司根据我行反担保保函，为韩国现代工程建设公司开立由我行承担责任之保函"，在这两份反担保保函中，中国银行河南省分行均承诺："我行一经通过已认证SWIFT报文收到阿拉伯及法兰西联合银行（香港）公司索赔请求，我行即向阿拉伯及法兰西联合银行（香港）公司支付不超过5,980,833.4美元之款项，阿拉伯及法兰西联合银行（香港）公司的已认证SWIFT报文应当依照上文引述的保函载明之条件引述我行反担保保函的函号、出具日期和金额，并且应当说明阿拉伯及法兰西联合银行（香港）公司已经收到一份要求阿拉伯及法兰西联合银行（香港）公司根据保函付款的见索即付索赔请求，并载明“且该索赔符合保函条款和条件”。同日，根据中国银行河南省分行的指示，阿拉伯及法兰西联合银行（香港）公司向韩国现代工程建设公司出具了履约保函和预付款保函。这两份保函均约定“按照作为联合体的卡塔尔洪炯工业公司和卡塔尔航空工程建设公司的请求，我行特此不可撤销地承诺：我行一经收到贵公司载有下列信息的书面索赔请求之后，即向韩国现代工程建设公司支付一笔占合同价款10%，且其金额不超过5,980,833.4美元的款项：（1）韩国现代工程建设公司提出赔偿请求时所依据的我行保函的函号和日期；（2）贵公司请求赔偿的金额；以及（3）作为联合体的卡塔尔洪炯工业公司和卡塔尔航空工程建设公司违反其在合同项下的义务。上述案涉保函、反担保保函均约定受URDG758约束”。

2011年12月6日，韩国现代工程建设公司依据预付款保函，通过韩国外换银行向阿拉伯及法兰西联合银行（香港）公司发出书面索赔请求，称“依照2010年12月31日的预付款保函所载明之条件，由于作为联合体的卡塔尔洪炯工业公司、卡塔尔航空工程建设公司违反合同项下的义务，因此，韩国现代工程建设公司特此要求贵行履行预付款保函，支付5,552,787.75美元”。

2011年12月9日，阿拉伯及法兰西联合银行（香港）公司向中国银行河南省分行发出书面索赔请求，称“我行已经收到韩国现代工程建设公司提交的一份初次书面索赔请求，该公司要求我行根据预付款保函支付5,552,787.75美元，故我行特此要求贵行根据于2010年12月31日开具反担保预付款保函支付5,552,787.75美元”。2011年12月14日，阿拉伯及法兰西联合银行（香港）公司向韩国外换银行发出电文，称其拒绝支付贵行的索赔数额，具体理由如下：（a）以下不符点不符合URDG758号出版物第15条的规定，韩国现代工程建设公司的索赔申请并未附支持文件，韩国现代工程建设公司作为受益人并没有陈述卡塔尔洪炯工业公司和卡塔尔航空工程建设公司作为申请人具体在哪些方面违反了基础关系项下的义务，且（b）有证据表明韩国现代工程建设公司的索赔构成欺诈。

2011年12月15日，中国银行河南省分行向阿拉伯及法兰西联合银行（香港）公司发出电文，称“关于贵行2011年12月9日的发送的索赔请求因存在以下不符点而被我行拒绝：贵行的索赔未陈述‘我行收到了预付款保函项下的见索即付请求，符合保函的条款’。我行亦通知贵行，洛阳市中级人民法院根据侵权纠纷发出了法庭止付令”。2011年12月15日，就反担保预付款保函项下款项，阿拉伯及法兰西联合银行（香港）公司再次向中国银行河南省分行发出书面索赔电文。除称“分包商接受供应商全部预付款转账的收款账户为4580583185051”外，还称“我行告知贵行如下：（a）我行在前文援引了贵行反担保函的编号和出具日期；（b）我行请求贵行支付5,552,787.75美元；（c）我行收到了预付款保函项下的见索即付书面请求，符合保函的条款”。

2011年12月19日，韩国现代工程建设公司依据预付款保函通过韩国外换银行向阿拉伯及法兰西联合银行（香港）公司再次发出索赔，除声明作为联合体的卡塔尔洪炯工业公司和卡塔尔航空工程建设公司违反了基础合同项下义务外，还附加了二者违约的支持声明。2012年1月10日，中行河南省分行向阿拉伯及法兰西联合银行（香港）公司回复电文，称“由于洛阳市中级人民法院于2011年12月5日颁发并于2011年12月5日向我们送达的（2011）洛知民初字第1241号法院禁令，我们无法履行您的付款要求”。

就预付款保函项下款项，韩国现代工程建设公司以阿拉伯及法兰西联合银行（香港）公司为被告，起诉至香港高等法院。2012年10月24日，2013年8月8日、9月25日，香港高等法院就该案分别作出HCA175/2012号判决及裁决，判令阿拉伯及法兰西联合银行（香港）公司向韩国现代工程建设公司支付预付款保函项下款项5,552,787.75美元及相应利息，并承担案件诉讼费用及其他费用。根据上述判决、裁决，阿拉伯及法兰西联合银行（香港）公司分别于2012年11月2日，2013年9月17日、11月28日向韩国现代工程建设公司支付了预付款保函项下款项，即5,552,787.75美元及利息10,923.48美元、利息274,008.22美元、费用70

万港元。此外，阿拉伯及法兰西联合银行（香港）公司支付了韩国现代工程建设公司律师费用417,264.39美元，支付诉讼费用30万港元。

阿拉伯及法兰西联合银行（香港）公司向一审法院起诉请求中国银行河南省分行向阿拉伯及法兰西联合银行（香港）公司支付反担保预付款保函项下款项5,552,787.75美元及利息。一审法院于2018年3月9日作出（2014）豫法民三初字第3号判决，支持阿拉伯及法兰西联合银行（香港）公司的诉讼请求，中国银行河南省分行于判决生效后的15日内向阿拉伯及法兰西联合银行（香港）公司支付反担保预付款保函项下款项5,552,787.75美元及利息。

中国银行河南省分行不服前述判决，提出上诉，请求撤销一审判决，依法改判驳回阿拉伯及法兰西联合银行（香港）公司的全部诉讼请求。

【案件焦点】

阿拉伯及法兰西联合银行（香港）公司于2011年12月15日就反担保预付款保函项下的表面相符索赔是否属于滥用付款请求权进而构成欺诈。

【裁判结果】

最高人民法院经审理认为：

一、阿拉伯及法兰西联合银行（香港）公司在反担保预付款保函项下构成欺诈

阿拉伯及法兰西联合银行（香港）公司于2011年12月15日向中国银行河南省分行的交单声称"我行收到了《预付款保函》项下见索即付请求，符合保函的条款"，符合反担保预付款保函约定，是表面相符交单，索赔是表面相符索赔。由于存在止付令，中国银行河南省分行未付款。止付令只起到中止履行付款义务的效果。实际上，阿拉伯及法兰西联合银行（香港）公司此时并没有收到预付款保函项下的相符索赔，阿拉伯及法兰西联合银行（香港）公司收到韩国现代工程建设公司相符索赔的时间是在2011年12月19日，因此，阿拉伯及法兰西联合银行（香港）公司在2011年12月15日向中国银行河南省分行索赔时提交的单据与真实情况不符，且阿拉伯及法兰西联合银行（香港）公司对此知情。阿拉伯及法兰西联合银行（香港）公司隐瞒事实，虚假提交表面与反担保预付款保函规定相符的索赔，诱使开立人中国银行河南省分行付款的行为属于滥用付款请求权，构成欺诈。

二、阿拉伯及法兰西联合银行（香港）公司最终根据香港高等法院的判决支付了预付款保函项下的款项不属于《最高人民法院关于审理独立保函纠纷案件若干问题的规定》第14条规定的“善意付款”

阿拉伯及法兰西联合银行（香港）公司向韩国现代工程建设公司履行预付款保函项下的付款义务是依据香港高等法院2012年10月24日的判决，而该判决是针对预付款保函项下韩国现代工程建设公司2011年12月19日的索赔。香港高等法院认为韩国现代工程建设公司在2011年12月19日的索赔是相符索赔，且没有证据表明韩国现代工程建设公司存在欺诈，因此判令阿拉伯及法兰西联合银行（香港）公司向韩国现代工程建设公司履行付款义务。本案中，阿拉伯及法兰西联合银行（香港）公司于2011年12月15日向中国银行河南省分行索赔时，自身即存在欺诈。阿拉伯及法兰西联合银行（香港）公司依据香港高等法院的判决向韩国现代工程建设公司实际付款的事实，无法将阿拉伯及法兰西联合银行（香港）公司先前索赔时的欺诈或非善意补正为善意。因此，阿拉伯及法兰西联合银行（香港）公司的付款不属于《最高人民法院关于审理独立保函纠纷案件若干问题的规定》第14条第3款规定的“善意付款”。

因此，一审法院查明事实基本清楚，审判程序合法，但适用法律错误。二审法院依照《中华人民共和国民事诉讼法》第170条第1款第2项的规定，判决如下：(一）撤销河南省高级人民法院（2014）豫法民三初字第3号判决。(二）中国银行河南省分行于本判决生效后15日内向阿拉伯及法兰西联合银行（香港）公司支付GC1153110000165号反担保履约保函项下款项5,980,833.40美元，并按照中国人民银行同期美元存款利率支付从2013年7月4日起至实际清偿之日止的利息。(三）驳回阿拉伯及法兰西联合银行（香港）公司的其他诉讼请求。

【裁判摘要评析】

根据《独立保函纠纷规定》，独立保函具有欺诈情形，当事人主张终止权利义务的，人民法院应予支持。因此，中国银行河南省分行最终是否承担付款义务，取决于其关于阿拉伯及法兰西联合银行（香港）公司的索赔构成欺诈的主张能否成立。法院对于阿拉伯及法兰西联合银行（香港）公司的索赔是否构成欺诈的认定上，应先判断索赔是否是相符索赔。一审法院在相符索赔的认定上存在问题。二审法院认定阿拉伯及法兰西联合银行（香港）公司的索赔和交单都是表面相符，但由于与真实情况不符，阿拉伯及法兰西联合银行（香港）公司的付款请求是在尚未获得付款请求权的情况下提出的，因此构成付款请求权的滥用。

一、对“滥用付款请求权”的界定

根据 URDG758，保函项下的相符交单，是指所提交单据及其内容首先与该保函条款和条件相符，满足相符交单要求的索赔是相符索赔。阿拉伯及法兰西联合银行（香港）公司于 2011 年 12 月 15 日向中国银行河南省分行的交单声称“我行［阿拉伯及法兰西联合银行（香港）公司］告知贵行（中国银行河南省分行）如下：（a）我行在前文援引了贵行反担保函的编号和出具日期；（b）我行请求贵行支付 5,552,787. 75 美元；（c）我行收到了预付款保函项下的见索即付书面请求，符合保函的条款”。根据 URDG758 的相关规定，该交单符合反担保预付款保函约定，是表面相符交单，该次索赔是表面相符索赔。

根据 URDG758 第 20 条和第 24 条第 1 款、第 4 款和第 5 款，担保人应从交单翌日起 5 个营业日内审核该索赔并确定该索赔是否相符，一旦担保人确定索赔是相符的，即应承担付款责任；当担保人确定一项索赔不是相符索赔时，其可以拒绝该索赔，当拒绝赔付时，应就此向索赔提交人发出一次性的拒付通知，说明担保人拒绝赔付，以及担保人拒绝赔付的每个不符点。本案中，阿拉伯及法兰西联合银行（香港）公司于 2011 年 12 月 15 日向中国银行河南省分行的交单表面上与反担保预付款保函条款相符，中国银行河南省分行在阿拉伯及法兰西联合银行（香港）公司交单翌日起 5 个营业日内应审单结束付款。如中国银行河南省分行认为并非相符交单，也应在翌日起 5 个营业日内拒付并指出不符点。但中国银行河南省分行既未付款亦未指出不符点，是由于存在止付令。虽然止付令能起到中止履行付款义务的效果，但中国银行河南省分行履行付款的义务最终是否终止，应根据《独立保函纠纷规定》第11条、第12条关于终止保函项下权利义务的法定情形，对阿拉伯及法兰西联合银行（香港）公司的此次索赔是否存在欺诈进行审查。

根据《独立保函纠纷规定》第12条第5项，受益人明知其没有付款请求权仍滥用该权利的，人民法院应当认定构成独立保函欺诈。二审法院认为，保函受益人的付款请求权是其基于保函条款对相符索赔的约定，请求担保人根据受益人提交的相符交单履行付款义务的一项权利。如果受益人的付款请求是在尚未获得付款请求权的情况下提出的，则可能构成付款请求权的滥用。案涉反担保预付款保函约定，阿拉伯及法兰西联合银行（香港）公司应在已经收到预付款保函项下要求其付款的书面索赔，且该索赔符合预付款保函的条款和条件的前提下提出索赔。该约定系双方对阿拉伯及法兰西联合银行（香港）公司作为反担保预付款保函项下的受益人的付款请求权所作的详细约定。只有在满足该条款约定时，阿拉伯及法兰西联合银行（香港）公司向中国银行河南省分行的交单才是相符交单，提出的索赔才是相符索赔，此时的索赔正确行使了其付款请求权。同时，根据URDG758第27条关于单据有效性的免责的规定，担保人不对向其提交的单据的真实性与准确性承担责任和义务。因此，作为反担保预付款保函项下的受益人，阿拉伯及法兰西联合银行（香港）公司还应对单据真实性与准确性负责。然而，阿拉伯及法兰西联合银行（香港）公司于2011年12月15日向中国银行河南省分行声称“我行收到了《预付款保函》项下见索即付请求，符合保函的条款”。实际上，阿拉伯及法兰西联合银行（香港）公司此时并没有收到预付款保函项下的相符索赔。阿拉伯及法兰西联合银行（香港）公司收到韩国现代工程建设公司相符索赔的时间是在2011年12月19日，因此，阿拉伯及法兰西联合银行（香港）公司在2011年12月15日向中国银行河南省分行索赔时提交的单据与真实情况不符，且阿拉伯及法兰西联合银行（香港）公司对此知情。

虽然阿拉伯及法兰西联合银行（香港）公司在2011年12月19日收到

了韩国现代工程建设公司的相符索赔，但在2011年12月15日后，阿拉伯及法兰西联合银行（香港）公司并未再次向中国银行河南省分行提出相符索赔，阿拉伯及法兰西联合银行（香港）公司仍是基于2011年12月15日的索赔主张中国银行河南省分行应承担付款义务。而阿拉伯及法兰西联合银行（香港）公司2011年12月15日声称的满足相符索赔的事实在2011年12月19日才发生。虽然仅间隔四天时间，但是，独立保函的见索即付特征，使得阿拉伯及法兰西联合银行（香港）公司提出索赔时只要提交的单据表面相符，中国银行河南省分行即应无条件付款。可见，中国银行河南省分行是否付款高度依赖阿拉伯及法兰西联合银行（香港）公司的表面陈述，并信赖该表面陈述与真实情况确定相符。这也正是独立保函机制得以维持和正常运转的基石。如果事后有证据表明该表面陈述与真实情况不符，即构成《独立保函纠纷规定》第12条第5项规定的滥用付款请求权。

二、对“善意付款”的界定

《独立保函纠纷规定》第14条第3款规定：“开立人在依指示开立的独立保函项下已经善意付款的，对保障该开立人追偿权的独立保函，人民法院不得裁定止付。”阿拉伯及法兰西联合银行（香港）公司主张，其根据香港高等法院判决已对韩国现代工程建设公司支付了保函项下款项，构成《独立保函纠纷规定》第14条第3款规定的“善意付款”。二审法院认为，《独立保函纠纷规定》规定的“善意付款”在转开保函情形下是指，存在保函和反担保保函两份保函，即使保函受益人存在欺诈行为，只要保函开立人没有参与欺诈，不知晓欺诈事实而善意付款的，其即有权依据反担保保函向反担保人请求付款，人民法院不得以保函受益人存在欺诈为由止付。因此，该款所指系保函开立人对保函受益人存在欺诈行为并不知情的情况下的付款，本案没有证据表明韩国现代工程建设公司构成欺诈，阿拉伯及法兰西联合银行（香港）公司不知晓韩国现代工程建设公司欺诈而付款。本案的情形是阿拉伯及法兰西联合银行（香港）公司2011年12月15日向中行河南省分行索赔时自身即存在欺诈。阿拉伯及法兰西联合银行（香港）公司依据香港高等法院的判决向韩国现代工程建设公司实际付款的事实，无法将阿拉伯及法兰西联合银行（香港）公司先前索赔时的欺诈或非善意补正为善意。因此，阿拉伯及法兰西联合银行（香港）公司的付款不属于《独立保函纠纷规定》第 14 条第 3 款规定的“善意付款”。

最高人民法院二审合议庭成员：郭载宇　李桂顺　陈宏宇

（编写人：尚　妍* 审稿人：郭载宇）

* 尚妍，法学博士，中华人民共和国最高人民法院民事审判第四庭，法官助理（挂职）；中国人民公安大学法学院讲师。

新加坡长荣海运股份有限公司
与
第一产物保险股份有限公司
及一审被告长荣海运股份有限公司
国际货物多式联运合同纠纷案

——多式联运经营人的赔偿责任和赔偿限额适用调整货物灭失或者损坏发生区段运输方式的有关法律规定

【裁判摘要】

尽管全面推行多式联运经营人“网状责任制”有其合理性，但鉴于《中华人民共和国海商法》第105条规定的多式联运经营人“网状责任制”有其明确的适用事项（赔偿责任和责任限额），在案件审理中尚不宜对该“网状责任制”作扩大解释从而使其适用于诉讼时效。

法律规定诉讼时效，基本上系以不同请求权赖以发生的法律关系为标准相应作出不同规范。对于有关多式联运合同的请求权，也应当基于其所涉法律关系相应确定诉讼时效的法律适用，有关诉讼时效适用多式联运合同的准据法。

【案件基本信息】

1. 诉讼当事人

再审申请人（一审被告、二审上诉人）：新加坡长荣海运股份有限公司［Evergreen Marine（Singapore）Pte. Ltd.，以下简称新加坡长荣海运公司］

被申请人（一审原告、二审被上诉人）：第一产物保险股份有限公司

（以下简称第一产物保险公司）

一审被告：长荣海运股份有限公司（以下简称长荣海运公司）

2. 案件索引与裁判日期

一审：上海海事法院（2013）沪海法商初字第1633号判决（2015年2月12日）

二审：上海市高级人民法院（2015）沪高民四（海）终字第55号判决（2016年4月22日）

再审：最高人民法院（2018）最高法民再196号判决（2019年6月28日）

3. 案由

国际货物多式联运合同纠纷案

【简要案情】

2012年9月，新加坡长荣海运公司接受泰立国际货运代理（上海）有限公司订舱，将一批电脑从中国上海出运至墨西哥内陆城市墨西哥城。9月22日，上海航华国际船务代理有限公司代表新加坡长荣海运公司签发两份提单。该两份提单均载明：货物接收地上海，交货地墨西哥城，卸货港曼萨尼亚，托运人为华硕科技私人有限公司（Asus Technology Pte Limited，以下简称华硕科技公司），收货人为单一贸易经纪物流公司（Uni-Trade Brokers Logistics，S. C.）。两套提单载明的货物重量合计23.9吨。10月23日，货物在从曼萨尼亚至墨西哥城的公路运输过程中发生灭失。有关海关出境货物备案清单显示，案涉两套提单项下货物总价为2,301,444.41美元。2013年1月30日，第一产物保险公司向华硕科技公司支付3,082,795.78美元，华硕科技公司书面同意向第一产物保险公司转让货物损害赔偿请求权。第一产物保险公司确认其就案涉货损已从案外人天豪全球物流股份有限公司处获得500万元新台币的赔偿（折合172,146.67美元）。第一产物保险公司于2013年10月18日向一审法院起诉，请求法院判令长荣海运公司与新加坡长荣海运公司赔偿第一产物保险公司货物损失2,630,394.95美元及利息，并承担案件受理费。

就本案争议的墨西哥法律，新加坡长荣海运公司在一审中提供了墨西哥律师出具的法律意见（含所附《墨西哥合众国商法典》和墨西哥《联邦道路桥梁和车辆运输法》及相关条款的中文译本和有关《墨西哥联邦公报》部分内容），但没有为该法律意见办理公证认证手续，一审法院不予采纳。二审期间，新加坡长荣海运公司提供了经公证认证的有关墨西哥法的法律意见及所附部分墨西哥法律条文，二审法院以新加坡长荣海运公司提供的墨西哥法律不完整为由，对上述法律意见和法律条款内容不予采纳，认定与本案纠纷相关的外国法无法查明。在再审中，新加坡长荣海运公司补充提供经公证认证的墨西哥法律专家的法律意见及所附载有有关墨西哥法律的出版物。墨西哥《联邦道路桥梁和车辆运输法》第66条规定，委托人如没有申报货物的价值，赔偿一般按每吨货物计算，责任限制为相当于联邦区一般最低工资15天的金额，货物重量不足一吨的，则以相应比例计算赔偿限额。墨西哥出版物《2012劳动工作事项》载明：根据墨西哥联邦政府授权成立的国家最低工资委员会所确定墨西哥2012年一般最低（每工作日）工资标准，该国“A”“B”“C”三类区域的一般最低日工资分别为62.33比索、60.57比索、59.09比索；联邦地区（墨西哥城）适用“A”类区域标准。

一审法院判决：新加坡长荣海运公司应于判决生效之日起10日内向第一产物保险公司赔偿2,129,297.74美元及利息（自2013年1月31日起，按中国银行同期美元活期存款利率标准计算至判决生效之日止）。新加坡长荣海运公司不服一审判决提起上诉，二审法院经审理判决：驳回上诉，维持原判。新加坡长荣海运公司不服一审、二审判决，向最高人民法院申请再审。

【案件焦点】

1. 新加坡长荣海运公司的赔偿责任和责任限额；

2. 有关诉讼时效是否应当适用墨西哥法律。

【裁判结果】

最高人民法院再审认为，案涉货物运输系从中国上海经海路和公路运输至墨西哥内陆城市墨西哥城的国际货物多式联运，货物灭失发生于墨西哥公路运输区段，各方当事人之间由此发生货损赔偿民事纠纷，该纠纷具有涉外因素。依照《中华人民共和国涉外民事关系法律适用法》第8条的规定，涉外民事关系的定性，适用法院地法律。本案首先应当根据中华人民共和国法律认定当事人诉争的民事法律关系的性质，然后依次确定本案的法律适用以及有关赔偿责任和责任限额问题。华硕科技公司与新加坡长荣海运公司之间的法律关系为国际货物多式联运合同关系，货物保险人第一产物保险公司行使保险代位求偿权，其与新加坡长荣海运公司之间的纠纷仍应按该合同关系进行审理，故本案当事人诉争的民事法律关系应当定性为国际货物多式联运合同关系。根据各方当事人在诉讼中的一致选择，本案纠纷整体上适用中华人民共和国法律。

《中华人民共和国海商法》第105条规定："货物的灭失或者损坏发生于多式联运的某一运输区段的，多式联运经营人的赔偿责任和责任限额，适用调整该区段运输方式的有关法律规定。"多式联运经营人新加坡长荣海运公司的赔偿责任和责任限额应适用墨西哥调整当地公路运输的民商事法律。本案没有证据表明华硕科技公司、新加坡长荣海运公司分别作为案涉多式联运与墨西哥公路运输的委托人在托运时至货物装运前申报货物价值，新加坡长荣海运公司根据墨西哥法律的规定可以主张赔偿责任限制。案涉货物的提单载明货物重量合计23.9吨，根据墨西哥法律的规定，计算该国内公路运输承运人对案涉货物损失的赔偿限额标准为每吨934.95墨西哥比索（墨西哥联邦地区2012年一般最低日工资62.33比索/日×15日），案涉货物的赔偿限额为22,345.305墨西哥比索（23.9吨×934.95比索/吨）。按照案涉货物灭失当日（2012年10月23日）墨西哥比索兑换美元的汇率（12.8571墨西哥比索兑1美元），上述赔偿限额折合1737.97美元。

尽管全面推行多式联运经营人"网状责任制"有其合理性，但鉴于《中华人民共和国海商法》第105条规定的多式联运经营人"网状责任制"有其明确适用事项（赔偿责任和责任限额），在案件审理中尚不宜对该"网状责任制"作扩大解释从而使其适用于诉讼时效。法律规定诉讼时效，基本上系以不同请求权所赖以发生的法律关系为标准相应作出不同规范。故对于有关多式联运合同的请求权，也应当基于其所涉法律关系相应确定诉讼时效的法律适用。《中华人民共和国海商法》没有规定有关多式联运合同的请求权的诉讼时效，本案多式联运合同项下货损赔偿请求权的诉讼时效期间，应当依据中华人民共和国在案涉运输行为发生当时所施行的法律规定即《中华人民共和国民法通则》第135条①关于两年诉讼时效期间的规定予以确定。案涉货损发生于2012年10月23日，之后托运人（被保险人）华硕科技公司知道货损事实，保险人第一产物保险公司于2013年10月18日向一审法院起诉，没有超过法定两年诉讼时效期间。

综上，最高人民法院再审判决：（一）撤销上海市高级人民法院（2015）沪高民四（海）终字第55号判决；（二）变更上海海事法院（2013）沪海法商初字第1633号判决第一项为：新加坡长荣海运公司应于本判决生效之日起10日内向第一产物保险公司赔偿货物损失1737.97美元及其利息（自2013年1月31日起按中国银行同期美元活期存款利率，计算至本判决生效之日止）；（三）维持上海海事法院（2013）沪海法商初字第1633号判决第二项。鉴于新加坡长荣海运公司在一审中能够查明而未有效查明外国法，一审案件受理费仍由第一产物保险公司与新加坡长荣海运公司按一审判决负担。二审案件受理费人民币99,732.3元，由第一产物保险公司负担人民币99,666.3元，新加坡长荣海运公司负担人民币66元。

【裁判摘要评析】

本案为一件典型的国际货物多式联运合同纠纷，本案再审判决在类案审理思路、外国法查明、多式联运经营人“网状责任制”的内涵、有关多式联运合同请求权诉讼时效的法律适用等方面具有示范指导意义。

一、厘清了审理国际货物多式联运合同纠纷的基本思路

该类纠纷具有涉外因素，同时涉及多方当事人和多个合同关系，审理该类案件应当总体上遵循以下三个步骤：第一步是定性，具体根据法院地法识别各方当事人之间的法律关系，认定当事人争议的民事法律关系的性

---

① 本条现为《民法典》第188条：“向人民法院请求保护民事权利的诉讼时效期间为三年。法律另有规定的，依照其规定。诉讼时效期间自权利人知道或者应当知道权利受到损害以及义务人之日起计算。法律另有规定的，依照其规定。但是，自权利受到损害之日起超过二十年的，人民法院不予保护，有特殊情况的，人民法院可以根据权利人的申请决定延长。”

质；在认定诉争法律关系为国际货物多式联运合同关系后，需要同时识别合同当事人及其利害关系人，以便进一步明确其权利义务关系。第二步是确定准据法，根据合同双方当事人的一致选择或者（没有选择时）法定最密切联系原则，整体上确定案涉国际货物多式联运合同纠纷的准据法，如本案中根据当事人的一致意思确定以中华人民共和国法律作为准据法。第三步是确定具体认定赔偿责任与责任限额的法律规定。如果案涉准据法对多式联运经营人实行“网状责任制”，还需要根据货损区段明确以货损区段的法律确定多式联运经营人的赔偿责任与责任限额。

二、述明了简便有效查明外国法的方法

本案一审、二审判决作出后又通过再审予以纠正，其中症结既有当事人查明外国法的方法问题，又有原审法院认定标准问题。如果外国法系成文法，当事人查明外国法，一般可以直接提供载明该外国法的出版物，同时提供外国法律专家或者法律机构的法律意见。该类法律意见应当证明该外国法是否为该外国在案涉法律关系或者法律事实发生当时施行的法律，并说明与案涉争议相关的条款，同时也可以适当阐释有关条款的含义。该类法律意见在域外做成时应当办理公证认证手续，有关载明外国法的出版物可以作为该法律意见的附件。这种“外国法律意见+外国法出版物”的证明方式比较直观，本案当事人在再审中即采用这种证明方式。但是，本案当事人在一审、二审中采用外国法律专家出具法律意见包含外国法律规定的方式证明外国法，这种方式是在外国法律专家阐述外国法时写明相关法律条文，而没有随附载明外国法的出版物。从证明效果上看，这种方式是将客观存在的外国法夹杂在有关人士对法律意见的主观理解中，因而缺乏直观性和客观性，不易让法官顺利建立起内心确信。本案再审表明，查明外国成文法简便有效的方式是“经公证认证的外国法律意见+外国法出版物”。在法院认定外国法方面，原则上不宜要求当事人提供某部或者某些外国法的全部条文及其全部条文的中文译本，一般仅需要求当事人提供与争议相关的部分条文及其中文译本即可；如果对方当事人主张外国法中有其他条文与争议相关，该当事人可以进一步提供。本案二审法院在当事人能够证明特定外国法中相关部分条文的情况下，以当事人提供的外国法不完整为由不予采纳有所不当，再审判决相应予以纠正，重申了对外国法的具体认定标准。

三、阐明了多式联运经营人“网状责任制”的内涵，明确了多式联运合同请求权的诉讼时效适用该合同的准据法，而不根据“网状责任制”适用货损发生区段的法律

根据法治原则，司法的职能在于赋予法律的意志（很大程度上就是立法机关的意志）以效力，而不是赋予法官的意志以效力。本案再审判决对《海商法》第105条关于“网状责任制”规定的解释可以作为一个例证。本案再审判决分别运用了文义解释、体系解释和立法者目的解释的方法，均得出同一结论：“网状责任制”所适用的事项为赔偿责任和责任限额，不包括诉讼时效。特别是，再审判决通过考察我国海商法立法当时的国际立法背景，论述我国海商法并无将“网状责任制”拓展适用于诉讼时效的立法意图，说理客观充分。同时，再审判决也指出全面推行“网状责任制”有其合理性，但鉴于法条含义所限，法律经由涵摄技术实施于具体案件，其演绎推理的纯粹和追求结论的整齐划一有时就注定理想只能停留于理想层面。这也就是解释论相对于立法论的拘谨之处，即案件裁判有别于司法解释或者立法工作的保守尺度。法官应当遵循裁判规律，科学运用法律解释方法，阐明法律推理过程，体现裁判的正当性，增强裁判的说服力，保障法律实施的可预见性。本案再审判决最后遵循法律按法律关系规定诉讼时效的基本规律，明确有关多式联运合同请求权的诉讼时效适用多式联运合同的准据法。《民法典》颁布后，《海商法》作为特别法优先适用，本案再审判决对海商法中多式联运经营人“网状责任制”的适用原则上不受《民法典》颁布的影响，但《民法典》对有关诉讼时效期间作出新的规定除外。

最高人民法院再审合议庭成员：余晓汉　任雪峰　黄西武

（编写人：余晓汉* 审稿人：郭载宇）

---

* 余晓汉，法学硕士，中华人民共和国最高人民法院民事审判第四庭，二级高级法官。

山东翔龙实业集团有限公司
与
北方航运有限公司、金源海运有限公司
海上货物运输合同纠纷案

——定期租船合同下船长签发提单而提单又未载明承运人名称的，一般应当将定期租船的承租人识别为承运人

【裁判摘要】

1. 定期租船合同通常约定由承租人负责揽货经营货运业务并签订运输合同，出租人负责船舶安全航行而不负责与货方签订运输合同，相应地，出租人（船舶所有人或者光船承租人等）同意承租人签发提单。如果在定期租船合同下船长签发提单而又未载明承运人名称，一般应当将定期租船的承租人识别为承运人。

2. 国际海上货物运输中承运人留置货物的条件之一是拟留置的货物由负有支付运费及其他运输费用义务的债务人所有。如果提单持有人对承运人并不负有支付运费的义务，承运人无权留置提单项下的货物。

3. 在承运人主张行使留置权不能成立的情况下，如果提单并入租船合同运费条款且约定承运人可以行使拒绝交付货物的抗辩权，则承运人可以据此行使该抗辩权。承运人可以对抗提单持有人的提货请求权，合法占有案涉货物或者其拍卖变卖价款。

【案件基本信息】

1. 诉讼当事人

再审申请人（一审原告、反诉被告，二审上诉人）：山东翔龙实业集团

有限公司（以下简称翔龙实业集团）

被申请人（一审被告、反诉原告，二审被上诉人）：北方航运有限公司（NCS Co.，Limited，以下简称北方航运公司）

被申请人（一审被告、二审被上诉人）：金源海运有限公司（Jinyuan Marine Inc.，以下简称金源海运公司）

2. 案件索引与裁判日期

一审：天津海事法院（2011）津海法商初字第465号判决（于2015年6月18日）

二审：天津市高级人民法院（2015）津高民四终字第99号判决（2015年12月30日）

再审申请审查：最高人民法院（2016）最高法民申530号裁定（2017年12月29日）

3. 案由

海上货物运输合同纠纷案

【简要案情】

翔龙实业集团（作为买方）与印度尼西亚PT. KRESNA INTI CIPTA公司（以下简称PT公司，作为卖方）于2011年3月22日签订镍矿买卖合同，约定翔龙实业集团以CNF FO价格条件向PT公司购买5万吨镍矿。为将涉案货物从印度尼西亚运至天津港，蓝洋国际船务有限公司（以下简称蓝洋国际船务公司，作为出租人）与PT公司（作为承租人）于2011年4月11日签订航次租船合同，蓝洋国际船务公司（作为承租人）与北方航运公司（出租人）于2011年5月18日签订航次租船合同（以下简称2011年5月18日租船合同）。北方航运公司与时加有限公司（Timeplus Limited）订有定期租船合同，该两公司于2011年5月19日确认了涉案航次运输的情况。涉案货物53,952吨镍矿于2011年7月12日在印度尼西亚坦格雷风苏拉威西岛波马拉港（Pomalaa，Sulawesi Indonesia）装上"金源"（JINYUAN）轮，该轮船务代理人代表船长签发了提单，提单载明托运人为PT公司，但未载明承运人名称。金源海运公司当时为"金源"轮所有人。

涉案提单右上方记载："和租约合并使用（TO BE USED WITH CHAR-

TER-PARTIES）”；左下方记载：“运费支付按照2011年5月18日租船合同（Freight payable as per CHARTER PARTY dated 18-MAY-2011）。”其中日期2011年5月18日的英文“18-MAY-2011”为在提单格式上特别打印的黑体文字。蓝洋国际船务公司（作为承租人）与北方航运公司（作为船东）签订的2011年5月18日租船合同约定：“10. 运费：21.95美元每吨（至日照/岚山/连云港）船东不负责装卸、平舱和积载，基于一港装一港卸。13. 支付……运费永远不能迟于开仓卸货付清……无论租船人是否支付运费，船东在装完货后两天内签发载明运费根据租船合同支付的提单。如果在船舶到达前租船人没有足额支付运费至船东账户，船东有权拒绝卸货，所有时间延迟的损失由租船人承担。”尽管提单上还载有格式化印制的文字“运费预付 收到运费：（FREIGHT ADVAVCE received account of freight：）”，但承运人并没有在预留的空白处具体填写，未选择该项运费支付方式。

“金源”轮于2011年7月24日抵达天津港，涉案货物于2011年7月30日被卸至天津港保税区堆存，北方航运公司于9月1日向翔龙实业集团发出留置通知称：2011年5月18日租船合同已经并入提单，因未收到总计1,551,822.08美元的运费和滞期费已经留置提单项下的全部货物。涉案货物自从印度尼西亚装船至被天津海关拍卖前一直由北方航运公司占有。货物在北方航运公司占有期间被海关拍卖，拍卖款扣除海关税费并支付港口费用等相关费用后最终剩余人民币6,017,436.24元，实际由翔龙实业集团领取。

翔龙实业集团向一审法院起诉，请求法院判令：（1）北方航运公司和金源海运公司连带赔偿货物滞报金、评估费和仓储费等损失人民币6,832,198.06元；（2）北方航运公司和金源海运公司连带赔偿翔龙实业集团货物价值人民币16,688,131元的利息损失；（3）诉讼费用由北方航运公司和金源海运公司承担。

北方航运公司提起反诉，请求法院判令：（1）翔龙实业集团支付北方航运公司运费1,233,545美元及利息；（2）诉讼费用由翔龙实业集团承担。

一审法院经审理于2015年6月18日作出（2011）津海法商初字第465

号判决：（一）翔龙实业集团于判决生效之日起10日内给付北方航运公司拍卖款6,017,436.24元人民币；（二）驳回翔龙实业集团的本诉诉讼请求；（三）驳回北方航运公司的其他反诉诉讼请求。翔龙实业集团不服一审判决，提起上诉。二审法院经审理于2015年12月30日作出（2015）津高民四终字第99号判决：驳回上诉，维持原判。翔龙实业集团不服二审判决，向最高人民法院申请再审。

【案件焦点】

承运人识别以及承运人留置权或者拒绝交付货物抗辩权是否成立。

【裁判结果】

最高人民法院审查认为：一审、二审法院根据三方当事人的一致选择，适用中华人民共和国法律处理本案争议正确。《中华人民共和国海商法》第42条第1项规定："承运人是指本人或者委托他人以本人名义与托运人订立海上货物运输合同的人。"由于涉案提单并没有体现承运人的名义，识别提单所证明的运输合同项下的承运人，需要重点考察船长签发提单的权利来源（其究竟是出于谁的指示或者授权而签发提单）。《中华人民共和国海商法》第72条第2款规定："提单可以由承运人授权的人签发。提单由载货船舶的船长签发的，视为代表承运人签发。"该条规定在规范意义上是关于提单签发方式的规定，而不是关于识别承运人的规定。尽管《中华人民共和国海商法》第72条第2款的规定对识别承运人具有间接参考作用，但识别国际海上货物运输承运人的首要法律依据仍是该法第42条第1项关于承运人的定义。《中华人民共和国海商法》第72条第2款的立法主旨是原则性否定将有关船长签发提单视为代表船舶所有人签发的立场，其所针对的典型情形主要是定期租船经营方式下提单的签发。定期租船合同通常约定由承租人负责揽货经营货运业务并签订运输合同，出租人负责船舶安全航行而不负责与货方签订运输合同，相应地出租人（船舶所有人或者光船承租人等）同意承租人签发提单，如果在定期租船合同下船长签发提单而又未载明承运人名称，一般应当将定期租船的承租人识别为承运人。金源海运公司与北方航运公司均确认承运船舶的船务代理人或者船长签发提单的指示源自北方航运公司。北方航运公司主张其有权收取涉案运费，金源海运公司对此并未提出异议，且金源海运公司确认其仅收取定期租船合同项下的租金，并不参与揽货等承运人所从事的货运商业安排。二审法院认定北方航运公司是涉案提单下的承运人具有充分事实和法律依据。

航次租船合同条款并入提单是航运实践中普遍存在的做法，目的是尽可能使承运人在提单中承担的权利义务与其在租船合同中的权利义务一致。为此，《中华人民共和国海商法》第 95 条规定："提单中载明适用航次租船合同条款的，适用该航次租船合同的条款。"在本案中，提单托运人 PT 公司虽然不是 2011 年 5 月 18 日租船合同的当事人，根据翔龙实业集团与 PT 公司签订买卖合同约定翔龙实业集团开具信用证须注明"租船合同提单"可以接受且提单注明运费按照租船合同支付、翔龙实业集团与蓝洋国际船务公司签订航次租船合同、蓝洋国际船务公司与北方航运公司签订航次租船合同等事实，PT 公司、翔龙实业集团知道也应当知道提单并入的租船合同运费条款为 2011 年 5 月 18 日租船合同的运费条款，PT 公司、翔龙实业集团接受提单时应当受提单并入该租船合同运费条款的约束。涉案提单下运费支付相关问题应当按照提单并入的 2011 年 5 月 18 日租船合同运费条款的约定处理。为保护善意持有提单的第三人的权益，《中华人民共和国海商法》第 69 条第 2 款规定："托运人与承运人可以约定运费由收货人支付；但是，此项约定应当在运输单证中载明"。涉案提单没有载明运费由提单持有人支付。尽管提单并入 2011 年 5 月 18 日租船合同的运费条款，但该租船合同下的承租人为蓝洋国际船务公司，即负有支付运费义务的承租人为蓝洋国际船务公司，该条款并入提单后，该条款的文义并不因并入而改变，该运费条款约定支付运费的义务人也并不由此变更为提单持有人。提单持有人翔龙实业集团在该提单下并不负有支付运费的义务。由于北方航运公司所主张的运费是其与蓝洋国际船务公司之间 2011 年 5 月 18 日租船合同约定的运费，提单上的托运人 PT 公司也不负有向北方航运公司支付运费的义务。

翔龙实业集团主张北方航运公司已经收到全部运费，但没有提供证据予以证明，一审、二审法院根据提单记载、提单并入的租船合同运费条款及其他相关事实，认定北方航运公司尚未收取的运费金额为 1,015,246.4 美元（按照 2014 年 11 月 14 日美元兑人民币的汇率 1∶6.1251 折合人民币 6,218,485.7 元），并无不当。《中华人民共和国海商法》第 87 条规定："应当向承运人支付的运费、共同海损分摊、滞期费和承运人为货物垫付的必要费用以及应当向承运人支付的其他费用没有付清，又没有提供适当担保的，承运人可以在合理的限度内留置其货物。"根据该法律规定，国际海上货物运输中承运人留置货物的条件之一是拟留置的货物由负有支付运费及其他运输费用义务的债务人所有。在承运人为货物运输签发提单的情况下，该法律规定对于保护善意持有提单的第三人的利益、促进提单流转具有积极意义。在本案中，由于提单上记载的托运人 PT 公司、提单持有人翔龙实业集团对北方航运公司并不负有支付运费的义务，北方航运公司无权留置涉案货物。

但是，案涉提单并入 2011 年 5 月 18 日租船合同运费条款载明的条件"如果在船舶到达前租船人没有足额支付运费至船东账户，船东有权拒绝卸货"，该并入条款合法有效，对承运人与提单持有人有约束力。尽管提单持有人翔龙实业集团不是提单下运费支付的义务人，其受让提单时应当知道上述约定条件及其相应的法律风险，只要蓝洋国际船务公司在船舶达到（卸货港）前未向北方航运公司足额支付运费，则北方航运公司行使拒绝卸货权利的条件一直存续，由此在债权关系上形成抗辩权，在物权关系上成立合法占有。尽管翔龙实业集团通过受让提单取得涉案货物的所有权，但其仍应受提单并入 2011 年 5 月 18 日租船合同运费条款约定的承运人卸货交付条件的约束，北方航运公司据此可以对抗翔龙实业集团的提货请求权。虽然北方航运公司主张行使留置权不能成立，但其可以按照提单并入租船合同运费条款的约定行使拒绝交付货物的抗辩权，继续合法占有货物。该抗辩权和合法占有虽不具有留置权的优先受偿功能，但对保护债权人权益仍可发挥一定作用。就本案而言，北方航运公司拒不交付货物，可以促使翔龙实业集团、PT 公司要求蓝洋国际船务公司向北方航运公司支付运费。如果蓝洋国际船务公司一直不支付运费，则北方航运公司可以一直拒不交付货物，如果货物不适宜保存，也可以变价保存价款。据此，北方航运公司可以合法占有涉案货物或者其拍卖变卖价款。货物在北方航运公司占有期间被海关拍卖，拍卖款扣除海关税费并支付港口费用等相关费用后最终剩余人民币6,017,436.24元，实际由翔龙实业集团领取。该笔货物拍卖余款低于北方航运公司尚未收取的运费金额。由于北方航运公司基于运费债权而有权占有涉案货物及其拍卖价款，一审、二审法院在判决驳回翔龙实业集团要求北方航运公司赔偿其货物滞报金、评估费、仓储费及其利息损失的同时，判决翔龙实业集团给付北方航运公司拍卖款人民币6,017,436.24元，并无不当。

综上所述，最高人民法院于2017年12月29日作出（2016）最高法民申530号裁定：驳回翔龙实业集团的再审申请。

【裁判摘要评析】

本案是一件典型的国际海上货物运输合同案件，集中涉及承运人识别、租船合同条款并入提单、承运人留置权以及承运人拒绝交付货物抗辩权等海上货物运输中经常争议的问题。《海商法》立法当时大量吸收借鉴有关海事国际条约，同时又根据本国国情作出了有别于国际规则的规定，海商法法源上的复杂性使有关条款的立法本意不易把握，特别是在《海商法》修改议程启动后，从有关修改提议看，似乎不少从事海商法理论研究和司法实务的人士并不十分清楚海商法有关条款的立法本意。正如耶林所言，“目的是全部法律的创造者，每条法律规则的产生都源于一种目的，即一种实际的动机”。不知道为什么出发，前进很可能会偏离正确方向。无论立法论，还是解释论，均必须回溯立法当时的本意，运用适当方法对有关问题作出解答。本案再审申请审查裁定，通过正本清源、探究立法本意，澄清对《海商法》有关条款的认识，对于该法有关条款的适用和今后的立法修改均有一定的示范和启发作用。

一、关于承运人识别

实践中的难点在于承运船舶被连环转租且船长签发提单不注明承运人名称（仅抽象注明“代表承运人”签发提单），导致承运人识别困难，究其原因在于对《海商法》第72条关于“提单可以由承运人授权的人签发。提单由载货船舶的船长签发的，视为代表承运人签发”规定的含义和功能认识模糊。从法源上考察，该条规定是我国立法参照《联合国海上货物运输公约》（《汉堡规则》）第 14 条（提单签发）第 2 款作出的类似规定，旨在采取不同于英国法中船长签发提单视为代表船东签发的立场，为否定提单上“过户条款”（含有约定船长签发提单视为船东签发的内容）的效力提供依据。此外，从《海商法》第 72 条的功能上看，该条是规范提单签发而不是为识别承运人提供直接依据，识别承运人的直接依据是该法第 42 条第 1 项关于承运人的定义条款。根据该定义，承运人是直接或者间接（如授权船长等他人）作出与托运人订立运输合同意思表示的人。对于船长签发提单而言，识别承运人的关键在于查明船长究竟出于谁的指示或者授权而签发提单，这是在《海商法》下识别承运人的根本出发点。

二、关于国际海上货物运输中的承运人留置权

《海商法》第 87 条规定承运人留置权行使的对象是“留置其货物”，这里“其货物”在文义看是债务人所有人的货物。《合同法》第 315 条[①]规定承运人留置权的措辞是“承运人对相应的运输货物享有留置权”，在合同法下承运人留置货物无须看货物的所有权状况。如此一来，有人开始质疑《海商法》第 87 条规定“留置其货物”的正当性，建议在海商法修改中将该措辞修改为“留置相应的货物”。考察海商法的立法本意，可以看到该法第 87 条既有其合理性的一面，也有其局限性的一面。该条主要是针对提单项下运输作出的规定，其合理性是有利于保护善意提单持有人的利益，以促进提单流转，其局限性是对于非提单项下运输而言就无上述合理性。完全否定《海商法》第 87 条规定“留置其货物”的正当性是不清楚该条立法本意的表现，也许将该条规定限缩适用于提单项下运输有其合理性。

三、关于承运人抗辩拒绝交付货物的法益保护

承运人拒不交付货物可以同时成为抗辩权与留置权的内容，但有两点主要区别：一是抗辩权可以针对全部货物拒不交付，而留置权只能针对与债权数额相当的货物拒不交付；二是抗辩权没有变价并优先受偿的功

---

① 本条现为《民法典》第 836 条：“托运人或者收货人不支付运费、保管费或者其他费用的，承运人对相应的运输货物享有留置权，但是当事人另有约定的除外。”

能，而留置权的核心功能就是变价并优先受偿。但是，抗辩权也有保护债权人的功能，继续占有货物或者货物的变价款。在民法理论上，“占有为事实并非权利，但属财产之法益”。占有具有保护功能、继续功能、公示功能。其中保护功能是指保护其背后的权利（人格与意思），权利人原则上不能以私力改变占有的现状。有权占有受到侵害，占有人有回复请求权，占有物取回权唯在于原状之回复。所有人行使返还请求权，须占有人对于请求人无正当抗辩。如果占有人有质权、留置权、同时履行抗辩权等权利时，其亦得援用该权利以对抗所有人。本案再审审查裁定体现了对承运人占有货物之法益的保护。本案再审裁定主要涉及对《海商法》有关条款的理解与适用，《民法典》颁布后，《海商法》有关条款的适用不受影响，本案再审裁定在司法实践中仍有指导意义。

最高人民法院再审申请审查合议庭成员：余晓汉　任雪峰　黄西武

（编写人：余晓汉*　审稿人：郭载宇）

---

* 余晓汉，法学硕士，中华人民共和国最高人民法院民事审判第四庭，二级高级法官。

行政

马某某
诉
宁夏回族自治区固原市人民政府行政批复、
宁夏回族自治区固原市住房和城乡建设局
房屋拆迁行政裁决案

——在同一个行政案件中将两个或两个以上的行政行为列为被诉行政行为是否符合法定起诉条件

【裁判摘要】

在一个行政案件中，被诉行政行为一般仅指一个行政机关作出的一个行政行为，或两个及两个以上的行政机关作出的同一个行政行为。在无法律规定的情况下，除非存在关联事实等特殊情况及出于诉讼经济的便宜考虑，一般不得在同一个行政案件中将两个或两个以上的行政行为列为被诉行政行为。

【案件基本信息】

1. 诉讼当事人

上诉人（一审起诉人）：马某某

一审被起诉行政机关：宁夏回族自治区固原市人民政府（以下简称固原市政府）、宁夏回族自治区固原市住房和城乡建设局（原宁夏回族自治区固原市建设局，以下简称原固原市建设局）

2. 案件索引与裁判日期

一审：宁夏回族自治区高级人民法院（2019）宁行初1号裁定（2019年1月15日）

二审：最高人民法院（2019）最高法行终1号裁定（2019年4月30日）

3. 案由

行政批复、房屋拆迁行政裁决

【简要案情】

马某某起诉称，（1）固原市政府于2003年3月18日出示关于房屋拆迁补偿基准价格及临时安置补助标准的批复（固政函〔2003〕3号，以下简称3号批复）中关于房屋拆迁重置价的行政批复行为，违反国务院《城市房屋拆迁管理条例》第24条和《宁夏回族自治区城市房屋拆迁管理办法》第27条的规定，在房屋拆迁评估中侵犯被拆迁人合法权益，应当认定该行政行为违法。（2）被告属于固原市2003年、2006年房屋征收部门，有权就该市房屋拆迁、安置补偿制定措施，但在本案中以职权确定该市“房屋拆迁重置价”的3号批复和关于规范房屋拆迁补偿的通知（固政发〔2006〕83号，以下简称83号通知），停止执行该级人民政府常务会议讨论通过并以第5号政府令公布的《固原市城市房屋拆迁管理暂行办法》规定的该市房屋拆迁补偿方式，侵犯被拆迁人合法权益，其依法请求被告固原市政府予以赔偿案涉被拆迁房屋自身补偿金、临时安置补助费用及因拆迁造成停业损失费的各项主张，有充分的证据证明。故请求：（1）判决确认固原市政府于2003年3月18日批复该市“房屋拆迁重置价”的行政行为违法；（2）判决撤销原宁夏回族自治区原固原市建设局固建裁字〔2006〕第02号房屋拆迁裁决书（以下简称02号拆迁裁决）的具体行为；（3）判决确认固原市政府于2006年6月15日停止执行该级人民政府第5号令部分内容的行政行为违法；（4）一并审查规范性文件，即83号通知和固政发〔2007〕87号通知（以下简称87号通知）；（5）一并解决安置被拆迁人（原告）居住生活问题；（6）判决被告予以赔偿两次拆除其国有土地上房屋总建筑面积422.69平方米，曾经未按规定补偿的各项损失合计3,082,631.25元；（7）本案诉讼费用由被告全部承担。

宁夏回族自治区高级人民法院一审认为，当事人向人民法院提起行政诉讼，应在法定期限内主张权利。本案起诉人马某某相关房产的拆迁、安置事实及固原市政府、原固原市建设局相关行政行为均发生在2008年以前，案涉房产拆迁、安置过程中均有原固原市建设局作出的房屋拆迁裁决书和马某某与固原市市政公司签订的拆迁（安置）协议，且马某某已领取了相应拆迁安置补偿款，并不存在马某某对相关行政行为内容不知晓的情形。马某某于2018年10月12日向人民法院提起诉讼，已经超过了法律规定的起诉期限且无正当理由。依照《中华人民共和国行政诉讼法》第51条第2款之规定，裁定对马某某的起诉不予立案。

马某某不服一审裁定，向最高人民法院上诉。

最高人民法院经核查上诉人马某某在提起本案诉讼时提交的证据材料，其所提诉讼请求涉及的3号批复、02号拆迁裁决、83号通知、87号通知的相关情况为：（一）3号批复系固原市政府基于原固原市建设局呈报的《关于上报〈固原市房屋拆迁补偿基准价格及临时安置补助标准〉的请示》于2003年3月18日对该局作出。该批复的主要内容为："一、房屋拆迁重置价（基准价）：砖混楼房：500元/平方米……二、临时安置补助费为：居住用房：3元/月·平方米……三、搬迁补助费为：3元/平方米。"（二）02号拆迁裁决系原固原市建设局于2006年9月1日作出。该拆迁裁决载明的申请人为"固原市市政公司"，被申请人为"马某某"。该裁决另载明："如当事人对裁决不服的，可在接到裁决书之日起60日内申请行政复议或在接到裁决书之日起3个月内向人民法院起诉……"（三）83号通知系固原市政府于2006年6月15日对"各县（区）人民政府，市政府各部门、直属机构，各事企业单位"作出。该通知关于修改调整固原市政府第5号令的部分内容为："停止执行固原市人民政府第5号令公布的《固原市城市房屋拆迁管理暂行办法》中第十八条……的规定，调整为'拆迁补偿安置的方式只实行产权调换（等价值调换）'；停止执行第十九条……的规定，调整为'按重置价由有资质的房屋评估中介机构进行评估'；停止执行第二十一条……的规定。"（四）87号通知的名称为《关于停止执行固原市人民政府〈关于规范房屋拆迁补偿的通知〉的通知》。该通知系固原市政府于

2007 年 7 月 27 日对“各县（区）人民政府，市直各有关单位”作出。该通知的主要内容为：“一、停止执行固原市人民政府《关于规范房屋拆迁补偿的通知》（固政发〔2006〕83 号）。二、关于固原城市规划区征收集体土地地上附着物的原补偿标准不变，另行公布。三、本通知自发布之日起执行。”

【案件焦点】

上诉人马某某提出的起诉是否符合法定起诉条件。

【裁判结果】

最高人民法院二审认为，上诉人马某某提出的前六项诉讼请求系对多个行为提出起诉，明显有违“一行为一诉”的行政诉讼立案受理原则，构成诉讼请求不具体，不符合法定起诉条件。但依照《最高人民法院关于适用〈中华人民共和国行政诉讼法〉的解释》第 68 条第 3 款的规定，人民法院应当进行必要的指导和释明，以便协助诉讼能力不足的公民、法人或其他组织在一个行政案件中恰当确定一个被诉行政行为。一审裁定未显示一审法院进行了相关指导和释明，有欠妥当，但从接下来对上诉人所提诉讼请求逐项分析的情况看，此种欠妥并未影响到上诉人诉权的依法合理行使。

第（1）项和第（3）项诉讼请求系针对 3 号批复和 83 号通知提出起诉。从最高人民法院核查的情况看，3 号批复和 83 号通知是固原市政府对相关单位作出的内部批复，并未直接对特定的公民、法人或其他组织的权利义务产生法律效果，不属于可诉的行政行为。第（2）项诉讼请求涉及原固原市建设局作出的 02 号拆迁裁决。从最高人民法院核查的情况看，原固原市建设局于 2006 年 9 月 1 日作出该拆迁裁决时告知了诉权和起诉期限。上诉人对该拆迁裁决提出起诉已远远超过当时有效的、1989 年《中华人民共和国行政诉讼法》第 39 条关于 3 个月的起诉期限的规定，且其提交的证据材料未显示存在超过法定起诉期限的正当理由。由于上诉人已知道该拆迁裁决的内容，其提出的适用 20 年的最长诉讼保护期限的主张不能成立。诉讼时效是民事实体法的规定，起诉期限则是《中华人民共和国行政诉讼法》的规定。在法定期限内提起诉讼为法定起诉条件之一，人民法院应当依职权主动审查。一审裁定系以上诉人提起本案诉讼超过法定起诉期限且无正当理由为由，而非上诉人主张的适用了诉讼时效的规定，故上诉人所提一审法院违反《中华人民共和国民法总则》第 193 条[①]规定的主张亦不成立。第（4）项诉讼请求涉及《中华人民共和国行政诉讼法》第 53 条第 1 款关于行政诉讼附带审查规范性文件的规定。但进行该种附带审查的前提条件之一是对行政行为的起诉已符合法定起诉条件。若对行政行为的起诉尚不成立，则对规范性文件的附带审查也就无所依附。上诉人请求审查 83 号通知和 87 号通知即是此种情形。且上诉人对 83 号通知同时提出起诉和请求进行规范性文件审查，显然有违法律规定。关于第（5）项诉讼请求，上诉人提交的 02 号拆迁裁决、拆迁协议等证据材料显示，其为被拆迁人，对其承担补偿安置义务的是拆迁人固原市市政公司。无论是固原市政府，还是原固原市建设局，均非拆迁人，亦不存在上诉人上诉所称固原市政府因征收房屋而作出行政行为的情况，且对于一审法院所作上诉人已领取相应拆迁安置补偿款的认定，上诉人在向最高人民法院上诉中未予否定，故上诉人请求一并解决安置其居住生活问题显然缺乏事实根据。第（6）项诉讼请求为行政赔偿诉讼请求。依照《中华人民共和国国家赔偿法》第 4 条的规定，存在违法的行政行为是公民、法人或其他组织就其财产权所受损害获得行政赔偿的基本前提。上诉人诉请赔偿两次拆除其国有土地上房屋对其造成的损失，但并未提交证据证明固原市政府、原固原市建设局作出了拆除其房屋的行为，其提交的证据材料亦难以证明该二机关存在拆除其房屋的可能性或是存在该二机关依法应对其他主体拆除其房屋承担法律责任的可能性，故上诉人所提该项诉讼请求明显不具备基础。因此，就上诉人所提六项诉讼请求单个而论，亦均不符合法定起诉条件。上诉人还称，一审法院存在违反《中华人民共和国行政诉讼法》第 51 条规定的情况。一审法院接到上诉人提交的起诉状后已进行了审查，且作出不予立案裁定，再结合对上诉人所提诉讼请求的上述分析，故即使上诉人所称属实，该有待依法予以完善之处也未对上诉人诉权的依法合理行使产生实质影响，也难以证明其提起本案诉讼符合法定起诉条件。

---

① 本条现为《民法典》第 193 条。

综上所述，上诉人马某某提出的起诉不符合法定起诉条件，最高人民法院对其上诉请求不予支持。一审法院笼统地以超过法定起诉期限为由裁定驳回上诉人的起诉，在认定事实及适用法律上存在瑕疵，但结果正确，应予维持。依照《中华人民共和国行政诉讼法》第 89 条第 1 款第 1 项、第 101 条及《最高人民法院关于适用〈中华人民共和国民事诉讼法〉的解释》第 334 条之规定，裁定驳回上诉，维持原裁定。

【裁判摘要评析】

对于上诉人马某某在同一个行政案件中将两个或两个以上的行政行为列为被诉行政行为是否符合法定起诉条件的认定，《行政诉讼法》第 49 条第 3 项规定的“有具体的诉讼请求”便是法定起诉条件之一。通常认为，“有具体的诉讼请求”主要是指要有确切具体的被诉行政行为。被诉行政行为构成人民法院进行合法性审查的对象，亦决定了人民法院审理和裁判的范围。

在一个行政案件中，被诉行政行为一般仅指一个行政机关作出的一个行政行为，或两个及两个以上的行政机关作出的同一个行政行为。尽管公民、法人或其他组织在起诉时可以提出多项具有内在逻辑牵连的诉讼请求，但作为诉讼请求基础的被诉行政行为却须只有一个。此即通常所谓的“一行为一诉”的行政诉讼立案受理原则。不同行政行为的作出主体不同，所依据的行政实体和程序法律存在差别，所基于的事实有异，人民法院进行合法性审查的范围、内容、强度等亦不完全一致。若在一个行政案件中同时对两个或两个以上的行政行为提出起诉，则不仅不利于行政机关有效应诉，而且势必对人民法院聚焦被诉行政行为，归纳争议焦点，组织举证质证，认定案件事实，安排法庭辩论，准确适用法律，作出清晰明确的裁判等诉讼活动的有序开展产生阻碍，进而影响行政案件的公正、及时审理及保护公民、法人和其他组织合法权益、监督行政机关依法行使职权的审判职能作用发挥，还无益于有针对性地促进行政争议的实质性化解。该原则实为行政诉讼规律使然。《行政诉讼法》第 26 条第 4 款关于共同作出同一行政行为的行政机关为共同被告的规定及第 27 条关于因同一行政行为产生的必要共同诉讼的规定就典型地体现了这一原则。在无法律规定的情况下，除非存在关联事实等特殊情况及出于诉讼经济的便宜考虑，一般不得在同一个行政案件中将两个或两个以上的行政行为列为被诉行政行为。

《行政诉讼法》第 26 条第 2 款关于复议机关维持原行政行为的，原行政行为机关和复议机关为共同被告的规定是一种非常例外的行政诉讼制度设置。即便如此，依照《行政诉讼法解释》第 135 条第 1 款的规定，原行政行为的合法性仍是审查的重心，复议决定的合法性只是一并予以审查。另须注意的是，《行政诉讼法》第 27 条关于因同类行政行为产生的普通共同诉讼的规定只是对相互独立的两个及两个以上行政案件的合并审理，而非同一个行政案件。因此，本案中上诉人马某某在同一个案件中针对多个行为提出多项诉讼请求，违反了"一行为一诉"的行政诉讼立案受理原则，属于诉讼请求不具体，不符合行政诉讼的法定起诉条件。

最高人民法院二审合议庭成员：骆　电　李纬华　刘　平

（编写人：李纬华* 易　旺** 审稿人：韩德强）

* 李纬华，法学博士，中华人民共和国最高人民法院第六巡回法庭，三级高级法官。

** 易旺，法学博士，中华人民共和国最高人民法院第六巡回法庭，二级高级法官助理。

胡某甲
诉
浙江省缙云县人民政府、缙云县壶镇镇人民政府
安置补偿案

——外嫁女是否单独予以安置补偿

【裁判摘要】

户口分户登记仅仅是户籍管理层面的措施，不涉及补偿安置问题。现行法律规定仅仅落实到保障已出嫁妇女获得补偿安置权益的程度，并没有规定能否单独安置，不能以未单独安置为由认为行政机关侵犯了被征收人的权益。从各地自行探索的情况看，虽然部分地区规定同居一处分户登记的可以分别安置，但设定了非常严格的条件，比如“三代同居一处且第三代子女已经成年”“四代同居一处”等，故能否单独安置原则上要以当地政府的规范性文件为准。

【案件基本信息】

1. 诉讼当事人

再审申请人（一审原告、二审上诉人）：胡某甲

被申请人（一审被告、二审被上诉人）：浙江省缙云县人民政府（以下简称缙云县政府）

被申请人（一审被告、二审被上诉人）：浙江省缙云县壶镇镇人民政府（以下简称壶镇镇政府）

2. 案件索引与裁判日期

一审：浙江省丽水市中级人民法院（2018）浙 11 行初 39 号判决（2018 年 12 月 19 日）

二审：浙江省高级人民法院（2019）浙行终90号判决（2019年4月12日）

再审审查：（2019）最高法行申12499号裁定（2020年2月28日）

3. 案由

不履行法定安置补偿职责

【简要案情】

2010年3月29日，《浙江省人民政府关于禁止在好溪水利枢纽工程潜明水库工程占地和淹没区新增建设项目和迁入人口的通告》（浙政函〔2010〕36号附件）发布。2010年5月7日，潜明水库建设征地移民实物调查，胡某甲与父亲胡某乙、母亲王某某、姐姐胡某丙登记在一户，潜明村94号房屋登记在户主胡某乙名下，建筑面积为111.19平方米，胡某甲兄弟单独成户，且另有房产。2010年8月19日，缙云县好溪水利枢纽工程建设指挥部对潜明村实物调查主要成果汇总表进行公示。2013年11月19日，胡某甲在公安机关进行分户登记。2014年3月6日，《浙江省人民政府关于调整好溪水利枢纽工程潜明水库淹没区范围的通告》（浙政函〔2014〕19号附件）发布，缙云县好溪水利枢纽工程建设指挥部组织实物复核。2014年3月19日，潜明村实物调查主要成果汇总表被公示，胡某甲为新分户，但无房屋，潜明村94号房屋仍登记在胡某甲父亲名下。2016年6月7日，经缙云县政府第四十八次常务会议研究通过，《好溪水利枢纽潜明水库一期工程移民安置办法》（以下简称安置办法）发布并施行。2017年5月22日，〔2017〕3号会议纪要文件印发。2017年6月27日，以壶镇镇政府为甲方，胡某甲父亲为乙方签订《潜明水库一期工程移民搬迁安置补偿协议（排屋）》，乙方安置人口4人，其中农村移民4人，分别为胡某甲父亲、母亲、姐姐和胡某甲本人，胡某甲父母参加基本生活保障安置，胡某甲姐妹参加有土安置，乙方选择搬迁安置方式为排屋安置，排屋建筑占地面积合计112平方米。2018年3月30日，〔2018〕2号会议纪要文件印发。胡某甲不服，遂提起行政诉讼。诉讼请求为：（1）判令缙云县政府、壶镇镇政府履行移民安置法定职责，限期在三联畈安置区块提供给胡某甲一套套内建筑面积为90平方米的套房及配套车库或者壶镇镇苍源排屋安置区块提供

50平方米的宅基地；（2）对〔2017〕3号缙云县好溪水利枢纽工程建设指挥部专题会议纪要第一条、第二条内容及“约定成俗”分户条件进行合法性审查。

一审法院于2018年12月19日作出（2018）浙11行初39号判决，驳回胡某甲的诉讼请求；二审法院于2019年4月12日作出（2019）浙行终90号判决，驳回上诉，维持一审判决。

判决生效后，胡某甲向最高人民法院申请再审，请求撤销一审、二审判决，依法改判或发回重审。

【案件焦点】

1. 分户登记是否属于单独安置的充分条件；

2. 未单独安置是否违背现行法律和司法实践。

【裁判结果】

最高人民法院经审理认为，针对第一个争议焦点，根据《中华人民共和国户口登记条例》第19条的规定，公民因结婚、分户等事由引起户口变动的时候，由户主或者本人向户口登记机关申报变更登记。户口分户登记仅是户籍管理层面的措施，不涉及补偿安置问题。针对第二个争议焦点：现行法律和司法实践仅落实到保障已出嫁妇女获得补偿安置权益的程度，并没有规定能否单独安置。一审判决驳回胡某甲的诉讼请求，二审判决驳回上诉，维持原判，并无不当。因此，裁定驳回胡某甲的再审申请。

【裁判摘要评析】

本案涉及外嫁女的权益保障问题，在经济发达地区较为突出，虽然地方政府和地方法院的处理结果并无不当，但对此问题的认识不足，说理亦不充分，难以获得当事人的理解，故有分析的必要。

一、户口分户登记和补偿安置没有必然关系

对于户口分户登记问题，1958年施行的《户口登记条例》第19条作了规定，现行仍然有效，经检索未见更高位阶的相关规定。该条例第19条规定，公民因结婚、分户等事由引起户口变动的时候，由户主或者本人向户口登记机关申报变更登记。考虑到我国正在推行的户籍制度改革以及该条例的制定年代，户口分户登记仅是户籍管理层面的措施，不涉及补偿安置问题。尤其是近些年随着农村户籍含金量的提高以及社保和户籍的脱钩，很多人大学毕业后、出嫁后仍然将户籍留在农村，尤其是经济发达地区的农村、城中村等。为了妥善解决户籍和拆迁补偿、村民待遇问题，化解村民内部矛盾，部分地区对户籍改革作了有益探索。比如，《扬州市户口迁入暂行规定》规定，居民的户口由城镇迁往农村（含回迁人员），只作户籍登记项目的变更。户籍不作为是否享有当地村民享受的土地承包、宅基地安排、自留地安排、劳动力安置、征地劳力安置费、合作医疗、退伍兵安置、农民退休、村组集体资产收益分配、村民补助补贴等待遇的依据。由此可见，户籍制度已经和安置补偿脱钩，不能仅以户口分户登记为由要求单独安置。

二、现行法律和司法实践保障了已出嫁妇女获得补偿安置的权益，但并不表示一定要单独安置

从《土地管理法》第 47 条的规定看，补偿安置的基础是征收土地，同时考虑被安置人口的数量。本案中，胡某甲因结婚分户登记后，其名下并没有独立的房产和宅基地。对于已出嫁妇女和土地相关的权益保护问题，《农村土地承包法》第 31 条规定，承包期内，妇女结婚，在新居住地未取得承包地的，发包方不得收回其原承包地；妇女离婚或者丧偶，仍在原居住地生活或者不在原居住地生活但在新居住地未取得承包地的，发包方不得收回其原承包地。最高人民法院 2018 年发布的行政诉讼附带审查规范性文件典型案例之五认为，《温岭市个人建房用地管理办法》《温岭市工业城二期用地范围房屋迁建补偿安置办法》将“应迁出未迁出的人口”及“已经出嫁的妇女及其子女”排除在申请个人建房用地和安置人口之外与《妇女权益保障法》等上位法规定精神不符。由此可见，法律层面仅落实到保障已出嫁妇女获得补偿安置权益的程度，并没有规定能否单独安置。从一审、二审查明的事实看，2010 年 5 月水库建设征地调查时，胡某甲和其父母、姐姐胡某丙登记在一户。2013 年 11 月，胡某甲在公安机关进行分户登记，但没有独立的房产。2017 年 5 月 31 日，胡某甲之母王某某以其父胡某乙名义与壶镇镇政府签订潜明水库一期工程移民搬迁安置补偿协议（排屋）。该协议已经将胡某甲作为农村移民进行安置，并约定胡某甲参加有土安置，且确认胡某甲和其父母、姐姐胡某丙选择的搬迁安置方式为排屋安置，建筑占地面积为 112 平方米。也就是说，胡某甲虽然已经结婚分户登记，但其补偿安置权益并未被排除在外，当地政府的做法不违背前述法律的规定和司法实践。

三、部分地区根据具体情况，设定条件后对同居一处分户登记的单独安置亦不违反法律的强制性规定

对于同居一处分户登记的能否单独安置，各地自行作了有益探索，比如绍兴市越城区公布的《越城区集体土地上房屋征收安置补偿政策补充意见（征求意见稿）》规定，“三代同堂且第三代子女已成年的独生子女家庭或四代同堂可以分户；三代同堂且第三代为多子女的家庭，有一个或一个以上子女已成年的可以分户”，“三代同堂且第三代为多子女的家庭，有一个或一个以上子女已成年的可以分户，但父母必须随其中一个子女合并安置；二代同堂的多子女家庭，有一个或一个以上子女已结婚成家或子女均已成年的可以分户，但父母必须随其中一个子女合并安置”。本案中，缙云县当地没有类似的宽松政策，胡某甲也不存在类似的居住困难情况，故当地行政机关未给予其单独安置并无不当。

四、结语

集体土地征收中的安置补偿问题直接涉及被征收人的合法权益，其本身就较为复杂，实践中再交织分户安置、合并安置、外嫁女的权益保护、户籍未迁出的公职人员、私企就业人员的补偿安置等问题，矛盾就更为突出。地方行政机关为推进集体土地征收、城中村改造，往往制定具体的安置补偿标准，绝大部分是合法的，但也不排除个别补偿安置条件侵犯了当事人的合法权益。违法的补偿安置条件自然需要撤销，但对于合法的补偿安置条件，地方政府和地方法院往往存在知其然而不知其所以然的情况，当事人基于自身利益的考量等因素，往往提出单独安置的要求，对此不能作出合理的解释和疏导容易激化矛盾。最高人民法院在坚持依法裁判的同时，更要梳理问题背后的法理，从法律和政策的高度评判实践中的做法是否合理，真正起到释法答疑的作用，为案结事了提供切实的法律支持。

最高人民法院再审审查合议庭成员：李绍华 朱宏伟 何 君

（编写人：李绍华* 谭敏娟** 审稿人：韩德强）

* 李绍华，法学硕士，中华人民共和国最高人民法院第三巡回法庭，三级高级法官。

** 谭敏娟，法学硕士，中华人民共和国最高人民法院第三巡回法庭，法官助理。

齐某
诉
黑龙江省大兴安岭地区加格达奇区人民政府房屋征收补偿协议案

——行政协议中未约定逾期履行违约责任不能成为行政机关不承担违约责任的理由

【裁判摘要】

行政机关与相对人签订行政协议后，应当遵循诚实信用原则，按照协议约定全面履行义务，未按照约定的期限履行义务的即构成违约，应当承担违约责任，协议中未约定违约责任并不能成为行政机关不承担违约责任的理由。

【案件基本信息】

1. 诉讼当事人

再审申请人（一审原告、二审上诉人）：齐某

被申请人（一审被告、二审被上诉人）：黑龙江省大兴安岭地区加格达奇区人民政府（以下简称大兴安岭加格达奇区政府）

2. 案件索引与裁判日期

一审：辽宁省辽阳市中级人民法院（2016）辽27行初12号判决（2016年12月27日）

二审：黑龙江省高级人民法院（2017）黑行终373号判决（2017年7月21日）

再审：最高人民法院（2018）最高法行申1314号裁定（2019年12月31日）

3. 案由

房屋征收补偿协议

【简要案情】

2014 年 11 月 21 日，加格达奇区棚户区改造建设指挥部、加格达奇区晟吉房屋拆迁有限公司与齐某签订棚户区改造回迁安置协议，协议约定将齐某安置在棚户区小区，安置面积约 590 平方米（门市）。回迁安置时间为 2014 年 12 月 30 日。后协议一直未履行，齐某以大兴安岭加格达奇区政府不履行与其签订的回迁安置协议为由，提起行政诉讼，请求判令大兴安岭加格达奇区政府立即履行回迁安置协议，安置 590 平方米门市楼，并按照评估价给付利息及滞纳金。一审法院认为，大兴安岭加格达奇区政府未依约履行，齐某要求其履行协议的诉讼请求应予支持。因该协议是回迁安置，选择产权调换的补偿方式属非金钱债务的履行，对逾期履行又未约定违约责任，故对齐某要求支付利息和滞纳金的诉讼请求不予支持。判决确认齐某与大兴安岭加格达奇区政府签订的棚户区改造回迁安置协议合法有效；责令大兴安岭加格达奇区政府于判决生效之日起 3 个月内按照就近安置的原则在棚户区范围内继续履行协议；驳回齐某的其他诉讼请求。齐某不服，上诉至黑龙江省高级人民法院，二审法院判决驳回上诉，维持原判。齐某不服二审判决，向最高人民法院第二巡回法庭申请再审。

【案件焦点】

行政协议未约定逾期履行的违约责任，而行政机关未按期履行协议的情形下，其是否应承担违约责任。

【裁判结果】

最高人民法院认为，齐某经与加格达奇区棚户区改造建设指挥部、加格达奇区晟吉房屋拆迁有限公司协商一致，三方签订案涉棚户区改造回迁安置协议，该协议系在平等自愿基础上签订的补偿安置协议，并不存在显失公平及其他违反法律规定的情形，应当认可该协议的效力。根据《中华人民共和国行政诉讼法》第 72 条之规定，人民法院经过审理查明被告不履行法定职责的，判决被告在一定期限内履行。本案中，在该协议约定的履行期限届满，大兴安岭加格达奇区政府仍未履行该协议，且该协议具有履行的现实可能的情况下，原审法院判决大兴安岭加格达奇区政府于判决生效之日起 3 个月内按照就近安置的原则在棚户区范围内继续履行协议，符合上述规定。

《中华人民共和国行政诉讼法》第 78 条规定："被告不依法履行、未按照约定履行或者违法变更、解除本法第十二条第一款第十一项规定的协议的，人民法院判决被告承担继续履行、采取补救措施或者赔偿损失等责任。"具体到本案中，大兴安岭加格达奇区政府与齐某签订棚户区改造回迁安置协议后，应当遵循诚实信用原则按照协议约定全面履行义务。大兴安岭加格达奇区政府未按约定的期限交付房屋，即构成违约，应当承担违约责任。案涉协议未约定违约责任并不能成为大兴安岭加格达奇区政府不承担违约赔偿责任的理由。《中华人民共和国合同法》第 120 条①规定，当事人双方都违反合同的，应当各自承担相应的责任。依据上述规定，人民法院应当在查明案件事实的基础上，依法判令大兴安岭加格达奇区政府承担逾期安置期间的违约赔偿责任。原审法院认定大兴安岭加格达奇区政府不承担违约责任，系适用法律错误，结论显有不当，应予纠正。对于大兴安岭加格达奇区政府需要承担的违约赔偿责任的计算，需要原审法院结合本案原告的诉讼请求进一步查清有关事实并作出认定。裁定指令黑龙江省高级人民法院再审。

【裁判摘要评析】

《行政诉讼法》第 78 条第 1 款规定："被告不依法履行、未按照约定履行或者违法变更、解除本法第十二条第一款第十一项规定的协议的，人民法院判决被告承担继续履行、采取补救措施或者赔偿损失等责任。"该条文借鉴了《合同法》第 107 条②的规定，明确了行政协议案件的违约责任。过去的行政诉讼司法实践中，撤销诉讼处于绝对中心地位，行政法官已经习惯以单方行政行为作为唯一审查对象进行合法性审查，而撤销诉讼附带的给付诉讼，多为侵权之债，正因如此，过去行政诉讼法中规定的行政赔偿

---

① 本条现为《民法典》第 592 条："当事人都违反合同的，应当各自承担相应的责任。当事人一方违约造成对方损失，对方对损失的发生有过错的，可以减少相应的损失赔偿额。"

② 本条现为《民法典》第 577 条。

称为“行政侵权赔偿”。随着经济社会发展，行政管理的手段多样化，从原来的单方高权行政行为逐渐向双方合意的行政协议转变，而行政协议纠纷大多是关系之诉，不同于传统的单方行政行为之诉，由行政协议纠纷引发的给付诉讼，主要为违约之债，如何理解行政协议中的违约之债，在审判实践中引发诸多争议。本案就是在审判实践中出现对违约之债的理解不一致的情形。下面对违约之债的若干方面问题展开阐述。

一、违约责任的赔偿标准

要确定赔偿的范围，首先需要厘清行政协议违约之债的赔偿标准。司法实践中，关于行政协议案件的违约责任赔偿标准存在较大争议，主要有四种观点：第一种观点认为，被告承担违约责任的方式和标准，应当根据行政协议的约定确定，无约定的应当参照国家赔偿法的规定；第二种观点认为，被告承担违约责任的方式和标准，应当根据协议约定确定，无约定的应参照民事法律规范的相关规定；第三种观点认为，应当区分补偿和赔偿的情况分别处理。赔偿和补偿属于两种不同的责任承担方式，对于赔偿，标准应当依据国家赔偿法的规定确定；对于补偿，行政协议有约定的按照约定，没有约定的按照实际损失由法院确定。实际损失限定于直接损失，不计算可得利益；第四种观点认为，被告承担违约责任的方式和标准，对因公共利益的需要违反协议约定的，应当参照国家赔偿法的规定。对其他违反协议约定的情形，应当根据行政协议的约定确定，没有约定的参照国家赔偿法的规定。

一般认为，对于违约责任的认定和标准问题，如果协议中有约定，应当按照约定的标准计算。如果没有约定，原则上应当适用民事法律规范的规定。对于违约责任的赔偿范围，既要包括直接损失，也要包括可得利益的损失。这主要是考虑：

第一，实践中，一些行政机关认为即使不履行行政协议，所引发的违约赔偿也是按照国家赔偿标准，仅对直接损失进行赔偿，因而随意变更、解除协议或者不履行行政协议，导致行政相对人重大损失，此种情况亟须通过诉讼进行规范。

第二，侵权责任与违约责任有着严格区分，违约责任是违反约定义务所造成的法律责任；侵权责任的前提则是当事人违反了法定义务。违约责任是以双方法律行为为前提；侵权责任则以单方的侵权行为为前提。行政相对人之所以愿意签订行政协议，其目的不在于履行国家义务，而在于通过经营获得收益，违约责任的赔偿标准自然不应当适用国家赔偿法。

第三，违约责任是严格责任，而国家赔偿责任是违法责任，类似于侵权责任，因此两者要件不同，对于违约责任的赔偿标准，不应当适用国家赔偿法的规定，而应当适用相关民事法律规定的规定。

第四，司法实践中，行政协议的标的额往往十分巨大，利益也比较大，特别是在国有土地使用权出让合同领域，由于近些年土地使用权价值飞涨，有的行政机关不惜违约转卖使用权获取利益，如果适用国家赔偿标准，可能加剧这种现象。因此对于违约责任赔偿标准的确定，有约定的从其约定，没有约定的应当适用民事法律规范。

第五，《关于审理行政协议案件若干问题的规定》中已经规定了如果双方约定了违约金及定金条款予以赔偿的，人民法院应予支持，客观上已经认可了行政协议的违约责任不限于直接损失。因此，行政机关不履行行政协议义务或者履行行政协议义务不符合约定，给相对人造成损失的，损失赔偿额应相当于因违约所造成的损失，包括行政协议履行后可以获得的利益，但不得超过违反协议一方订立合同时预见到或者应当预见到的因违反行政协议可能造成的损失。

二、定金与违约金的确认

《关于审理行政协议案件若干问题的规定》第 19 条规定："原告要求按照约定的违约金条款或者定金条款予以赔偿的，人民法院应予支持。"该条文规定了协议双方可以约定违约金条款或者定金条款，该条款是范例性条款，而非限制性条款，即如果协议中没有约定违约金条款或者定金条款，也不排除人民法院可以就行政机关的违约责任判决金钱赔偿。具体到本案中，大兴安岭加格达奇区政府与齐某签订棚户区改造回迁安置协议后，应当遵循诚实信用原则按照协议约定全面履行义务。大兴安岭加格达奇区政府未按约定的期限交付房屋，即构成违约，应当承担违约责任。案涉协议未约定违约责任并不能成为大兴安岭加格达奇区政府不承担违约赔偿责任的理由。

第一，关于违约金的确认。违约金是典型的约定赔偿，当事人可以约定一方违约时应当根据违约情况向对方支付一定数额的违约金，也可以约定因违约产生的损失赔偿额的计算方法。约定的违约金条款并不排除司法审查，当事人主张约定的违约金过高，请求予以适当减少的，人民法院应当以实际损失为基础，兼顾合同的履行情况、当事人的过错程度以及预期利益等综合因素，根据公平原则和诚实信用原则予以衡量，并作出裁决。根据《合同法》第114条，《合同法司法解释（二）》第28条、第29条的规定，约定的违约金低于造成的损失的，当事人可以请求人民法院或者仲裁机构予以增加，增加后的违约金数额以不超过实际损失额为限；约定的违约金过高超过造成损失的30%的，当事人可以请求人民法院或者仲裁机构予以适当减少。

第二，关于定金的确认。根据《合同法》第115条[①]规定，当事人可以依照《担保法》约定一方向对方给付定金作为债权的担保。债务人履行债务后，定金应当抵作价款或者收回。给付定金的一方不履行约定的债务的，无权要求返还定金；收受定金的一方不履行约定的债务的，应当双倍返还定金。《合同法》第116条[②]规定了违约金和定金的选择，当事人既约定违约金，又约定定金的，一方违约时，对方可以选择适用违约金或者定金条款，双方不能同时并用。

三、可得利益损失的赔偿计算规则

关于可得利益损失的赔偿范围认定及数额计算，在民事审判实践中一

① 本条现为《民法典》第586条、第587条。第586条规定："当事人可以约定一方向对方给付定金作为债权的担保。定金合同自实际交付定金时成立。定金的数额由当事人约定；但是，不得超过主合同标的额的百分之二十，超过部分不产生定金的效力。实际交付的定金数额多于或者少于约定数额的，视为变更约定的定金数额。"第587条规定："债务人履行债务的，定金应当抵作价款或者收回。给付定金的一方不履行债务或者履行债务不符合约定，致使不能实现合同目的的，无权请求返还定金；收受定金的一方不履行债务或者履行债务不符合约定，致使不能实现合同目的的，应当双倍返还定金。"

② 本条现为《民法典》第588条："当事人既约定违约金，又约定定金的，一方违约时，对方可以选择适用违约金或者定金条款。定金不足以弥补一方违约造成的损失的，对方可以请求赔偿超过定金数额的损失。"

直存在较大争议，个案差异明显。行政赔偿虽然以赔偿直接损失为原则，但审判实践中一般以不使当事人因行政机关违法行为造成不合理损失的原则进行弥补。例如，行政机关过错导致当事人房屋被强拆长期未获补偿的，房价飞涨的，判决赔偿时一般不以房屋被强拆时的价格作为赔偿标准。行政协议司法审查中，应进一步体现对当事人的权益保护，行政机关违约责任赔偿既包括直接损失，又包括可得利益损失，关于可得利益损失的赔偿计算，参照《合同法》相关规定，应采取以下四个规则：

第一，可预见规则。《合同法》第 113 条①第 1 款规定了违约方在缔约时应当预见的因违约所造成的损失，包括合理预见的损失数量和根据对方的身份所能预见的可得利益类型。如果行政机关签订协议时无法合理预见的因违约造成的损失，则不属于可得利益损失的范围。例如，行政机关与相对人签订房屋征收补偿协议时，被征收房屋登记为住宅，使用用途为居住，房屋征收补偿协议约定的回迁房屋也系住宅性质。如果行政机关违约，未能及时回迁房屋，相对人则只能主张因在外租房居住造成的租金损失而不能主张将回迁房屋作为经营用房使用的可得利益损失。

第二，减损规则。《合同法》第 119 条②规定一方违约，协议相对人应当采取恰当的措施防止损失的扩大，而不是任由损失扩大。减损措施应当是行政协议相对人根据当时情境客观可行的，也应当是通常会被认为合理的。如果相对人不采取恰当的措施防止损失的扩大，则就该损失的扩大，应当从可得利益损失中扣除。

第三，损益相抵原则。当行政协议相对人因损失发生的同一违约行为而获益或者免于支付费用时，其所能请求的赔偿额应当是损失减去获益及免于支付费用的净额。基于以上三个规则，可得利益损失赔偿额的计算公式应当是："可得利益损失赔偿额=可得利益损失总额-行政机关不可预见

① 本条现为《民法典》第 584 条："当事人一方不履行合同义务或者履行合同义务不符合约定，造成对方损失的，损失赔偿额应当相当于因违约所造成的损失，包括合同履行可以获得的利益；但是，不得超过违约一方订立合同时预见到或者应当预见到的因违约可能造成的损失。"

② 本条现为《民法典》第 591 条："当事人一方违约后，对方应当采取适当措施防止损失的扩大；没有采取适当措施致使损失扩大的，不得就扩大的损失请求赔偿。当事人因防止损失扩大而支出的合理费用，由违约方负担。"

的损失-因相对人未采取恰当措施扩大的损失-相对人因违约获得的利益及免于支付的费用-相对人为获得可得利益所支付必要的成本”。

第四，过失相抵规则。如果当事人对于行政协议无法履行及损失负有过失的，行政机关请求适当减轻其赔偿责任，人民法院应予准许。

除差额法外，人民法院还可以根据案件实际情况，运用类比法、约定法、估算法、综合裁量法等方法计算可得利益损失。

四、违约责任的承担方式

行政机关未依法履行、未按照约定履行行政协议，人民法院可以依据《行政诉讼法》第78条规定，判决被告继续履行，并明确继续履行的具体内容；被告无法履行或者继续履行无实际意义的，人民法院可以判决被告采取相应的补救措施；给原告造成损失的，判决被告予以赔偿。此处的判决内容主要包含三部分：

第一，继续履行。此处的继续履行是“强制履行”，由人民法院强制违约方继续履行合同债务的违约责任。关于继续履行判决应当注意以下问题：首先，继续履行的判项中应当有可执行的具体内容，这种可执行的具体内容既可以表现为金钱、交付财产的债务，也可以表现为具体的行政行为，比如为相对人办理证照等。避免笼统判决行政机关继续履行行政协议而未载明具体内容，造成当事人拿到胜诉判决后，行政机关继续不履行行政协议，而当事人无法再就违约行为提起诉讼，执行机关又无具体的可执行内容的两难境地。其次，人民法院判决继续履行后，执行过程中，如果行政机关未按照判决、裁定或者其他法律文书指定的期间履行给付金钱义务的，应当加倍支付延迟履行期间的债务利息；未按判决、裁定和其他法律文书指定的期间履行其他义务的，应当支付延迟履行金。

第二，采取补救措施。针对的是行政机关无法履行或者继续履行无实际意义的，“无法履行”包括法律上无法履行和事实上的无法履行。“继续履行无实际意义”包括具有很强时效性的履行、因不可归责于当事人的原因履行困难，实际履行显失公平等。民事上的补救措施主要包括修理、重做、更换、退货、减少价款或者报酬。行政法上，考虑到行政机关的裁量权限，可以采取其他的补救措施，例如安排被征地农民、置换土地开发等等。但在实践中，应当避免以司法权取代行政权。作出补救措施判决时，首先，该补救措施应当是实践中可履行的，利于执行的；其次，其他判决的可能性应当被充分限缩后才能采用补救措施判决。

第三，赔偿损失，即金钱赔偿主义。用金钱赔偿来替代行政机关协议约定义务的履行，对协议相对人因行政机关违约所遭受的损失进行弥补。当履行标的是金钱给付时，继续履行和赔偿损失的适用条件和适用效果发生重合，此时继续履行和赔偿损失之间的差异并不大；当履行标的是非金钱给付时，继续履行和赔偿损失在可执行力、弥补损失的合理性等方面就会存在差异。本案中，齐某与大兴安岭加格达奇区政府签订协议，回迁安置时间为 2014 年 12 月 30 日，但协议一直未履行，直至齐某起诉时，仍未回迁安置。选择产权调换的补偿方式，属非金钱债务的履行，故对齐某要求支付利息和滞纳金的诉讼请求不予支持，属于适用法律错误。回迁安置房屋是非金钱给付标的，人民法院可以判决行政机关继续回迁安置，但本案中行政机关未依照协议期限履行，逾期多年未予安置，给齐某造成损失，对其逾期安置期间的违约赔偿责任，承担方式可以适用金钱赔偿。

上述三种违约责任的判决形式，当行政机关存在就承担某种违约责任方式严重困难、不公平、缺乏经济合理性等情况时，人民法院应根据个案具体情况进行分析，允许其采取另一种违约责任承担方式。

最高人民法院再审合议庭成员：梁凤云　张　艳　余晓汉

（编写人：梁凤云*　陈　默**　审稿人：韩德强）

---

* 梁凤云，法学博士，中华人民共和国最高人民法院行政审判庭副庭长、第二巡回法庭分党组成员，二级高级法官。

** 陈默，法学学士，辽宁省高级人民法院行政审判庭，一级法官助理。

马某
诉
甘肃省东乡族自治县人民政府、
甘肃省东乡族自治县国土资源局
土地行政征收及补偿案

——土地行政案件中法院对原告主体资格的审查权不宜僭越行政机关先行处理权

【裁判摘要】

对被诉土地征收占用行为进行合法性实体审理的前提是诉争土地相关权属无争议，原告主体资格明确。原告在起诉时若诉争土地权属尚存争议，人民法院不宜在原告主体资格的审查过程中直接对土地权属作出认定，否则有司法权僭越行政权之嫌。对于土地权属争议可依法由行政机关先行处理，待权属明确后原告主体资格问题方得以确定，当事人则可对土地征收占用行为提起行政诉讼。

【案件基本信息】

1. 诉讼当事人

再审申请人（一审原告、二审上诉人）：马某

被申请人（一审被告、二审被上诉人）：甘肃省东乡族自治县人民政府（以下简称东乡族自治县政府）

被申请人（一审被告、二审被上诉人）：甘肃省东乡族自治县国土资源局（以下简称东乡族自治县国土局）

2. 案件索引与裁判日期

一审：甘肃省临夏回族自治州中级人民法院（2018）甘29行初17号裁定（2018年12月12日）

二审：甘肃省高级人民法院（2019）甘行终187号裁定（2019年6月14日）

再审审查：最高人民法院（2020）最高法行申2546号裁定（2020年3月31日）

3. 案由

土地行政征收及补偿

【简要案情】

马某系甘肃省东乡族自治县沿岭乡和平村上合社村民，享有承包地3.5亩。东乡族自治县政府根据省、州的批复文件在马某所在的东乡族自治县沿岭乡和平村发布土地征收公告并组织实施当地二级公路工程建设。其间，马某以其所承包的耕地被征收未给补偿为由阻挡施工，为确保工程顺利进行，东乡族自治县政府、东乡族自治县国土局决定先按荒山荒坡补偿款发放到马某名下，待查清事实后再对已支付的补偿费进行处理。马某遂提起本案行政诉讼，起诉请求为：确认东乡族自治县政府、东乡族自治县国土局征收占用其承包经营土地行为违法，责令东乡族自治县政府、东乡族自治县国土局对其被征收土地作出合理补偿。

马某诉称：东乡族自治县政府、东乡族自治县国土局征收的土地包括了其农村土地（耕地）承包合同（家庭承包方式）中地块为阳坡并有编码的承包耕地，且东乡族自治县国土局制作的东国土函字〔2018〕120号《关于征用马某未利用地测量情况的说明》、折红二级公路土地征收丈量登记表均明确载明被征地农户系马某，但仅支付了不足额补偿款。遂请求确认征收占用其承包经营土地行为违法，并责令予以补偿。

东乡族自治县政府、东乡族自治县国土局辩称：诉争土地系东乡族自治县沿岭乡和平村民委员会集体所有的荒山、荒坡，该村委会出具证明显示其未与任何村民签订承包经营协议；且东乡族自治县农牧局卫星测量图显示马某名下的土地未包含该地块。因此，马某与被诉行为不存在利害关系，不具有原告主体资格。

一审甘肃省临夏回族自治州中级人民法院，在审理原告主体资格过程中，通知双方当事人对诉争地点进行现场勘查、指认；并对相关土地权属证据材料予以审查，以判断原告与被诉行为之间是否具有利害关系。一审经审理查明：东乡族自治县农牧局测绘的卫星图中马某名下的土地未包含该地块，该地块属于和平村委会集体所有的荒山荒坡地，该地村委会未与任何村民签订承包协议。一审法院最终认定：马某既非被征收地块的承包经营权人也非实际使用人，与该地块被征收的行为之间无利害关系，不具有原告主体资格，起诉不符合法定起诉条件。遂裁定：驳回马某起诉。

二审甘肃省高级人民法院虽对一审查明的上述事实予以确认，但经审理认定：马某提供的现有证据不能证明涉案被征收土地为其承包地，东乡族自治县政府提供的证据亦不能完全证明涉案被征收土地为东乡族自治县沿岭乡和平村委会集体所有而与马某绝无利害关系。本案诉争土地存在权属争议，人民法院不宜在本案中直接对土地权属问题作出认定。若该土地被依法确定为马某的承包地，则其可依据最终的确权法律文书主张涉案土地被征收后的补偿权益。据此，二审法院裁定：驳回上诉、维持一审裁定。

马某某不服二审法院裁定，向最高人民法院申请再审。

【案件焦点】

法院能否径行对诉争土地权属争议进行审查，以完成对原告主体资格的判断；还是应待行政权对土地权属先行作出处理，使原告主体资格得以确定。

【裁判结果】

最高人民法院经审查认定：对于被诉行政征收占用行为合法性的判断前提是诉争土地相关权属无争议，原告主体资格明确。原告在起诉时若诉争土地权属尚存争议，则原告主体资格无法确定，原告起诉属于证据不足、缺乏事实根据。对于土地权属争议可依据《土地管理法》之规定先行处理，待权属明确后原告主体资格问题方得以确定，当事人可依法主张权益。在诉争土地权属存在争议的情况下，人民法院不宜在原告主体资格的审查过程中直接对诉争土地权属作出认定，否则有司法权僭越行政权之嫌。对本案一审法院就诉争土地径行作出权属认定的不当之处，予以指出。裁定：驳回再审申请人马某的再审申请。

【裁判摘要评析】

一、法院对原告主体资格的审查职责

根据《行政诉讼法》第25条第1款规定，行政行为的相对人以及其他与行政行为有利害关系的公民、法人或者其他组织，有权提起诉讼。原告在起诉时应提交有效证据证明其与被诉行为具有行政法意义上的利害关系，被诉行为对其权利义务产生了实际的不利影响；被诉行政主体或第三人有权提供相反证据予以反驳；同时，人民法院对于原告主体资格问题亦应主动予以审查，尤其是涉及国家利益、公共利益或他人合法权益的情况。

本案马某起诉请求为：确认东乡族自治县政府、东乡族自治县国土局征收占用其承包经营土地行为违法，责令东乡族自治县政府、东乡族自治县国土局对其被征收土地作出合理补偿。对于被诉行政征收占用行为合法性的判断，以及由此产生对行政补偿职责的审查，前提是诉争土地相关权属无争议，原告主体资格明确。在原告土地是否包含于被征收占用土地范围这一事实尚未予明确的情况下，法院若径行对征收占用行为的合法性予以审查并作出裁判，实则暗含或明示了诉争土地权属归属于原告的实体性确认，由此将可能背离事实并有损他人土地合法权益。据此，对于上述诉讼请求，首先应明确东乡族自治县政府、东乡族自治县国土局征收占用的土地是否包含了马某承包经营的土地；如存在征收占用马某承包经营土地的行为，则应确定相关土地面积、土地地类的具体情况等基本事实。否则，对于由此所产生的土地征收占用行为及补偿的审理，缺乏前提和事实根据。

二、就土地权属争议的行政先行处理权

现行《土地管理法》第14条规定："土地所有权和使用权争议，由当事人协商解决；协商不成的，由人民政府处理。单位之间的争议，由县级以上人民政府处理；个人之间、个人与单位之间的争议，由乡级人民政府或者县级以上人民政府处理。"2004年版的《土地管理法》亦有该条规定。由于自然资源权属争议往往涉及时间较长、情况比较复杂，解决此类争议的专业性、政策性也较强，由行政机关先行处理有利于调动行政机关履行职责的积极性，也有利于解决矛盾，平息纠纷，因此法律规定将土地所有权和使用权争议的先行处理机关确定为人民政府。

从当事人两造情况看，本案是公民诉行政机关对土地的征收占用行为，争议双方是公民与行政主体。然而，在实体审理行政行为合法性之前，诉争土地权属问题将作为原告主体资格判断内容而将不可避免地予以审查。因此，在审理公民与行政主体的行政纠纷实体问题之前，本案隐含了原告与案外第三人的土地权属争议。在本案中，诉争土地到底是马某所承包的耕地，还是和平村委会所有并享有使用权的土地，尚存争议。本案二审法院经查，马某所提供的权属证明材料中承包土地的四至界限尚不甚明晰，和平村委会作为提供证明材料的一方亦未有效证明诉争土地的使用权权属。在马某与和平村委会就诉争土地使用权权属尚存争议，双方均认为自己应实际获得相应补偿款的情形下，本案应当依据上述法律规定由争议方协调解决或申请有关人民政府先行处理土地使用权权属争议。据此，对本案被诉行政行为合法性予以实体审查的前提，是由行政机关依申请先行处理诉争土地权属争议，法院方得以判断原告与被诉行政行为之间是否有利害关系，是否具有原告主体资格。

同时需要说明的是，也应注意土地使用权权属争议与农村土地承包经营权争议的差异。《土地权属争议调查处理办法》第 14 条规定："下列案件不作为争议案件受理……（四）农村土地承包经营权争议案件……"我们认为，《土地权属争议调查处理办法》作为对上位法《土地管理法》的具体细化规定，上述规定中的农村土地承包经营权争议不宜扩张理解至土地使用权权属争议的范围，否则有违《土地管理法》的立法精神。

三、法院对原告主体资格审查权与行政机关先行处理权并存中的冲突

法院在行使对原告主体资格审查权的过程中，如遇土地权属尚存争议的情形，可能会产生法院的司法审查权与行政机关的先行处理权的碰撞。在此情形下，我们认为法院不宜自行对诉争土地权属争议进行审查，以完成对原告主体资格的判断；而应保持司法谦抑原则，对依法应当由行政机关先行处理的事项予以必要尊重，让行政权先行作出处理结论。申言之，在诉争土地权属存在争议的情况下，人民法院不宜在原告主体资格的审查过程中直接对诉争土地权属作出认定，否则有司法权僭越行政权之嫌。

本案一审法院在对原告主体资格问题审查过程中，就各方提供的土地权属争议证据材料予以审查，并直接到诉争地点进行现场勘查、指认，就诉争土地权属径行作出认定不当。原告在起诉时若诉争土地权属尚存争议，则原告主体资格无法确定，原告起诉属于证据不足、缺乏事实根据。待诉争土地权属明确后，当事人可依法起诉主张权益。

最高人民法院再审审查合议庭成员：刘　平　李纬华　夏建勇

（编写人：刘　平*　审稿人：韩德强）

* 刘平，法学硕士，中华人民共和国最高人民法院第六巡回法庭，四级高级法官。

田某某
诉
中国银行保险监督管理委员会浙江监管局、
中国银行保险监督管理委员会
行政复议案

——信托公司异地业务所在地银监局监管职责的认定

【裁判摘要】

作为国务院银行业监督管理机构省一级派出机构，省级银监局对辖区内银监会直接监管以外的信托投资公司等非银行业金融机构具有监管职责，对违反审慎经营规则的，采取限期改正和相应措施；对信托公司异地业务，属地银监局履行法人监管主体责任，信托公司异地业务所在地银监局将监管过程中发现的该信托公司违规行为和风险苗头及时与属地银监局沟通并协调行动。因此，对信托公司异地业务，异地业务所在地银监局将监管过程中发现的该信托公司违规行为和风险苗头及时与属地银监局沟通并协调行动，应认定为省级银监局履行监管职能的有效形式。

【案件基本信息】

1. 诉讼当事人

再审申请人（一审原告、二审上诉人）：田某某

被申请人（一审被告、二审被上诉人）：中国银行保险监督管理委员会浙江监管局（以下简称浙江银保监局）

被申请人（一审被告、二审被上诉人）：中国银行保险监督管理委员会（以下简称中国银保监会）

2. 案件索引与裁判日期

一审：浙江省杭州市中级人民法院（2018）浙 01 行初 248 号判决（2018 年 9 月 7 日）

二审：浙江省高级人民法院（2018）浙行终 1476 号判决（2019 年 3 月 26 日）

再审：最高人民法院（2019）最高法行申 11144 号裁定（2019 年 10 月 30 日）

3. 案由

其他行政行为及行政复议

【简要案情】

2017 年 12 月 1 日，浙江银保监局收到田某某题为“关于长安国际信托股份有限公司（以下简称长安国际信托公司）信托六部在浙江省违规发行信托产品的举报”材料，反映长安国际信托公司在运作“西安信托定增宝一期集合资金信托计划”过程中存在违法、违规、违约问题。同年 12 月 11 日，浙江银保监局向田某某发出浙银监申告〔2017〕15 号申请事项告知书，告知其受理该事项。此后，浙江银保监局对田某某反映的问题进行核查，就该事项与中国银行保险监督管理委员会陕西监管局（以下简称陕西银保监局）有关工作人员进行电话沟通，并通过银保监局内网邮箱向陕西银保监局发送主题为“田某某反映关于长安信托有关信托计划存在违规事项的材料”的邮件（附件为田某某投诉材料扫描件）。2018 年 1 月 18 日，浙江银保监局作出浙银监申复〔2018〕1 号申请事项答复意见书，并邮寄送达田某某。2018 年 3 月 15 日，中国银保监会收到田某某行政复议申请材料。2018 年 3 月 20 日，中国银保监会向浙江银保监局发送行政复议答复通知书以及行政复议申请书副本和相关材料。2018 年 5 月 4 日，中国银保监会作出银保监行复驳字〔2018〕4 号驳回行政复议申请决定书，并于 2018 年 5 月 8 日寄送田某某。田某某不服，提起本案行政诉讼。

一审法院于 2018 年 9 月 7 日作出（2018）浙 01 行初 248 号判决，驳回田某某的诉讼请求；二审法院于 2019 年 3 月 26 日作出（2018）浙行终 1476 号判决，驳回上诉，维持一审判决。

判决生效后，田某某向最高人民法院申请再审，请求撤销一审、二审判决，判令浙江银保监局或中国银保监会依法对长安国际信托公司的违法违规违约行为履行法定职责。

【案件焦点】

1. 再审申请人对长安国际信托公司违法违规问题的举报，浙江银保监局具有何种监管职责；

2. 浙江银保监局向陕西银保监局核查确认并发送再审申请人的投诉材料的行为，是否已经履行了监管职责。

【裁判结果】

最高人民法院经审查认为，长安国际信托公司注册地在陕西省西安市，故陕西银保监局为其属地银保监局。长安国际信托公司在浙江辖区内推介“西安信托定增宝一期集合资金信托计划”，被申请人浙江银保监局为其异地业务所在地银保监局。再审申请人向被申请人浙江银保监局举报反映长安国际信托公司违法违规问题后，被申请人浙江银保监局向属地陕西银保监局核查确认：长安国际信托公司在浙江辖区内推介上述信托计划前未向被申请人浙江银保监局报告。同时被申请人浙江银保监局通过邮箱向陕西银保监局发送再审申请人的投诉材料，供陕西银保监局监管参考，已履行了相应的沟通、协调职责。且根据在案材料显示，再审申请人的投诉事项，陕西银保监局及被申请人中国银保监会之前已分别作出书面处理答复和信访事项答复，均明确：经核查未发现长安国际信托公司存在违规开展信托业务的行为。再审申请人诉长安国际信托公司的相关纠纷案，亦经法院裁判。二审法院根据本案查明事实，指出被申请人浙江银保监局答复中存在的理解偏差，并结合该偏差未对当事人实体权益造成损害的事实，认定其作为异地业务所在地银保监局已履行了相应的沟通、协调职责，并无不当。被申请人中国银保监会认定被申请人浙江银保监局作出的被诉申请事项答复意见书合法，被申请人浙江银保监局已履行法定职责。因此，裁定驳回再审申请人田某某的再审申请。

【裁判摘要评析】

本案裁判结论实质上是对信托公司异地业务所在地银监局监管范围及

履责方式不当理解的指正。本案的核心争议是再审申请人对长安国际信托公司违法违规问题的举报，浙江银保监局具有何种监管职责，浙江银保监局向陕西银保监局核查确认并发送再审申请人的投诉材料的行为，是否为恰当的履责方式。裁判结论均是根据现行法律适用规则结合具体案情得出：作为国务院银行业监督管理机构省一级派出机构，省级银监局即本案中的信托公司异地业务所在地银监局对该信托公司的违规行为具有直接查处的职责，可从《银行业监督管理法》第37条、《关于信托公司风险监管的指导意见》第2条第2款第5项等具体规定分析得出；信托公司异地业务所在地银监局对该信托公司的违规行为具有与属地银监局沟通并协调的职责，则源于对《关于信托公司风险监管的指导意见》第4条第1款和《关于进一步加强信托公司风险监管工作的意见》第4条第2款的解读。另外，结合我国信托业跨区域经营的监管现状，应肯定直接查处违规行为或者将该信托公司的违规行为与属地银监局沟通并协调，均是信托公司异地业务所在地银监局履行监管职责的有效形式。

一、信托公司异地业务所在地银监局之监管职责

《银行业监督管理法》第2条第3款规定："对在中华人民共和国境内设立的金融资产管理公司、信托投资公司、财务公司、金融租赁公司以及经国务院银行业监督管理机构批准设立的其他金融机构的监督管理，适用本法对银行业金融机构监督管理的规定。"第37条规定："银行业金融机构违反审慎经营规则的，国务院银行业监督管理机构或者其省一级派出机构应当责令限期改正；逾期未改正的，或者其行为严重危及该银行业金融机构的稳健运行、损害存款人和其他客户合法权益的，经国务院银行业监督管理机构或者其省一级派出机构负责人批准，可以区别情形，采取下列措施：（一）责令暂停部分业务、停止批准开办新业务……"《关于信托公司风险监管的指导意见》第2条第2款第5项规定："优化业务管理……属地和推介地银监局要加强销售监管，发现问题的要及时叫停，以防风险扩大。"由上述规定可知，一方面，对信托公司等其他金融机构的监管适用对银行业金融机构的监管规定，即省级银监局对违反审慎经验规则的信托公司也应当采取责令限期改正或其他措施，这其中当然包括信托公司异地业务所在地银监局；另一方面，《关于信托公司风险监管的指导意见》中的推介地银监局即为信托公司异地业务所在地银监局，而“发现问题的及时叫停”的表述，也表达了与责令限期改正或其他措施相同的直接性特征。因此可以得出，信托公司异地业务所在地银监局对该信托公司的违规行为具有直接查处的职责。

《关于信托公司风险监管的指导意见》第4条第1款规定：“厘清监管责任边界……各银监局要按照属地监管原则承担第一监管责任，明确各级监管人员的具体职责，切实做好辖内信托公司风险防范与改革发展工作。”《关于进一步加强信托公司风险监管工作的意见》第4条第2款规定：“加强银监局之间的横向监管联动。对信托公司异地业务，各属地银监局要加强与异地业务所在地银监局之间的信息共享和监管合作。一方面，属地银监局要强化法人监管主体责任，督促异地展业的辖内信托公司强化总部决策、运营和管理功能，密切跟踪其异地展业情况和风险控制情况。另一方面，信托公司异地业务所在地银监局要将监管过程中发现的该信托公司违规行为和风险苗头及时与属地银监局沟通并协调行动。”由上述规定可知，属地银监局承担法人监管第一主体责任，责任范围包括信托公司异地业务。根据权责一致原则，承担主体责任的属地银监局享有更广泛的监管职权。相应地，信托公司异地业务所在地银监局则需要将监管过程中发现的该信托公司违规行为和风险苗头及时与属地银监局沟通并协调行动。因此，信托公司异地业务所在地银监局具有与属地银监局沟通并协调的职责。

二、信托公司异地业务所在地银监局之职责履行方式

明确信托公司异地业务所在地银监局的履责方式，需要先厘清其具有的沟通、协调职责与直接查处职责之间的关系。

首先，沟通协调职责是原则。当信托公司异地业务所在地银监局发现该信托公司存在违规行为时，一般应及时与属地银监局沟通并协调行动，这是尊重属地银监局监管主体责任的重要表现。其次，直接查处职责是例外。只有当信托公司的违规行为会产生严重后果，为防止风险进一步扩大，信托公司异地业务所在地银监局则需履行直接查处职责。再次，具体问题具体分析。信托公司异地业务所在地银监局的沟通、协调职责与直接查处职责均源于现行法律规范。信托公司异地业务所在地银监局要根据实际情况，以强化监管、保护公众权益为宗旨，选择恰当的履责方式。最后，为加强横向联动、形成监管合力，信托公司异地业务所在地银监局直接查处信托公司违规行为后仍可在将查处情况通报属地银监局。

基于以上分析可知，直接查处违规行为或者将该信托公司的违规行为与属地银监局沟通并协调，均是信托公司异地业务所在地银监局履行监管职责的有效形式。究其原因，是我国信托业跨区域经营还存在无明确规定的状态，① 法律规范就省级银监局对信托公司异地业务具有何种监管职责及如何履行监管职责，现有的具体规定比较原则且各有侧重。我国信托业自1999年第五次整顿以来，经历了井喷式增长，由于地区经济发展水平及金融环境的差异，信托公司赴异地拓展业务呈现欣欣向荣的态势。监管层为了防控风险，给信托公司开展异地业务设置了一些限制。② 然从异地开办信托业务要申请异地业务资格到异地推介信托计划须向注册地、推介地监管部门报告，监管部门对信托异地推介已经表现出了认可，但并非完全认可。监管部门对信托异地推介的不完全认可态度，是深层次的行业监管矛盾的体现。一方面，巨大潜在的经济功效使信托业的异地经营势在必行；另一方面，信托异地推介受到属地银监局和推介地银监局的双重监管，可能因为沟通不畅、信息不对称和责任划分不明确引发监管风险。信托业尤其是异地经营的监管现状传导至规范措施的制定，就使得信托业异地经营相关的法律规范不明确且缺乏体系性。在具体的监管过程中，要按照属地监管原则，加强属地银监局与异地业务所在地银监局之间的信息共享，形成监管合力、防范监管风险。

本案中，就再审申请人举报反映的长安国际信托公司违法违规问题，信托公司异地业务所在地银监局即浙江银保监局具有直接查处和沟通、协调职责是为无疑。

---

① 参见杨媛媛、郑松华：《关于我国信托业跨区域经营问题的探讨》，载《西安文理学院学报（社会科学版）》2013年第2期。

② 参见王青：《信托公司异地信托业务的发展及其风险研究》，载《现代经济信息》2014年第4期。

然而，长安国际信托公司在浙江辖区内推介信托计划前未向浙江银保监局报告。浙江银保监局向属地银监局即陕西银保监局核查确认了上述情况。结合再审申请人已向陕西银保监局举报反映长安国际信托公司违法违规问题的具体情况，浙江银保监局选择通过邮箱向陕西银保监局发送再审申请人的投诉材料，供陕西银保监局监管参考，可以认定其已经履行了法定的监管职责。

最高人民法院再审合议庭成员：王　岩　蔚　强　何　君

（编写人：王　岩*　杜　震**　审稿人：韩德强）

---

* 王岩，法学博士，中华人民共和国最高人民法院第三巡回法庭，三级高级法官。

** 杜震，法学硕士，东南大学民商法专业硕士研究生。

张某某、侯某某
诉
山东省枣庄市薛城区人民政府
行政赔偿案

——行政赔偿诉讼中的司法最终原则

【裁判摘要】

基于司法最终原则，人民法院对赔偿之诉应当依法受理并作出明确而具体的赔偿判决，保护赔偿请求人的合法权益，实质性解决行政争议。在当事人已经依照程序提出明确的赔偿请求且已经进入司法程序的情况下，人民法院不应再判决由赔偿义务机关先行作出赔偿决定，使赔偿争议又回到行政途径。

【案件基本信息】

1. 诉讼当事人

再审申请人（一审原告、二审上诉人）：张某某

再审申请人（一审原告、二审上诉人）：侯某某

被申请人（一审被告、二审上诉人）：山东省枣庄市薛城区人民政府（以下简称枣庄市薛城区政府）

2. 案件索引与裁判日期

一审：山东省枣庄市中级人民法院（2017）鲁 04 行初 41 号判决（2017 年 12 月 22 日）

二审：山东省高级人民法院（2018）鲁行终 744 号判决（2019 年 3 月 19 日）

再审：最高人民法院（2019）最高法行申 8133 号裁定（2019 年 12 月

31 日）

3. 案由

行政赔偿

【简要案情】

2008 年 5 月 6 日，枣庄市薛城区政府制定薛城区泰山南路城中村改造项目拆迁补偿安置方案，包括安置范围、补偿办法、回迁安置等主要内容。张某某、侯某某房屋在该文件规定的拆迁范围之内。2010 年 5 月 25 日，张某某、侯某某的涉案房屋被拆除。

2013 年 9 月 10 日，张某某以其房屋被强行拆除、造成经济损失为由，向滕州市人民法院分别提起确认行政行为违法诉讼及行政赔偿诉讼。2014 年 3 月 21 日，滕州市人民法院作出行政判决，确认枣庄市薛城区政府强制拆除张某某房屋的行为违法。枣庄市薛城区政府不服该判决提起上诉，枣庄市中级人民法院维持滕州市人民法院的行政判决。

2015 年 6 月 17 日，张某某、侯某某向枣庄市中级人民法院提起行政赔偿诉讼，要求判令枣庄市薛城区政府赔偿损失。枣庄市中级人民法院作出（2015）枣行初字第 14 号判决，判决枣庄市薛城区政府赔偿申请人房屋损失及相应利息。张某某、侯某某不服提起上诉。山东省高级人民法院作出（2017）鲁行终 452 号裁定，认为枣庄市薛城区政府赔偿申请人房屋损失的数额，应当比照同区位、现阶段房屋的市场价格计算，枣庄市中级人民法院判决赔偿数额显属不当，应予撤销，裁定撤销（2015）枣行初字第 14 号判决，发回枣庄市中级人民法院重审。

山东省枣庄市中级人民法院一审判决：枣庄市薛城区政府于判决生效之日起 30 日内赔偿张学志、侯传兰房屋损失、附属物损失、搬迁补助费、临时安置补助费，共计 4,543,984.08 元；驳回申请人的其他赔偿请求。张某某、侯某某不服一审判决，提出上诉。山东省高级人民法院判决：撤销一审行政赔偿判决；责令枣庄市薛城区政府于判决生效之日起 90 日内对张某某、侯某某依法予以全面赔偿

张某某、侯某某不服二审判决，向最高人民法院申请再审。

【案件焦点】

在行政机关的行政行为已经被人民法院生效判决确认违法后，当事人向人民法院提起行政赔偿诉讼，人民法院是否可以不对赔偿请求做出实体处理，而判决行政机关全面赔偿。

【裁判结果】

最高人民法院经审查认为：二审认为“有关赔偿事项和赔偿数额问题仍需要枣庄市薛城区政府进一步审查核实”，并判决撤销一审行政赔偿判决，责令枣庄市薛城区政府对申请人依法予以全面赔偿，有违司法最终原则，裁判方式明显不当。二审关于“枣庄市薛城区政府在协调化解不成时及时作出赔偿决定，申请人可寻求司法救济”的指引，无法减少当事人诉累、节约国家司法和行政资源。而且根据询问了解的情况，双方当事人无法通过协商解决争议，枣庄市薛城区政府作出的补偿通知中确定的房屋损失及附属物损失较枣庄市中级人民法院第一次一审判决的赔偿数额更低，张某某、侯某某申请执行亦被驳回，本案争议仍处于待决状态。二审判决方式适用法律错误，应予纠正。山东省高级人民法院应按照拆迁补偿安置政策并结合本案实际情况确定合理的赔偿数额，及时作出赔偿判决。遂裁定本案指令山东省高级人民法院再审。

【裁判摘要评析】

本案是一起由于行政机关强制拆除房屋的行政行为被人民法院确认违法后引起的行政赔偿诉讼。本案值得探讨的问题在于，在行政机关的行政行为已经被人民法院生效判决确认违法后，当事人向人民法院提起行政赔偿诉讼，人民法院是否可以不对赔偿请求做出实体处理，而判决行政机关全面赔偿。

一、行政行为经人民法院确认违法后，当事人单独提起行政赔偿的途径

《国家赔偿法》第 9 条第 2 款规定，赔偿请求人要求赔偿，应当先向赔偿义务机关提出，也可以在申请行政复议或者提起行政诉讼时一并提出。根据该款规定，赔偿请求人提起行政赔偿请求的途径有两种：一是赔偿请求人单独提出赔偿请求，此时应当先向赔偿义务机关提出；二是赔偿请求人可以在对行政行为提出行政复议或者行政诉讼的过程中，附带提出赔偿请求。因此，理论界和实务界存在一种观点认为，当事人单独提起行政赔偿请求只有一条途径，即应当先向赔偿义务机关提出，由行政赔偿义务机关依法进行处理。换句话说，行政行为经人民法院确认违法后，当事人单独提起行政赔偿，也应当经过赔偿义务机关先行处理。如果赔偿义务机关在规定的期限内未作出是否赔偿的决定，赔偿请求人可以自期限届满之日起6个月内，向人民法院提起诉讼；赔偿请求人对赔偿的方式、项目、数额有异议的，或者赔偿义务机关作出不予赔偿决定的，赔偿请求人可以自赔偿义务机关作出赔偿或者不予赔偿决定之日起6个月内，向人民法院提起诉讼。持这种观点的理由在于，如果使赔偿请求人先通过非诉讼程序或其他较为简便的程序获得国家赔偿，可以在诉前对大量的赔偿案件进行消化处理，否则，大量的赔偿案件流向人民法院，不但浪费司法资源，而且降低了处理效率，不利于赔偿义务机关先行自我纠正。此外，赔偿请求人仍然有一定的选择权，可以选择行政复议或行政诉讼时一并提出赔偿请求。对先行处理不服的，可以再向法院起诉，得到充分的救济。①

先行处理程序有利于简化诉讼程序和疏减诉源，同时由于行政机关的专业性和行政程序的相对简便性，有利于提高行政赔偿的效率。但是，如果行政行为已经经过人民法院确认为违法的，当事人可以不经过行政赔偿义务机关先行处理，而直接向人民法院提起行政赔偿诉讼。理由为：《国家赔偿法》第9条第1款在2010年第一次修正时，取消了国家赔偿程序中的确认程序。立法机关认为“赔偿义务机关作出赔偿决定的过程本身，实际上就是对赔偿请求人是否享有国家赔偿权利的依法确认。”② 取消确认程序，有利于简化程序、节约行政资源，也在一定程度上缩短了赔偿请求人获得赔偿的期限。因此，从取消确认程序的立法本意来看，《国家赔偿法》第9条第2款所规定的“赔偿请求人要求赔偿，应当先向赔偿义务机关提出”所适用的情形，应当仅指赔偿请求人享有国家赔偿权利但未依法确认的情况，而不包括赔偿请求人享有国家赔偿的权利，已经依法经人民法院

---

① 参见全国人大常委会法制工作委员会国家法室编著：《中华人民共和国国家赔偿法解读》，中国法制出版社2010年版，第51页。

② 参见全国人大常委会法制工作委员会国家法室编著：《中华人民共和国国家赔偿法解读》，中国法制出版社2010年版，第52页。

确认的此种情况。在《国家赔偿法》没有明确规定的情况下，行政行为已经人民法院确认违法，如果要求赔偿请求人再向赔偿义务机关提起赔偿请求方可提起行政赔偿诉讼，实际上剥夺了赔偿请求人在赔偿程序上的选择权，增加了赔偿程序的复杂性，不利于畅通赔偿渠道。据此，《最高人民法院行政法官专业会议纪要（一）》明确，已经通过行政诉讼程序确认行政行为违法的，当事人再行提起行政赔偿诉讼无须经过赔偿义务机关先行处理程序。

由此可见，行政行为被人民法院确认违法后，当事人单独提起行政赔偿诉讼的途径有：其一，可以要求赔偿义务机关先行处理，如对处理不服，可向人民法院提起赔偿诉讼；其二，可以不经过赔偿义务机关先行处理，直接向人民法院提起行政赔偿诉讼。那么，行政行为经人民法院确认违法后，当事人单独提起行政赔偿诉讼后，人民法院应当做出如何处理呢？本案的一审、二审判决正好代表了实践中二种最常见的处理方式：第一种，人民法院直接计算赔偿数额，并要求行政机关根据该数额对当事人予以赔偿。第二种，人民法院不直接计算赔偿数额，而是指出需要赔偿的项目和标准，要求行政机关全面赔偿。

二、行政赔偿诉讼中应当坚持司法最终原则

司法实践中，采用上述两种方式来处理行政赔偿纠纷的案例均不少见。那么上述两种处理方式采用何种方式来处理行政赔偿纠纷更为合理，核心在于，行政赔偿诉讼中应当坚持司法最终原则。

所谓“司法最终原则”，目前并没有一个统一的概念。不同的学者从不同的角度对“司法最终原则”的理解进行了阐述。① 但是无论何种理解，其

① 有观点认为，司法最终解决原则或司法终极性原则，主要是指“所有涉及个人、自由、财产、隐私甚至生命的事项，无论是属于程序性还是实体性的，都必须由司法机构通过亲自‘听审’或者‘聆讯’作出裁判，而这种程序裁判和实体性裁判具有最终的权威性。”参见陈瑞华：《刑事诉讼的前沿问题》，中国人民大学出版社 2000 年版，第 225 页。有观点从行政诉讼视角探讨司法最终权，认为司法最终权应当包括三点含义：一切因适用宪法和法律而引起的法律纠纷和相应的违宪违法行为由法院进行裁决；一切法律纠纷，至少在原则上通过司法程序即诉讼程序解决；法院对于法律纠纷以及相关的法律问题有最终的裁决权。参见宋炉安：《司法最终权——行政诉讼引发的思考》，载《行政法学研究》1999 年第 4 期。有观点从涉法涉诉信访问题法治化解决的角度，认为司法最终原则是司法机关对诉诸司法途径解决的社会纠纷具有最终解决权，且所进入司法程序解决的社会纠纷，一经裁判生效就应当具有最终效力，非经法定程序不得变更或撤销。参见程琥：《司法最终原则与涉法涉诉信访问题法治化解决》，载《人民司法（应用）》2015 年第 5 期。

最终结论基本一致，即司法是权力救济的最后一道防线。行政赔偿诉讼中坚持司法最终原则，是指行政赔偿争议无论经过何种途径，在当事人已经依照《国家赔偿法》的规定提出明确的赔偿请求、已经进入司法程序的情况下，人民法院应当对赔偿请求做出实体处理，不应再判决由赔偿义务机关先行作出赔偿决定，使赔偿争议又回到行政途径。

在行政赔偿诉讼中应当坚持司法最终原则，主要是基于以下几个方面的理由：

第一，既要利用多元化纠纷解决机制，又要尊重司法最终解决。社会矛盾一旦产生，应当有多种纠纷途径和方式加以解决。包括法律途径，也包括非法律途径，既有司法机关解决，也有社会组织解决、行政机关解决。司法裁判是定分止争的重要方式，但并非唯一方式。要充分认识到多元纠纷解决机制在行政赔偿纠纷诉讼解决中的重要性，尽可能发挥社会组织、行政机关的救济功能作用，坚持把“非诉讼纠纷解决机制挺在前面”。因此，我们要强调司法是权利救济的最后一道防线，而非第一道防线。但是与此同时，我们也需明确，虽然应充分发挥社会组织、行政机关的救济功能作用，但是不能以此来替代司法最终救济，应当将司法最终救济居于整个救济体系的中心。

第二，充分尊重当事人选择救济途径的权利。虽然诉讼途径并非当事人首选或者唯一可选择的途径，但是当事人一旦选择诉讼途径，则纠纷就应当按照司法程序来解决。对于当事人所选择的救济途径，人民法院应当予以尊重，不能以人民法院认为对当事人有利的方式，帮助当事人选择解决其纠纷的救济途径。具体到行政赔偿诉讼中，赔偿请求人先提起行政诉讼确认行政行为违法，之后再提起行政赔偿诉讼而非选择赔偿义务机关先行处理，就是选择通过司法途径解决其赔偿问题，人民法院应当尊重当事人的选择，对赔偿之诉应当依法受理并作出明确而具体的赔偿判决，保护赔偿请求人的合法权益。

第三，尽量减少当事人诉累，实质性化解行政争议。行政机关处理行政赔偿纠纷具有一定优势，可以让赔偿义务机关先行自我纠正，提高处理效率。但是在实践中，由赔偿义务机关处理赔偿纠纷也存在一些问题，例如有的赔偿义务机关对赔偿请求长时间置之不理，甚至予以刁难，久拖不决；有的赔偿义务机关对赔偿问题不能作出合法、合理的赔偿决定，对当事人的赔偿请求不依法予以支持。因此，在当事人选择人民法院处理赔偿纠纷的情况下，由人民法院直接判决赔偿更有利于公平、公正解决问题，避免行政机关对赔偿问题不予处理、拖延处理或者作出不合理的赔偿决定，最后当事人仍然需要通过司法裁判寻求救济，增加当事人的诉累。

三、本案处理的思路

综上所述，具体到本案中，二审法院以“有关赔偿事项和赔偿数额问题仍需要枣庄市薛城区政府进一步审查核实”为由，判决撤销一审行政赔偿判决，责令枣庄市薛城区政府对当事人依法予以全面赔偿，则有违司法最终原则，裁判方式明显不当，应予纠正。山东省高级人民法院应按照拆迁补偿安置政策并结合本案实际情况确定合理的赔偿数额，及时作出赔偿判决。具体到赔偿的数额，为确保当事人获得及时、公平、公正的救济，在行政机关违法强制拆除当事人房屋，难以对房屋及其他损失进行鉴定的情况下，人民法院可以根据张某某、侯某某提出的行政赔偿诉讼请求，结合案件具体情况，参照征收补偿方案确定的征收补偿标准，全面、充分考虑当事人的各项损失，确定损失数额，直接判决行政机关对房屋及其他人身、财产损失一并予以行政赔偿，法院在判令赔偿时的标准至少不应低于补偿标准。

最高人民法院再审合议庭成员：熊俊勇　孙　江　杨科雄

（编写人：熊俊勇*　周　觅**　审稿人：韩德强）

* 熊俊勇，法学硕士，中华人民共和国最高人民法院行政审判庭，三级高级法官。

** 周觅，法学博士，中华人民共和国最高人民法院行政审判庭，三级高级法官助理。

王某某、武汉天九工贸发展有限公司 诉 中华人民共和国商务部 行政许可决定案

——民事合同无效对行政许可效力的影响及利益的衡量

【裁判摘要】

外国投资者并购境内企业行政许可审查过程中提供的股权转让协议被生效判决确认无效，由此获得的许可是否必然被撤销，一方面，要考虑协议与许可之间的关系，结合协议双方交易的真实性等情况进行审查；另一方面，还需要考虑撤销行政许可是否可能对公共利益造成重大损害。

【案件基本信息】

1. 诉讼当事人

再审申请人（一审原告、二审上诉人）：王某某

再审申请人（一审原告、二审上诉人）：武汉天九工贸发展有限公司（以下简称天九工贸发展公司）

再审被申请人（一审被告、二审被上诉人）：中华人民共和国商务部（以下简称商务部）

一审第三人、二审被上诉人：中国农产品交易有限公司（China Agri-Products Exchange Limited，以下简称农产品公司）

一审第三人、二审被上诉人：武汉创泰科技有限公司（以下简称创泰科技公司）

一审第三人、二审被上诉人：武汉白沙洲农副产品大市场有限公司（以下简称白沙洲农副产品大市场公司）

2. 案件索引与裁判日期

一审：北京市第二中级人民法院（2016）京02行初380号判决（2017年3月31日）

二审：北京市高级人民法院（2017）京行终3459号判决（2018年12月20日）

再审审查：最高人民法院（2019）最高法行申3922号裁定（2019年12月31日）

3. 案由

行政许可

【简要案情】

2007年7月，中国高速有限公司（后更名为农产品公司）、白沙洲农副产品大市场公司通过湖北省商务厅向商务部提交关于外资并购白沙洲农副产品大市场公司的申报材料，其中一份申报材料为农产品公司与天九工贸发展公司、王某某签订的0.89亿股权转让协议。

2007年11月26日，商务部作出商资批〔2007〕1978号《商务部关于同意外资并购武汉白沙洲农副产品大市场有限公司的批复》（以下简称批复），同意王某某以人民币6985.839万元的价格将其所持白沙洲农副产品大市场公司70%的股权、天九工贸发展公司以人民币1995.954万元的价格将其所持白沙洲农副产品大市场公司20%的股权转让给农产品公司，转让价款合计为人民币8981.793万元，农产品公司应在营业执照换发之日起60日内支付全部对价；2007年11月27日，白沙洲农副产品大市场公司获得商外资审字〔2007〕0445号中华人民共和国外商投资企业批准证书（以下简称批准证书）。

2012年12月，王某某、天九工贸发展公司以为规避商务部审查和纳税责任，白沙洲农副产品大市场公司相关人员模仿王某某签字伪造0.89亿股权转让协议向商务部报批，实际转让价款应为港币11.56亿元为由，将农产品公司、白沙洲农副产品大市场公司诉至湖北省高级人民法院，请求确认0.89亿股权转让协议无效。湖北省高级人民法院作出（2011）鄂民四初字第00001号判决，驳回王某某、天九工贸发展公司的诉讼请求。王某某、天九工贸发展公司不服湖北省高级人民法院所作上述一审判决，上诉至最高人民法院，请求撤销一审判决，支持其一审诉讼请求。最高人民法院于2014年12月31日作出（2014）民四终字第33号判决，撤销湖北省高级人民法院所作一审民事判决，确认0.89亿股权转让协议无效。

2015年5月5日，王某某、天九工贸发展公司以其于2015年1月18日向商务部提出“因0.89亿股权转让协议已被终审民事判决确认无效，故要求撤销批复、撤销批准证书”的申请，但商务部未作出处理决定，构成不履行法定职责为由，将商务部诉至法院，请求判令商务部履行法定职责，撤销批复，撤销批准证书。北京市第二中级人民法院于2015年12月31日分别作出（2015）二中行初字第786号判决、（2015）二中行初字第815号判决，判决商务部对王某某、天九工贸发展公司要求撤销批复、批准证书的申请重新作出处理。

商务部针对王某某、天九工贸发展公司所提申请，于2016年2月15日召开了由王某某、天九工贸发展公司、农产品公司、白沙洲农副产品大市场公司、湖北省商务厅、武汉市人民政府参加的听证会。在对王某某、天九工贸发展公司的申请予以审查后，商务部认为如撤销批复、批准证书有可能对公共利益造成重大损害，依据《行政许可法》第69条的规定，于2016年5月19日作出处理决定，维持批复和批准证书的效力，不予撤销，并于2016年5月20日向王某某、天九工贸发展公司送达。王某某、天九工贸发展公司不服被诉决定，遂向北京市第二中级人民法院提起本案诉讼，请求：撤销商务部于2016年5月19日作出的处理决定；判令商务部重新作出决定，撤销批复和批准证书。

北京市第二中级人民法院一审判决：驳回王某某、天九工贸发展公司共同提出的全部诉讼请求。王某某、天九工贸发展公司不服一审判决，提出上诉。北京市高级人民法院判决驳回上诉，维持一审判决。

王某某、天九工贸发展公司向最高人民法院申请再审，其主要理由为，原审认定本案平等主体之间的私权利民事纠纷为公共利益没有事实和法律依据。请求撤销一审、二审判决，撤销处理决定，并判令商务部重新作出撤销批复和批准证书的行政处理决定。

【案件焦点】

1.《行政许可法》第69条第2款、第3款在本案中如何适用；

2. 最高人民法院（2014）民四终字第33号判决确认0.89亿股权转让协议无效对本案行政许可的影响；

3. 公共利益如何认定以及撤销案涉行政许可是否会损害公共利益。

【裁判结果】

最高人民法院经审查认为：

一、根据最高人民法院（2014）民四终字第33号判决查明的事实以及《关于外国投资者并购境内企业的规定》相关规定，王某某、天九工贸发展公司与农产品公司签订虚假的0.89亿股权转让协议以规避严格的行政审批要求和逃避国家税收并获得许可，系恶意串通，该行为违反法律规定，亦损害了国家利益和公共利益。农产品公司提交虚假的0.89亿股权转让协议申请行政许可，但股权转让系王某某、天九工贸发展公司与农产品公司的真实意思表示，股权转让的交易真实存在，不能以0.89亿股权转让协议无效为由否认股权转让交易的真实存在。故一审认定“最高人民法院（2014）民四终字第33号判决不涉及对涉案批复和批准证书的行政效力的判定和约束”和二审认定“最高人民法院（2014）民四终字第33号判决只是被申请人决定是否撤销批复和批准证书的事实根据和法定条件之一，而非唯一”，并无不当。

二、武汉市政府风险评估报告函对可能存在的风险进行评估，鉴于白沙洲农副产品大市场公司的行业属性、经营规模、范围及社会服务对象，其经营活动及其变化与社会共利益有密切关联，非常规程序下的股权变更及争议双方的尖锐矛盾、利益纷争，必然对公司管理、市场经营产生影响，并可能波及并造成对社会公共利益的损害。商务部经审查后认可该报告分析的内容，就撤销批复和批准证书风险以及可能造成公共利益的损害进行的分析亦不违反法律规定，在没有其他有效相反证据予以推翻的情况下，应当尊重商务部对该证据的认定。公共利益属于不确定法律概念，并非一概通过法律列举的方式来明确界定，有法律、行政法规明确规定的，依据其规定办理，没有规定的，应根据实际情况个案进行综合判断。

王某某、天九工贸发展公司与农产品公司之间的股权协议争议涉及的虽然是私人利益，但撤销建立在该股权协议之上的行政许可与确认该协议效力并非同一法律概念，撤销行政许可有可能危害公共利益，而非仅仅涉及股权协议争议，故王某某、天九工贸发展公司该项申请再审理由，本院不予支持。综上，王某某、天九工贸发展公司的再审申请不符合《中华人民共和国行政诉讼法》第 91 条规定的情形。依照《最高人民法院关于适用〈中华人民共和国行政诉讼法〉的解释》第 116 条第 2 款之规定，裁定驳回王某某、天九工贸发展公司的再审申请。

【裁判摘要评析】

一、民事合同效力与行政许可的合法性

《合同法》第 44 条[①]规定，依法成立的合同，自成立时生效。法律、行政法规规定应当办理批准、登记等手续生效的，依照其规定。该规定实质上就包含了经行政许可方能生效的民事合同，对于法律规定应当经过许可的合同，应当以许可为生效要件。最新通过的《民法典》第 502 条第 2 款规定，法律、行政法规应当办理批准等手续生效的，依照其规定。未办理批准等手续的，该合同不生效，但是不影响合同中履行报批等义务条款以及相关条款的效力。应当办理申请批准等手续的当事人未履行义务的，对方可以请求其承担违反该义务的责任。

（一）行政许可对民事合同的审查

1. 行政许可审查的内容。行政许可审查既是为了保护被许可人的合法权益，也是为了保护公共利益，故其审查的内容也多以实现这两种利益的平衡为原则。如本案涉及的外国投资者通过股权并购境内企业的，《关于外国投资者并购境内企业的规定》第 21 条规定了外国投资者股权并购应当向具有审批权的审批机关报送相关文件，其中就包括外国投资者购买境内公司股东股权或认购境内公司增资的协议，第 22 条还规定了协议应当适用中

---

① 本条现为《民法典》第 502 条：“依法成立的合同，自成立时生效，但是法律另有规定或者当事人另有约定的除外。依照法律、行政法规的规定，合同应当办理批准等手续的，依照其规定。未办理批准等手续影响合同生效的，不影响合同中履行报批等义务条款以及相关条款的效力。应当办理申请批准等手续的当事人未履行义务的，对方可以请求其承担违反该义务的责任。依照法律、行政法规的规定，合同的变更、转让、解除等情形应当办理批准等手续的，适用前款规定。”

国法律，并规定了应当包含的主要内容。第 32 条规定了外国投资者以股权并购境内公司应报商务部审批。外国投资者并购境内企业的，涉及股权并购的，因支付方式的不同以及标的不同，所需要提供审查的相关资料也不尽相同。该领域的行政许可既是为了保护被许可人的合法权益，也是为了保护国家经济秩序和外汇管理秩序，故对此类申请是否许可，更多地体现对国家公权力的维护，不仅限于权利人双方民事合同的合意。

2. 行政许可审查的标准。对于民事合同审查，是以形式审查还是以实质审查的问题。因为行政许可以当事人的申请为原则，行政机关不能单方启动审查程序，审查的基础都源于被许可人的申请，《行政许可法》第 34 条第 2 款、第 3 款明确规定："申请人提交的申请材料齐全、符合法定形式，行政机关能够当场作出决定的，应当当场作出书面的行政许可决定。根据法定条件和程序，需要对申请材料的实质内容进行核实的，行政机关应当指派两名以上工作人员进行核查。"行政机关既要对材料是否符合法定形式进行审查，也需要对材料的实质内容进行核实。当然，行政机关对材料实质内容的核实到何种程度，并不够明确，应该不低于一般行政审批中的审慎审查义务的原则，当然，也不能过分苛求于行政机关的实质审查，如果申请人与他人恶意串通骗取许可，行政机关在某些情况下即使尽到了审慎的义务，也难以察觉。

（二）民事合同无效对行政许可合法性的影响

1. 民事合同生效与行政许可的合法性之间的关系。（1）行政许可是合同生效的特别要件而非唯一条件，合同生效还需要符合一般的民事要件。（2）行政许可是合同生效的必要条件；对于符合一般民事要件的合同能否得到批准获得行政许可，还需要根据具体法律法规的要求审查。根据《民法典》的规定，合同未经许可的，虽然合同未全部生效，但是不影响合同中履行报批等义务条款以及相关条款的效力，未履行报批义务的合同方应当承担相应的法律责任，即合同部分有效，部分未生效。（3）经过行政许可的合同并非不可确认无效或撤销，如果其存在无效或可撤销情形，仍然可以被确认无效或撤销。（4）合同的效力在很大程度上会影响行政许可的合法性，当然，也并非合同无效则行政许可必然要被撤销。合同往往只涉及双方的权利，所以更注重双方的合意，在不违反法律规定的前提下，只要经过双方合意即可成立生效，而行政许可涉及的不仅是合同双方当事人，其更要关注社会公共利益，故即使在合同无效的情况下，也不必然导致行政许可撤销。

2. 民事合同被确认无效后行政许可的合法性问题

《合同法》第 52 条第 2 项规定了恶意串通，损害国家、集体或第三人利益的，合同无效。《行政许可法》第 69 条第 2 款规定的“以欺骗、贿赂等不正当手段取得行政许可”应当予以撤销的情形，应当根据不同的情况区别对待。如果签订的协议只是为了骗取行政许可，不存在真实的交易或协议本身非双方合意等情况，这种欺骗和虚假具有彻底性，通过此手段获取的许可，在撤销不危害公共利益的前提下，属于当然应当予以撤销的情形；如果协议的形式具有合法性，但内容不具有合法性，或者通过签订阴阳协议的方式逃避相关的审查来获得许可的，则要结合协议双方交易的真实性、是否经过双方合意等情况，考量各方是否具有可保护的合法权益，并审查根据其真实交易的协议是否符合基本的许可条件，而非一概予以撤销。

0. 89 亿股权转让协议的签订是为了规避较为严格的行政审批要求，恶意串通，损害国家利益，属于以合法形式掩盖规避更严格审批要求的非法目的，王某某、天九工贸发展公司没有可保护的合法权益，白沙洲农副产品大市场公司的行政许可亦不具有可保护的信赖利益，且该许可行为因通过欺骗手段获取会给国家利益、公共利益造成了一定的损害，符合《行政许可法》第 69 条第 2 款规定以欺骗手段取得行政许可撤销的情形，但是最终是否撤销，一方面，本案真实交易并履行的是 11. 56 亿股权买卖协议，该协议并未被确认无效，虽然在申请许可中并未提交该协议，但该协议系双方真实意思表示，属于未履行报批许可义务的未生效协议，其效力属于不确定的状态。另一方面，还涉及利益衡量，需要衡量在撤销该许可后是否会进一步危害国家利益、公共利益。

二、行政许可中的利益衡量

（一）行政许可中的公共利益

《行政许可法》体现了对被许可人信赖利益的保护，同时也体现了对公共利益的保护。

1. 公共利益的界定

公共利益属于不确定法律概念，我国多部法律都有关于公共利益的规定，但又都没有对公共利益的具体界定。一些法律通过列举的方式来规定公共利益，但更多情况下，公共利益并非通过法律列举的方式来明确界定，而应根据实际情况综合判断平衡。首先，应当具有公共性，其受益主体系不特定的多数人，且这种利益的事项主要依赖以政府为代表的公共选择机制；其次，应当具有合理性，通常情况下，公共利益的实现是以私人利益的减损作为代价的，因此，实现公共利益应当遵循比例原则，对于可能的私人利益的减损与公共利益的增加进行权衡；再次，应当具有正当性，公共利益的界定应当符合社会大众的评价，应当充分尊重公众的意见；最后，应当体现公平性，因公共利益对私人利益的减损应当给予必要的补偿，当然，牺牲私人利益应当实现公共利益的增长。

2. 对公共利益保护的具体体现

（1）行政许可从功能定位上体现了对公共利益的保护，行政许可具有控制危险、配置资源、提供资信三大功能，其中，最主要的功能就是控制危险，对人身健康、生命财产安全、公共安全和公共利益等的事项，需要进行事先审查和筛选，确保进入市场的主体及行为不危害公共利益。

（2）行政许可在具体实施过程中全面贯彻对公共利益的保护。对于事后发现通过违法手段获得的行政许可，一旦发现其危害公共利益的，依法予以撤销、改变或废止；对于合法的行政许可，因为法律、法规、规章修改或据以作出行政行为的客观事实发生重大变化进而为了公共利益需要而不得不撤销，也依法予以撤销。

（二）行政许可是否予以撤销的利益衡量

1. 涉及行政许可当事人及利害关系人是否有可保护的利益

（1）与被许可人恶意串通的当事人请求撤销许可是否具有可保护的利益。对于王某某、天九工贸发展公司而言，其作为白沙洲农副产品大市场公司获得行政许可虚假材料的提供人之一，在各方股权发生纠纷之后，又以签订的 0.89 亿股权转让协议虚假为由否定交易行为的存在并要求撤销案涉行政许可。一方面，股权转让系双方真实意思表示，股权转让的交易真实存在，生效民事判决明确了该案当事人的诉讼请求是宣告 0.89 亿股权转让协议无效，故该判决据此也仅是明确了 0.89 亿股权转让协议无效。另一方面，王某某、天九工贸发展公司因各方股权纠纷希望通过撤销行政许可以重新获取股权，明显有违诚实信用原则，故其申请撤销行政许可目的亦不具有正当性，不具有可保护的合法利益或信赖利益。

（2）被许可人是否具有信赖保护利益。对于白沙洲农副产品大市场公司获得的许可而言，生效民事判决的认定对本案行政许可的影响主要在于确认了行政许可提交的材料不具有真实性，且属于恶意串通规避国家法律。首先，该许可获得的批准行为本身不具有合法的信赖利益，排除在行政许可法规定的信赖利益保护原则之外。其次，其在申请许可时提供了虚假的材料，这种行为本身造成了对国家利益和公共利益的危害，也导致了行政许可的控制危险功能未能完全实现。

2. 获取许可侵犯的国家利益、公共利益与撤销许可可能侵犯的公共利益的衡量

欺骗获得许可，侵犯的是国家利益、公共利益，但如果撤销许可，同样有可能再一次危害公共利益。

（1）审查恶意串通获得许可侵犯的国家利益。是否必须通过撤销许可的方式才能维护这种利益，如果在不予撤销的情况下通过其他补救方式能够弥补相应损失，并且还能够维护公共利益，则没有撤销的必要。本案中，根据现有证据显示，王某某等人规避国家对外商投资和外汇管理制度，侵犯的国家利益是税收方面的巨大损失，在不撤销的情况下，也同样可以通过补缴税款等方式来挽回和弥补一定的损失。

（2）审查许可撤销后对公共利益的影响。武汉市政府提供的风险评估报告是否能够作为有效证据采信是认定本案撤销行为是否会对公共利益产生影响的关键。商务部经审查后认可该报告分析的内容，就撤销批复和批准证书风险以及可能造成公共利益的损害进行的分析亦无不当。由于白沙洲农副产品大市场公司的资产状况发生了重大变化情况，若撤销批复和批准证书，使股权结构恢复到收购前状态，有可能对现有经济法律关系的效

力、有关合同的履行等产生重大影响，进而影响交易的稳定性和不特定善意第三人基于商务部行政许可的信赖而产生的合法权益的保护。同时，若撤销批复和批准证书，使股权结构恢复到并购前状态，须就并购价款及后续投入的返还、收购后经营的分配等一系列事项取得一致，鉴于目前王某某、天九工贸发展公司与农产品公司的利益诉求严重对立，一旦双方无法就上述事项达成协议，将使白沙洲农副产品大市场公司经营陷入不稳定状态，甚至有可能导致白沙洲农副产品大市场公司停业、清算，对白沙洲大市场的稳定经营产生严重影响，而白沙洲大市场对武汉市、华中地区乃至其他省份的农副产品供应有重要的作用。故在没有其他有效相反证据推翻该证据的情况下，应当尊重商务部对该证据的认定。

两者利益衡量之下，行政许可决定对国家公共利益造成的侵犯可以通过相关的手段弥补一定的损失，而撤销行政许可虽然从一定程度上能够实现对通过欺骗获得行政许可侵犯的国家公共利益的保护，但是将可能导致白沙洲大市场无法正常运营，进而对不特定善意第三人的合法权益及公共利益造成重大损害，且难以通过其他方式弥补，本案行政许可不应予以撤销。

3. 各方法律责任的利益衡量

商务部在处理决定中明确了根据《行政许可法》第 79 条规定本案相关行为涉及的行政处罚问题，该问题虽然不属于本案关于行政许可效力的审查范围，但也属于利益衡量的一个重要方面。双方恶意串通提供虚假协议规避国家税款取得许可，依法应当撤销，并依法对当事人进行行政处罚。虽然因为涉及公共利益，许可未被撤销，但对相关人员的法律责任仍然应当依法追究，对于骗取许可损害国家利益恶意串通者应当依法进行处罚。同时，如果审批许可部门未尽审查义务，依法也应当承担相应的责任等。

最高人民法院再审合议庭成员：杨科雄　李智明　孙　江

（编写人：杨科雄*　牛延佳**　审稿人：韩德强）

---

* 杨科雄，法学博士，中华人民共和国最高人民法院行政审判庭，三级高级法官。

** 牛延佳，法学硕士，中华人民共和国最高人民法院行政审判庭，二级法官助理。

李某、张某
诉
山东省惠民县人民政府
行政强制及行政赔偿案

——无主体强拆情况下适格被告的认定

【裁判摘要】

行政诉讼的适格被告应当根据“谁行为，谁被告；行为者，能处分”的原则确定。通常情况下，行政行为一经作出，该行为的主体就已确定。但在某些特殊情况下，行政行为的适格主体在起诉时难以确定，只能通过审理并运用举证责任规则作出判断。

《国有土地上房屋征收与补偿条例》明确了市、县级人民政府及房屋征收部门、实施单位之间因房屋征收补偿工作产生的法律责任。在无主体对强拆行为负责的情况下，人民法院应当根据职权法定原则及举证责任作出认定或推定。如果用地单位、拆迁公司等非行政主体实施强制拆除的，应当查明是否受行政机关委托实施。

【案件基本信息】

1. 诉讼当事人

再审申请人（一审原告、二审上诉人）：李某

再审申请人（一审原告、二审上诉人）：张某

再审被申请人（一审被告、二审被上诉人）：山东省惠民县人民政府（以下简称惠民县政府）

2. 案件索引与裁判日期

一审：山东省滨州市中级人民法院（2015）滨中行初字第15号裁定

（2015年12月20日）

二审：山东省高级人民法院（2016）鲁行终865号裁定（2016年7月19日）

再审：最高人民法院（2018）最高法行再113号裁定（2018年6月30日）

3. 案由

行政强制及行政赔偿案

【简要案情】

李某、张某向山东省滨州市中级人民法院（以下简称一审法院）起诉称：2011年1月惠民县政府决定在县城行政规划区内进行旧城改造，制定颁布了惠发〔2011〕第1号文件和惠政发第8号《关于印发惠民县2011年城市建设及旧城改造实施方案的通知》，相继成立了惠民县西关片区旧城改造建设指挥部（以下简称西关片区指挥部）、惠民县宋家营片区旧城改造建设指挥部等临时机构。其所有的房屋位于西关片区指挥部管辖区内，被列入拆迁规划范围，用于惠民县御景家园项目商业开发建设。在旧城改造期间，西关片区指挥部和惠民县历史文化名城开发建设指挥部（以下简称历史文化名城指挥部）分别制定颁发了西关片区旧城改造征收与补偿安置方案公示（以下简称公示）和旧城改造公告（以下简称公告）。因拆迁补偿标准违背和脱离了市场价格，双方未就补偿问题达成协议，在没有告知原告、无任何拆迁文书等相关法定文书的情况下，惠民县政府组织工作人员利用大型挖掘机将申请人的十二间房屋违法拆除，屋内许多生活用品及贵重物品被掩埋，给原告造成重大损失。故请求：（1）撤销西关片区指挥部的公示；（2）撤销历史文化名城指挥部的公告；（3）确认惠民县政府强制拆除房屋的行为违法，赔偿申请人房屋及财物损失100万元。

一审法院查明，西关片区指挥部于2014年6月14日发布公示，历史文化名城指挥部于2014年9月18日发布公告，上述两文件均载明西关片区旧城改造范围。李某和张某系夫妻关系，其居住的房屋位于西关片区指挥部管辖范围内，被列入上述旧城改造规划范围。因对补偿标准有异议，李某、张某一直未签订安置协议。2015年8月13日，李某、张某居住的房屋被破坏，李某向公安机关报案，请求公安机关对某房地产开发有限公司工作人员以故意毁坏财物罪依法立案侦查，追究参与违法强拆人员故意毁坏财物罪的刑事责任，同时要求赔偿损失，恢复房屋原状。2015 年 10 月 13 日，李某、张某提起本案行政诉讼。2015 年 11 月 30 日，惠民县公安局向李波出具惠公刑不立字〔2015〕00029 号不予立案通知书，告知李某经审查认为没有犯罪事实发生，不符合立案条件，决定不予立案。

一审法院认为，原告起诉请求确认惠民县政府强制拆除其房屋的行为违法，并要求赔偿损失 100 万元，但惠民县政府辩称未曾实施过上述行为，原告提供的证据亦不能证实惠民县政府工作人员曾参与或实施拆除原告房屋的行为，且原告在因房屋受损向公安机关递交的刑事控告状及所作询问笔录中均未明确主张其房屋受损系惠民县政府工作人员所为，因此惠民县政府并非本案适格被告，原告的起诉不具备法定起诉条件，故裁定驳回原告起诉。

李某、张某不服一审裁定，向山东省高级人民法院（以下简称二审法院）提出上诉。

二审法院认为，根据《中华人民共和国行政诉讼法》第 49 条、《最高人民法院关于执行〈中华人民共和国行政诉讼法〉若干问题的解释》[①] 第 27 条第 1 项之规定，原告提起行政诉讼应当有明确的被告、具体的诉讼请求和事实根据，并对其起诉符合法定条件承担举证责任。本案中，李某、张某提供的证据不能证明惠民县政府的工作人员组织或参与实施了对涉案房屋强制拆除的行为。李某、张某未能证明惠民县政府是本案适格被告，故一审法院认定其起诉不具备法定条件并无不当。关于一审法院依惠民县政府申请调取证据是否合法的问题。一审法院依惠民县政府申请调取证据并非为证明其作出强制拆除行为的合法性，而是为查明惠民县政府是否作出被诉强制拆除行为等案件事实，李某、张某主张一审法院调取证据程序违法不能成立。故裁定驳回上诉、维持原裁定。

李某、张某不服二审裁定，向最高人民法院申请再审称：（1）其提起

---

① 该解释自 2018 年 2 月 8 日起废止。

本案诉讼符合法定的起诉条件，一审、二审法院裁定驳回起诉错误；（2）被申请人在一审开庭审理期间，向法庭提出调查取证的申请违反应当在举证期限内提出申请的规定，一审法院为被申请人调取证据违反法定程序，且该证据没有经过法庭质证，不能够作为定案的依据；（3）原审法院没有从惠民县政府组织西关片区旧城改造的角度去认定适格被告，更没有根据《国有土地上房屋征收与补偿条例》的相关规定认定被申请人在组织旧房改造过程中导致申请人房屋被强行拆迁的事实是错误的。请求撤销一审、二审裁定，指令一审法院继续审理。

【案件焦点】

在无主体承认实施了案涉被诉强制拆除行为的情况下，惠民县政府是否应为本案适格被告。

【裁判结果】

最高人民法院经审理认为，行政诉讼的适格被告应当根据“谁行为，谁被告；行为者，能处分”的原则确定。通常情况下，行政行为一经作出，该行为的主体就已确定。但在某些特殊情况下，行政行为的适格主体在起诉时难以确定，只能通过审理并运用举证责任规则作出判断。《国有土地上房屋征收与补偿条例》第 4 条规定，“市、县级人民政府负责本行政区域的房屋征收与补偿工作。市、县级人民政府确定的房屋征收部门（以下称房屋征收部门）组织实施本行政区域的房屋征收与补偿工作。”第 5 条规定，“房屋征收部门可以委托房屋征收实施单位，承担房屋征收与补偿的具体工作。房屋征收部门对房屋征收实施单位在委托范围内实施的房屋征收与补偿行为负责监督，并对其行为后果承担法律责任。”上述规定明确了市、县级人民政府及房屋征收部门、实施单位之间因房屋征收补偿工作产生的法律责任。在无主体对强拆行为负责的情况下，人民法院应当根据职权法定原则及举证责任作出认定或推定。如果用地单位、拆迁公司等非行政主体实施强制拆除的，应当查明是否受行政机关委托实施。

本案被诉强制拆除房屋行为发生于 2015 年 8 月 13 日，再审申请人作为被征收人事先没有与征收人达成补偿安置协议，也无证据证明征收人已经作出强制拆除决定，故本案被诉强拆行为属于事实行为。经调取本案一审、二审卷宗查明，再审申请人曾向一审法院提交西关片区指挥部发布的公示、历史文化名城指挥部发布的公告、西关片区指挥部制作的孙武镇西关片区房屋征收补偿估价汇总表、惠民县孙武镇房屋征收补偿分户估价明细表、拆除房屋的照片等。再审申请人的案涉房屋位于上述征收与补偿安置方案公示与旧城改造公告的征收范围内。上述两个指挥部均应为行政机关为了旧城改造项目专门设立的临时机构。一审开庭审理中，惠民县政府认可上述征收与补偿安置方案公示及旧城改造公告、房屋征收补偿估价汇总表的真实性，仅就实施主体问题予以否认。再审被申请人在一审中提交的七份西关片区旧城改造住宅房屋征收补偿安置协议书亦表明，西关片区旧城改造项目是按照该县城市总体规划进行的房屋征收，虽然该协议的签订主体为鼓楼街居民委员会与各被征收人，但惠民县政府作为征收部门在备案栏加盖了政府公章。上述证据均可以证明，涉案房屋位于征收及旧城改造范围内，被征收人未与征收人达成补偿安置协议，案涉房屋的强制拆除行为与旧城改造项目涉及的征收行为具有高度关联性。

至于实施本案被诉行政强制行为的主体，虽然再审申请人曾向公安机关报案称案涉房屋系被某地产开发有限公司的工作人员故意毁坏，但公安机关作出的不予立案通知书说明不存在刑事犯罪。一审、二审法院在未查明该公司是否为相关用地单位、是否受行政机关委托的情况下，以被申请人否认实施被诉强拆行为为由，将举证责任分配给再审申请人负担，不符合《最高人民法院关于行政诉讼证据若干问题的规定》第 4 条第 1 款的规定。该款规定，公民、法人或者其他组织向人民法院起诉时，应当提供其符合起诉条件的证据材料。李某、张某起诉时向一审法院提交的证据，可以初步证明惠民县政府负有涉案房屋所在区域征收与补偿的法定职责，在双方未达成补偿安置协议且案涉房屋已被强制拆除的情况下，除非有相反证据证明案涉房屋系因其他原因灭失，否则举证责任应由惠民县政府承担。在惠民县政府无法举证证明非其所为的情况下，可以推定其实施或委托实施了被诉强拆行为并承担相应责任。

综上所述，一审、二审裁定驳回李某、张某的起诉确有错误。依照《最高人民法院关于适用〈中华人民共和国行政诉讼法〉的解释》第 123 条第 3 项之规定，裁定：（一）撤销山东省滨州市中级人民法院（2015）滨中行初字第 15 号裁定；（二）撤销山东省高级人民法院（2016）鲁行终 865 号裁定；（三）指令山东省滨州市中级人民法院继续审理本案。

【裁判摘要评析】

《行政诉讼法》第 26 条第 1 款规定，作出行政行为的行政机关是被告；第 5 款规定，行政机关委托的组织所作的行政行为，委托的行政机关是被告。《行政诉讼法解释》第 24 条第 2 款规定，当事人对村民委员会、居民委员会受行政机关委托作出的行为不服提起诉讼的，以委托的行政机关为被告。本案为国有土地上房屋征收城建类案件，此类案件不仅事关国计民生、社会关注度高、影响面大，同时也是目前人民法院受理的各类行政案件中占比较重、问题较多的一类案件。本案所反映的问题代表了其中比较典型的一类，实践中通俗称为“无主体强拆”，即在被征收人未能与征收人达成补偿安置协议、征收人也未作出强制拆除决定的情况下，位于征收范围内的、属于被征收人的房屋即被强制拆除。除国有土地上房屋外，农村集体土地征收过程中也存在类似问题。强制拆除主体如何认定，既是人民法院在审查此类案件中时常遇到的程序问题，对于提起诉讼的原告而言更是行政争议能否得到实质化解的实体问题。

一、认定强拆案件适格被告应坚持职权法定原则

在行政诉讼中，确定适格被告的依据是职权法定原则，通常情况下该原则包括两个要件：第一，谁行为谁为被告；第二，行为者能为处分。无论是农村集体土地征收抑或国有土地上的房屋征收，地上建筑物（构筑物）或房屋的征收或强制拆除均应当依照《土地管理法》或《国有土地上房屋征收与补偿条例》规定的条件和程序进行。征收拆迁与征收补偿事宜均属公权力职权范畴，职权之所在即义务之所在，也即责任之所在。《土地管理法》第 47 条规定：“国家征收土地的，依照法定程序批准后，由县级以上地方人民政府予以公告并组织实施。”《国有土地上房屋征收与补偿条例》第 4 条规定，“市、县级人民政府负责本行政区域的房屋征收与补偿工作。市、县级人民政府确定的房屋征收部门（以下称房屋征收部门）组织实施本行政区域的房屋征收与补偿工作。市、县级人民政府有关部门应当依照本条例的规定和本级人民政府规定的职责分工，互相配合，保障房屋征收与补偿工作的顺利进行。”从上述规定可以看出，市、县级人民政府是土地或房屋征收与补偿的法定主体，房屋征收部门是实施主体。当然，实践中也存在行政机关自己不出面，却由其下级机关乡（镇）人民政府、街道办事处、村（居）民委员会甚至专门设立的临时机构——某某指挥部负责组织实施强制拆除的情形。这些主体不具有法定的征收职权，有的甚至不是行政主体，既无法作为行政诉讼的适格被告，也无法承担相应的行政责任。

本案即是如此。一审开庭审理中，惠民县政府认可案涉相关征收与补偿安置方案公示、旧城改造公告、房屋征收补偿估价汇总表的真实性，仅就实施主体问题予以否认。其在一审中提交的7份旧城改造住宅房屋征收补偿安置协议书也表明，旧城改造项目是按照该县城市总体规划进行的房屋征收，虽然该协议的签订主体为居民委员会与各被征收人，但惠民县政府作为征收部门在备案栏加盖了政府公章。上述证据均证明，惠民县政府负有案涉房屋所在区域征收与补偿的法定职责，其应承担行使行政权力所带来的相应后果。

二、实施主体的推定适用高度关联性及排他原则

所谓推定实施主体，即在无主体对强制拆除行为负责的情况下，人民法院应当根据职权法定原则及举证责任作出认定或推定。在适用推定时，应坚持高度关联性原则和排他性原则，即案涉强制拆除行为与房屋所在区域征收行为的紧密联系程度，以及是否存在因其他民事侵权行为或刑事犯罪行为导致的房屋毁损灭失的情形。

本案中，《国有土地上房屋征收与补偿条例》第4条、第5条规定明确了市、县级人民政府及房屋征收部门、实施单位之间因房屋征收补偿工作产生的法律责任。在无主体对强拆行为负责的情况下，人民法院应当根据职权法定原则及举证责任作出认定或推定。如果用地单位、拆迁公司等非行政主体实施强制拆除的，应当查明是否受行政机关委托实施。在县政府无法举证证明非其所为的情况下，可以推定其实施或委托实施了被诉强拆行为并承担相应责任。本案中还发生了当事人曾向公安机关报案称案涉房屋系被人故意毁坏的情节，但公安机关作出的不予立案通知书说明不存在刑事犯罪。上述情节说明房屋被强拆的情况属实，但强拆主体不明，在此情况下需要对实施主体进行推定。已查明的事实表明，涉案房屋的强制拆除与旧城改造项目涉及的征收行为具有高度关联性。本案中的实施主体可能是行政机关为了旧城改造项目专门组建的临时机构即指挥部，也可能是政府委托的其他组织。但无论是哪种情形，均应由组建机关或委托机关为被告。

三、起诉阶段的举证责任分配适用原告初步证明原则

在“无主体强拆”类案件中，由于征收双方未能就征收补偿问题达成一致，被征收人的房屋被强制拆除后，其起诉时的被告往往不属于《行政诉讼法》及其司法解释规定的适格被告。此时，谁是真正的实施主体需要人民法院运用举证责任规则作出认定，原告只需承担初步证明责任即可。在运用举证责任规则的过程中，在起诉条件审查阶段不能对原告提出过高的证明要求，而应当由其承担初步证明责任，证明被告是否“形式上适格”，而被告是否“实质上适格”的问题相对复杂，应当由人民法院进行审理查明。有的地方法院在原告提起诉讼后，在起诉条件的审查环节片面理解和适用法条，并将适格被告的举证责任完全分配给原告（起诉人），进而作出驳回起诉裁定或不予立案裁定，导致案件无法进入实体审理，原告（起诉人）的合法权益无法通过诉讼程序得到救济。

本案中，原告起诉时提交的征收与补偿安置方案公示、旧城改造公告、房屋征收补偿估价汇总表、西关片区旧城改造住宅房屋征收补偿安置协议书等证据，可以初步证明县政府负有涉案房屋所在区域征收与补偿的法定职责，在双方未达成补偿安置协议且案涉房屋已被强制拆除的情况下，除非有相反证据证明案涉房屋系因其他原因灭失，否则举证责任应由县政府承担。

四、强化诉权保护，畅通诉讼渠道

在城建征收类案件中，个别地方政府违反法定程序对被征收人的房屋实施强制拆除，甚至人为造成“无主体”强拆的事实，对认定行政诉讼适格被告造成一定困难。有的地方法院片面理解和适用法律，对于原告的起诉以证据不足为由简单裁定驳回，导致当事人的合法权益得不到司法救济，行政诉讼监督行政机关依法行政和实质化解行政争议的立法目的难以实现。此案情形有一定代表性和典型性，被告既未与原告达成补偿安置协议，也未作出强制拆除决定，原告的房屋即被强制拆除，原告提起诉讼是依法行使诉权，也提交了初步证据证明房屋是在所在区域征收过程中被强制拆除的事实，故原审法院仅在被告否认实施强制拆除且未查明实施主体的情况下裁定驳回起诉是错误的。

“无主体强拆”类案件不仅涉及国有土地上房屋的征收，也涉及农村集体土地征收过程中对建筑物（构筑物）的强制拆除。强拆主体不仅有非行政主体的临时机构，也有以村民委员会等村民自治组织名义进行的。如最高人民法院在贾某诉石家庄高新技术产业开发区管理委员会、石家庄市裕华区宋营镇人民政府房屋行政强制一案中①认为，“对贾某房屋的拆迁系石家庄市南二环东延工程建设项目需要，贾某房屋所占土地也被用于南二环东延工程建设。此类项目的用地与征收拆迁工作应当根据土地性质的不同，分别依照《土地管理法》或《国有土地上房屋征收与补偿条例》规定的条件和程序进行；征收拆迁与征收补偿事宜均属公权力职权范畴，职权之所在即义务之所在，也即责任之所在，并不宜假村民自治形式进行。即使对因历史原因形成的城中村的改造，村民会议或村民代表会议可以在《村民委员会组织法》规定的权限范围内议决涉及村民利益的相关事项，村民也应遵照执行。但是，村民会议或者村民代表会议决定不得与宪法、法律、法规和国家政策相抵触，不得侵犯村民的人身权利和财产权利。”换言之，在现行土地和房屋征收补偿法律法规框架内，基于“旧城改造”“村改居”或者“新城镇建设”等实际需要，村民会议或者村民代表会议可以在符合上位法规定前提下，通过村民自治方式决定建设项目和补偿事项，并可通过签订协议等方式解决补偿安置问题；但在未经协商一致情况下村民委员会等自治组织即单方实施强制拆除等行为则涉嫌违法。《行政强制法》《土地管理法》《国有土地上房屋征收与补偿条例》等法律法规对强制搬迁合法房屋的步骤、程序和方式有具体明确的规定，但并未规定村民委员会

---

① 参见最高人民法院（2019）最高法行申 3784 号裁定。

等自治组织有权实施强制搬迁和强制拆除。东仰陵村委会在原审期间虽承认系其自行实施强制拆除，但各方对高新开发区管委会主要领导主持召开拆迁动员大会，参与组织南二环东延东仰陵村段拆迁工作的事实并无异议；高新开发区管委会还曾就限期完成该地段征地拆迁工作，专门向宋营镇政府下达督办函；东仰陵村委会送达的通知也明确，拆迁系为保障南二环东延工程顺利进行，要求贾某自行拆除并到村委会办理拆迁补偿手续，否则将按照法律程序依法予以强制拆除；宋营镇政府工作人员也曾在强制拆除前到贾某家中做说服动员工作；且高新开发区管委会、宋营镇政府工作人员也出现在强制拆除现场。因此，结合法律规定和全部在案证据以及土地的最终用途等情况综合判断，对贾某房屋的强制拆除不应当认定系东仰陵村委会自主实施，而应当认定系职权主体与非职权主体在市政项目征收拆迁中基于共同意思联络、共同参与下实施的强制拆除。被诉强制拆除行为虽然形式上表现为东仰陵村委会实施，但村民委员会等自治组织仅系行政机关的行政助手和行政辅助者，犹如其“延长之手”。一审、二审法院在贾某已经提供初步证据证明强制拆除行为虽以东仰陵村委会名义实施，但显然系法定的职权主体基于征收职权组织、命令实施的情况下，仅以东仰陵村委会自认实施强制拆除为由，否定高新开发区管委会、宋营镇政府为适格被告，系对法律规定的错误理解，也有违职权法定原则，依法应予纠正。鉴于双方至今未能通过签订补偿安置协议方式解决贾某被拆除房屋的补偿安置问题，本案应以高新开发区管委会、宋营镇政府和东仰陵村委会为共同被告，共同承担侵权赔偿责任。

关于起诉强制拆除行为案件的被告如何确定一直是此类行政案件中的难点问题。总的来说，原告对强制实施行为不服提起诉讼的，应当以依法具有强制实施权的行政机关为被告。依法具有强制实施权的行政机关认为自己未实施强制行为、应当由具体实施的机关为被告的，应当向人民法院举证证明，否则人民法院可依法推定具有强制实施权的行政机关为被告。对多部门联合实施强制搬迁但各部门均否认自己为适格被告的，以作出征收决定（征收公告）的市、县级人民政府为被告。

为此，最高人民法院在调研、总结相关案例的基础上，出台了行政法官会议纪要，对此作出专门规定。当被征收人位于征地补偿安置方案公告或国有土地上房屋征收范围内的合法房屋（建筑物）等被强制拆除后引发诉讼的，人民法院应当按照《行政诉讼法》第26条第1款“作出行政行为的行政机关是被告”的规定与职权法定原则，结合案情确定适格被告，主要包含以下几种情形：（1）被征收人提供的证据能够证明市、县级人民政府或其成立的临时机构等组织实施强制拆除的，以市、县级人民政府为被告；（2）被征收人提供的证据能够证明市、县级人民政府土地行政主管部门或征收管理机构组织实施强制拆除的，以市、县级人民政府土地行政主管部门或征收管理机构为被告；（3）非行政主体自认实施强制拆除，但被征收人提供的证据能够初步证明强制拆除是基于征收职权组织实施的，推定市、县级人民政府土地行政主管部门或征收管理机构为被告，有相反证据足以推翻的除外；（4）有证据证明乡（镇）人民政府、街道办事处、村民委员会、居民委员会、建设单位等主体实施的强制拆除是受行政机关委托实施的，以委托的行政机关为被告。具体实施的乡（镇）人民政府、街道办事处、村民委员会、居民委员会、建设单位等主体，可以列为共同被告或第三人，依法承担相应责任；（5）合法房屋被强制拆除时既不存在补偿安置协议或补偿决定，又无主体自认实施，也无法确定或推定行政主体组织实施的，人民法院认为强制拆除侵犯物权、涉嫌构成犯罪的，可依法移送有关部门。无征地批复、征地公告、征地补偿安置方案公告等，乡（镇）人民政府、街道办事处等主体未经市、县级人民政府、土地行政主管部门或者征收管理机构委托、要求或部署，擅自以自己名义实施强制拆除的，以具体实施的单位为被告。

最高人民法院再审合议庭成员：黄永维　王振宇　孙　江　张　艳　李纬华

（编写人：于　泓* 审稿人：韩德强）

---

* 于泓，法学博士，中华人民共和国最高人民法院行政审判庭审判长，二级高级法官。

肖某某
诉
辽宁省辽阳市人民政府
行政复议决定案

——行政复议中利益相对的双方当事人均提出异议时不适用禁止不利变更原则

【裁判摘要】

存在利益相对的双方当事人（如被侵害人、被处罚人）时，如果一方申请行政复议，利益相对方虽未申请复议，但其作为第三人亦在行政复议程序中对行政行为提出异议的，此种情形不适用禁止不利变更原则。

【案件基本信息】

1. 诉讼当事人

再审申请人（一审原告、二审上诉人）：肖某某

被申请人（一审被告、二审被上诉人）：辽宁省辽阳市人民政府（以下简称辽阳市政府）

2. 案件索引与裁判日期

一审：辽宁省辽阳市中级人民法院（2017）辽 10 行初 13 号判决（2017 年 12 月 4 日）

二审：辽宁省高级人民法院（2018）辽行终 631 号判决（2018 年 12 月 25 日）

再审：最高人民法院（2019）最高法行申 4324 号裁定（2019 年 12 月 26 日）

3. 案由

行政复议决定案

【简要案情】

肖某某及其女等与王某发生纠纷。辽宁省辽阳市公安局宏伟区公安分局（以下简称辽阳市公安局宏伟分局）依据与肖某某之女等有利害关系人的询问笔录，认定王某有向肖某某扔石头等行为，对王某作出拘留8日并罚款300元的行政处罚决定。肖某某不服行政处罚决定，向辽阳市政府申请行政复议。王某作为行政复议程序中的第三人述称其系孕妇，未打伤肖某某，将追究肖某某作伪证等责任。辽阳市政府经复议认为，行政处罚决定依据事实不清、证据不足，决定撤销行政处罚决定。肖某某不服，向辽宁省辽阳市中级人民法院提起诉讼，请求撤销复议决定。

辽宁省辽阳市中级人民法院认为，辽阳市政府在复议审查过程中，认为宏伟分局仅依据与肖某某有利害关系的两位证人及肖某某本人的询问笔录，在没有其他证据佐证的情况下，作出行政处罚决定，证据不充分，并无不当。遂判决：驳回肖某某的诉讼请求。肖某某不服，向辽宁省高级人民法院提起上诉。该院作出（2018）辽行终631号判决，驳回上诉，维持一审判决。肖某某仍不服，向最高人民法院申请再审。

【案件焦点】

本案复议决定是否违反禁止不利变更原则等问题。

【裁判结果】

最高人民法院认为，关于辽阳市政府在王某未申请行政复议的情形下可否撤销行政处罚决定的问题，《中华人民共和国行政复议法实施条例》第51条规定："行政复议机关在申请人的行政复议请求范围内，不得作出对申请人更为不利的行政复议决定。"该条规定了行政复议禁止不利变更原则。因为复议申请人申请行政复议，是为了撤销对己不利的行政行为。如果行政复议机关在审查行政行为是否合法或适当的过程中，作出对复议申请人较原裁决更为不利的决定，那么就会违背复议申请人提起行政救济的本意。行政复议禁止不利变更原则体现了"申辩不加重"的本意，即要求行政复议机关不得因当事人申辩而加重处罚。但是行政复议禁止不利变更原则的适用也存在例外情形。在行政处罚案件中，排除禁止不利变更原则的适用包括但不限于以下情形：一是被侵害人及被处罚人同为复议申请人。此类情形中被侵害人、被处罚人会明示请求撤销处罚决定；二是被侵害人或被处罚人申请了行政复议，另一方作为第三人在复议程序中存在有意识地默示申请撤销处罚决定的行为。本案中，肖某某因不服宏伟分局对王某所作的处罚决定而申请复议，被处罚人王某系复议程序中的第三人。王某虽然并非复议申请人，但其在复议程序中明确主张未殴打肖某某、肖某某存在作伪证的情形，因此可以认定王某并不认可宏伟分局作出的行政处罚决定，且已提出申辩，符合默示申请撤销处罚决定的要件。在此情形下，辽阳市政府经审理后，认为宏伟分局作出的处罚决定存在事实不清、证据不足，决定撤销行政处罚决定，并未违反禁止不利变更原则。遂作出（2019）最高法行申 4324 号裁定，驳回肖某某的再审申请。

【裁判摘要评析】

源于 18 世纪初期德国“确定力理论”的禁止不利变更原则是各国刑法、民法、行政法上共有的原则。我国法律法规已经就行政复议、行政诉讼明确规定了禁止不利变更原则[①]。在行政救济程序中，禁止不利变更原则的目的在于保障行政管理相对人在认为行政机关及其工作人员的行政行为侵犯其合法权益时，可以放心大胆地行使权利保护请求权。如果允许行政复议机关在行政复议程序、法院在诉讼程序中作出对行政管理相对人不利的变更，则会导致行政管理相对人担心因寻求行政救济反而对已产生不利后果，不利于行政救济制度的贯彻落实。但是行政救济的目的除了保障行政管理相对人合法权益之外，还需要确保国家行政权的合法行使。行政救济中如果无条件适用禁止不利变更原则，实际上与维持错误的行政行为没有差别。因此，准确适用禁止不利变更原则，既需要明确其与其他法律原则的关系，又需要明晰其适用范围。

---

① 《行政诉讼法》第 77 条第 2 款规定：“人民法院判决变更，不得加重原告的义务或者减损原告的权益。但利害关系人同为原告，且诉讼请求相反的除外。”《行政复议法实施条例》第 51 条规定：“行政复议机关在申请人的行政复议请求范围内，不得作出对申请人更为不利的行政复议决定。”

一、理念的博弈

（一）法规维持与权利保护

公民、法人或者其他组织在认为行政机关及其工作人员的行政行为侵犯其合法权益时，向具有职责的国家机关请求法律救济的制度被称为行政救济。关于行政救济制度存在的目的和功能，向来有法规维持说与权利保护说。前者认为行政救济制度的功能在于维持“行政的合法性”，当事人提起行政诉讼只是通过提起诉讼来促使违法的行政行为被发现，目的并不仅仅在于保护当事人个人的权利。法规维持说认为行政救济的功能导向主要在于确保行政行为的合法，使法规能够被正确的适用或遵守，至于公民、法人或者其他组织的权利因此获得保障，仅仅是附带的目的或者作用。而后者认为行政救济制度的功能在于“保护个人的权利”，只有权利受到侵害的公民、法人或者其他组织在可以通过行政诉讼程序保护他的权利时，才有提起行政诉讼的必要。权利保护说认为行政救济的功能导向最终在于保护公民、法人或者其他组织的权利，此为行政救济的主要目的，而法规的维持或确保行政行为的合法性只是附带作用或者当然结果。

（二）程序公正与实体公正

程序公正，是指诉讼程序方面体现的公正。实体公正，是指案件事实认定、法律适用和处理结果方面体现的公正。两者具有独立的要求和具体内容，互为依存和联系。但是，两者之间有时不可避免地会发生矛盾。在行政救济中，基于公民、法人或者其他组织申请行政复议、提起诉讼是为改善其法律地位的权利救济观点，或者为了保护公民、法人或者其他组织信赖已作出的行政行为存续的利益，规定了禁止不利变更原则，以免有违权利保护的本意。禁止不利变更原则体现了程序正义、诉辩平衡及权利对权力的制约。依法行政原则要求行政机关作出行政行为必须基于一定的法律、行政法规及行政规章。当行政机关作出的行政行为存在违法情形，具有监督权的机关应依法予以纠正。当两者之间发生矛盾，是坚持程序公正优先，还是坚持实体公正优先？现代行政救济制度追求实质正义与程序正义的统一，总体上越来越多地体现当事人主义的合理因素。

《行政诉讼法》第1条①及《行政复议法》第1条②的规定反映行政救济制度的功能，既强调实体上的"公正"，又包括程序上的"公正"。在实现行政救济功能过程中，要正确处理保护公民、法人和其他组织的合法权益与监督行政机关依法行使职权的关系。这两个方面是统一的、相辅相成的。随着现代行政法制的不断发展完善，行政法已从片面强调对相对人进行强有力管理的"管理法"过渡为平衡国家权力和公民权利的"平衡法"。为公民、法人和其他组织的合法权益提供充分、及时、有效的保护已成为现代行政法的基本理念。但是加强对公民、法人和其他组织权利的重视并不等于因此就转向个人权利本位的极端。过分地强调个人权利不仅有损于社会公共利益，而且也最终危及个人权利的实现。只有在公共利益和个人权利之间谋求一种兼容并蓄的动态平衡，才能既有效地保护公民、法人和其他组织的合法权益，又可以充分监督行政机关依法行使职权。

二、对行政复议程序中适用禁止不利变更原则的审查规则

关于行政复议程序是否适用禁止不利变更原则，存在不同的观点。一是积极说，即可以作出不利变更。行政复议机关在审理复议案件时采职权进行主义，因此不应受到当事人所主张的事实理由及其提供证据的拘束，其在作出决定时可以对当事人作出不利变更。行政复议机关作为作出行政行为机关的上级机关，具有撤销或变更下级机关行政行为的权力。复议申请人申请复议，仅仅是促使行政复议机关行使行政监督权，行政复议机关可以基于其行政监督权作出对当事人不利的变更。二是消极说，即不得作出不利变更。行政复议作为行政救济方法之一，虽采取职权进行主义，不受复议申请人请求的限制，但是如果作出不利变更，则与复议程序属于行政救济程序的属性不符。行政复议机关不能作出与原行政行为相比更为不利的决定。三是折中说，有一般监督权的上级机关可以作出不利变更。行政复议机关是否可以作出较原行政行为更为不利于当事人的变

① 《行政诉讼法》第1条规定："为保证人民法院公正、及时审理行政案件，解决行政争议，保护公民、法人和其他组织的合法权益，监督行政机关依法行使职权，根据宪法，制定本法。"

② 《行政复议法》第1条规定："为了防止和纠正违法的或者不当的具体行政行为，保护公民、法人和其他组织的合法权益，保障和监督行政机关依法行使职权，根据宪法，制定本法。"

更，应该视行政复议机关的性质而定。行政复议机关是具有一定监督权的上级机关，不需要当事人申请复议就可以审查原行政行为，那么在请求范围内可以作出不利的变更；反之，行政复议机关不是此类机关，就不能作出不利变更。

《行政复议法实施条例》第51条规定："行政复议机关在申请人的行政复议请求范围内，不得作出对申请人更为不利的行政复议决定。"国务院原法制办公室在作出该条规定时列举了支持禁止不利变更原则的三个理由：有利于保障行政相对人的行政复议申请权；有利于确保行政复议功能的充分发挥；有利于加强行政监督工作。以上理由表明为了鼓励行政管理相对人行使复议权，充分发挥复议制度的功能，我国行政复议程序就是否适用禁止不利变更原则基本采消极说。

司法实践中，对行政复议程序中适用禁止不利变更原则是否妥当可按照以下规则进行审查：

（一）禁止不利变更原则一般适用于撤销或变更行政行为的行政复议决定

《行政复议法》第28条[①]规定了行政复议机关对于行政行为作出处理的方式有维持、撤销（包括撤销并责令重新作出）、变更、确认违法等。禁止不利变更原则并不适用于所有的处理方式。维持和确认违法的处理方式不会对行政管理相对人产生较原行政行为更为不利的后果，但撤销和变更的处理方式则可能具有对行政管理相对人不利的可能性。因此，禁止不利变更原则主要适用于撤销和变更处理方式之中。

---

① 《行政复议法》第28条规定："行政复议机关负责法制工作的机构应当对被申请人作出的具体行政行为进行审查，提出意见，经行政复议机关的负责人同意或者集体讨论通过后，按照下列规定作出行政复议决定：（一）具体行政行为认定事实清楚，证据确凿，适用依据正确，程序合法，内容适当的，决定维持；（二）被申请人不履行法定职责的，决定其在一定期限内履行；（三）具体行政行为有下列情形之一的，决定撤销、变更或者确认该具体行政行为违法；决定撤销或者确认该具体行政行为违法的，可以责令被申请人在一定期限内重新作出具体行政行为：1. 主要事实不清、证据不足的；2. 适用依据错误的；3. 违反法定程序的；4. 超越或者滥用职权的；5. 具体行政行为明显不当的。（四）被申请人不按照本法第二十三条的规定提出书面答复、提交当初作出具体行政行为的证据、依据和其他有关材料的，视为该具体行政行为没有证据、依据，决定撤销该具体行政行为。行政复议机关责令被申请人重新作出具体行政行为的，被申请人不得以同一的事实和理由作出与原具体行政行为相同或者基本相同的具体行政行为。"

（二）禁止不利变更原则以复议申请人表示不服的范围为限

在行政复议程序中，对于“范围”的理解可以界定为复议申请人的复议请求范围。行政复议是行政救济制度，已经明定禁止不利变更原则，但是以复议申请人表示不服的范围为限，即复议申请人未提请救济的部分与禁止不利变更原则无关。如果在“范围”之外，仍然应该遵循依法行政的原则，行政复议机关变更原行政行为以及撤销后责令原行政机关重作不适用禁止不利变更原则。值得注意的是，第三人的权益因授益的行政行为受到损害而申请复议时，行政复议机关不得超过复议申请人表示不服的范围作出更有利于复议申请人的变更或处分，否则行政处分的相对人将丧失依行政程序法所享有的信赖利益保护。

（三）禁止不利变更原则适用于行政复议程序中的复议申请人及具有类似诉讼地位的当事人

首先，与刑事诉讼法中的“上诉不加刑”只适用于被告方相同，禁止不利变更原则只适用于原行政行为的行政相对人。当一个行政行为的相对人为多人，仅部分相对人申请行政复议时，此种情形类似于必要共同诉讼中部分原告提起诉讼的情形。因为其他行政相对人与复议申请人同受基于同一法律事实而发生的行政行为的影响，处于同一个法律地位，因此行政复议机关应追加其他行政相对人为复议申请人，同样适用禁止不利变更原则。其次，禁止不利变更原则只限于行政行为相对人本身申请复议的情况。如果第三人不服行政行为而申请复议，相对人不受此项保障。例如，邻地的房屋所有权人认为建造房屋人取得的建筑许可损害其合法权益，并申请行政复议。行政复议机关作出撤销建筑许可的决定。此决定对于建造房屋人而言，属于不利变更，但并不违反禁止不利变更原则。

（四）禁止不利变更原则不适用于复议申请人与第三人均对行政行为存有异议的情形

首先，一般情况下，复议申请人系行政行为的相对人。但在治安处罚中，被侵害人亦为适格的复议申请人。《公安机关执行〈治安管理处罚法〉有关问题的解释（二）》第11条规定：“根据《中华人民共和国行政复议法》第二条的规定，治安案件的被侵害人认为公安机关依据《治安管理处罚法》作出的具体行政行为侵犯其合法权益的，可以依法申请行政复议。”此规定赋予被侵害人申请行政复议的资格。其次，行政复议程序中的第三人提出异议时不适用禁止不利变更原则。如果被侵害人、被处罚人不服行政行为，一并或另外提起行政复议，被处罚人作为行为相对人并不受此项原则的保护。虽被侵害人、被处罚人未申请行政复议，但其作为第三人在行政复议程序中不认可行政行为并提出异议的，禁止不利变更原则同样不适用于复议申请人。第三人在行政复议程序中提出异议，不适用禁止不利变更原则需满足以下要件：一是第三人应当具有诉的利益，并且没有对行政行为作出认诺；二是异议一般以书面形式提出，亦可在听证程序中口头提出。之所以确立这样的规则，原因在于仅仅确立禁止不利变更原则可能导致复议申请人滥用权利，损害利益相对方的利益。因为一旦当事人意识到申请复议最坏的结果只是申请被驳回，往往倾向于申请复议以争取对自己更为有利的结果，这样可能损害未行使权利一方的利益。第三人对于行政行为提出异议作为适用禁止不利变更原则的例外情形，可以解决有关权利滥用问题。在此规则下，如果一方当事人申请复议，基于第三人提出的异议，复议范围就得以扩展，更有利于充分保障公民、法人或者其他组织的合法权益，监督行政机关依法行政，实质性化解纠纷。

（五）禁止不利变更原则不适用于原作出行政行为的机关根据职权主动变更原行政行为的情形

行政机关根据职权主动变更原行政行为是由行政机关根据固有的行政职权或行政监督权主动审查并变更其不当行为。依职权变更是行政机关基于行政自我监督与控制机制而为的一种纠错手段，是行政自制的表现。行政机关根据职权主动变更原行政行为是针对同一事件在重开行政程序之后作出的，是同一行政机关对于同一事件所作的第二次实体上的行政行为。依职权变更行为的目的是使新行政行为既合法又适当。新行政行为的合法与适当状态既可能比原行政行为更有利于相对人，亦可能对其更为不利。行政机关根据职权主动变更原行政行为是依照行政程序规定进行处理的行为，不适用有关行政复议程序或者类似程序等行政救济程序规则，因此不适用禁止不利变更原则。

三、本案争议焦点的分析

首先，本案的被诉行政行为是辽阳市政府作出的复议决定，即辽阳市政府作出的撤销行政处罚决定的复议决定。被诉行政行为系撤销行政行为的行政复议决定，属于可适用禁止不利变更原则的范畴。

其次，本案的复议申请人系被侵害人肖某某。禁止不利变更原则一般以复议申请人表示不服的范围为限。宏伟分局针对王某作出行政处罚决定。肖某某作为被侵害人，不服行政处罚决定申请行政复议。因此，原则上，辽阳市政府作为复议机关不应就行政处罚决定作出不利于肖某某的变更。

最后，作为被处罚人的王某虽非复议申请人，但其作为复议程序的第三人不认可行政处罚决定，并在复议程序中提出异议。在复议申请人及第三人均对行政处罚决定提出异议的情况下，本案不再适用禁止不利变更原则。辽阳市政府复议后，认为行政处罚决定存在事实不清、证据不足的情形，决定撤销行政处罚决定并不违反禁止不利变更原则。此复议决定较好地平衡了保护当事人合法权益及监督行政机关依法行政之间的关系，并无不当。

最高人民法院再审合议庭成员：梁凤云　张　艳　仲伟珩

（编写人：张　艳* 审稿人：韩德强）

---

* 张艳，法学硕士，中华人民共和国最高人民法院第二巡回法庭，三级高级法官。

法律、法规、司法解释及其他规范性文件简称索引

一、行政法类

1.《中华人民共和国土地管理法》

简称《土地管理法》，1986年6月25日第六届全国人民代表大会常务委员会第十六次会议通过，根据1988年12月29日第七届全国人民代表大会常务委员会第五次会议《关于修改〈中华人民共和国土地管理法〉的决定》第一次修正，1998年8月29日第九届全国人民代表大会常务委员会第四次会议修订，根据2004年8月28日第十届全国人民代表大会常务委员会第十一次会议《关于修改〈中华人民共和国土地管理法〉的决定》第二次修正，根据2019年8月26日第十三届全国人民代表大会常务委员会第十二次会议《关于修改〈中华人民共和国土地管理法〉〈中华人民共和国城市房地产管理法〉的决定》第三次修正。

2.《中华人民共和国海关法》

简称《海关法》，1987年1月22日第六届全国人民代表大会常务委员会第十九次会议通过，根据2000年7月8日第九届全国人民代表大会常务委员会第十六次会议《关于修改〈中华人民共和国海关法〉的决定》第一次修正，根据2013年6月29日第十二届全国人民代表大会常务委员会第三次会议《关于修改〈中华人民共和国文物保护法〉等十二部法律的决定》第二次修正，根据2013年12月28日第十二届全国人民代表大会常务委员会第六次会议《关于修改〈中华人民共和国海洋环境保护法〉等七部法律的决定》第三次修正，根据2016年11月7日第十二届全国人民代表大会常务委员会第二十四次会议《关于修改〈中华人民共和国对外贸易法〉等十二部法律的决定》第四次修正，根据2017年11月4日第十二届全国人民代表大会常务委员会第三十次会议《关于修改〈中华人民共和国会计法〉等十一部法律的决定》第五次修正。

3.《中华人民共和国妇女权益保障法》

简称《妇女权益保障法》，1992年4月3日第七届全国人民代表大会第五次会议通

过，根据2005年8月28日第十届全国人民代表大会常务委员会第十七次会议《关于修改〈中华人民共和国妇女权益保障法〉的决定》第一次修正，根据2018年10月26日第十三届全国人民代表大会常务委员会第六次会议《关于修改〈中华人民共和国野生动物保护法〉等十五部法律的决定》第二次修正。

4.《中华人民共和国国家赔偿法》

简称《国家赔偿法》，1994年5月12日第八届全国人民代表大会常务委员会第七次会议通过，根据2010年4月29日第十一届全国人民代表大会常务委员会第十四次会议《关于修改〈中华人民共和国国家赔偿法〉的决定》第一次修正，根据2012年10月26日第十一届全国人民代表大会常务委员会第二十九次会议《关于修改〈中华人民共和国国家赔偿法〉的决定》第二次修正。

5.《中华人民共和国行政许可法》

简称《行政许可法》，2003年8月27日第十届全国人民代表大会常务委员会第四次会议通过，根据2019年4月23日第十三届全国人民代表大会常务委员会第十次会议《关于修改〈中华人民共和国建筑法〉等八部法律的决定》修正。

6.《中华人民共和国治安管理处罚法》

简称《治安管理处罚法》，2005年8月28日第十届全国人民代表大会常务委员会十七次会议通过，根据2012年10月26日第十一届全国人民代表大会常务委员会第二十九次会议《关于修改〈中华人民共和国治安管理处罚法〉的决定》修正。

7.《中华人民共和国食品安全法》

简称《食品安全法》，2009年2月28日第十一届全国人民代表大会常务委员会第七次会议通过，2015年4月24日第十二届全国人民代表大会常务委员会第十四次会议修订，根据2018年12月29日第十三届全国人民代表大会常务委员会第七次会议《关于修改〈中华人民共和国产品质量法〉等五部法律的决定》修正。

8.《中华人民共和国行政强制法》

简称《行政强制法》，2011年6月30日第十一届全国人民代表大会常务委员会第二十一次会议通过，2011年6月30日公布，自2012年1月1日起施行。

9.《中华人民共和国村民委员会组织法》

简称《村民委员会组织法》，1998年11月4日第九届全国人民代表大会常务委员会第五次会议通过，2010年10月28日第十一届全国人民代表大会常务委员会第十七次会议修订，根据2018年12月29日第十三届全国人民代表大会常务委员会第七次会议《关于修改〈中华人民共和国村民委员会组织法〉〈中华人民共和国城市居民委员会组织法〉的决定》修正。

二、经济法类

10.《中华人民共和国反不正当竞争法》

简称《反不正当竞争法》，1993 年 9 月 2 日第八届全国人民代表大会常务委员会第三次会议通过，2017 年 11 月 4 日第十二届全国人民代表大会常务委员会第三十次会议修订，根据 2019 年 4 月 23 日第十三届全国人民代表大会常务委员会第十次会议《关于修改〈中华人民共和国建筑法〉等八部法律的决定》修正。

11.《中华人民共和国招标投标法》

简称《招标投标法》，1999 年 8 月 30 日第九届全国人民代表大会常务委员会第十一次会议通过，根据 2017 年 12 月 28 日第十二届全国人民代表大会常务委员会第三十一次会议《关于修改〈中华人民共和国招标投标法〉〈中华人民共和国计量法〉的决定》修正。

12.《中华人民共和国土地承包法》

简称《土地承包法》，2002 年 8 月 29 日第九届全国人民代表大会常务委员会第二十九次会议通过，根据 2009 年 8 月 27 日第十一届全国人民代表大会常务委员会第十次会议《关于修改部分法律的决定》修正。

13.《中华人民共和国银行业监督管理法》

简称《银行业监督管理法》，2003 年 12 月 27 日第十届全国人民代表大会常务委员会第六次会议通过，根据 2006 年 10 月 31 日第十届全国人民代表大会常务委员会第二十四次会议《关于修改〈中华人民共和国银行业监督管理法〉的决定》修正。

三、民商法类

14.《中华人民共和国民法通则》

简称《民法通则》，1986 年 4 月 12 日第六届全国人民代表大会第四次会议通过，根据 2009 年 8 月 27 日第十一届全国人民代表大会常务委员会第十次会议《关于修改部分法律的决定》修正。2020 年 5 月 28 日第十三届全国人民代表大会第三次会议通过了《中华人民共和国民法典》，自 2021 年 1 月 1 日起施行，《中华人民共和国民法通则》同时废止。

15.《中华人民共和国商标法》

简称《商标法》，1982 年 8 月 23 日第五届全国人民代表大会常务委员会第二十四次会议通过，根据 1993 年 2 月 22 日第七届全国人民代表大会常务委员会第三十次会议《关于修改〈中华人民共和国商标法〉的决定》第一次修正，根据 2001 年 10 月 27 日第九届全国人民代表大会常务委员会第二十四次会议《关于修改〈中华人民共和国商标法〉的决定》第二次修正，根据2013年8月30日第十二届全国人民代表大会常务委员会第四次会议《关于修改〈中华人民共和国商标法〉的决定》第三次修正，根据2019年4月23日第十三届全国人民代表大会常务委员会第十次会议《关于修改〈中华人民共和国建筑法〉等八部法律的决定》第四次修正。

16.《中华人民共和国专利法》

简称《专利法》，1984年3月12日第六届全国人民代表大会常务委员会第四次会议通过，根据1992年9月4日第七届全国人民代表大会常务委员会第二十七次会议《关于修改〈中华人民共和国专利法〉的决定》第一次修正，根据2000年8月25日第九届全国人民代表大会常务委员会第十七次会议《关于修改〈中华人民共和国专利法〉的决定》第二次修正，根据2008年12月27日第十一届全国人民代表大会常务委员会第六次会议《关于修改〈中华人民共和国专利法〉的决定》第三次修正。2020年10月27日，第十三届全国人民代表大会常务委员会第二十二次会议通过修改《中华人民共和国专利法》的决定，自2021年6月1日起施行。

17.《中华人民共和国海商法》

简称《海商法》，1992年11月7日第七届全国人民代表大会常务委员会第二十八次会议通过，1992年11月7日中华人民共和国主席令第六十四号公布，自1993年7月1日起施行。

18.《中华人民共和国公司法》

简称《公司法》，1993年12月29日第八届全国人民代表大会常务委员会第五次会议通过，根据1999年12月25日第九届全国人民代表大会常务委员会第十三次会议《关于修改〈中华人民共和国公司法〉的决定》第一次修正，根据2004年8月28日第十届全国人民代表大会常务委员会第十一次会议《关于修改〈中华人民共和国公司法〉的决定》第二次修正，2005年10月27日第十届全国人民代表大会常务委员会第十八次会议修订，根据2013年12月28日第十二届全国人民代表大会常务委员会第六次会议《关于修改〈中华人民共和国海洋环境保护法〉等七部法律的决定》第三次修正，根据2018年10月26日第十三届全国人民代表大会常务委员会第六次会议《关于修改〈中华人民共和国公司法〉的决定》第四次修正。

19.《中华人民共和国票据法》

简称《票据法》，1995年5月10日第八届全国人民代表大会常务委员会第十三次会议通过，根据2004年8月28日第十届全国人民代表大会常务委员会第十一次会议

《关于修改〈中华人民共和国票据法〉的决定》修正。

20.《中华人民共和国担保法》

简称《担保法》，1995年6月30日第八届全国人民代表大会常务委员会第十四次会议通过，1995年6月30日中华人民共和国主席令第五十号公布，自1995年10月1日起施行。2020年5月28日第十三届全国人民代表大会第三次会议通过了《中华人民共和国民法典》，自2021年1月1日起施行，《中华人民共和国担保法》同时废止。

21.《中华人民共和国保险法》

简称《保险法》，1995年6月30日第八届全国人民代表大会常务委员会第十四次会议通过，根据2002年10月28日第九届全国人民代表大会常务委员会第三十次会议《关于修改〈中华人民共和国保险法〉的决定》第一次修正，2009年2月28日第十一届全国人民代表大会常务委员会第七次会议修订，根据2014年8月31日第十二届全国人民代表大会常务委员会第十次会议《关于修改〈中华人民共和国保险法〉等五部法律的决定》第二次修正，根据2015年4月24日第十二届全国人民代表大会常务委员会第十四次会议《关于修改〈中华人民共和国计量法〉等五部法律的决定》第三次修正。

22.《中华人民共和国合同法》

简称《合同法》，1999年3月15日第九届全国人民代表大会第二次会议通过，1999年3月15日中华人民共和国主席令第十五号公布，自1999年10月1日起施行。2020年5月28日第十三届全国人民代表大会第三次会议通过了《中华人民共和国民法典》，自2021年1月1日起施行，《中华人民共和国合同法》同时废止。

23.《中华人民共和国物权法》

简称《物权法》，2007年3月16日第十届全国人民代表大会第五次会议通过，2007年3月16日中华人民共和国主席令第六十二号公布，自2007年10月1日起施行。2020年5月28日第十三届全国人民代表大会第三次会议通过了《中华人民共和国民法典》，自2021年1月1日起施行，《中华人民共和国物权法》同时废止。

24.《中华人民共和国侵权责任法》

简称《侵权责任法》，2009年12月26日第十一届全国人民代表大会常务委员会第十二次会议通过，2009年12月26日中华人民共和国主席令第二十一号公布，自2010年7月1日起施行。2020年5月28日第十三届全国人民代表大会第三次会议通过了《中华人民共和国民法典》，自2021年1月1日起施行，《中华人民共和国侵权责任法》同时废止。

25.《中华人民共和国民法总则》

简称《民法总则》，2017 年 3 月 15 日第十二届全国人民代表大会第五次会议通过，2017 年 3 月 15 日中华人民共和国主席令第六十六号公布，自 2017 年 10 月 1 日起施行。2020 年 5 月 28 日第十三届全国人民代表大会第三次会议通过了《中华人民共和国民法典》，自 2021 年 1 月 1 日起施行，《中华人民共和国民法总则》同时废止。

26.《中华人民共和国民法典》

简称《民法典》，2020 年 5 月 28 日第十三届全国人民代表大会第三次会议通过，自 2021 年 1 月 1 日起施行。《中华人民共和国婚姻法》《中华人民共和国继承法》《中华人民共和国民法通则》《中华人民共和国收养法》《中华人民共和国担保法》《中华人民共和国合同法》《中华人民共和国物权法》《中华人民共和国侵权责任法》《中华人民共和国民法总则》同时废止。

27.《中华人民共和国海洋环境保护法》

简称《海洋环境保护法》，1982 年 8 月 23 日第五届全国人民代表大会常务委员会第二十四次会议通过，1999 年 12 月 25 日第九届全国人民代表大会常务委员会第十三次会议修订，根据 2013 年 12 月 28 日第十二届全国人民代表大会常务委员会第六次会议《关于修改〈中华人民共和国海洋环境保护法〉等七部法律的决定》第一次修正，根据 2016 年 11 月 7 日第十二届全国人民代表大会常务委员会第二十四次会议《关于修改〈中华人民共和国海洋环境保护法〉的决定》第二次修正，根据 2017 年 11 月 4 日第十二届全国人民代表大会常务委员会第三十次会议《关于修改〈中华人民共和国会计法〉等十一部法律的决定》第三次修正。

四、程序法类

28.《中华人民共和国行政诉讼法》

简称《行政诉讼法》，1989 年 4 月 4 日第七届全国人民代表大会第二次会议通过，根据 2014 年 11 月 1 日第十二届全国人民代表大会常务委员会第十一次会议《关于修改〈中华人民共和国行政诉讼法〉的决定》第一次修正，根据 2017 年 6 月 27 日第十二届全国人民代表大会常务委员会第二十八次会议《关于修改〈中华人民共和国民事诉讼法〉和〈中华人民共和国行政诉讼法〉的决定》第二次修正。

29.《中华人民共和国民事诉讼法》

简称《民事诉讼法》，1991 年 4 月 9 日第七届全国人民代表大会第四次会议通过，根据 2007 年 10 月 28 日第十届全国人民代表大会常务委员会第三十次会议《关于修改〈中华人民共和国民事诉讼法〉的决定》第一次修正，根据2012年8月31日第十一届全国人民代表大会常务委员会第二十八次会议《关于修改〈中华人民共和国民事诉讼法〉的决定》第二次修正，根据2017年6月27日第十二届全国人民代表大会常务委员会第二十八次会议《关于修改〈中华人民共和国民事诉讼法〉和〈中华人民共和国行政诉讼法〉的决定》第三次修正。

30.《中华人民共和国涉外民事关系法律适用法》

简称《涉外民事关系法律适用法》，2010年10月28日中华人民共和国第十一届全国人民代表大会常务委员会第十七次会议通过，2010年10月28日中华人民共和国主席令第三十六号公布，自2011年4月1日起施行。

五、行政法规

31.《中华人民共和国户口登记条例》

简称《户口登记条例》，1958年1月9日全国人民代表大会常务委员会第九十一次会议通过，1958年1月9日中华人民共和国主席令公布，自公布之日起施行。

32.《中华人民共和国著作权法实施条例》

简称《著作权法实施条例》，2002年8月2日以中华人民共和国国务院令第359号公布，根据2011年1月8日《国务院关于废止和修改部分行政法规的决定》第一次修订，根据2013年1月30日《国务院关于修改〈中华人民共和国著作权法实施条例〉的决定》第二次修订。

33.《中华人民共和国行政复议法实施条例》

简称《行政复议法实施条例》，2007年5月23日国务院第177次常务会议通过，2007年5月29日国务院令第499号公布，自2007年8月1日起施行。

34.《中华人民共和国专利法实施细则》

简称《专利法实施细则》，2001年6月15日中华人民共和国国务院令第306号公布，根据2002年12月28日《国务院关于修改〈中华人民共和国专利法实施细则〉的决定》第一次修订，根据2010年1月9日《国务院关于修改〈中华人民共和国专利法实施细则〉的决定》第二次修订。

六、司法解释及其他规范性文件

（一）行政法类

35.《最高人民法院关于审理行政协议案件若干问题的规定》（法释〔2019〕17号）

简称《关于审理行政协议案件若干问题的规定》，2019年11月12日最高人民法院审判委员会第1781次会议通过，2019年11月27日公布，自2020年1月1日起施行。

36.《最高人民法院关于审理商标授权确权行政案件若干问题的规定》（法释〔2017〕2号）

简称《关于审理商标授权确权行政案件若干问题的规定》，2016年12月12日最高人民法院审判委员会第1703次会议通过，2017年1月10日公布，自2017年3月1日起施行。

（二）民商法类

37.《最高人民法院关于审理存单纠纷案件的若干规定》（法释〔1997〕8号）

简称《关于审理存单纠纷案件的若干规定》，1997年11月25日最高人民法院审判委员会第946次会议通过，自1997年12月13日公布起施行。

38.《最高人民法院关于在审理经济纠纷案件中涉及经济犯罪嫌疑若干问题的规定》（法释〔1998〕7号）

简称《关于在审理经济纠纷案件中涉及经济犯罪嫌疑若干问题的规定》，1998年4月9日最高人民法院审判委员会第974次会议通过，1998年4月21日公布，自1998年4月29日起施行。

39.《最高人民法院关于适用〈中华人民共和国合同法〉若干问题的解释（一）》（法释〔1999〕19号）

简称《合同法司法解释（一）》，1999年12月1日最高人民法院审判委员会第1090次会议通过，1999年12月19日公布，自1999年12月29日起施行。

40.《最高人民法院关于适用〈中华人民共和国担保法〉若干问题的解释》（法释〔2000〕44号）

简称《担保法司法解释》，2000年9月29日最高人民法院审判委员会第1133次会议通过，2000年12月8日公布，自2000年12月13日起施行。

41.《最高人民法院关于审理侵犯专利权纠纷案件应用法律若干问题的解释》（法释〔2009〕21号）

简称《关于审理专利侵权案件若干问题的解释》，2009年12月21日最高人民法院审判委员会第1480次会议通过，2009年12月28日公布，自2010年1月1日起施行。

42.《最高人民法院关于审理专利纠纷案件适用法律问题的若干规定》（法释〔2015〕4号）

简称《关于审理专利纠纷案件适用法律问题的若干规定》，2001年6月19日最高人民法院审判委员会第1180次会议通过，根据2013年2月25日最高人民法院审判委员会第1570次会议通过的《最高人民法院关于修改〈最高人民法院关于审理专利纠纷案件适用法律问题的若干规定〉的决定》第一次修正，根据2015年1月19日最高人民法院审判委员会第1641次会议通过的《最高人民法院关于修改〈最高人民法院关于审理专利纠纷案件适用法律问题的若干规定〉的决定》第二次修正。

43.《最高人民法院关于审理侵犯专利权纠纷案件应用法律若干问题的解释（二）》（法释〔2016〕1号）

简称《专利司法解释（二）》，2016年1月25日最高人民法院审判委员会第1676次会议通过，2016年3月21日公布，自2016年4月1日起施行。

44.《最高人民法院关于审理建设工程施工合同纠纷案件适用法律问题的解释》（法释〔2004〕14号）

简称《建设工程施工合同司法解释》，2004年9月29日由最高人民法院审判委员会第1327次会议通过，2004年10月25日公布，自2005年1月1日起施行。

45.《最高人民法院关于审理不正当竞争民事案件应用法律若干问题的解释》（法释〔2007〕2号）

简称《关于审理不正当竞争民事案件若干问题的解释》，2006年12月30日最高人民法院审判委员会第1412次会议通过，2007年1月12日公布，自2007年2月1日起施行。

46.《最高人民法院关于人民法院民事调解工作若干问题的规定》（法释〔2008〕18号）

简称《关于人民法院民事调解工作若干问题的规定》，2004年8月18日最高人民法院审判委员会第1321次会议通过，根据2008年12月16日公布的《最高人民法院关于调整司法解释等文件中引用〈中华人民共和国民事诉讼法〉条文序号的决定》（法释〔2008〕18号）修正。

47.《最高人民法院关于适用〈中华人民共和国合同法〉若干问题的解释（二）》（法释〔2009〕5号）

简称《合同法司法解释（二）》，2009年2月9日最高人民法院审判委员会第1462次会议通过，2009年4月24日公布，自2009年5月13日起施行。

48.《最高人民法院关于审理民间借贷案件适用法律若干问题的规定》（法释〔2015〕18号）

简称《民间借贷司法解释》，2015年6月23日最高人民法院审判委员会第1655次会议通过，根据2020年8月18日最高人民法院审判委员会第1809次会议《关于修改〈关于审理民间借贷案件适用法律若干问题的规定〉的决定》修正。

49.《最高人民法院关于审理买卖合同纠纷案件适用法律问题的解释》（法释〔2012〕8号）

简称《关于审理买卖合同纠纷案件适用法律问题的解释》，2012年3月31日最高人民法院审判委员会第1545次会议通过，2012年5月10日公布，自2012年7月1日起施行。

50.《最高人民法院关于审理船舶油污损害赔偿纠纷案件若干问题的规定》（法释〔2011〕14号）

简称《关于审理船舶油污损害赔偿纠纷案件若干问题的规定》，2011年1月10日最高人民法院审判委员会第1509次会议通过，2011年5月4日公布，自2011年7月1日起施行。

51.《最高人民法院关于审理环境侵权责任纠纷案件适用法律若干问题的解释》（法释〔2015〕12号）

简称《关于审理环境侵权责任纠纷案件若干问题的解释》，2015年2月9日最高人民法院审判委员会第1644次会议通过，2015年6月1日公布，自2015年6月3日起施行。

52.《最高人民法院关于审理独立保函纠纷案件若干问题的规定》（法释〔2016〕24号）

简称《独立保函纠纷规定》，2016年7月11日最高人民法院审判委员会第1688次会议通过，2016年11月18日公布，自2016年12月1日起施行。

（三）程序法类

53.《最高人民法院关于适用〈中华人民共和国海事诉讼特别程序法〉若干问题的解释》（法释〔2003〕3号）

简称《海事诉讼特别程序法司法解释》，2002年12月3日最高人民法院审判委员会第1259次会议通过，2003年1月6日公布，自2003年2月1日起施行。

54.《最高人民法院关于人民法院民事执行中查封、扣押、冻结财产的规定》（法释〔2004〕15号）

简称《关于人民法院民事执行中查封、扣押、冻结财产的规定》，2004年10月26日最高人民法院审判委员会第1330次会议通过，2004年11月4日公布，自2005年1月1日起施行。

55.《最高人民法院关于适用〈中华人民共和国民事诉讼法〉的解释》（法释〔2015〕5号）

简称《民事诉讼法司法解释》，2014年12月18日最高人民法院审判委员会第1636次会议通过，2015年1月30日公布，自2015年2月4日起施行。

56.《最高人民法院关于人民法院办理执行异议和复议案件若干问题的规定》（法释〔2015〕10号）

简称《执行异议复议规定》，2014年12月29日最高人民法院审判委员会第1638次会议通过，2015年5月5日公布，自2015年5月5日起施行。

57.《最高人民法院关于行政诉讼证据若干问题的规定》（法释〔2002〕21号）

简称《关于行政诉讼证据若干问题的规定》，2002年6月4日最高人民法院审判委员会第1224次会议通过，2002年7月24日公布，自2002年10月1日起施行。

58.《最高人民法院关于适用〈中华人民共和国行政诉讼法〉的解释》（法释〔2018〕1号）

简称《行政诉讼法解释》，2017年11月13日最高人民法院审判委员会第1726次会议通过，2018年2月6日公布，自2018年2月8日起施行。

59.《最高人民法院关于民事诉讼证据的若干规定》（法释〔2019〕19号）

简称《关于民事诉讼证据的若干规定》，2001年12月6日最高人民法院审判委员会第1201次会议通过，根据2019年10月14日最高人民法院审判委员会第1777次会议《关于修改〈关于民事诉讼证据的若干规定〉的决定》修正。

七、其他类型文件

60.《最高人民法院、国土资源部、建设部关于依法规范人民法院执行和国土资源房地产管理部门协助执行若干问题的通知》（法发〔2004〕5号）

简称《关于依法规范人民法院执行和国土资源房地产管理部门协助执行若干问题的通知》，最高人民法院、国土资源部、建设部①2004年2月10日发布，自2004年3月1日起实施。

61.《公安机关执行〈中华人民共和国治安管理处罚法〉有关问题的解释（二）》

简称《公安机关执行〈治安管理处罚法〉有关问题的解释（二）》，公安部2007年1月26日颁布。

① 根据2018年国务院机构改革方案，原建设部职责已由住房和城乡建设部行使。

62.《最高人民法院关于审理涉及金融不良债权转让案件工作座谈会纪要》（法发〔2009〕19 号）

简称《关于审理涉及金融不良债权转让案件工作座谈会纪要》，2009 年 3 月 30 日最高人民法院颁布。

63.《最高人民法院关于当前形势下审理民商事合同纠纷案件若干问题的指导意见》（法发〔2009〕40 号）

简称《关于当前形势下审理民商事合同纠纷案件若干问题的指导意见》，2009 年 7 月 7 日最高人民法院颁布。

64.《中国银行业监督管理委员会①办公厅关于信托公司风险监管的指导意见》（银监办发〔2014〕99 号）

简称《关于信托公司风险监管的指导意见》，2014 年 4 月 8 日中国银行业监督管理委员会发布。

65.《最高人民法院、最高人民检察院、公安部关于办理非法集资刑事案件适用法律若干问题的意见》

简称《关于办理非法集资刑事案件适用法律若干问题的意见》，2014 年 3 月 25 日最高人民法院、最高人民检察院、公安部联合发布。

66.《中国银监会办公厅关于进一步加强信托公司风险监管工作的意见》（银监办发〔2016〕58 号）

简称《关于进一步加强信托公司风险监管工作的意见》，2016 年 3 月 18 日中国银行业监督管理委员会发布。

---

① 根据 2018 年国务院机构改革方案，原中国银行业监督管理委员会职责已由中国银行保险监督管理委员会行使。

图书在版编目(CIP)数据

中华人民共和国最高人民法院案例选. 第四辑 / 中国应用法学研究所主编. -- 北京 : 法律出版社, 2020
ISBN 978-7-5197-5120-3

Ⅰ. ①中… Ⅱ. ①中… Ⅲ. ①案例-汇编-中国 Ⅳ. ①D920.5

中国版本图书馆CIP数据核字(2020)第220147号

中华人民共和国最高人民法院案例选
(第四辑)
ZHONGHUA RENMIN GONGHEGUO ZUIGAO RENMIN FAYUAN ANLI XUAN(DI-SI JI)

中国应用法学研究所 主编

策划编辑 朱 峰
责任编辑 韩泓宇 马秋婧
装帧设计 鲁 娟

出版 法律出版社
总发行 中国法律图书有限公司
经销 新华书店
印刷 中煤(北京)印务有限公司
责任校对 杨锦华
责任印制 张建伟
编辑统筹 辞书·融出版编辑部
开本 710毫米×1000毫米 1/16
印张 25
字数 375千
版本 2020年12月第1版
印次 2020年12月第1次印刷

法律出版社 / 北京市丰台区莲花池西里7号(100073)
网址 / www.lawpress.com.cn
投稿邮箱 / info@lawpress.com.cn
举报维权邮箱 / jbwq@lawpress.com.cn
销售热线 / 400-660-8393
咨询电话 / 010-63939796

中国法律图书有限公司 / 北京市丰台区莲花池西里7号(100073)
全国各地中法图分、子公司销售电话:
统一销售客服 / 400-660-8393/6393
第一法律书店 / 010-83938432/8433 西安分公司 / 029-85330678 重庆分公司 / 023-67453036
上海分公司 / 021-62071639/1636 深圳分公司 / 0755-83072995

书号:ISBN 978-7-5197-5120-3 **定价**:98.00元
(如有缺页或倒装,中国法律图书有限公司负责退换)